글로벌 코치 되기

코칭 역량과 ICF 필수 가이드

호모코치쿠스 28

글로벌 코치 되기
Becoming a Coach
코칭 역량과 ICF 필수 가이드

조나단 패스모어, 트레이시 싱클레어 지음
김상학 옮김

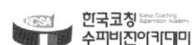
한국코칭수퍼비전아카데미

First published in English under the title
Becoming a Coach ; The Essential ICF Guide
by Jonathan Passmore and Tracy Sinclair, edition:1
Copyright © Springer Nature Switzerland AG, 2020*
This edition has been translated and published under licence from
Springer Nature Switzerland AG.
Springer Nature Switzerland AG takes no responsibility and shall not be made liable
for the accuracy of the translation.

Korea Translation Copyright © 2021 by Korea Coaching Supervision Academy
Korea edition is published by arrangement with Springer Nature Customer Service
Center GmbH though Imprima Korea Agency.

이 책의 한국어판 저작권은 Imprima Korea Agency를 통해
Springer Nature Customer Service Center GmbH사와의 독점계약으로
한국코칭수퍼비전아카데미에 있습니다.
저작권법에 의해 한국 내에서 보호를 받는 저작물이므로 무단전재와 무단복제를 금합니다.

추천사

"『글로벌 코치 되기』는 코칭을 배우는 여정을 시작하기에 완벽한 책이다. 코칭 관련 다양한 이슈들을 종합적으로 다루며, 초보 코치는 물론 경험 있는 코치들을 위한 ICF의 새로운 코칭 역량에 대한 근본적인 가이드를 제시한다."

— 마샬 골드스미스(Thinkers 50, 10년 간 #1 임원 코치)

"코칭이라는 복잡한 직업에서 싱클레어와 패스모어는 코칭의 탁월함으로 가는 길에 안개가 걷히도록 안내서를 썼다. 이 책은 코칭의 차별성과 왜 코칭이 효과적인지 명확히 밝히고, 코칭 마인드셋을 갖추기 위한 구체적인 실행 방법을 제공하며, 코칭으로 인한 파급효과를 높이기 위한 도구들로 가득하다. 당신이 코칭 여정의 어디에 있든 이 책은 여러분이 따라가도 좋을 밝은 빛을 비춰줄 것이다."

— 마샤 레이놀즈, MCC(ICF Global Board Chair, 2000)

"이 책은 세계적으로 인정받는 전문가들이 쓴 매우 포괄적인 코칭 교과서이다. 코치의 자기 계발과 프랙티스에 필요한 풍부한 정보와 도구들이 포함되어 있다."

- 오사마 알모사, MCC(Leadership Development Specialist, CCL)

"이 책은 모든 코치를 위한 가장 최신의 실용적인 안내서라고 생각한다. 실제 예시를 제공하며, 학문적 배경을 바탕으로 코칭의 내용, 대상, 방법 및 이유를 깊이 있게 이해하도록 돕는다. 아무리 숙련된 코치라도 참고할 만한 뛰어난 자료이다. 싱클레어와 패스모어가 제시하는 코칭에 관한 명확하면서도 실제 경험을 통한 역량 설명과 다양한 접근 방식은 코칭을 훌륭하게 실행하는 과학임과 아울러 예술임을 입증해준다."

- 힐러리 올리버, PCC(ICF Global Board Chair, 2017)

"여러분이 코치가 되려고 하거나 이미 노련한 코치 수퍼바이저, 멘토, 트레이너, 교육자라고 해도 이 책은 여러분의 중요한 동반자가 될 것이다. 저자들은 이 책 한 권에 수십 년의 경험과 연구를 담았다. 증거 기반 모델을 기반으로, 도구, 활동, 성찰 프랙티스 등이 다양하게 담긴 이 책을 반드시 읽어야 한다!"

- 로라 하우저, MCC, MCEC(Training Director, Team Coaching Operating System®)

감사의 말

가장 먼저 우리는 이 책이 국제코칭연맹(이후부터 ICF) 핵심 역량의 의도와 원칙에 부합하도록 매우 친절하게 도와준 ICF 소속 동료들에게 진심으로 감사를 표하고 싶다. 여러 원고를 검토하고 책 내용이 ICF 역량과 최대한 일치하도록 해준 캐리 애브너 ICF 인증 표준 부사장, 조지 로저스 품질 보증 및 인증 담당 이사, 조엘 디지롤라모 코칭 사이언스 이사에게 특히 감사드린다.

그렇지만 이와 같은 책을 만들다 보면 오류는 발견될 수밖에 없다. 열심히 여러 아이디어와 문헌을 참고하려는 노력을 함께 기울였음에도 오류가 발견된다면 그것은 모두 저자들의 불찰이다.

우리는 또한 시간을 들여 이 책을 검토하고 추천사를 써준 모든 분께도 감사드린다. 우리는 이와 같은 긍정적인 코멘트와 격려를 기쁘지만 겸손하게 받아들인다.

마지막으로, 이 책을 쓰는 데 많은 시간을 몰입하는 동안 우리를 지지하고 격려하고 이해해준 가족과 친구들에게 감사하고 싶다.

이 책을 즐기기 바란다. 코치로서 현재 어느 단계에 있든지 오랫동안 참고할 수 있는 자료가 되었으면 좋겠다.

한국어판 서문

이 책 덕분에 한국 코치뿐만 아니라 코칭에 관심 있는 분들에게 코칭을 안내해드릴 수 있어서 기쁩니다. 저희는 다음 세 가지 이유에서 영문 제목인 『Becoming a Coach』를 결정했습니다. 첫째, 코칭은 공식적인 훈련 과정이 필요한 직업임을 시사하고자 했습니다. 둘째, 코치 훈련은 결코 끝나지 않는 여정으로, 지속해서 '되어 가는becoming' 과정임을 담고자 했습니다. 셋째, 많은 코치에게 영감을 준 칼 로저스Carl Rogers의 유명한 책인 『On Becoming a Person』(한국어 번역본 제목은 『진정한 사람 되기』이다)을 기념하고도 싶었습니다.

한국의 책 제목이 『글로벌 코치 되기』로 정해졌다고 들었습니다. 우리의 세계가 급속히 연결되어 가고 있으므로 이 또한 의미가 있습니다. 여러분과 저는 거의 9,000km나 떨어져 있지만, 똑같이 스타벅스 커피를 마시고, 잉글랜드 프리미어 리그 경기를 봅니다. 저도 손흥민 선수 팬입니다. 우리가 원한다면, 더 나은 코치가 되는 것에 관해 이야기하기 위해 줌^{zoom}을 통해 즉시 만나는 데도 어려움이 없습니다. '글로벌 코칭'은 인간적이라는 의미의 아름다운 다양성을 인식합니다. 코칭 커뮤니티에서뿐만 아니라 우리 고객들에 의해 밝혀진 백만 개의 꽃잎과도 같은 인간의 존재에서 알 수 있습니다.

비록 우리가 원하면 전 세계 사람들과 연결할 수 있으며, 필요한 정보에 쉽게 접근할 수 있지만, 마음속 깊은 곳의 우리 자신을 이해하는 것도 중요합니다. 소크라테스식 질문과 성찰 프랙티스는 이와 같은 탐색을 가능하게 하며, 삶의 의미와 목적에 대한 새로운 통찰을 하게 되고, 성숙한 인간이 될 수 있도록 돕습니다.

이 책은 코칭이 무엇인지, 사람들이 자기 목적을 인식하고 삶에서 자신감을 갖도록 코치가 어떻게 도울 수 있을지 이해해야 하는 코치들을 위해 쓰였습니다. 이 책이 코치로서 앞으로 나아가야 하는 길을 밝게 비출 수 있기를 바랍니다.

조나단 패스모어 교수

역자 서문

이 책을 처음 알게 된 것은 2021년 여름 저자인 패스모어 교수를 역자가 몸 담고 있는 학회에서 세미나 발표자로 초대하기 위해 연락을 주고받으면서였다. 『Becoming a Coach』라는 제목을 들었을 때 어떤 책일지 궁금해졌고, 대략의 목차를 확인한 다음 한국어 번역을 해보겠다고 불쑥 제안했다. 저자의 반응은 즉석에서 'Why not?'이었다. 그때만 해도 영문판도 아직 출간되기 전이었다는 것은 나중에 알게 된 사실이다. 그 전까지 한 번도 책 한 권 전체를 번역해본 적이 없었지만, 문득 의욕이 생겼던 것이 지금까지 일 년이 넘는 시간 동안 역자에게는 새로운 경험을 해보는 기회가 되었다.

역자가 코치로서 경험이 그다지 오래되지 않아서일 수도 있지만, 이 책에서 강조하는 코치라는 역할이 달인master의 경지가 있는 것이 아니고, 얼마나 성숙할mature 수 있는지가 관건이라는 점에 공감하는 바가 컸다. 숙련도를 따질 수 있는 장인이나 엘리트 운동선수들은 정해진 과제나 목표가 분명하지만, 코치는 고객 개개인이 필요로 하는 바가 모두 다르고 세상은 하루가 다르게 변해가기 때문에 코치는 지속적인 학습과 성찰을 통해 성숙한 인간이 되어야 한다는 생각이 들었다. 코칭이라는 일이 매우 도전적이지만 그래서 또한 매력이 있지 않나 싶다.

코치로서나 번역자로서 경험이 짧다보니 저자들이 전하고자 했던 의미를 제대로 옮겼는지 걱정이 많다. 저자들이 활동하는 영국과 한국의 문화나 코칭 환경에 차이가 있을 수 있고, 일부 영국식 영어 표현에도 익숙하지 않았기 때문에 수차례 저자들과 줌 미팅을 통해 의미 확인 절차를 거쳤다. 몇 가지 자주 등장하는 단어들은 우리 말 단어를 오랜 시간 고민하다가 발행인이신 김상복 코치님과 협의 끝에 영문 표기를 그대로 사용하기로 했다. 그 가운데 몇 가지만 소개하면, coaching practice 또는 reflective practice 등에 등장하는 practice라는 단어는 낯설지 않지만, 실습, 실천, 실행, 관행 등 어떤 단어도 그 의미를 살리기 어려웠다. presence도 마찬가지다. 현존, 존재라는 우리 말 단어가 있긴 하지만, 역시 그 의미를 완전히 살리지는 못한다고 생각했다. 코치가 고객과 함께하면서 주는 분위기, 태도, 이미지 등 복합적인 의미를 담고 있기 때문이다. 그래서 국제코칭연맹ICF의 다섯 번째 핵심 코칭 역량인 maintains presence를 국제코칭연맹 한국챕터의 번역을 참고하여 '프레즌스를 유지한다'로 번역했다. facilitator도 마찬가지다. 패스모어 교수의 코칭 정의에도 등장하는 이 단어는 보통 '촉진자' 또는 '조력자'로 번역이 되는데, 둘을 합하면 좋겠다는 생각이 들었다. 고객과 함께 길을 걸어가다가 가보지 않았던 샛길로 같이 함께 빠져볼 수 있도록 하는 느낌이랄까.

번역은 했으되 자신 없는 단어들은 영문을 최대한 함께 적으려고 했다.

이런저런 고민과 노력, 여러 사람의 도움이 있었는데도 역자의 불찰로 의미가 제대로 전달되지 않는 곳이 있을 것이다. 출판사에서 독자들과 소통할 수 있는 채널을 만들어주신다고 했으니 내용 관련해서 의견을 나누고, 혹시 다음 개정판이 나오게 된다면 내용을 보완할 것을 약속드린다. 저자들과도 지속해서 소통하고 있으니 영문 개정판의 내용에도 한국 독자들의 의견이 반영될 여지가 있을 것으로 생각해본다.

이 책의 우리말 제목을 『글로벌 코치 되기』라고 정한 것은 두 가지 이유가 있다. 우선 '코칭 역량과 ICF 필수 가이드'라는 부제가 원래 달려있듯이 우리나라에서만 통용되는 것뿐만 아니라 다른 나라의 코치들과도 공유되는 내용임을 의미한다. 외국어 소통이 가능한 코치들은 다른 언어로 코칭하는 데 참고할 수 있을 것으로 생각했다. 기술이 진화하면서 외국인 고객을 코칭하는 데에도 언어 제한이 곧 없어지지 않을까? 또 '글로벌'이 세계, 지구의 의미를 넘어 전체를 포괄한다는 뜻도 내포하고 있으므로 코치로서 고객이 가지고 오는 이슈나 주제만이 아닌 통합적인 관점, 고객을 둘러싸는 전체 시스템을 볼 수 있는 코치가 되는 것이 필요하지 않을까 하는 두 번째 생각이 있었다. 이 책의 목차를 보면 알 수 있듯이 저자들이 코칭에 대해 다루는 범위가 가히 '글로벌'하다는 것도 확인할 수 있다.

작년 이맘때 번역을 시작하면서 몇 장 넘기지 않아 '이거 내가 제대로 할 수 있을까?' 하는 걱정을 했지만, 어렵사리 결과물을 이렇게 낼 수 있었던 데는 여러 사람의 도움이 있었다. 동국대학교 상담코칭학과 교수님들과 대학원생들, 아시아상담코칭학회 임원진, 특히 2020년 2학기에 제대로 교정이 되지 않은 상태로 이 책을 수업 교재로 썼음에도 발제를 통해 그 의미를 명확하게 하는 데 도움을 주신 코칭 실습 과목을 함께한 코치 분들께 감사를 표한다. 한국코칭수퍼비전아카데미 김상복 코치님의 끈기 있는 이끌어주심과 꼼꼼하게 교정과 디자인을 맡아주신 정익구 코치님이 아니었다면 이 번역본은 세상에 나오지 못했을 것이다. 주말과 휴가 시간을 집에서 동네 도서관에서 보냄에도 묵묵히 응원해준 가족과 내 삶에 또 하나의 중요한 기회를 주신 하나님께 감사함을 올려드린다.

- 2021년 10월의 어느 멋진 날 金相學

목차

추천사 ······ 5
감사의 말 ······ 7
한국어판 서문 ······ 8
역자 서문 ······ 10

1부: 들어가며

1장: 성숙함으로의 여정 ······ 21
성숙한 코칭

2장: 코칭이란 무엇인가? ······ 27
코칭의 정의 | 다른 정의들 | 코칭과 멘토링 | 코칭과 (심리)치료 | 코칭과 컨설팅

3장: 나는 누구인가? ······ 37
나는 누구인가? | 자기 인식과 자기 성찰 | 렌즈 | 성격 유형 렌즈 | 성격 특성 렌즈 | 세 번째 렌즈 | 저널링 | 성찰 프랙티스 | 우리 자신에 대한 이해

4장: 내 고객은 누구인가? ······ 51
결손 심리 모델과 긍정 심리 모델 | 렌즈 | 비판단적이고 조건 없는 긍정적 고려

2부: 핵심 코칭 역량 개발

5장: ICF 핵심 역량 모델 소개 ······ 65
배경 | ICF 자격 | ICF 코칭 핵심 역량 모델 | 유용한 안내 자료

6장: 기초 세우기 영역 - 역량 #1: 윤리적 프랙티스를 보여준다. 77

고객, 스폰서 및 관련 이해관계자와의 상호작용에서 코치의 진실성과 정직성을 보여준다 | 고객의 정체성, 환경, 경험, 가치 및 신념에 민감하게 대응한다 | 고객, 스폰서, 관련 이해관계자들을 존중하며 적절한 언어를 사용한다 | ICF 윤리강령을 지킨다 | 이해관계자와의 계약 및 관련 법률에 따라 고객 정보를 비밀로 유지한다 | 코칭, 컨설팅, 심리치료 및 다른 지원 전문직과의 차별성을 유지한다 | 필요한 경우, 더 적합한 지원 전문가를 고객에게 추천한다

7장: 기초 세우기 영역 - 역량 #2: 코칭 마인드셋을 구현한다 99

코칭 마인드셋 | 선택에 대한 책임이 고객에게 있음을 인정한다 | 코치로서 지속적인 학습과 자기 계발에 힘쓴다 | 코칭 능력을 향상하기 위해 지속적인 성찰 프랙티스를 개발한다 | 자기 자신과 다른 사람들이 맥락과 문화에 영향 받을 수 있음을 인지하고 개방적인 태도를 취한다 | 고객의 유익을 위해 자신의 인식과 직관을 활용한다 | 정서를 조절하는 능력을 개발하고 유지한다 | 정신적으로나 정서적으로 세션을 준비한다 | 필요한 경우 외부 자원을 찾아 도움을 구한다

8장: 관계의 공동구축 영역 - 역량 #3: 합의를 도출하고 유지한다 111

1단계: 코칭 관계를 위한 합의 | 2단계: 코칭 계획과 목표에 대한 합의 | 3단계: 세션 목표에 대한 합의 | 코칭 계약(합의)의 중요성 | 코칭 계약(합의)의 심화

9장: 관계의 공동구축 영역 - 역량 #4: 신뢰와 안전감을 함양한다 123

관련 역량들 | 핵심 구성 요소들

10장: 관계의 공동구축 영역 - 역량 #5: 프레즌스를 유지한다 131

프레즌스 유지 | 핵심 구성 요소 | 파트너링 | 사람을 코칭한다 | 걸림돌 | 침묵은 금이다

11장: 효과적인 의사소통 영역 - 역량 #6: 적극적으로 경청한다 143

핵심 구성 요소 | 질문과 탐색을 통한 경청 | 모든 감각으로 경청하기

12장: 효과적인 의사소통 영역 - 역량 #7: 알아차림을 불러일으킨다 151

'강력한 질문'이란 무엇인가? | 질문의 초점과 유형 | 질문의 성격과 질 | 강력한 질문의 목적 | 은유 | 침묵 | 잠재력 찾기 | 관점 제시

13장: 학습과 성장 북돋우기 영역 - 역량 #8: 고객의 성장을 촉진한다 163

핵심 구성 요소 | 자율 학습 | 학습을 끌어내고 통합하고 적용하기

| 다음은? | 여덟 가지 핵심 역량 리뷰

3부: 코칭 접근 방식

14장: 유니버설 절충형 코칭 접근 방식 ⋯⋯ 177
절충형 코칭 | 인본주의 | 행동주의 | 인지행동 접근 | 게슈탈트 | 시스템즈 | 정신역동 | 진화론 | 생물학 | 모델 활용 방법

15장: 행동주의 접근 방식과 GROW 모델 ⋯⋯ 191
행동심리학 | GROW 모델

16장: 인본주의 접근 방식과 Time to Think 모델 ⋯⋯ 201
인본주의 접근 방식 | 관계가 중심이다 | Time to Think 모델 | Time to Think 모델의 기원 | 사고 환경 | 예리한 질문 | 인본주의 접근 방식과 ICF 핵심 역량 모델

17장: 인지행동 접근 방식과 ABCDEF 모델 ⋯⋯ 217
인지행동 모델 | 인지행동 ABCDEF 모델

18장: 게슈탈트 접근 방식과 의자 기법 ⋯⋯ 227
게슈탈트 모델 | 고객과 게슈탈트 코칭을 사용하는 방법은 무엇인가? | 도구 및 기법

19장: 솔루션 중심 접근 방식과 OSKAR 모델 ⋯⋯ 237
솔루션 중심 모델 | OSKAR 모델 | 도구

20장: 시스템 접근 방식과 힘의 장場 모델 ⋯⋯ 247
시스템 접근 | 코칭의 시스템 접근 | 힘의 장 모델 | 시스템 코칭과 ICF 핵심 역량 모델

21장: 정신역동 코칭과 전이 ⋯⋯ 263
'정신역동'은 무엇을 의미할까? | 코칭에 대한 정신역동 접근을 위한 증거 기반 | 코칭에 유용한 정신역동 개념 | 정신역동 원리와 ICF 핵심 역량 모델

22장: 통합 ⋯⋯ 279
통합이란? | 코칭 프랙티스를 위한 통합 모델 | 코칭 파트너십 | 행

동 문제 다루기 | 의식적인 인지와 정서 다루기 | 무의식 다루기 | 몸 다루기 | 시스템 안에서 일하기 | 코치는 자신의 통합 접근 방식을 어떻게 개발할 수 있나?

4부: 코칭 프랙티스

23장: 윤리적 프랙티스 ······ 293
윤리란 무엇인가? | 윤리적 딜레마는 무엇인가? | ICF 윤리강령 | 윤리적 학습의 지속 | 당신의 코칭 프랙티스에서 윤리적 딜레마 다루기

24장: 고객과의 계약 ······ 307
코칭 계약이란 무엇인가? | '프레임'으로서의 계약 | 다자간 계약 | 계약에는 무엇이 포함되어야 하나?

25장: 코칭 노트 작성 및 관리 ······ 317
메모를 해야 할까? | 무엇을 메모해야 할까? | 세션 후에 어떤 메모를 해야 할까? | 고객이나 스폰서가 당신이 쓴 메모를 보고 싶어 하면 어떻게 해야 할까? | 고객 데이터의 관리 및 안전한 삭제

26장: 마음챙김을 통한 프레즌스 유지 ······ 327
프레즌스 유지 | 마음챙김이란 무엇인가? | 마음챙김의 이점 | 마음챙김이 코칭에 어떻게 도움이 될 수 있을까? | 세션 전 프레즌스 확보 | 세션 중 프레즌스 유지 | 세션 중 감정 관리 | 프레즌스를 키우는 기법

5부: 프랙티스 개발

27장: 개인 개발 계획 ······ 339
개인 개발 계획이란 무엇인가? | 개인 개발 계획이 어떻게 도움이 될 수 있을까? | 개인 개발 계획에 무엇을 포함시켜야 할까? | 언제 개인 개발 계획을 시작해야 할까?

28장: 전문성의 지속적 개발 ······ 347
전문성의 지속적 개발이란 무엇인가? | 전문성의 지속적 개발의 혜택 | 지속적인 코치 교육은 무엇인가? | 전문적 또는 개인적 개발?

29장: 수퍼비전 ······ 357
수퍼비전이란 무엇인가? | 수퍼비전의 기능과 범위 | 수퍼비전은 실

제로 어떻게 작동하는가? | 수퍼비전이 어떻게 도움이 될 수 있을까? | 코칭 수퍼바이저 | 적합한 수퍼바이저를 어떻게 찾을 수 있을까? | 역할과 책임 | 수퍼비전을 통해 최상의 결과 얻기

30장: 성찰 프랙티스 ····· 375
성찰 프랙티스란 무엇인가? | 성찰 프랙티스가 중요한 이유 | 성찰 프랙티스를 개발하는 방법 | 자기 성찰을 위한 Henley 8 모델

31장: 멘토 코칭 ····· 385
멘토코칭이란 무엇인가? | 일반적인 코치 멘토링 | ICF 자격 인증을 위한 멘토 코칭 | 멘토 코칭은 언제 필요한가? | 멘토 코칭은 어떻게 이루어지는가? | 멘토 코칭 세션 계획 수립 | 멘토 코치 찾기 | 멘토 코칭 경험을 최대한 활용하기

32장: 코치 지식 평가 ····· 401
코치 지식 평가란 무엇인가? | 코치 지식 평가를 어떻게 가장 잘 준비할 수 있나? | 온라인 시험을 위한 조언

33장: 코칭 스킬 향상 ····· 407
PCC란 무엇인가? | PCC 자격을 얻으려면 무엇을 해야 할까? | PCC 코치와 ACC 코치의 차이점은 무엇인가? | MCC 자격을 얻으려면 어떻게 해야 할까? | MCC 코치와 PCC 코치의 차이점은 무엇일까? | 전문성 개발 모델 | 과학 | 예술 | 초심자의 마음 유지

6부: 도구와 기법

34장: 코칭 도구 ····· 425
기법 1: 마음챙김 명상 | 기법 2: 스토커스 | 기법 3: 전형적인 하루 | 기법 4: 변화 이야기 개발 | 기법 5: 걷기 및 말하기: 생태심리학 코칭 | 기법 6: 천국과 지옥 | 기법 7: 반영 사용: 단순, 증폭 및 완화 | 기법 8: VIP | 기법 9: 포스트잇 | 기법 10: 무인도 | 기법 11: 사악한 꽃 | 기법 12: 미덕의 꽃 | 기법 13: 개인 이사회 | 기법 14: 젤리 베이비 트리 | 기법 15: 결과 바퀴 | 기법 16: 유산 | 기법 17: 삶의 수레 바퀴 | 기법 18: 영향력 범위 | 기법 19: 도우스 | 기법 20: 세 가지 좋은 것들 | 기법 21: 축복: 자비로운 마음 키우기

참고 문헌 ····· 472
저자 및 역자 소개 ····· 480
발간사 ····· 483

1부: 들어가며

도입

1부는 도입과 이 책 전반의 맥락을 소개하기 위한 네 개의 장으로 구성된다.

1장은 성숙한 코칭을 다루고, 공인된 교육에 참여하고 ICF 자격증을 취득하기 위한 몇 가지 단계를 설명하는 것으로 시작한다. 우리는 또한 이러한 단계가 끝이 있는 것이라고 생각하는 대신 경험 단계나 성숙함에는 끝이 없어서 꾸준한 노력이 필요하다고 주장한다. 이런 방식으로 우리는 성숙함이 평생에 걸친 지속적인 개발과 성장 여정임을 제안한다.

2장에서는 코칭의 정의를 살펴본다. 먼저 이와 같이 정의를 명확하게 하고 소통하는 것이 중요한 이유를 기술한다. 몇 가지 정의가 가진 기본적인 공통점과 뉘앙스 차이를 소개한다. 또 코칭 이외에 고객들이 이용할 수 있는 다른 전문 서비스들과 코칭의 차이점도 살펴본다. 코칭과 멘토링이 자주 헷갈리고 비슷한 의미로 사용되므로 둘 사이의 연속체로 시작한다(이후 31장에서 멘토 코칭에 관해서 상세히 살펴본다). 코칭과 치료therapy, 코칭과 컨설팅과의 관계도 대략적으로 다룬다.

3장과 4장에서는 각각 우리가 누구인지, 우리 고객이 누구인지 살펴본다. 우리가 누구인지에 대한 질문은 자기 인식과 자기 성찰 개념 및 혜택을 통해 살펴본다(30장에서도 이 내용을 다룬다). MBTI 모델을 우리 자신에 대한 통찰을 얻기 위한 렌즈들 가운데 하나로 선택했다. 더 나아가, ICF의 핵심 역량 모델 안에서 자기 인식의 중요성이 어떻게 비춰지는지도 알아본다. 마지막으로 코치들이 코칭 성숙도를 높이는 방향으로 자신들의 여정 속에서 성장해갈 때 자기 인식을 더 잘할 수 있는 성찰 프랙티스로 도구와 접근법 몇 가지를 제시한다.

1부 첫 장에서는 우리가 고객들과 관련하여 갖추어야 할 코칭 마인드셋이 무엇인지 생각해보는 시간을 갖는다. 다시 한번 렌즈라는 아이디어가 강조되며, 우리가 긍정 대 결핍positive vs. deficit 관점에서 고객과 연결되는 코칭 마인드셋을 형성하고 개발해 나가는 데 도움이 될 몇 가지 도구들을 사례와 함께 제공한다. 이와 같은 도구들은 코치들에게만 유용한 것은 아니며, 고객들이 자신을 '보는 데'도 강력한 창문으로 작용하므로, 코칭 프로세스의 한 부분으로 자기 인식을 더 잘할 수 있게 한다.

1장.
성숙함으로의 여정

도입

전문 코치들 사이에서는 코치 육성 관련 토의가 활발하다. 국제코칭연맹 International Coaching Federation(ICF)(이하 'ICF'라 함)은 초보 코치에서 ACC Associate Certified Coach로, PCC Professional Certified Coach로, MCC Master Certified Coach로 성장해 나가는 여정을 단계별로 구분해두었다. 이 책에서 우리는 활발하게 활동하는 많은 코치가 아직 MCC가 아님을 인식하고, 코치 성장에 대한 다른 발상으로 '성숙함 maturity'이라는 용어에 관해 생각해보기로 했다. 우리는 MCC들을 포함해서 코치로서의 성장은 종착지가 아닌 지속적인 과정임을 제안한다. 우리는 모두 이 성장 여정에 함께하고 있다.

성숙한 코칭 coaching maturity

다른 전문직과 마찬가지로 코칭에도 역량이나 스킬 수준이 있다. 당신은 회사 동료나 전문 코치에게 코칭을 처음 받은 이후 코칭 여정이 시작되었을 수 있다. 이 경험을 통해 코칭이 가진 힘에 관해 관심이 생기고, 당신 자신을 발견함으로써 최고의 대안을 발견할 가능성을 보았을 수도 있다. 당신의 호기심은 여기에서 발동했을 수 있다. 어떤 경로였든지, 당신은 코치가 되려고 마음먹었고 공식적으로 코치로서 성장 여정을 시작했다.

그렇지만 ASCTH Approved Specific Coach Training Hours 라든가 ACTP Approved Coach Training Program 등의 공식 교육 과정을 이수하는 것은 이러한 여정의 일부분일 뿐이다. ICF 인증코치가 되기 위해서는 아래 나오는 것들도 필요하다.

1. 코칭 시간 기록 coaching hours log
2. 코치 지식 평가 coach knowledge assessment(CKA)
3. 멘토 코칭 기록 mentor coaching log
4. 코칭 시험 coaching assessment

당신은 현재 이 여정 중에 있을 수도 있고, 이미 ICF ACC이거나 PCC일 수도 있다. 아니면 이미 당신의 배움을 더 확장하고 싶은 MCC일 수도 있다. 아니면 수십 년간 코칭을 해왔지만 아직 공식 코치 자격을 받지 않았을 수도 있다.

어떤 경우이든 성숙으로의 여정은 멈추지 않는다. 우리는 숙달, 통달의 의미인 'mastery' 대신 성숙의 의미인 'maturity'라는 단어를 사용한다.

mastery는 끝을 암시하기 때문이다. 우리는 수년간의 훈련과 연습을 통해 장인master이 된다. 이에 반해 성숙은 성장이 결코 멈추지 않는 무한의 프로세스를 암시한다. 우리는 언제나 프랙티스에서 더 성숙해지고, 더 성찰하고, 더 통찰력을 갖출 수 있다.

사실 우리는 배우기를 멈춘 코치들은 코칭을 그만둘 코치라고 간주한다. 코칭은 우리에게 고객들과 우리 자신에게 호기심을 가질 것을, 그리고 우리 고객들을 배우고 변화할 능력이 있는 사람들로 볼 것을, 우리의 행동을 통해 이러한 믿음을 실제로 보여줄role-modeling 것을 요구한다. 코치들은 계속 학습하고 열린 자세로 고객들에게 배우며, 역동적인 세계에 적응할 준비가 된 사람이어야 한다.

이 책에서 우리는 코칭 역량, 코칭 모델들, 코칭 프랙티스 및 궁극적으로는 절충과 통합에 대한 초점 등 코치로서 지속해서 성장하기 위한 여러 가지 방법을 소개한다.

[표 1.1] 성숙한 코칭으로의 여정

코칭 초점	접근법	초점
모델	통제control	고객을 내가 생각하는 방향으로 끌고 가려면 어떻게 해야 할까? 내 모델을 고객에게 어떻게 적용해야 할까?
기법, 도구	포괄contain	고객들에게 생각할 공간을 제공하면서도 어떻게 목표를 달성할 수 있도록 할까? 이러한 도구와 기법을 어떻게 이용할까?
철학	촉진facilitate	코치로서 X가 세상이 돌아가는 방식이라고 믿는다면 어떻게 내 고객을 가장 잘 도울 수 있을까? 고객과 고객의 이슈가 이 세계관과 어떻게 맞을까?
통합, 절충	도움enable	코치와 고객 둘 다 시작에 앞서 해답이나 여정의 방향을 모른 채 협력적인 대화를 통해 이슈와 해결책을 부각할 수 있도록 충분히 이완되어 있는가? 개인의 독특함과 이 순간의 역사적, 국가적, 문화적, 성격적 차이를 염두에 둔 상태에서 어떤 모델, 틀, 관점의 다양성이 이 고객과의 대화에 가장 적합한가?

데이비드 클러터벅David Clutterbuck과 데이비드 메진슨David Megginson이 제시한 이 표가 코치 성숙도의 몇 가지 단계를 보여주고 있지만, 우리는 이 이상의 단계(모델들의 환상 또는 초월과도 같은)도 존재할 것 같은 느낌이 있다.

대부분 코치는 "고객에게 내 모델을 적용하려면 어떻게 해야 할까?"라는 질문과 함께 모델에 초점을 맞추는 데서 출발해서 [표 1.1]에 나오는 일련의 공통적인 경험을 거치게 된다. 그다음은 "어떻게 이 도구들을 고객들에게 적용할까?"라논 도구 집중 단계로 넘어간다. 이어서 코치가 만나는 사람들은 자신과 비슷하다고 가정하는 철학적 접근과 통합적 방향으로 나아간다. 이러한 통합적 입장에 다다르면서 다양한 관점, 복수의 프레임워크, 모델, 도구들을 어느 하나에 치중하지 않고 활용하게 된다. 더불어 시스템 요인을 고려하며, 이미 정해진 관심사 또는 자신만의 틀ego에서 벗어나 적응, 탄력성, 고객과의 파트너링을 통해 고객을 앞으로 나아가게 돕는다.

다음은 개인이 성장하는 여정에서 경험하게 될 몇 가지 변화다.

- 어느 하나의 코칭 모델(교육을 받으면서 배웠던)이 최고라는 좁은 관점에서 각각 다른 사람은 다른 방법으로 배우고 변화한다는 넓은 관점으로
- 확실성에 대한 욕구와 완벽한 해결책에 대한 탐색에서 불확실성과 모호함의 코칭 여정을 즐기고 어떤 상황이 벌어질 수 있음을 허용하는 쪽으로
- 고객의 현재 문제를 해결하기 위한 초점에서 고객을 도와 더 큰 자기 인식과 개인의 책임을 느끼도록 하는 초점으로

- 성과 지향, 실행의 초점에서 존재에 초점을 맞춘 프레즌스^{presence} 지향으로
- 자신이나 고객에 대한 집착^{preoccupation}에서 자신, 고객, 고객의 시스템 사이의 관계에 대한 초점으로
- 대화에 대한 초점에서 관계에 대한 초점으로

당신은 이와 같은 여정의 어디에 있는가? 한 번 성찰해보길 권한다.

물론 책에 나오는 일련의 질문들은 대략적인 가이드일 뿐이다. 더 중요한 것은 이러한 요소들을 생각해보면서 당신의 성장 여정에서 다음 단계는 어디인지를 탐색해보는 것이다. 이 책을 ICF 역량을 이해하는 데, 코칭 프랙티스에 어떻게 적용할지, 코치로서 더 확장된 프랙티스에 대한 성찰에, 그리고 종착지가 아닌 여정으로 성장을 인식하는 데 유용한 자료가 되길 바란다.

마무리

1장에서 우리는 초심자, 전문 코치, 마스터 코치 누구든지 개인적인 성장 여정에 있음을 제안했다. ACC, PCC, MCC 등의 특정한 단계에 집중하는 대신 코치로서의 성장을 지속해서 개선하고 발전하는 여정으로 인식했을 때 더 도움이 된다.

2장.
코칭이란 무엇인가?

코칭의 정의

코칭이 1980년대 초에 별도의 분야로 발전을 시작한 이래(Brock 2012; Passmore & Theeboom, 2016) 코칭의 정의는 현장에서 그리고 연구자들 사이에 논의가 계속 이어져 왔다. 거의 모든 책과 기사와 블로그에서 빠지지 않는 질문은 바로 '코칭이란 무엇인가?'이다.

코칭의 공식적 정의를 찾는 것은 현장에 있는 많은 코치에게는 학문적인 관심으로 치부될 수 있지만, '코칭이란 무엇인가'에 대해 생각하는 것이 중요한 이유는 적어도 세 가지가 있다고 생각한다.

첫째, 코칭을 실제로 하기 위해서는 명확한 정의가 필수적이다. 표준화된 정의는 고객이 코치에게 무엇을 기대할 수 있는지 그리고 우리 모두가 동일한 서비스를 제공하고 있는지를 명확하게 한다.

둘째, 코칭의 정의는 연구를 위해 필수적이다. 우리는 연구되는 현상을 이해하기 위해 코칭의 영역을 명확하게 기술할 필요가 있다. 코칭은 여전히 떠오르는 연구 영역인 만큼 코칭을 상담이나 컨설팅과 같은 유사한 영역과 차별화하고 이론적 기여를 위한 연구 플랫폼을 제공하기 위해 코칭의 핵심 요소를 정의하는 것이 중요하다.

셋째, 일관된 정의는 코치의 교육과 자격 증명을 위해 필수적이다. 우리가 하는 일에 대해 이해를 공유함으로써 합의된 공유지식 체제와 훈련 표준을 개발할 수 있도록 한다. 그리고 과학에 기반을 둔 프레임워크를 통해 교수법을 뒷받침한다.

ICF도 유사한 견해를 갖고 있으며, 코칭을 다음과 같이 명확하게 정의한다:

> "코칭은 고객들이 개인적이고, 전문적인 잠재력을 극대화할 수 있도록 영감을 주기 위해 생각을 자극하는 창의적인 과정 속에서 고객들과 파트너가 되는 것이다."

다른 정의들

실제로 저자, 연구자, 코치들이 각자 경험한 바에 따라 다양한 측면에서 코칭을 정의해왔다. 우리는 이러한 정의들을 [Box 2.1]에 위의 ICF 정의와 비교했다. 다른 이들이 코칭을 어떻게 정의하는지 살펴봄으로써 우리가 실제로 코칭을 할 때 본질과 경계를 충분히 이해할 수 있다.

코칭의 초기 사상가 가운데 한 명으로 널리 알려진 존 휘트모어John Whitmore는 그의 저서 '코칭 리더십Coaching for Performance'에서 기념비와 같은 정의를 내렸다. 휘트모어에게 코칭은 "자신의 성과performance를 극대화할 수 있는 가능성을 여는 것이었다. 그것은 그들을 가르치기보다는 그들이 배울 수 있도록 돕는 것, 즉 퍼실리테이션 접근 방식이다"(Whitmore, 1992, p.8).

휘트모어는 티모시 골웨이Timothy Gallwey의 책, 『이너 게임』에서 많은 아이디어를 얻었다. 골웨이(1986)는 스포츠 경기에서도 선수의 내적 상태가 중요한 요소라고 지적한 바 있다. 그는 더 나아가 테니스나 골프 같은 개인 종목에서도 내적 상태는 상대 선수보다 더 영향을 미친다고 주장했다. 만약 개인이 자신과의 대화self talk를 통제할 수 있다면, 상당한 성과 향상이 이루어질 수 있을 것이다. 존 휘트모어 코칭의 핵심은 코칭의 목적이 개인들에게 더 큰 자각과 개인적 책임을 갖도록 돕는 것이라는 믿음이었고, 이러한 인식/알아차림awareness과 상호책임accountability을 통해 성과가 향상될 수 있었다. "성과 코칭은 인식과 책임에 기초한다."(Whitmore, 1992, p173)라는 가정이 휘트모어에게는 매우 중요했다.

다른 초기 코칭 학자들도 자신들만의 정의를 제시했다. 로라 휘트워스Laura Whitworth는 토마스 레너드Thomas Leonard와 함께 미국에서 코칭을 개척한 사람 가운데 한 명이었다(Brook, 2009). 휘트워스는 '신뢰, 비밀 보장에 기반을 둔 가능성 관계a relationship of possibilities based on trust and confidentiality'라고 정의한 코액티브co-active 코칭을 개발했다(Whitworth et al., 1998).

이러한 정의들은 코칭 프로세스의 본질과 사람에 대한 의존성, 대인관계 및 협업을 강조한다. 이러한 관계적 측면으로 인해 코칭이 다른 훈련 방법과 구별되는데, 여기에는 지식 교환knowledge exchange이 논란의 중심에 있다.

조나단 패스모어Jonathan Passmore와 아네트 필러리-트라비스Annette Fillery-Travis는 코칭을 멘토링, 상담 및 기타 대화 기반 방식과 차별화하기 위한 시도로 프로세스 기반 정의를 채택했는데, 이는 존 휘트모어가 말한 코칭의 기본 목적인 자기 인식과 개인적 책임이라는 개념과 연결된다. 그들은 코칭을 '퍼실리테이터(코치)와 참가자(고객) 사이의 소크라테스 기반 대화'이며, '퍼실리테이터가 하는 대부분 개입은 고객의 자각과 개인의 책임을 자극하기 위한 것'으로 정의한다(Passmore & Fillery-Travis, 2011).

영국의 저명한 코칭 연구자인 타티아나 바흐키로바Tatiana Bachkirova는 코칭이 '코치이의 바람직하고 지속 가능한 변화를 촉진하기 위해 체계적이고 집중적인 상호작용과 적절한 전략, 도구 및 기법의 사용을 포함하는 인간 계발 과정'이라고 제안한다(Bachkirova, Cox & Clutterbuck, 2010, p1). 이링 라이(Yi-Ling Lai, 2014)는 코칭이 '코치이의 개인적인 목표나 업무 목표를 달성하기 위해 코치와 지속적인 대화와 협상을 통해 코치가 긍정적 행동 변화를 경험하도록 돕거나 촉진하는 상호 성찰 과정'이라고 말한다. 다시 말하지만, 긍정적 행동 변화는 코칭의 주요 목적으로서 강조되는데, 구조화된 과정이 개입되어 있다는 인식이 저변에 깔려 있다. 더욱이 라이는 기존 정의를 반영한 코칭을 재해석한 데서 '협상'을 내세우는데, 코칭이 관계 기반의 학습과 개발learning and development 과정임을 강조하는 것으로 볼 수 있다.

이 같은 정의들은 코치와 고객 사이의 협업적, 비지시적 프로세스에 대한 ICF 정의의 본질을 유지하면서 독자에게 다양한 관점을 제공한다.

[Box 2.1] 코칭의 정의

1. "코칭은 튜터링이나 지도instruction와 유사한 모습으로 실행되며, 즉각적인 성과 향상 및 스킬 개발과 직접적인 관련이 있다."(Parsloe, 1995)
2. "자기 능력을 최대한 발휘할 수 있는 가능성을 열어두는 것. 가르치는 것보다 배우는 것을 도와주는 것이다."(Whitmore, 2003)
3. "코치이의 업무성과, 인생 경험, 자기 주도 학습 및 인적 성장을 촉진하기 위해 코치가 솔루션에 집중하여 체계적으로 진행하는 결과 지향적 프로세스이다."(Grant, 1999)
4. "다른 사람의 성과, 학습 및 성장을 촉진하는 기술이다."(Downey, 2003)
5. (코액티브) 코칭은 '인간의 학습, 효과, 성취를 위한 일생에 걸친 과정을 진척시키고 향상시키기 위해 고안된 강력한 동맹'이다(Whitworth et al., 1998).
6. "일대일 관계에서 심리적 스킬과 방법을 활용하여 누군가가 더 효과적인 관리자나 리더가 될 수 있도록 돕는다. 이러한 스킬은 일반적으로 현재 업무와 관련된 특정 문제에 적용되며, 고객이 이를 지속적인 관리 방법으로 또는 리더십 레퍼토리에 통합할 수 있도록 한다."(Peltier, 2010)
7. "퍼실리테이터(코치)와 참여자(고객) 사이의 소크라테스 기반 대화로, 퍼실리테이터가 사용하는 대부분 개입은 참여자의 자각과 개인적 책임을 자극하기 위한 개방적인 질문이다."(Passmore & Fillery-Travis, 2011)
8. "코치가 코치이의 개인적 또는 업무 목표 달성을 위해 지속적인 대화와 협상을 함으로써 코치이의 긍정적 행동 변화를 경험하도록 돕거나 촉진하는 성찰 프로세스이다."(Lai, 2014)
9. "조직에서 관리 권한과 책임을 갖는 고객과 컨설턴트 사이의 협조 관계이며, 컨설턴트는 고객과 함께 확인한 목표 달성을 위해 고객의 직업상 성과와 개인의 만족을 향상할 수 있도록 광범위한 행동 기법과 방법을 사용하게 된다. 그 결과 코칭 계약을 통해 고객이 속한 조직의 효과성effectiveness 향상을 기대할 수 있다."(Kilburg, 1996, p.142)
10. "체계적이고 집중적인 상호작용과 코치이의 이익을 위해 바람직하고 지속 가능한 변화를 촉진하기 위한 적절한 전략, 도구 및 기법의 사용을 포함하는 인간 계발 프로세스이다."(Bachkirova, Cox & Clutterbuck, 2010, p.1)

코칭과 멘토링

코칭과 멘토링은 흔히 연속선상에서 고려된다. 코칭과 멘토링 모두 개인과 전문적 발전에 관심이 있지만, 연속선에서 멘토링 쪽으로 움직임에 따라 코치나 멘토의 입력량은 증가한다([그림 2.1]).

이런 의미에서 멘토링은 특정 직무, 역할, 직업 또는 조직에서 어떻게 더 성과를 낼 수 있을 것인가에 대한 지식과 통찰력을 선배나 경험이 많은 멘토가 후배나 경험이 적은 멘티와 나누는 일종의 지도tutelage로 간주될 수 있다.

몇몇 저자는 직장에서의 멘토링에 경험이 적은 개인(프로테제protégé)과 좀 더 경험이 많은 사람(멘토)의 관계가 있어야 한다고 제안했는데, 여기서 목적은 프로테제의 개인적, 전문적인 성장이다(Eby, Rodes, & Allen, 2007, p16). 멘토는 직장 동료, 관리자, 조직 내 다른 누군가가 될 수 있지만, 프로테제의 지휘체계 밖에 있는 사람이 되는 것이 일반적이다. 다른 이들은 코칭이 GROW 모델과 같이 구조화된 프로세스를 사용하거나 고객에 대한 인식을 제공하기 위해 특정 도구와 평가를 사용한다는 점에서 멘토링과 다르다고 주장해왔다(Joo, 2005).

또 다른 차이점은 그 관계가 지속되는 기간이다. 코칭 과제들이 몇 개월 내에 완료되는 경우가 많은데 비해, 멘토링 관계는 수년 이상 지속되는 경우가 많다(Passmore, 2016).

마지막으로, 목적 면에서의 차이도 있다. 직장 내 코칭의 목적이 자기인식과 학습을 통한 성과나 웰빙의 개선으로 여겨지는 데 비해, 멘토링의 목적은 신입사원들의 사회화socialization에서부터 관리자 육성에 이르기까지 광범위하다(Joo, 2005).

코치들은 코칭하기로 계약했다면 멘토링 관계로 빠지지 않도록 유의해야 한다. 구체적으로 코치들은 코칭 관계가 몇 개월이 아닌 몇 년 동안 지속되는 장기 관계로 이어지지 않도록 주의할 필요가 있는데, 이는 고객이 코치에게 의지할 가능성이 있기 때문이다. 이러한 관계에 문제가 있는 것은 아니지만 우리가 보기에 이 관계는 코칭이라기보다는 멘토링이다.

Coaching → Mentoring

더 많은 촉진   더 많은 지침

[그림 2.1] 코칭-멘토링 연속선

코치들에게 있어 두 번째 위험은 조언하는 것이다. 경험이 짧은 관리자들은 코치들에게 조언을 구할 수 있고, 경험이 많지 않은 코치들은 고객들에게 '이렇게 하는 것이 필요합니다'라는 식으로 본인의 경험이나 지식을 나누는 경우가 있다. 이는 역시 코칭이 아니라 멘토링으로 봐야 한다.

멘토링과 같은 방식의 개입은 고위임원들이 가진 이슈나 문제에 대해 믿을 만한 조언을 정기적으로 줄 수 있다면 매우 유용할 수 있다.

코칭과 (심리)치료

심리치료 또는 상담과 코칭의 차이점을 이해하는 것은 코치와 고객 모두에게 중요하다. 고객들은 때때로 임상 상태clinical condition를 위해 훈련된 치료사의 도움이 필요한 경우에도 코칭만으로 끝날 수 있다. 동시에 코치는 자신의 지식과 훈련 영역 밖의 문제에 대해 이야기하는 경우도 생길 수 있다.

코칭에서 심리 모델이나 도구들을 점점 더 많이 쓰는 추세이므로, 상담과 치료와 구별되는 코칭만의 명확한 차별화 필요성이 더욱 강조된다(Bachkirova, 2008). 차별화가 중요한 것은 코치가 자신의 역량 범위와 계약 조건 내에 있는 것이 중요하기 때문이기도 하다.

상담/치료와 코칭 영역 사이에는 겹치는 부분이 매우 많다. 두 영역 모두 '관계'와 관련이 있다. 둘 다 그 과정에 대한 고객의 참여와 약속에 대한 필요성을 인식하고, 변화를 촉진하기 위해 '상담가(코치)의 자기 인식'에 의존하며, 대화를 계속 진전시킬 필요성을 인식한다. 또 상담/치료와 코칭 모두 듣기, 존재감, 신뢰, 알아차림 불러일으키기 evoking awareness 등 전문적인 스킬들을 공유한다.

그러나 우리는 적어도 세 가지 차별화 측면이 있다고 제안한다. 첫째로, 고객이 상담/치료에 착수하게 된 동기는 코칭과 다르다. 예를 들어, 개인은 보통 상담/치료 세션을 통해 심리적 문제와 장애를 없앨 수 있을 것을 기대한다. 이러한 의미에서 주로 문제에 초점을 맞춘 것으로 간주될 수 있다. 이와는 대조적으로 코칭 고객은 개인적, 전문적인 성과 향상을 기대한다. 이러한 의미에서 해결책에 초점을 맞춘 것으로 간주될 수 있다.

둘째로, 상담/치료의 초점은 고객의 정신적인 웰빙과 관련되어 있는 데 비해, 코칭 프로세스는 보통 합의되거나 계약된 목표에 국한되어 있다. 기대되는 결과와 평가 방법은 고객, 상사, 기타 이해관계자들과 함께 첫 세션 전에 정의된다.

셋째는 기간의 차이다. 코칭은 4회, 6회, 12회 세션으로 계약하는 경우가 많은데 비해, 상담/치료는 주 단위로 계약하고 필요한 만큼 그 관계가 유지된다. 상담 관계는 1년은 물론이고 수년간 지속되는 경우도 많다.

    코치들은 임상 상태를 보이는 고객들과 일할 때 조심해야 한다. 이러한 고객들은 코칭 관계 시작 전에 본인의 주치의나 치료사들에게 소개되어야 한다. 코치들은 또한 업무 스트레스, 불안 또는 우울증 등과 같은 주제를 다룰 때 주의가 필요하다. 고객이 임상 상태로 약을 복용하고 있다는 사실이 밝혀지면 더더욱 그렇다. 다시 한번, 코치는 계약 단계에서 코칭이 다룰 수 있는 것이 무엇인지, 그리고 이러한 비코칭 주제가 나오는 경우 그 분야에 적합하게 훈련된 전문가에게 의뢰할 수 있음을 명확히 할 필요가 있다. 이에 대한 추가 지침 및 자료는 이후 6장에서 확인할 수 있다.

코칭과 컨설팅

마지막으로 혼선이 있는 영역은 컨설팅이다. 멘토링과 마찬가지로 컨설팅에는 조언 또는 입력 요소가 있다. 조직 차원의 변화도 코칭의 주제가 될 수는 있지만, 보통은 촉진 방법 facilitative style에 의한 개인의 변화에 초점이 맞춰진다. 이에 비해 컨설팅은 개인이나 팀 또는 이사회에 전문적인 조언을 제공하는 경우가 많다.

    우리의 경계 영역은 팀 코칭이다. 팀 코칭은 우리 생각에 개별 코칭과는 다른 개입이다. 하나의 그룹으로 팀과 함께 일하는 것은 촉진 방법을 쓰더라도 팀 내의 구성원들과 개별적으로 일하는 것과는 다르다. 팀 코칭은 일대일 코칭보다 액션러닝과 더 많은 공통점이 있다고 생각한다. 일대일 코칭은 개인적이고 집중적인 관계가 만들어지고, 코칭 세션 중에 순간마다 코치가 온전히 함께한다는 점에서 다르다. 이와 같은 연결의 강도는 그룹 내에서는 만들어질 수 없다. 팀 코칭과 그룹 코칭은 엄청난 도움을 줄 수 있지만, 성공적인 실행을 위해서는 일대일 코칭의 핵심 역량들과는 또 다른 스킬들이 요구된다.

마무리

요약하자면 코칭은 특색 있는distinctive 접근법이다. 일대일 촉진 관계를 통해 단기간에 업무 목표나 새로운 통찰력에 도움을 주는 데 초점이 맞춰진다는 점에서 멘토링, 상담, 컨설팅과는 다르다.

코치들은 계약 단계에서 코칭이 무엇이고 어떻게 도움이 될 수 있는지 고객들이 이해하도록 해야 한다. 이를 통해 코치와 고객이 함께 어떻게 협력할 수 있을지와 코칭하는 동안 코치가 할 일, 하지 않을 일에 대해 고객의 기대에 부응하는 데 도움이 된다.

3장.
나는 누구인가?

도입

코칭에서 우리가 누구인지 이해하는 것은 코칭이 무엇인지 이해하는 것만큼이나 중요하다. 코치는 고객과 일할 때 중심적인 역할을 한다. 우리는 심지어 코치가 코칭 관계상의 도구라고 말할 수도 있다. 코치는 자신을 이해함으로써 고객이 해야 하는 일에 방해가 되지 않으면서 도울 수 있을 뿐만 아니라, 자기 발견의 여정에 있는 고객들을 돕기 위해 자기 공개self-disclosure와 이야기를 통해 자신을 활용할 수 있다.

 3장에서는 자신을 코칭 프로세스의 중심 도구로 생각하고, 코치가 자각력을 높여 자신에 대한 이해를 심화할 수 있는 방법을 생각해 볼 것이다. 이를 위한 한 가지 방법은 성격 검사를 이용한 자기 성찰을 통한 것이고, 다른 하나는 개인 저널을 이용하는 것이고, 세 번째는 자신의 코칭 프랙티스를 자기 발견의 지속적인 학습 여정이라고 의식적으로 보는 것이다. 이제 이러한 접근법들을 살펴보자.

나는 누구인가?

코칭은 매우 개인적인 프로세스다. 이 과정에서 코치는 진실해야 authentic 한다. 이를 통해 신뢰 관계가 발전해 고객이 코칭에 더 개방적이고 친밀해질 수 있다. 동시에 코치는 방해가 되지 않도록 해야 한다. 코치의 임무는 코칭에서 내용을 구성하거나 지시하거나 영향을 주는 대신 프로세스를 관리하는 것이다.

우리가 보기에 코치는 고객이 합의된 목표를 달성하도록 도울 수 있는 도구다. 이 목표는 자신이나 어떤 상황 또는 행동계획에 대한 새로운 통찰일 수 있다. 이를 위해 코치는 높은 수준의 자기 인식 능력을 갖춰야 한다. 언제 개입해야 하는지, 언제 뒤로 물러나야 하는지 알고 있어야 한다. 성찰reflection, 재구성reframing, 은유 또는 통찰을 제공하기 위해 개입하고, 고객이 대화를 성찰하고 소화하고 개인적인 통찰이 나타날 시간을 제공하기 위해 침묵하며 한 발 물러선다.

자기 인식과 자기 성찰

자기 인식self-awareness과 자기 성찰self-reflection이라는 용어는 마치 같은 뜻을 가진 것처럼 서로 바꾸어 사용하는 경우가 많다. 그러나 우리는 둘 사이에 차이가 있다고 생각한다. 자기 성찰은 코치가 직접 개입할 수 있는 과정으로, 자기 자신이 더 자각할 수 있는 역량을 키우는 데 도움이 된다. 이와는 대조적으로 자기 인식은 이 과정의 결과물이다. 코치 자신들의 감정, 행동, 생각에 더 민감해지고 인지할 수 있게 되어, 개인의 이력과 성격이라는 맥락에 머물게 하고, 자신의 환경과 고객에 대한 반응이 가능해진다.

자기 인식 역량이 높은 사람은 아래와 같은 특징이 있다.

- 자신을 솔직하게 바라보려고 한다.
- 강점과 개선 영역을 파악한다.
- 다양한 정서를 경험할 수 있다.
- 자신의 가장 깊은 정서까지 확인하고 치유한다.
- 안 되는 일은 멈출 수 있다.
- 의식적으로 생각하고, 느끼고, 행동한다.
- 더 능동적으로 행동한다.
- 배우고 성장하고 변화할 의지가 있다.
- 새로운 경험에 열려 있다.
- 자신의 취약점을 더 편하게 여긴다.

렌즈

우리가 자신을 더 잘 인식하고 이해하는 방법은 매우 많다. 코칭은 다른 사람들의 피드백을 받고 우리 자신의 행동, 생각, 정서를 관찰한다는 점에서 이러한 방법들 가운데 하나다. 그러나 단순히 관찰하고 피드백을 받고 코칭을 한다고 해서 자기 인식이 이루어지는 것은 아니다. 우리가 수집하는 데이터에 대해 생각해보고 스스로 이해해야 한다. 다시 말해, 우리는 이 피드백에 대해 성찰해야 한다.

성격 유형 렌즈

심리 측정 검사는 우리가 우리 자신을 보는 데 매우 유용한 도구가 될 수 있다. 우리가 사용할 수 있는 다양한 성격 검사들이 많이 있다(코칭에 대한 광범위한 심리학적 도구에 대한 논의 참조. Passmore, 2012). 이러한 검사들 가운데 일부는 유형 기반 성격 모델이다. 이것들은 칼 융(Jung, 1923)의 사상을 기반으로 둔다. 가장 인기 있는 검사들은 MBTI, TDI, Insights, DISC 및 16 Personality가 있다. 이 설문들은 우리가 선호하는 행동에 대해 생각해보는 데 도움을 준다.

융은 사람들이 저마다 선호하는 행동 유형이 있으며, 이러한 선호를 이해함으로써 우리 자신을 더 잘 이해할 수 있고 또한 다른 사람에 대한 우리의 행동을 조절하여 갈등을 줄이거나 다른 사람과의 관계를 개선할 수 있다고 제안한다(Jung, 1923).

코치로서 우리는 (적절한 훈련을 받은 이후) 고객들을 위해서도 이러한 검사들을 활용할 수 있고, 우리 자신의 선호 행동에 대한 이해도 깊게 하고 우리의 코칭 접근 방식에 어떻게 영향을 미칠지 확인할 수 있다. [표 3.1]에 이 모델이 우리에게 고려하라고 묻는 네 가지 핵심 질문을 바탕으로 한 네 가지 지향점이 요약되어 있다. 이어서 [표 3.2]에서는 코치의 행동과 관련된 선호preference를 탐색해본다.

16 Personalities, MBTI와 다른 융 학파의 설문 뒤에 숨겨진 이론은

우리가 모두 세계와 연결할 때 선호하는 방식이 있다고 말한다. 예를 들어, 우리는 글을 쓸 때 오른손이나 왼손 중 더 쉽고 편하게 느끼는 손이 있다. 우리가 얼마나 글을 잘 쓰는지는 이 설문들을 통해 밝힐 수 없다. 그렇게 함으로써 우리는 왼손을 사용할 가능성을 무시하는 경향이 있다. 만약 우리가 왼손을 사용하려고 한다면, 우리는 그 경험을 '어색하다' 또는 '자연스럽지 않다'라고 묘사할 수 있을 것이다.

왼손/오른손의 이분법처럼 16 Personalities는 우리 주변 세계와 관련하여 두 가지 선택권을 어떻게 가지고 있는지, 그리고 다른 하나를 희생하여 하나를 선택하는 경향이 있음을 보여준다. 우리가 이 선택에서 직면하는 분야는 네 가지다.

첫 번째 영역은 내향(I)과 외향(E), 두 번째 영역은 감각(S)과 직관(N), 세 번째 영역은 사고(T)과 감정(F), 네 번째 영역은 판단(J)과 인식(P)의 선택으로 표현된다.

성격 특성traits 렌즈

성격에 대해 알아볼 수 있는 다른 방법은 성격 특성을 보는 것이다. 가장 일반적인 모델은 빅 파이브인데, 때때로 오션 모델OCEAN Model이라고 불린다. 이 모델은 개방성, 성실성, 외향성, 우호성, 신경증의 5가지 요소를 바탕으로 한다.

[표 3.1] 네 가지 질문

첫 번째 질문: 사람들은 어디서 에너지를 얻나?	
외향extraversion	**내향**introversion
외향적인 것을 선호하는 사람들은 외부 세계에 있는 사람과 사건에서 에너지를 얻는다. 외부 세계의 사물에 주의를 집중하고, 사람들과 사건들과 교류함으로써 활력을 얻는다. • 사교적인 • 외부 세계에서 설렘을 추구하는 • 다양한 친구들과 어울리길 좋아하는 • 먼저 말하고 그다음 생각하는 관심사가 다양한 • 대화를 통해 상대방의 생각을 알아보는 • 표현력이 있는 힘든 하루를 보내고 나서 외향형은 친구들과 밖에서 시간을 보냄으로써 에너지를 회복한다.	내성적인 것을 선호하는 사람들은 생각과 감정의 내면 세계에서 에너지를 얻는다. 흔히 자신의 내부 세계에 관심을 집중하는 것을 선호한다. 왜냐하면 그곳에서 많은 일이 일어나기 때문이다. 그들은 생각과 감정을 가지고 혼자 시간을 보내면서 활력을 얻는다. • 조용한 • 깊이 있는 • 먼저 생각하고 말하는 • 사적이고 조심스러운 • 한두 사람과의 관계를 선호하는 • 관심의 깊이가 있는 • 글로 생각을 표현하길 선호하는 힘든 하루를 보내고 나서 내향형은 친한 친구 한 명과 조용한 저녁을 함께 보냄으로써 에너지를 회복한다.
두 번째 질문: 어떤 유형의 데이터에 관심을 두는가?	
감각sensing	**직관**intuition
감각을 선호하는 사람들은 보고 듣고 만질 수 있는 것을 신뢰하면서 오감을 통해 정보를 받아들인다. 손에 잡히고 구체적이며 현재에 초점을 맞춘 정보를 선호한다. 자기 주변의 현실 세계를 주시하고 세부적이고 실용적인 문제 해결을 선호한다. • 현실적인 • 현재에 초점을 맞추는 • 세부사항에 신경 쓰는 • 실재하는 것에 초점을 맞춘 • 경험한 것을 믿는 • 사실을 좋아하는 • 사실들을 하나씩 보는 것이 필요한	직관을 선호하는 사람들은 큰 그림을 보고 정보를 받아들인다. 사실 관계와 더 넓고 전략적인 함의에 초점을 맞춘다. 사실의 의미, 즉 경향, 함축성, 사실 뒤에 숨겨진 패턴에 익숙하다. 새로운 가능성과 남과 다르게 일하는 방법을 선호한다. • 추상적이고 이론적인 • 상상력이 풍부한 • 미래지향적인 • 직관적인 통찰력을 신뢰하는 • 전략적인 • 아이디어를 선호하는 • 사실 관계 파악을 위해 큰 그림이 필요한

세 번째 질문: 사람들은 어떻게 결정을 내리는가?	
사고thinking	**감정**feeling
사고에 의지해서 의사결정하는 사람들은 논리, 사실 그리고 객관적인 분석 결과를 보는 경향이 있다. 어떤 상황의 객관적 진실을 알아내기를 원하고, 그렇지 않다면 공정과 정의라는 이상에 따라 가능한 최선의 결과를 찾을 것이다. • 분석적인 • 객관적인 • 논리적인 문제해결을 좋아하는 • 인간미 없는 • 공정한 • 원칙에 따르는 • 일 중심인	감정에 의지해서 결정을 내리는 사람들은 주관적인 감정을 이용하여 판단한다. 다른 사람들의 요구에 맞추고, 공감하면서 상대방의 감정을 저울질하기도 한다. 동정심, 타인에 대한 감사, 대인관계상의 화합을 중시한다. • 동정심이 많은 • 인정이 있는 • 다른 사람의 필요에 맞추는 • 다른 사람의 감정에 반응하는 • 개인의 가치에 따르는 • 주관적인 • 사람 중심인
네 번째 질문: 사람들은 어떻게 삶의 지향점을 찾는가?	
판단judging	**인식**perception
외부 세계에서 판단 프로세스 이용을 선호하는 사람들은 계획적이고 질서 정연하게 사는 것을 좋아한다. 의사결정을 내리고, 그에 따른 실행을 위해 구조화된 계획을 세우는 것을 좋아한다. 계획, 일정, 그리고 일을 마무리하는 것이 중요하다. • 예정된 • 조직화된 • 체계적인 • 결단력 있는 • 결정을 실행하는 것 잘함 • 일을 마무리함 • 미리 계획을 세움 • 마지막 순간의 변경 싫어함	외부 세계에서 통찰 프로세스 이용을 선호하는 사람들은 자발적이고 유연한 방법으로 사는 것을 좋아한다. 삶을 통제하기보다 이해하고 경험하는 것을 더 좋아한다. 가능성과 선택지를 열어두고 마지막 순간까지 결정을 미루는 것을 선호한다. • 즉흥적인 • 탄력적인 • 마지막 순간까지 일을 미룸 • 변화에 대응하는 • 태평스러운 • 의사결정을 미룸 • 임기응변 하는 • 경직된 계획 회피

(로저스의 2017년 책 내용 재정리)

성격 선호와 코칭 스타일을 탐구한 연구는 별로 없지만, 다른 연구 영역에서 살펴보면 성실성이 학습과 적용에 도움이 될 것이라는 결론을 내릴 수도 있다. 높은 성실성 점수는 일의 성공과 관련이 있다. 유명한 골프 선수인 잭 니클라우스도 "연습을 열심히 할수록 더 운이 좋아진다."라고 말한 것으로 알려져 있어서 이것은 놀라운 일이 아닐지도 모른다.

코칭 결과에 영향을 미칠 수 있는 두 번째 요인은 우호성이다. 공감하며 사심 없이 신뢰 관계를 구축할 수 있는 코치들은 고객과의 관계를 더 잘 구축할 가능성이 크며, 이기적이거나 자기 위주인 사람들보다 더 나은 코치가 될 가능성이 있다.

마지막으로, 우리는 신경증 점수가 높은 코치가 덜 효과적인 코치가 될 수 있다고 가정할 수 있다. 감정이 풍부하고 불안정하며 연약하면 성공적인 코칭 결과와 부정적인 상관관계가 있을 가능성이 크다. 그렇지만 몇 년에 걸쳐 수백 명의 코치들을 훈련시킨 경험에 따르면, 신경증 점수가 높았던 많은 코치가 고객들과 함께 있을 때만큼은 신경증을 관리하는 스킬을 개발했던 것을 알고 있다.

세 번째 렌즈

우리 자신을 꿰뚫어 볼 수 있는 세 번째 성격 렌즈는 전문 분야 검사다. 여기에는 EQI와 MSCEIT와 같은 정서지능 검사, MTQ48과 같은 회복력 검사, TLQ와 ILM72와 같은 리더십 검사, VIA와 같은 강점 검사가 포함될 수 있다(4장에서 VIA는 자세히 다루겠음).

이 검사들은 각각 우리가 누구인지에 대한 다른 관점을 제공함으로써, 우리 자신에 대해 생각할 기회를 제공한다. 또 우리가 선호하는 것이나 관계 맺는 방식style of engaging이 리더로서 또는 코치로서 우리의 접근 방식을 어떻게 돕거나 방해할 수 있는지 알려준다.

[표 3.2] 선호하는 코칭 방식

(역자 주: 아래 나오는 Goal, Reality, Options, Way Forwarrd는
15장에서 설명할 GROW 모델 참고)

	강점일 가능성이 있는 것	보완점일 가능성이 있는 것
외향 extraversion(E)	• 고객이 다양한 이슈를 탐색하도록 돕기 • 코칭 파트너십 수립 • 즉석에서 생각하기	• 침묵 이용하기 • 고객이 깊이 있게 탐색하도록 돕기 • Way Forward 단계 도달하기
내향 introversion(I)	• 고객이 깊이 있게 탐색하도록 돕기 • 전략에 대해 성찰하기 • 침묵 이용하기	• 고객이 실행으로 나아가게 돕기 • 고객이 모든 관련 이슈들을 탐색하도록 돕기 • 코칭 파트너십 수립
감각 sensing(S)	• 세부사항 관찰하기 • Reality 단계 활용하기 • 고객이 Way Forward 단계에서 실질적인 실행 계획을 세우도록 돕기	• 큰 그림을 고려하기 • Option 단계에서 아이디어 내기 • 직관 이용하기
직관 intuition(N)	• 큰 그림 보기 • 직관 사용하기 • Option 단계에서 아이디어 내기	• 구체적으로 생각하기 • 직관 테스트해보기 • 고객이 Way Forward 단계에서 실질적 계획을 세우도록 돕기
사고 thinking(T)	• 객관성 유지하기 • 도전하기	• 고객의 감정 읽기 • 공감하기 • 적합한 순간에 협조적으로 도전하기
감정 feeling(F)	• 따뜻함 보여주기 • 공감하기	• 생각만이 아니라 느낌도 고려하기 • 고객에게 도전하기 • 더 객관적인 입장 유지하기
판단 judging(J)	• 계획하기 • 결단력 있게 대하기	• 적합한 시점에 결정하도록 고객 돕기 • 융통성 발휘하기
인식 perceiving(P)	• 즉흥적으로 대응하기 • 탄력적으로 대하기	• 계획하기 • 고객이 결정할 수 있도록 돕기

(패스모어 외 2006년 논문 내용에서 재정리)

[표 3.3] 다섯 요인 성격 모델

big five 요인	설명
성실성conscientiousness	신중한, 신뢰할 수 있는, 열심히 일하는, 계획을 잘하는, 시간을 잘 지키는, 단련된, 야심찬
외향성extroversion	사교적인, 재미를 추구하는, 다정한, 친근한, 수다스러운, 따뜻한
우호성agreeableness	예의 바른, 사심 없는, 동정심 많은, 신뢰하는, 관대한, 묵인하는, 관대한, 용서하는, 융통성 있는
개방성 openness to experience	독창적인, 상상력 있는, 창조적인, 관심사가 넓은, 호기심 있는, 대담한, 자유로운, 독립적인, 다양성을 선호하는
신경증(정서적 안정) neuroticism: emotional stability	걱정하는, 감정적인, 예민한, 변덕스러운, 불안한, 자기 연민하는, 취약한(정서적 안정: 차분한, 편안한, 침착한, 안정적인, 강인한)

(1987년 McCrae와 Costa의 논문 내용 재정리함)

코치로서 성장을 위한 한 부분으로, 두세 가지의 다른 검사를 해보고, 그것들이 자신에게 어떤 영향을 미칠 수 있는지, 자신의 코칭 접근 방식, 그리고 고객들과 어떻게 관계를 형성하고 유지하는지를 정리해보고 성찰하는 시간을 보내볼 것을 권한다.

저널링journaling

다양한 렌즈를 탐색해오면서 이와 같은 피드백에 대해 성찰하고 코칭 마인드셋을 개발하는 것은 중요하다(코칭 마인드셋에 대해서는 7장에서 더 자세하게 알아보겠다). 코칭 마인드셋은 우리가 더 열려 있고, 호기심도 가지며, 융통성이 있고, 고객 중심일 것을 권장한다.

우리의 발전을 탐구하고 주목하는 한 가지 방법은 새로운 코치로서 (또는 경험 있는 코치로서) 매일 또는 매주 저널을 쓰는 것이다. 그 목적은 당신이 코치로서 개발 여정에 대한 기록을 남기는 것이다.

> **[Box 3.1] 코칭 마인드셋**
>
> 1. 고객은 자신의 선택에 책임지는 것을 인정한다.
> 2. 코치로서 학습과 자기 계발을 지속한다.
> 3. 코칭을 향상하기 위해 지속적인 성찰 프랙티스를 한다.
> 4. 자신과 타인에 대한 맥락과 문화적 영향에 대해 인식하고, 열려 있다.
> 5. 고객들에게 도움이 되기 위해 자신과 타인의 직관을 자각하고 있다.
> 6. 정서를 조절하는 능력을 개발하고 유지한다.
> 7. 코칭 세션을 정신적으로, 정서적으로 준비한다.
> 8. 필요한 경우 외부 자원에서 도움을 구한다.

당신은 여정의 출발에 관해 쓰는 것으로 시작할 수 있다. [Box 3.2]에 이 여정을 시작할 때 고려해야 할 몇 가지 유용한 질문들이 있다. 완전한 목록은 아니지만, 탐색을 시작할 발판을 제공한다.

> **[Box 3.2] 학습 여정의 시작**
>
> 학습 여정을 시작하며 고려해야 할 질문들
>
> - 당신의 이전 경력에는 어떤 것들이 있는가?
> - 코칭에 대해 무엇을 알고 있는가?
> - 어떤 코칭 경험을 했나? 무슨 일이 있었나?
> - 무엇이 당신을 코칭으로 이끌었는가?
> - 코칭에 대해 더 많이 배우면서 무엇을 얻고 싶은가?
> - 이 여정에서 어떤 재능을 활용할 것인가?
> - 당신이 정말로 초점을 맞출 필요가 있다고 생각하는 학습 분야들은 무엇인가?

어떤 사람들은 손 글씨로 그들의 경험에 관한 문장들을 깊이 생각한 뒤에 매우 체계적으로 쓰는 것을 좋아한다. 또 어떤 사람들은 의식의 흐름을 이용하여 글을 쓰는 것을 선호한다. 받아쓰기 소프트웨어는 흔히 이런 스타일의 글쓰기에 좋다. 마지막으로, 앞의 유형과 다른 사람들은 마인드맵, 그림, 그리고 덜 구조화된 스타일을 사용하는 더 유동적인fluid 접근을 선호한다. 여기서 스타일은 덜 중요하다. 중요한 것은 이것이 당신의 생각을 포착할 수 있는 메커니즘과 매달 또는 매년 되돌아볼 수 있는 기록을 제공한다는 것이다. 당신의 여정과 그 당시 중요하다고 생각했던 것을 부각시키는 역할을 하게 된다.

우리는 일부 사람들이 이 과정을 어렵게 생각한다는 것도 안다. 이것은 당신의 '비밀' 저널이라는 것을 명심하기 바란다. 다른 사람이 내용을 읽고 검토하고 평가할 일은 없다. 옳고 그름의 답도 없고, 저널을 쓰는 옳고 그른 방법도 없다. 그건 당신의 선택이다.

성찰 프랙티스

글쓰기의 목적은 우리가 어디에서 왔는지에 대한 기록을 만드는 것일 텐데, 더 중요한 것은 성찰 기회를 제공하는 것이다. 과거에는 코칭 프랙티스 자체에 집중해왔다. 더 많은 시간 동안 코칭했다는 것은 더 나은 코치라는 인식이 많았다:

더 많은 코칭 시간 = 더 나은 코치

그렇지만 우리는 이것이 이렇게 간단하지 않다는 것을 안다. 자동차를 운전하는 우리 경험에 따르면 단순히 차를 운전하는 데 더 많은 시간을 보낸다고 해서 항상 지속적인 개선이 이루어지지는 않는다는 것을 안다. 이 방정식에서도 마찬가지로 중요한 것은 성장 마인드(즉 개선에 대한 열정과 욕구를 갖는 것)이며, 운전 경험을 질문으로 되짚어 보는 것, 그리고 그 경험에서 무엇을 배워야 더 나은 운전자가 될 수 있느냐 하는 것이다. 저널은 성찰 과정에 도움이 되는 도구다. 우리가 멈춰 서서 무슨 일이 일어났는지 생각해보는 시간일 수 있고, 이러한 생각을 담아내도록 도와준다. 이 책의 후반부(30장)에서는 8개의 질문을 사용하여 여러분의 길을 안내하는 방식으로 성찰을 위한 구조화된 프로세스를 제공할 것이다.

우리 자신에 대한 이해

심리 검사에서 문항 두 개에 답하든, 스물 두 개에 답하든, 이것들은 당신이 누구인지에 대해 흑백 펜으로 스케치한 것일 뿐이다. 현실은 어떤 단일 설문이 설명할 수 있는 것보다 훨씬 더 복잡하고, 다층적이고, 가변적이다. 1960년대 영국 시인 필립 라킨은 인간 존재의 '백만 송이의 꽃잎'이라는 문구에서 인간으로 살아가는 것이 어떤 의미인지에 대한 이러한 복잡성에 주목했다(Larkin, 1974).

심리 검사는 유용하며, 당신이 누구인지에 대해 좀 더 탐구하는 한 가지 방법으로 사용할 것을 권장하지만, 우리는 또한 다음과 같은 주의사항들도 제시한다. 검사 결과 자체가 당신을 정의하거나 제한하지 않도록 해야 한다. 그 검사는 당신이 입력한 것에 근거한 보고서만 만든다. 그 증거는 우리가 모두 각기 다른 배움과 삶의 경험의 결과로 시간이 지남에 따라 변화한다는 것이다. 만약 코칭 교육을 시작할 때 검사를 하고, 12개월 뒤 같은 검사를 하게 되면 보고서상에 다소 차이가 있을 수 있다. 게다가 집에 있을 때 자신을 어떻게 보는지 또는 교육 과정에서 자신을 어떻게 인지하는지는 동료들이 직장에서 당신을 어떻게 인지하는지, 또는 사교 행사에서 친구들이 어떻게 당신을 보는지와는 다를 수 있다.

마무리

이 장에서 우리는 자기 인식이 코치 성장의 중요한 부분이라고 주장했다. 자기 인식은 능동적인 자기 성찰을 통해 향상될 수 있으며, 통찰력을 바탕으로 피드백에서 수집되고 또한 심리 검사와 같은 도구를 통해 입증된다. 우리는 세 가지 다른 렌즈를 살펴보았다. 유형, 특성, 그리고 우리가 '제3의 렌즈'라고 부르는 것이었다. 두세 가지 검사를 사용함으로써, 코칭 프랙티스에 대해 더 일반적으로 성찰할 수 있을 뿐만 아니라, 이 데이터를 검토하며 새로운 통찰을 얻는 데 도움이 될 수 있다. 이를 위한 한 가지 방법이 개인 저널을 통해서다. 여기서 주의가 필요하다. 어떤 검사 결과도 다면적이고, 복잡하고, 놀라운 존재인 인간을 완전하게 보여주지는 못 한다는 점을 기억해야 한다.

4장.
내 고객은 누구인가?

도입

3장에서 우리는 자기 인식이 코치에게 중요한 측면이라고 주장했고, 우리가 누구인지를 알기 위해 다른 렌즈를 사용함으로써 더 자신을 인식할 수 있는 아이디어를 제공했다. 여기에는 자기 성찰과 저널링뿐만 아니라 심리 검사도 포함되었다. 우리는 각자가 고유한 인간이라는 것을 믿기에, 고객에 대한 생각에도 같은 원칙이 적용되어야 한다고 생각한다. 각자 개인적 강점과 함께 편견, 편향, 그리고 '엉망진창임messed-up-ness'을 갖고 있지만, 그런데도 아마 이것들 때문에 그들은 훌륭하다.

   이 장에서는 코칭 마인드셋 개념을 가져와서 고객에 대해 어떻게 생각하고 고객을 보는지에 대해 생각해본다. 우리는 그들을 고쳐야 할 사람으로 봐야 할까 아니면 경이로움으로 봐야 할까?

결핍deficit 심리 모델 대 긍정 심리 모델

처음 100여 년 동안 심리학의 주된 초점은 기능 장애를 설명하는 데 있었다. 이러한 결핍, 즉 질병 모델은 알려진 대로 심리학자들이 인간의 정신 질환과 기능장애에 대해 생각하고 연구하고 글을 쓰는 데 매우 적극적이라는 것을 의미했다. 이로 인해 수백 가지의 정신 상태에 대한 진단 방법과 '치유' 방법이 기술된 설명서인 정신질환 진단 및 통계 편람Diagnostic and Statistical Manual of Mental Disorder(DSM)과 같은 분류가 이루어졌다.

소홀하게 다뤄진 것은 인간의 기능에 대한 긍정적 측면이었다. 인간은 전성기에 있을 때 무엇을 하는가? 물론 칼 로저스Carl Rogers나 아브라함 매슬로우Abraham Maslow 같은 개인심리학자들의 사례도 많았고, 인간 잠재력 운동Human Potential Movement과 같은 움직임도 이 기간 동안 이러한 측면에 신경을 썼지만, 이것은 부정적인 행동과 기능에 초점을 맞춘 논의들에 비해 훨씬 비중이 적었다.

지난 십 년 동안은 인간 행동의 긍정적인 측면에 더 큰 초점이 맞춰져 왔다. 인본주의 심리학으로도 알려진 인간 잠재력 운동에서 긍정심리학이 나왔다. 이 새로운 접근법은 인간이 기능하는 데 긍정적인 측면도 균등하게 고려할 필요가 있다고 주장한다. 단지 부정적인 측면에만 초점을 맞추지 않되, 방법 면에서는 기능 장애에서 사용하는 양적 방법을 연구할 필요가 있다.

렌즈

우리가 앞서 제안했듯이, 이 접근 방식의 유용한 출발점은 우리의 마인드셋을 고려하는 것이다. 코치로서 우리는 고객에게 무엇이 잘못되었는지 찾고 있는가, 아니면 옳은 것을 찾을 수 있도록 돕고 있는가? ICF 역량 정의상의 코칭 마인드셋은 때로는 관찰하기 어렵지만, 개방적이고 호기심을 갖고 대하며 유연하며 고객 중심적으로 고객에 대해 긍정적 마인드를 갖고 일하도록 권장한다.

우리가 순진하고 도움이 되지 않는 행동이나 임상적인clinical 문제는 무시해야 한다고 제안하는 것은 아니지만, 우리는 각각의 모든 고객에게 있는 긍정적이고 잠재된 것에 초점을 맞추는 것으로 시작한다. 이것을 탐구하거나 생각하는 한 가지 방법은 강점strengths이다.

다양한 강점 도구들이 출판되었다([Box 4.1] 참고).

[Box 4.1] 강점 검사 예

- VIA 캐릭터 강점 설문 조사The Values in Action (VIA) Inventory of Strengths
- 강점 프로파일Strengths profile
- 강점 스코프StrengthScope
- 갤럽 강점 검사CliftonStrengths
- 하이5 테스트High5 Test

이 장에서는 가장 인기 있고 널리 사용되는 VIAValues in Action Inventory of Strength(Peterson & Seligman, 2004)를 중점적으로 살펴보기로 한다. 이 도구는 처음에 인간의 강점을 식별하고 발견하기 위한 연구 프로젝트에서 개발되었으며, 강점 개념에 관심 있는 수십만 명의 참가자들에 의해 완성되었다.

이 모델은 24가지의 강점을 연구해서 만들어졌다. 이들은 지혜와 지식, 용기, 인간성, 절제, 정의, 초월이라는 제목의 6개 그룹으로 분류된다([표 4.1] 참조).

저자들은 개인의 강점에 대한 인식이 선순환을 통해 개인에게 도움이 될 수 있다고 주장했다. 첫 번째는 인식 단계다. 이는 VIA와 같은 검사를 완료하거나 개인 경험에 대한 성찰을 통해 얻을 수 있다. 인식을 통해 개인은 (본인의 강점 관련) 선택에 대해 더 많이 인식할 수 있고, 하나 이상의 인지된 강점을 선택할 수 있다. 이러한 강점을 더 자주 사용함으로써, 개인은 더 자신감을 느끼고 따라서 긍정적인 결과를 얻을 가능성이 더 크며, 이는 다시 강점을 더 많이 사용하도록 격려하는 효과가 있다([그림 4.1] 참조).

[표 4.1] VIA 강점 목록

지혜와 지식wisdom and knowledge	• 창의성creativity • 호기심curiosity • 심판judgment • 배움에 대한 사랑love of learning • 관점perspective
용기courage	• 용기bravery • 인내perseverance • 정직honesty • 열정zest
인류humanity	• 사랑love • 친절kindness • 사회지능social intelligence

절제temperance	• 용서forgiveness • 겸손humility • 사리 분별prudence • 자기 규제self-regulation
정의justice	• 팀워크teamwork • 공정fairness • 통솔leadership
초월transcendence	• 아름다움에 대한 인식appreciation of beauty • 감사gratitude • 희망hope • 유머humor • 영성spirituality

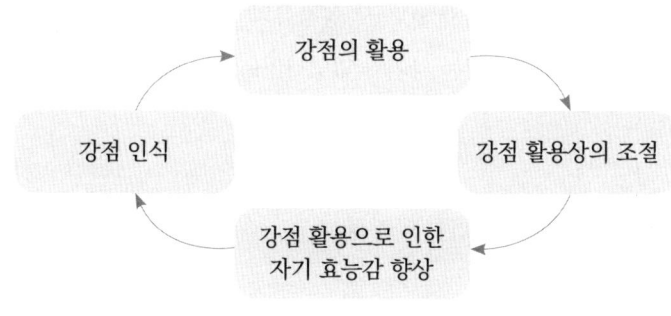

[그림 4.1] 선순환 구조

3장에서 언급한 바와 같이 모든 심리 측정 도구들을 활용할 때는 주의가 필요하다. 심리 측정 방법이 도움이 되긴 하지만, 우리가 고객을 보는 방식을 정의하거나 제한하지 않도록 주의해야 한다. 고객이 다른 강점보다 한 강점에서 더 낮은 점수를 받았다고 해서, 예를 들어 용서와 사랑이 더 낮고 용기와 창의성이 높다고 해서, 다른 사람들을 용서하거나 사랑할 수 없다는 뜻은 아니다. 이러한 도구들은 깡통 따개 역할에 그칠 뿐 줄자로 측정하는 것은 아니라는 점을 인식해야 한다. 그러나 우리는 고객이 자신의 점수에 대해 어떻게 생각하는지 궁금해하고 고객과 함께 살펴보도록 권장한다.

고려해야 할 두 번째 요소는 인종과 성별이 사람들의 자기 인식, 그리고 그것이 설문 결과에 미치는 영향이다. 성격상의 강점과 삶의 만족도 사이의 관계에서 성별 차이를 조사한 연구(Brdar, Aniche & Rijavec, 2011)가 있다. 학생 818명(여성 488명, 남성 330명)을 대상으로 VIA와 삶의 만족도Satisfaction with Life Scale라는 두 가지 설문을 실시했다. 그 결과, 열정, 희망, 감사 등이 삶의 만족과 가장 강력한 연관성이 있다는 것을 보여주었다. 또 흥미로운 점은 성별 차이가 10가지 성격상의 강점을 넘나들며 나타났지만, 삶의 만족도 점수에서는 차이가 없었다([Box 4.2]).

[Box 4.2] 성별에 따른 강점

여성에게 가장 비중이 높았던 5대 강점:

- 진실성integrity
- 친절kindness
- 사랑love
- 감사gratitude
- 공정fairness

남성에게 가장 비중이 높았던 5대 강점:

- 진실성integrity
- 희망hope
- 유머humor
- 감사gratitude
- 호기심curiosity

이러한 결과는 여성과 남성(적어도 이 연구에 참여한 사람들)이 반응한 강점에 있어 자신을 다르게 본다는 것을 시사한다. 이는 21세기에 남성과 여성에 대해 사회가 어떤 가치를 두는지를 강점 유형 측면에서 문화적 요인과 관련하여 설명될 수 있다. 이 연구의 두 번째 부분은 인생의 성공을 위한 예측 변수에 대해 남성과 여성의 관점을 조사했는데, 이것은 앞서의 성 차이 결과를 반증하며, 성 역할에 대해 설명한다. 여성은 사랑과 아름다움을 선호하는 데 비해 남성은 창의성과 관점을 선호한다([Box 4.3]).

[Box 4.3] 성별에 따른 삶의 만족도에 대한 예측 변수

삶의 만족도에 대한 의미 있는 예측 변수들도 달랐다.
여성들의 경우, 삶의 만족도는 다음에 의해 예측되었다:

- 열정 zest
- 감사 gratitude
- 희망 hope
- 아름다움에 대한 인식 appreciation of beauty
- 사랑 love

남성의 경우, 삶의 만족도는 다음에 의해 예측되었다:

- 창의성 creativity
- 관점 perspective
- 공정성 fairness
- 유머 humor

이러한 결과를 검토해볼 때, 그 발견은 부분적으로 우리가 여성이나 남성에게 바람직하다고 생각하는 것에 대한 성 고정관념과 일치하는 것으로 보인다. 여성들은 친절과 사랑에 더 높은 점수를 주고, 남성들은 유머와 호기심에 더 높은 점수를 준다.

비판단적이고 조건 없는 긍정적 고려 non-judgmental, unconditional positive regard

우리는 코치가 각 고객을 조건 없이 긍정적 관점에서 수용하는 사고방식을 - 고객 한 명 한 명에게 상을 주듯이 - 함양할 것을 제안한다. 흔히 우리 자신이 편견과 편향된 시각을 갖게 되는 경향이 있으므로 이것은 어려울 수 있다. 그럼 어떻게 해야 할까?

물론 경험이 많은 코치마다 나름의 접근법이 있다. 나에게 잘 맞는 전략 가운데 하나는 '나도 me toos'를 찾는 것이다. 고객이 하는 말에서 무엇을 찾을 수 있는가, 아니면 "나도 그래."라고 생각하거나 느끼는가? 아마도 그들은 특정한 종류의 음악이나 스포츠 팀을 좋아하거나, 특정한 스타일의 옷을 입거나, 특정한 억양을 가졌을 것이다. 이 모든 것이 흥미를 잃게 만들 수 있지만, 한 가지 '나도'를 찾음으로써 우리는 코칭 관계를 위한 다리를 놓을 수 있다.

두 번째 측면은 비판단적으로 작용하는 것이다. 이것은 우리가 코치로서 고객이 좋거나 나쁘거나를 판단하지 않고, 존재 자체로 받아들이도록 요구한다. 우리의 역할은 고객이 자기 인식을 불러일으킬 수 있도록 이해하고 평가하는 것을 돕고, 그들이 원한다면 성장을 촉진할 수 있도록 그들의 사고, 감정 또는 행동 변화를 계획하고 실행하도록 돕는 것이다. 그렇지만 어떻게 하면 이렇게 할 수 있을까?

조건 없는 긍정적 배려와 같이 경험이 많은 코치는 각자 나름대로의 접근법이 있을 것이고, 어떤 식으로든 자신만의 방법을 찾아야 할 것이다. 그렇지만 여기 우리가 유용하다고 생각하는 한 가지 방법이 있다. 듣는 데 있어서 우리는 현재에 머무르는 것을 목표로 한다. 우리가 세션 중에 반응할 때 reflecting back 평가할 위험이 증가한다. 현재에 머무름으로써 우리는 고객과 함께할 수 있고, 적극적으로 경청하고, 참여하며, 고객이 스스로 탐험하도록 격려할 수 있다. 이런 방법으로 우리는 다른 상황에서 야기될 수 있는 문제, 즉 분노, 좌절, 슬픔과 같은 이슈들을 다룰 수 있다. 우리가 성찰해야 할 때는 세션이 끝난 뒤 우리의 저널에 그러한 감정들을 기록하고 이러한 감정적인 반응을 수퍼비전 세션으로 가져가는 것이다.

코칭 교육에 참여하면 수퍼바이저, 멘토 코치 및 강사와 함께 다음과 같은 질문에 대해 숙고하는 시간을 보낼 만한 가치가 있다: 고객이 당신에게 말할 수 있는 '최악'은 무엇일까? 다음은 강사로서 작업했던 몇 가지 예시들이다([Box 4.4]). 물론 다른 사람의 '최악'이 당신의 '최고'일 수도 있고, 적어도 당신에게 어떤 불안감이나 감정적인 반응을 일으키지 않을 수도 있다. 우리는 각자 개인적인 관점이 있다. 당신의 관점이 무엇인지 곰곰이 생각해보면, 세계의 다양성과 사람들이 당신을 향해 어떻게 생각하고 느끼고 행동하는지 더 잘 이해하는 데 도움이 될 것이다.

당신의 '최악'이 무엇이었는지 대여섯 개의 예를 생각해보고 자신의 학습 저널에 적어볼 수도 있다.

> **[Box 4.4] 고객이 말할 수 있는 '최악' 사례**
>
> "저 지금 X와 바람 피우고 있어요."(여기 X에 당신이 존경하거나 사랑하는 사람의 이름을 넣어보라.)
> "제 생각에 당신은 최악의 코치네요. …이라는 이유로 ICF에 통보하겠어요." (그 이유에 당신의 코칭에서 가장 약하다고 느끼는 측면을 넣어보라.)
> "저 …이라는 죄목으로 교도소에 있다가 이제 막 출소했어요."(당신이 가장 혐오하는 죄목을 빈칸에 넣어보라.)
> "나는 …들이 정말 싫어요. 그들은 완전히 착각하고 있으며, 나는 내 회사에 그들을 고용하지 않으려고 최선을 다합니다."(당신이 선택한 신앙, 성별, 인종적 집단을 대신 넣어보라.)

마무리

이번 장에서는 코치가 고객에 대한 집중력을 개발하고 유지할 수 있는 방법에 관해 살펴보았다. 이러한 초점은 긍정적, 비판단적, 조건 없는 것과 같은 긍정적 관점의 코칭 마인드를 통해 개발될 수 있다. 고정관념을 피하고, 고객 한 사람 한 사람을 상을 받을 만한 대상으로 봄으로써 코치는 고객과의 관계를 시작하고 관리할 수 있다. 주의할 점은 자신의 전문성을 과신하는 것과 '이 코칭 사례는 이전의 OO 사례와 동일하다'라는 생각이다.

2부: 핵심 코칭 역량 개발

도입

2부에서는 코칭 및 코칭 역량에 관한 ICF의 접근 방식을 살펴본다. 5장에서 ICF의 간략한 역사와 ICF 핵심 역량 모델이 어떻게 생겨났는지와 함께 2019년 9월에 승인된 가장 최근의 역량 검토 과정의 개요로 시작한다. 우리는 또한 이 모델의 개요를 소개하고, 이 모델이 세 가지 다른 수준의 자격 프로그램에 대한 ICF 요건 내에 어떻게 자리하는지 살펴본다. 2부의 이어지는 장에서는 각 역량을 차례대로 살펴보고 각 역량에서 의도하는 내용과 코칭 프랙티스에서 어떻게 보이는지 더 심도 있게 탐구한다.

여기서 다루게 될 역량들은 어떤 특정한 순서로 적용되도록 의도된 것이 아니라는 점에 유의해야 한다. 어떤 경우에는 코칭 대화의 초반에, 또 어떤 경우에는 대화가 끝날 무렵에 활용되는데, 실제 상황에서는 여러 역량들이 자연스러운 대화 속에서 물 흐르듯이, 얽히고 설키면서 입증되도록 의도되었다. 그러나 이 책의 목적 달성을 위해 각 역량은 차례대로, 그리고 전체 모델에 기재된 순서대로 다루어질 것이다.

ICF 핵심 역량 모델은 4개의 '영역domain'에 따라 설명되며, 첫 번째 영역인 '기초 세우기foundation'로 시작한다. 첫 번째 역량인 '윤리적 프랙티스 보여주기'를 6장에서, 두 번째 역량인 '코칭 마인드셋 구현'을 7장에서 검토하면서 시작한다. 전문적이고 윤리적인 행위와 특정한 코칭 마인드셋을 개발하고 받아들이겠다는 약속은 바람직한 코칭 프랙티스의 기초가 된다. 더 나아가 이 두 가지는 개별 코칭 대화에서 발현되고 적용되어야 하는 전제조건이 되는 역량들이다.

두 번째 영역은 '관계의 공동 구축co-creating the relationship'이라고 불리며, 세 번째 역량인 '합의 도출 및 유지'를 8장에서, 네 번째 역량인 '신뢰와 안전감 조성'을 9장에서, 그리고 다섯 번째 역량인 '프레즌스presence 유지'를 10장에서 다룬다. 이 세 가지 역량은 모두 우리 고객과의 적절한 관계 구축뿐만 아니라, 고객이 안전하고, 신뢰하며, 지원받는 방식으로 일할 수 있는 환경과 조건을 만드는 데에도 초점을 맞춘다. 관계의 개념은 또한 코칭 참여의 궁극적인 성공에 관련된 직접적인 고객을 넘어 다른 당사자들에게까지 확장된다. 그 주변의 관계와 관련 계약이 어떻게 수립되고 유지되는지에 구체적인 관심을 쏟는다. 공동으로 구축된 관계의 마지막 측면은 코치의 '존재being'가 어떻게 관계에 영향을 미치고 이를 알려주고, 코치가 어떻게 고객과의 관계를 유지하며 고객의 배움을 돕고, 정해진 목표와 결과를 향해 전진하는가 하는 것이다.

'효과적인 의사소통'이 세 번째 영역이며, 여섯 번째 역량인 '적극적 경청'을 11장에서, 일곱 번째 역량인 '알아차림 불러일으키기'를 12장에서 다룬다. 코치로서 효과적인 의사소통은 많은 진보된 의사소통 기술을 정교하게 혼합한 것이다. 그러나 가장 단순한 형태에서, 이 두 가지 역량은 코치가 여러 차원에서 고객의 말을 진심으로 듣는 방법의 깊이와 폭에 초점을 맞춘다. 코치는 이러한 총체적인 경청을 바탕으로 고객의 알아차림을 불러일으키는 방식으로 고객과 대화에 임할 수 있으며, 코칭 목표에 비추어 고객이 자신과 상황에 대해 무엇을 배우고 인지하는지, 이러한 인식이 목표를 향한 진전에 어떻게 유용한지 고려할 수 있도록 돕는다.

마지막 영역은 '학습과 성장 북돋우기'인데, 여덟 번째 역량인 '고객의 성장 촉진'은 13장에서 다루게 된다. 이 장에서 우리는 코치가 고객들이 학습한 내용을 코칭 세션을 넘어, 전체의 코칭 관계 속에서 통합하게 할 수 있을지 탐색한다.

5장.
ICF 핵심 역량 모델 소개

도입

이 장에서는 ICF 핵심 역량 모델을 소개한다. 우리는 어떻게 핵심 역량 모델이 생겨났는지에 대한 간략한 역사와 함께 2019년 9월 가장 최근의 작업 결과로 승인받은 직무 분석 개요로 시작하겠다. 우리는 또한 이 모델이 세 가지 다른 수준의 자격 증명 프로그램에 대한 ICF 요건 내에 어떻게 자리하는지에 대한 개요와 함께 모델을 대략적으로 설명하겠다. 마지막으로, 우리는 관련 자료들을 참조했는데, 이 자료 대부분은 책 맨 뒷부분의 참고문헌에 나온다.

배경

ICF는 전 세계 128개국 3만 8,000여 명의 회원과 2만 8,500여 명의 자격증을 가진 전문 코치들로 구성된 조직이다(역자 주: 2020년 기준). 이 조직은 모든 코치가 서로의 발전을 돕고 코칭이라는 직업을 활성화하는 데 기여할 수 있는 공간을 마련한다는 취지로 1995년 처음 설립됐다. ICF는 지난 20년간 코칭 발전과 직업화에 기여하면서 급성장했다. ICF는 MCC^{Master Certified Coach}라는 단일 자격증을 만들었는데, 34명이 1998년에 인증을 받았다. 이듬해에는 PCC^{Professional Certified Coach} 자격증이 추가되었고, 2004년에는 ACC^{Associate Certified Coach} 자격증이 도입되었다.

근거를 중요하게 여기는 조직으로서^{As an evidenced led organization}, ICF는 코치들과 학계에서 경험과 연구를 끌어내면서 직무 분석 과정을 이용하여 역량들을 두 번 검토했다. 그 목적은 ICF 역량들이 지속해서 발전하는 프랙티스와 코칭 프로세스 내에 포함되는 행동과 심리 프로세스가 확대되는 현상을 반영하기 위함이다. 이러한 검토를 통해 얻은 통찰은 코치 지식 평가^{Coach Knowledge Assessment(CKA)}, 평가 방법 및 ICF 인증 교육 프로그램의 커리큘럼 표준을 포함해서 지속해서 자격 인증을 개선하는 데 반영된다.

2018년부터 2019년까지 진행된 직무 분석은 2년간의 엄밀한 코칭 사례 분석과 전 세계 1,300명 이상의 코치들에게 수집한 연구와 증거들에 기반을 둔다. 이 코치들은 광범위한 코칭 훈련, 교육, 배경, 코칭 스타일을 대표한다. 이 프로세스가 아래 요약되어 있다.

[Box 5.1] ICF 직무 분석

ICF의 업데이트된 역량 모델 단계

이 연구는 직무 분석과 역량 모델링에 자주 이용되는 혼성 접근법을 이용했다. ICF의 HumRRO^{Human Resource Research Organization}연구팀이 아래 연구 단계들을 완수했다.

- 여섯 명의 경험 많은 코치와의 반구조화된 인터뷰
- 코칭의 결정적 사건들^{incidents}을 문서화하기 위한 워크숍
- 과업, 지식, 능력 및 기타 (코치에게 특별한) 특성들을 결정하기 위한 워크숍
- 위에서 결정된 과업들과 지식, 능력, 기타 특성들을 입증하기 위한 설문
- 가능한 역량 모델 업데이트에 대한 피드백을 취합하기 위한 워크숍
- 업데이트 된 역량 모델 개발 및 입증

내용 전문가 코치 그룹에게 코칭 과업과 위의 지식, 능력, 기타 특성을 연결하도록 요청했고, 이 활동은 역량 모델을 업데이트하고 그 프로세스에 전체적 관점을 제시하는 것보다는 코치 자격 평가 개발에 도움이 되는 데 주안점을 두었다.

ICF 자격

ICF는 코치들을 위해 세계적으로 인정받는 독립적인 자격 인증 프로그램을 제공한다. '자격^{credential}'이라는 용어는 코치가 받는 호칭을 묘사하기 위해 쓰이는데, ICF가 정기적인 갱신이 필요한 자격을 부여한다는 것을 반영한다. 이러한 갱신 방식의 의도는 ICF 자격증을 보유한 코치가 엄격한 교육과 코칭 경험 요건을 충족했을 뿐만 아니라 ICF 핵심 역량에 대한 철

저한 이해도 입증하였음을 고객들에게 확신시키기 위함이다. 갱신 과정은 코치가 지식을 유지하고 더 발전시키기 위해 전문성의 지속적 개발 활동을 정기적으로 수행하는지 확인하는 한편, 윤리 실천과 준수가 베스트 프랙티스를 따르는지에 대해서도 검토한다. ICF 자격은 3년마다 갱신된다.

ICF는 세 가지 단계의 자격을 제공한다: Associate(ACC), Professional(PCC) and Master Certified Coach(MCC)는 코치들에게 요구되는 교육, 코칭 경험과 증명할 수 있는 ICF 핵심 역량의 활용 증거를 요구한다.

아래는 각 단계별로 ICF 자격 취득에 필요한 요구 사항 요약이다:

Associate Certified Coach(ACC):
- 60시간 이상의 코칭 교육
- 10시간의 멘토 코칭
- 코치 교육 시작과 함께 이루어지는 100시간 이상의 코칭 경험
- 코치 지식 평가 Coach Knowledge Assessment(CKA)
- ACC 레벨 최소 요구 수준을 충족하는 핵심 역량 수행 평가

Professional Certified Coach(PCC):
- 125시간 이상의 코칭 교육
- 10시간의 멘토 코칭
- 코치 교육 시작과 함께 이루어지는 500시간 이상의 코칭 경험
- 코치 지식 평가
- PCC 레벨 최소 요구 수준을 충족하는 핵심 역량 수행 평가

Master Certified Coach(MCC):
- 200시간 이상의 코칭 교육
- 10시간의 멘토 코칭
- 코칭 교육 시작과 함께 이루어지는 2,500시간 이상의 코칭 경험
- 코치 지식 평가
- MCC 레벨 최소 요구 수준을 충족하는 핵심 역량 수행 평가
- MCC 자격 신청 시점에 PCC 자격을 보유하고 있어야 함

(역자 주: 각 단계별 상세한 자격 요구 사항과 지원 프로세스는 ICF 글로벌 웹사이트 또는 ICF 한국챕터 웹사이트에서 확인 가능하다.)

ICF 코칭 핵심 역량 모델

ICF 모델은 4개 영역으로 구분되는 8개의 핵심 역량으로 구성된다(ICF, 2019b). 이 역량 모델은 위에서 언급한 2018~19년 직무 분석에서 ICF가 수행한 최신 작업을 반영한다. 이 모델은 ICF가 정의한 오늘날의 코칭 직업 내에서 사용되는 기술과 접근 방식에 대한 이해를 높이기 위한 목적으로 개발되었다. 또 ICF의 핵심 가치인 정직, 우수성, 협업 및 존중을 모델의 핵심으로 한다.

> **[Box 5.2] ICF 핵심 역량 모델**
>
> A. 기초 세우기 foundation
>   1. 윤리적 프랙티스를 보여준다 demonstrates ethical practice.
>   2. 코칭 마인드셋을 구현한다 embodies a coaching mindset.
>
> B. 관계의 공동 구축 co-creating the relationship
>   3. 합의를 도출하고 유지한다 establishes and maintains agreements.
>   4. 신뢰와 안전감을 조성한다 cultivates trust and safety.
>   5. 프레즌스를 유지한다 maintains presence.
>
> C. 효과적으로 의사소통하기 communicating effectively
>   6. 적극적으로 경청한다 listens actively.
>   7. 알아차림을 불러일으킨다 evokes awareness.
>
> D. 학습과 성장 북돋우기 cultivating learning and growth
>   8. 고객의 성장을 촉진한다 facilitates client growth.

코칭 핵심 역량 모델(ICF, 2019b)과 ICF 코칭 정의(ICF, 2007)는 ICF 자격을 취득하려는 코치 평가 과정의 일부인 코치 지식 평가의 기초로 사용된다. 8개 역량은 코칭 대화의 핵심 특성을 나타내는 4개 영역으로 구분된다. 이 영역들과 개별 역량들에는 우선순위를 두지 않으며, 모든 역량들을 인증 코치가 입증해야 하는 핵심적이고 중요한 것들로 간주된다. 이와 같이 이 역량 모델은 ICF가 기대하는 코칭 교육과 코치가 경험한 훈련 사이의 정렬 수준을 조정하는 역할도 하게 된다.

이전 역량 모델에서 전환함에 있어, 직무 분석은 거의 25년 전에 개발된 이전 모델의 상당 부분이 오늘날 코칭 프랙티스에 매우 중요하게 남아 있음을 입증했다. 데이터에서 새롭거나 향상된 의미가 있다고 발견된 일부 요소와 테마는 업데이트된 핵심 역량 모델에 통합되었다(ICF, 2019b).

이러한 요소들과 테마들은 이후 6장에서 13장에 걸쳐 토의될 것이다. 그렇지만 이러한 검토 과정에서 다음과 같은 분야를 오늘날 코칭 프랙티스를 위해 강조했다는 점에 주목할 필요가 있다.

- 윤리적 행위
- 비밀 유지
- 코칭 마인드셋
- 성찰 프랙티스와 전문성 개발
- 다양한 수준의 코칭 계약들 사이의 중요한 차별점을 포함한 코칭 계약 전반에 대한 확장된 시각
- 코치와 고객 사이의 파트너십 개념 강화
- 문화적, 체계적, 맥락적 알아차림

이전 모델의 기초적인 요소들과 직무 분석에서 나온 새로운 주제들이 결합되어, 업데이트된 모델은 오늘날 코칭 수행의 핵심 요소들을 반영하며 코칭 직업이 다음 단계로 진화하기 위한 강력하고 포괄적인 표준 역할을 한다.

이 역량 모델에 관해 설명해야 할 중요한 점은 영역, 개별 역량 및 하위 역량들이 체크리스트가 아니며 시간 순으로 작성된 것이 아니라는 것이다. 역량의 일부 측면은 코칭 참여나 세션의 시작이나 종료 시점에서 입증되지만, 대부분 측면은 코칭 세션 전반에 걸쳐 어떤 시점에서든 코치가

보여주는 행동과 자질로 간주된다. 이와 같이 이 모델은 서로 상호작용하는 코칭의 특징을 설명한다. 이런 방식으로 이 모델은 전체론적 작업물 holistic body of work로, 그리고 그 구성 요소들로 보아야 한다.

이 모델은 ICF가 인증한 코칭 교육 프로그램의 설계와 전달에 중요한 역할을 한다. 이러한 프로그램들은 훈련의 80% 이상이 ICF 핵심 역량에 집중되어 있음을 입증해야 한다. 이러한 방식으로 학생들은 자신의 자격 지원을 위한 프로그램에 대한 관련 평가 프로세스에 대해 잘 교육받고 준비할 수 있다. 코치들이 자격 증명과 갱신 과정의 일부로 평가되는 것과 같은 방식으로, ICF 인증 교육 제공자는 프로그램 인증을 유지하기 위한 성과 평가, 감사 및 갱신 과정을 수행함으로써 학생들을 위한 품질 보증의 엄격성과 일관성을 뒷받침하게 된다.

유용한 안내 자료

ICF는 개발, 평가, 인증 프로세스와 관련된 안내 자료들을 만들었다.

ACC, PCC, MCC 최소 스킬 요건

3단계로 이뤄진 ICF 자격증 취득 과정은 코치가 겪게 될 성장 연속성을 반영한 것이다. ICF는 ACC, PCC, MCC 자격 취득을 준비하는 코치들을 지원하기 위해 최소 스킬 요건을 만들었다. 코치가 ACC, PCC, MCC 수행평가를 성공적으로 완수할 수 있도록 돕고, 코치로서의 스킬을 지속해서 발전시키는 것을 목적으로 한다.

이 구조는 이러한 역량들을 배우고 적용하려는 코치들뿐만 아니라 자격을 얻고자 하는 코치들도 평가자가 각 역량과 관련하여 어떤 내용을 평가하는지 이해할 수 있다. 그들은 ACC, PCC, MCC 수준의 역량을 성공적으로 입증하는 데 필요한 최소 수준의 스킬을 개략적으로 설명한다. 또 ACC, PCC, MCC 수행 평가 프로세스의 성공적인 실행을 방해하는 행동에 대한 이해도 돕는다. 또 이 문서들은 코치들이 다음과 같은 질문에 답할 수 있게 돕는 의도도 있다. ACC, PCC, MCC 코치가 된다는 것은 무엇을 의미하는가? ICF 평가자는 ACC, PCC, MCC 코치를 평가할 때 무엇을 듣는가? 코칭 여정 속에서 내 강점은 무엇이며 ACC, PCC, MCC 수행 평가를 통과하기 위해 향상해야 하는 스킬셋 영역은 무엇인가?

핵심 역량 비교표

핵심 역량 비교표는 각각의 인증 레벨에 대한 최소 스킬 요건 문서를 차용한 것이며 합격/불합격 기준과 함께 ACC, PCC, MCC의 등급 수준을 보여준다.

PCC 마커 Markers

평가 마커는 기록된 코칭 대화에서 어떤 ICF 핵심 역량이 증거로 포함되는지, 그리고 어느 정도인지 판단하기 위해 평가자가 들으며 훈련받는 지표다. PCC 마커는 PCC 수준의 코칭 대화에서 보여야 하는 행동이다. 이러한 마커는 공정하고 일관적이며 유효하고 신뢰할 수 있으며 반복 가능하고 논리적으로 옹호할 수 있는defensible 평가 프로세스를 지원한다. 마커는 벤치마크로써 유용하고 PCC 수준에서 예상되는 사항을 이해하는 데 도움이 되며 멘토 코칭 프로세스의 일부로 사용된다. 단, 이 마커는 코칭 도구가 아니며, 수행 평가 합격을 판단하는 체크리스트나 공식으로 사용하거나 실제로 코칭 체크리스트로 사용해서는 안 된다. PCC 마커에 대한 자세한 내용은 ICF 웹 사이트에서 확인할 수 있다(ICF, 2019d).

ICF 윤리강령

ICF는 코칭의 우수성을 유지하고 홍보하는 데 전념한다. 따라서 ICF는 모든 회원과 인증 코치(코치, 코치 멘토, 코칭 수퍼바이저, 코치 트레이너 및 학생)가 윤리적 행동 요소와 원칙을 준수할 것을 기대한다. 이들은 ICF 핵심 역량 모델을 코칭 실천 시 효과적으로 통합하고 관련 역량을 갖추어야 한다(ICF, 2019b).

ICF의 핵심 가치인 정직, 우수성, 협업 및 존중과 코칭의 ICF 정의(ICF, 2007)에 따라 윤리강령(ICF, 2019a)은 해당 수칙들을 준수하기로 약속하는 모든 ICF 회원과 ICF 자격 보유자에게 적절한 지침, 책임성 및 집행 가능한 행동 기준을 제공하기 위해 만들어졌다.

이어지는 6장부터 13장까지는 각 영역과 역량을 차례로 살펴보고 해당 역량의 개요를 제공한다. 또 각 역량의 본질과 이들이 어떻게 훌륭한 코칭 대화에서 발현되는지를 설명하는 데 도움이 되는 사례와 설명을 통해 이 역량들이 실제적인 방식으로 구현될 수 있도록 돕겠다는 의도가 있다. 마지막으로 33장(코칭 스킬의 향상)에서는 ACC, PCC, MCC 레벨 코칭 사이의 몇 가지 차이점을 소개한다. 28장(전문성의 지속적 개발)에서는 이러한 자격들과 코치로서의 성장을 위한 다양한 코칭 스킬 개발 방법을 공유한다.

마무리

2부의 첫 장에서는 ICF의 핵심 역량 모델과 ACC, PCC, MCC 등의 3단계 코치 자격을 취득하기 위한 관련 시스템의 배경을 소개했다. 코칭은 개념, 정의, 적용이 유기적으로 진화하는 여전히 비교적 '젊은' 직업이다. 따라서 우리는 오늘날의 환경에 효과적인 코치의 스킬과 행동을 반영하기 위해 ICF의 직무분석에서 강조했던 주요 변화들을 주목했다. 2부의 후속 장에서는 각 역량을 차례대로 살펴보고 코칭 장면에서 어떻게 시연되는지 더욱 심도 있게 탐구한다.

6장.
기초 세우기 영역,
역량 #1: 윤리적 프랙티스를 보여준다

도입

기초 세우기 영역은 코치와 코칭 관련 개인들 사이의 모든 상호작용에서 코치가 어떻게 행동해야 하는지에 초점이 맞춰져 있다. 더 광범위한 역량 개발 관점에서, 기초 세우기 영역 내의 역량은 일련의 코치 중심 역량(코치가 '누구'인지 '존재'를 기술하는 것)으로 간주되는 반면, 나머지 세 영역은 코치의 행동(즉 코치가 '하는 것')에 초점을 맞춘다. 직무 분석 과정에서 이 두 가지 관점은 전형적으로 '작업자' 중심 대 '작업' 중심이라는 프레임을 갖게 된다.

이 영역에는 '윤리 프랙티스 보여주기'와 '코칭 마인드셋 구현하기'라는 두 가지 역량이 있는데, 그 본질은 ICF 자격을 가진 코치에게 기대되는 직업의식professionalism 수준을 강조하려는 것이다. 이러한 직업의식은 코칭 수행의 기초가 되는 것으로 간주되며, 관련 역량들이 적용되어야 한다. 또 이 영역 내에 내재된 직업의식은 ICF의 두 가지 핵심 가치인 정직, 탁월성과 특히 관련성이 높다.

이 영역부터 시작하여, 좋은 코칭은 스킬을 보여주는 것 그 이상이라는 점을 직시해야 한다. 마인드셋을 진솔하고 일관되게 보여주는 것 역시 중요함을 알 수 있다. 이 마인드셋은 전문가로서 우리 일에 어떻게 접근하는지뿐만 아니라, 인간으로서 어떻게 기능하는지를 알려준다. 이 장에서는 윤리 프랙티스 역량을 살펴보기로 한다. 코칭 마인드셋 구현 역량은 다음 장에서 설명될 것이다.

이 역량은 [Box 6.1]에 기술되어 있다.

[Box 6.1] 역량#1: 윤리적 프랙티스를 보여준다

정의: 코칭 윤리와 코칭 표준을 이해하고 지속해서 적용한다

1. 고객, 스폰서 및 관련 이해관계자와의 상호작용에서 코치의 진실성과 정직성을 보여준다.
2. 고객의 정체성, 환경, 경험, 가치 및 신념에 민감성을 가지고 대한다.
3. 고객, 스폰서 및 이해관계자에게 적절하고, 존중하는 언어를 사용한다.
4. ICF 윤리강령을 준수하고 핵심 가치를 지지한다.
5. 이해관계자 합의 및 관련 법률에 따라 고객 정보에 대해 비밀을 유지한다.
6. 코칭과 컨설팅, 심리치료 및 다른 지원 전문직과의 차별성을 유지한다.
7. 필요한 경우, 고객을 다른 지원 전문가에게 추천한다.

ICF 윤리강령(ICF, 2019a)에 규정된 윤리적 프랙티스는 코칭 관계의 기초가 되는 것으로 간주된다. 강령을 이해하고 일관성 있게 적용하는 것은 코칭의 모든 단계에 요구되며, 코칭에 대한 윤리적 인식을 보여주는 데 대한 표준은 모든 ICF 인증 레벨에서 유사하고 엄격하게 적용된다. 또 이 역량의 7개 하위 역량들도 특별히 주목해야 함은 중요한 포인트이다.

고객, 스폰서 및 관련 이해관계자와의 상호작용에서 코치의 진실성과 정직성을 보여준다

이 하위 역량은 가장 중요한 것으로 평가되며, 코칭 세션에서뿐만 아니라 일반적으로 코치로서 어떻게 행동해야 하는지 기대감에 대한 중요한 진술이다. 이러한 기대의 범위는 코칭 고객을 넘어 코칭의 스폰서와 실제로 모든 이해관계자들까지 확장한다. 스폰서는 보통 '조직 내에서 고객의 코칭 진행에 기득권을 가진, 코칭 사용을 적극적으로 추진하고 있으며, 코칭 비용을 지급할 가능성이 큰 개인이나 단체'로 정의한다. 이해관계자는 '조직 내에서, 코칭을 통한 고객의 진척에 관심이 있는 개인(또는 법인)', 예를 들어, 인사 담당자, 코칭 계약을 주선한 브로커 또는 기타 관련 제3자가 될 수 있다. 정리하면, 코치들은 항상 진실하고 정직하게 행동할 것으로 기대되며, 이는 윤리강령의 모든 부분에 예시되어 있다.

고객의 정체성, 환경, 경험, 가치 및 신념에 민감하게 대한다

고객의 존재 측면에 대한 민감함은 코치의 몇 가지 중요한 자질을 암시한다. 고객과의 작업에 포괄적이고, 판단하지 않고, 편견이 없고, 공감할 수 있는 코치의 역량이 무엇보다 중요하다. 또 이러한 요소들이 고객에게 미치는 영향과 코칭 작업, 코칭 관계에 대한 코치의 이해력도 상당한 의미가 있다. 이런 식으로 코치는 코칭 목표와 세션에 가져오는 주제뿐만 아니라 전인적인 고객과 함께 관계를 맺고 작업한다. 우리의 인간 본성이 우리 자신의 도덕적, 윤리적 또는 행동적 플랫폼이나 나침반의 일부로 판단하고 편견을 갖도록 이끌기 때문에, 자기 성찰과 자기 조절은 코치가 자신의 온전함과 정직함을 일관되게 보여주는 중요한 측면이다. 성찰을 위한 다음 몇 가지 질문들이 있다.

- 나 자신의 종교적/정신적 신념이 코칭에 어떤 영향을 미치는가?
- 위 신념이 어떻게 고객의 신념과 맞춰지거나 또는 그렇지 않은가?
- 코칭 관계와 코칭 과정에 신념의 정렬 또는 정렬이 안 되는 것이 어떤 영향을 미치는가?
- 이것이 코칭 관계에 도움이 되는가, 도움이 되지 않는가?
- 고객이 특히 충격적인 경험을 공유한 경우 어떻게 대응해야 하는가?
- 해당 경험에 대한 준거 틀frame of reference이 없는 경우 응답에 어떤 영향을 미치는가?
- 그 경험에 대한 강력한 준거 틀이 있다면 내 답변에는 어떤 영향을 미치는가?

- 나도 비슷한 경험을 한 적이 있는 것 같은 경우 '과잉 공감'을 하게 될까?
- 나 자신의 신념, 관점, 견해 그리고/또한 경험이 고객의 생각과 다르거나 상반될 때 어떻게 현재에 머무르고, 개방적이고, 민감하게 있을 수 있는가?
- 나만의 '세계관'이 코칭에 어떤 영향을 미치는가?
- 내 견해는 얼마나 고정되어 있는가?
- 나 자신의 정체성, 환경, 경험, 가치와 신념이 코칭에 어떤 영향을 미치는가?

코칭 수퍼비전의 성찰 프랙티스는 코치들이 이러한 자질을 살펴보고 스스로 규제할 수 있는 매우 유용하고 강력한 자원이다. 윤리강령 또한 우리의 온전함과 정직함과 관련하여 우리가 고객에게 이러한 자질을 보여줄 수 없다고 느끼면 전문적인 지원을 구하겠다는 것을 의미한다. 그리고 어떤 차이나 불일치가 있어서 이를 해결할 수 없다고 느끼는 경우 코칭 관계를 종료하는 것조차도 고려해야 한다. 코칭 수퍼비전 프로세스와 프랙티스에 대해서는 29장에서 더 자세히 읽고 배울 수 있다.

고객, 스폰서, 관련 이해관계자들을 존중하며 적절한 언어를 사용한다

이 7개의 하위 역량들 사이의 상호관계는 이미 명백해졌기를 바라며, 우리는 민감성과 포용력을 표현하는 능력에 더해 정직성honesty과 성실성integrrity이 언어를 통해 어떻게 표현되는지 안다. 코치의 언어는 배려받는 것과 의도적인 것, 자발적이고 직관적인 것, 그리고 항상 모든 사람을 존중하는 것 사이에서 섬세하고 미묘한 균형을 맞추기 위해 의도적으로 사용된다. 이 항목은 또한 ICF의 핵심 가치인 존중이 윤리강령과 역량 모델에 어떻게 포함되어 있는지를 보여주는 사례다.

적절하고 공손한 언어를 사용하기 위해서, "과연 나는 무엇이 적절하고 공손한 표현인지 아는가?"라고 질문하는 것은 바로 전 세부 역량과 관련이 있다. 고객의 정체성과 환경에 대한 인식과 민감성을 갖는 것이 왜 중요한지를 강조한다. 게다가 우리는 태도가 정체성보다 더 중요하지는 않더라도 동등한 수준이라고 주장한다. 예를 들어, 코치는 누군가의 정체성을 알고 민감하게 대응할 수 있다. 그러나 코치는 정체성에 대한 자신의 태도를 통해 어떻게 그 사람과 관계를 맺고 코칭하는지를 알려줌으로써, 코치가 사용하는 언어와 코칭 맥락에서 보여주는 행동을 (고객에게) 알려준다. 다음 장에서 태도와 코치의 '마인드셋'에 대해 더 많은 것을 보게 될 것이다.

ICF 윤리강령을 지킨다

ICF 윤리강령은 코칭을 위한 핵심 지식으로 간주되며, 강령의 목적과 개요는 다음과 같다.

ICF 코치로서 최고의 모습을 보이기 위해 모든 ICF 회원과 코치는 다음 사항들을 약속해야 한다.

- 코칭 직업의 기본인 윤리적 행동
- 필요에 따라 코칭 분야에 대한 지속적인 학습
- 지속적인 자기 인식에 대한 탐색, 자기 모니터링 및 자기 계발
- 모든 직업적 상호작용에서 윤리적인 개인이 되고 행동하기
- ICF 회원 및 코치로서의 책무에 대한 완전한 책임감
- 코칭 직업에 대한 완전한 몰입과 헌신으로 직업 전반과 공동체에 모범이 됨
- 코칭 직업에 대해 긍정적인 인식을 돕는 최고의 윤리 수준
- 우리가 참여하는 모든 상호작용에 대한 완전한 프레즌스
- 각 국가, 시도 등 지자체의 해당 법률과 규정 인식 및 준수
- 강사, 서비스 공급자, 코치 및 교육받는 코치가 윤리적으로 우수하고 최고의 전문 코치가 되기 위해 노력할 수 있는 안전한 공간 제공
- 다양성과 포용력을 수용하고, 글로벌 이해관계자들의 풍요로움 인정

ICF 윤리강령의 중요성은 ICF에 의해 인가된 코칭 교육 프로그램 내 커리큘럼의 일부일 뿐만 아니라, 코치가 자격을 신청하기 전에 (그리고 ACC 수준에서의 자격 갱신 시) 멘토 코치와 함께 내용을 살펴봐야 한다는 사실로 증명된다. ICF는 또한 윤리에 관한 무료 온라인 강좌를 제공하며, ICF 실천 공동체들communities of practice 가운데 하나(ICF 회원에게도 무료)로도 운영되어 윤리적 논의와 개발에 전념한다.

윤리는 개인의 도덕 및 가치관과 밀접한 관련이 있다. 많은 경우에 윤리적 결정은 '흑백논리'가 아니라 여러 가지 회색빛을 띤다. 윤리강령은 일할 수 있는 기반을 제공하지만, 실제로 발생하는 윤리적 딜레마를 통한

사고가 필요할 때는 성찰하는 사고방식과 탐구 과정이 필수적이다. 이를 돕기 위해 2010년 당시 ICF 윤리교육 분과위원회 위원장이었던 리오라 로젠Liora Rosen은 다음과 같은 간단한 윤리 검토 체크리스트([그림 6.1])를 개발했다.

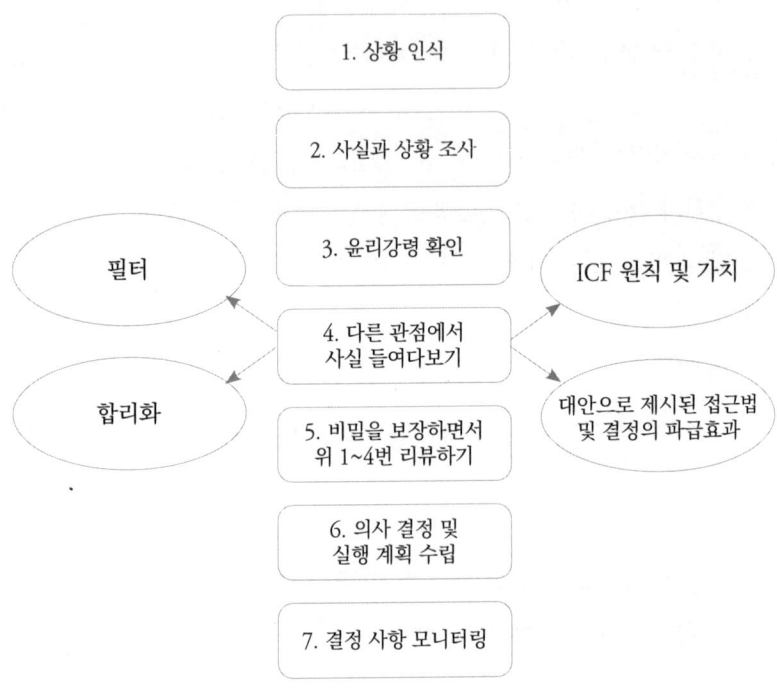

[그림 6.1] 윤리 검토 체크리스트

위 체크리스트상의 각 단계들은 그 자체로 설명이 가능하지만, 4단계는 좀 더 자세하게 설명할 필요가 있다. 이 단계에는 네 가지 뚜렷한 관점이 언급되는데, 그 가운데 첫 번째 관점은 '필터'다. 이 맥락에서 '필터'는 우리가 어떤 것에 대한 판단과 결정을 내릴 때 이용하는 광범위한 참고자료를 가리킨다. 이러한 필터는 문제의 소지가 있는 윤리적 문제와 관련된 우리의 요구, 가치, 감정 및 동기뿐만 아니라 우리의 문화, 인종, 종교, 교육, 성별, 나이, 지리적 위치 및 사회-경제적 배경과 관련된 참조reference를 포함할 수 있으며 이에 국한되지 않는다. 이러한 필터의 특성과 영향은 우리가 특정한 이슈나 상황을 어떻게 인지하는지를 알려줄 것이다.

두 번째 관점은 '합리화'인데, 이것은 우리 자신의 입장, 태도, 신념, 가치관 등을 강화하는 쪽을 지지하는 것이 인간의 본성임을 가리킨다. 필터와 함께 우리가 개인적이고 독특한 참고의 출처로써 또는 '도덕적 나침반'으로 사용하는 이것을 고려할 때, 우리는 우리의 (의식적인 또는 무의식적인) 편견이 우리가 상황을 판단하는 데 불가피하게 일정 부분 영향을 미칠 것임을 안다. 바로 이러한 이유로, 이 모델은 공정하고 객관적인 검토를 위해서는 다양한 다른 투입 변수가 필요한데, 이는 다른 사람들과 상황을 논의하는 것(5단계)뿐만 아니라 다음에 나오는 두 가지 관점에 대한 고려가 있어야 한다.

세 번째 관점은 ICF의 핵심 가치인 정직성, 탁월성, 협업 및 존중을 성찰하여, 검토 중인 이슈 내에서 그들이 어느 정도 존중받았는지, 침해당하지는 않았는지 살펴보는 것이다. 마지막 관점은 앞으로 나아갈 수 있는 방법을 찾기 위해 상황에 대한 대안적 접근법과 결정 또는 대응의 타당성과 파급효과를 탐구하는 것이다.

토론은 ICF 윤리강령에 대해 더 많이 배우고 이해하는 가장 좋은 방법 가운데 하나다. 윤리적인 시나리오를 채택하고 이 체크리스트의 단계를 고려하여 동료들과 토론함으로써, 그러한 시나리오에 대한 우리의 접근 방식이 (의식적이든, 무의식적이든) 우리 자신의 경험, 가치관, 신념 및 편견에 의해 매우 쉽게 영향을 받을 수 있다는 생각을 유발하는 대화가 가능해진다.

여기 생각해볼 만한 윤리 관련 사례가 있다.

[Box 6.2] 윤리 사례

어느 날 아침, 당신과 지난 몇 달 동안 함께해온 조는 당신의 코칭 미팅에 늦게 도착했는데, 스트레스를 받은 것처럼 매우 심각해보였다. 처음에는 자신이 몹시 바빴고 마감 시간에 맞추어야 하는 부담이 컸다며 입을 굳게 다물고 있었다.

그런데 갑자기 그는 자신이 곤경에 처해 있다고 밝혔다. 고객에게 견적을 보내는 과정에서 중대한 오류가 발생했고, 그는 정확히 어떻게 그리고 왜 오류가 발생했는지 진상을 규명하는 데 몇 시간이 걸릴 것으로 알고 있었다.

그는 시간이 촉박했으므로 어떤 식으로든 고객이 금전적인 불이익을 받지 않을 것이며, 본인의 회사에서 오류로 인한 금전적 비용을 감당할 것이라고 간단히 확인해줬다.

다음 날 임원진과의 회의에서는 회사가 이번 오류에 따른 비용 중 어떤 것도 떠안지 않을 것이며 고객이 손실을 감당할 것을 요구하기로 결정했다. 임원들은 조가 고객에게 한 약속을 모르고 있었다.

조는 갇힌 기분이다. 고객사의 조직 문화는 이 같은 제안에 대해 시간과 주의를 충분히 기울였으므로 방향이나 행동에 대한 경솔한 실수나 막판의 변화에 대한 내성이 적다. 조의 조직은 속도가 빠르고 심지어 '공격적인' 문화를 가지고 있으며 결정이 내려진 다음에도 자주 뒤집힌다.

그는 당신의 도움을 받아 이후 행동을 결정하기를 원한다. 조가 다음과 같은 해결책을 즉시 밝히는 순간 코칭 대화는 제대로 시작되지도 못 했다. "저는 거짓말을 할 겁니다. 숫자를 숨기고 어떻게 해서든 이 일을 덮을 것입니다. 그게 제 유일한 탈출구입니다."

같은 회사 다른 매니저들의 코치로서, 조가 모든 사업 거래에서 정직하지 못하다는 불평을 들은 적이 있다. 당신은 이 코칭 프로그램을 관리하는 인사 담당 매니저와 긴밀한 업무 관계를 맺고 있다.

비록 당신이 이 시점까지 비밀 유지 문제를 잘 다뤄왔다고 확신하지만, 지금 이 상황은 비밀 유지에 관한 당신의 합의를 시험하고 있다.

아래 질문들을 보며 몇 분 동안 생각해보자:

- 윤리적 딜레마는 무엇인가?
- 이것은 윤리강령의 어떤 요소를 가리키는 것인가?
- 해결을 위한 당신의 추천은?
- 윤리적 검토 체크리스트의 어떤 측면이 당신의 생각을 가장 잘 전달했는가?

다음은 ICF 윤리강령에 나오는 몇 가지 의견과 참고 사항으로, 이 특정 사례연구에 관한 윤리적 논의와 의사결정에 필요한 정보다.

Part 4: 윤리 기준

Section I – 고객에 대한 책임

2. 코칭 서비스 시작 전에 고객 및 스폰서와 관련된 모든 당사자의 역할, 책임 및 권리에 관한 계약서 또는 합의서를 작성한다.
   - 이 상황에서 스폰서는 누구이고, 스폰서와 코칭 서비스 계약을 맺었는가?
   - 만약 그렇다면, 그 계약을 준수해야하는 당신의 책임은 무엇인가?

3. 합의된 대로 모든 당사자와 가장 엄격한 수준의 비밀 보장을 유지한다. 나는 개인 정보 및 소통과 관련된 모든 해당 법률을 알고 있으며 준수하는 데 동

의한다.
- 조가 법을 어겼나?
- 만약 위반이 있다면 그의 거짓말이 어떤 유형을 암시하는가?
- 고객 조직의 정책상 거짓말이나 데이터 조작^{mispresentation}에 대해 언급된 내용은?
- 이 상황이 고객 회사의 사내 규범을 위반하는 것에 해당하는가?

4. 모든 코칭 상호작용 중에 관련된 모든 당사자 사이에 정보가 어떻게 교환되는지 명확히 이해한다.
- 정보 교환과 관련하여 3자$^{tri-partite}$ 코칭 서비스 계약에서 당신은 어떤 조항을 확인했나?

5. 정보가 비밀로 지켜지지 않을 조건(예: 법률에 따라 유효한 법원 명령이나 소환이 된 불법 행위, 자기 자신 또는 타인에게 위험이 임박하거나 발생할 위험 등)에 대해 고객과 스폰서 또는 이해관계자와 함께 명확히 이해해야 한다. 위의 상황 가운데 하나에 적용 가능하다고 합리적으로 믿는 경우, 적절한 관계 기관에 알릴 필요가 있을 수 있다.
- 만약 조가 거짓말하는 것이 비밀 유지 서약을 파기하는 적절한 이유가 된다면, 당신은 코칭 서비스 계약서에 이것을 포함시켰고, 조와 스폰서가 비밀 유지의 예외 조항에 동의했는가?

Section II – 프랙티스와 실행에 대한 책임 Responsibility to practice and performance.

ICF 전문 코치로서 나는:

17. 코칭 실행이나 전문 코칭 관계를 손상시키거나 방해할 수 있는 개인적 한계나 상황이 어떤 것인지 인식한다. 나는 취해야 할 조치를 결정하기 위해 지원을 요청하고, 필요한 경우 즉시 관련된 전문적 지도guidance를 구할 것이다. 여기에는 코칭 관계를 중단하거나 종료하는 것이 포함될 수 있다.

당신은 조의 정직성에 대한 불평을 들은 적이 있고, 코칭 프로그램의 운영 책임을 맡은 HR 관리자와 긴밀한 비즈니스 관계를 맺고 있다.

- 이것은 '개인적인 이슈'로 여기기에 충분한가?
- 당신이 들은 것에 대해 조에 대한 (의식 또는 무의식적인) 편견이 있는가?
- HR 관리자와의 친밀함이 조와 이 상황을 어떻게 보는가에 영향을 미치는가?
- 이 중 어느 것이라도 이 상황에서 코치로서 당신의 성과를 손상시키기에 충분한가?

아직까지 조는 거짓말을 하지 않았다. 그는 거짓말을 하기로 한 자신의 결정에 대해 말하고 있다. 그것이 이 상황과 당신의 잠재적인 반응에 어떤 영향을 미치는가? 마지막으로, 이와 같은 시나리오가 윤리강령의 다른 부분과 관련이 있는가?

대부분 코치의 윤리 위반은 고의적이기보다는 단순한 실수나 인식, 고려 또는 지식 부족의 결과물이다. 중요한 것은 코치들이 코칭 프랙티스상 윤리적 문제를 고려하도록 주의를 기울이고 또한 참고 자료나 주변의 지도를 통해 지원받는다고 느끼는 것이다. 동료들과의 토론, 실천 공동체 및 특별 관심 그룹special interest group은 모두 그러한 지원의 잠재적인 출처이다(그런 논의가 진행되는 동안 고객과 스폰서의 비밀 보장이 유지될 필요가 있음을 기억한다). 윤리적인 딜레마와 질문도 코치의 지속적인 연습과 전문성 개발의 일환으로 코칭 수퍼바이저와의 대화에 포함하는 것이 이상적이다. ICF는 검토해야 할 개인이나 프로그램에 대한 불만사항의 메커니즘을 제공하는데, 바로 윤리 행동 검토 프로세스ethical conduct review process와 프로그램 불만사항 프로세스program complaint process이다. 이러한 사항들은 독립 검토 위원회independent review board(IRB)에서 처리한다.

23장에서 우리는 윤리적 결정을 검토할 수 있는 대안 모델인 APPEAR 모델(Passmore & Turner, 2018)을 제시한다. 이와 같은 모델들은 윤리적 딜레마 관리의 어렵고 도전적인 과정을 안내하는 유용한 경험법칙heuristics으로 우리가 고객, 조직, 그리고 우리 자신의 도덕적, 법적, 계약적 책임에 대한 요구의 균형을 추구하므로, 당신이 좀 더 넓게 생각하고 각각의 경우에 개인적이고 독특한 상황을 고려하도록 장려한다.

이해관계자와의 계약 및 관련 법률에 따라 고객 정보를 비밀로 유지한다

비밀 유지는 코칭 관계에서 항상 중요한 부분이었고 현 ICF 핵심 코칭 역량 모델에서 가장 중요하고 자주 활용되므로 더욱 강조되어 왔다. 이를 위해 ICF 윤리강령([Box 6.3]) 내에서 여러 차례 제기된다.

[Box 6.3] ICF 윤리강령 일부

Part 2: 주요 정의
'비밀 유지' - 공개하기로 동의하지 않는 한 코칭 계약과 관련하여 얻은 모든 정보는 보호되어야 함.

Part 4: 윤리 표준
Section I - 고객에 대한 책임
3. 합의된 대로 모든 당사자와 가장 엄격한 수준의 비밀 보장을 유지한다. 나는 개인 정보 및 소통과 관련된 모든 해당 법률을 준수해야 함을 알고 있고 동의한다.
5. 정보가 비밀로 지켜지지 않을 조건(예: 법률에 따라 유효한 법원 명령이나 소환이 된 불법 행위, 자기 자신 또는 타인에게 위험이 임박하거나 발생할 수 있는 위험 등)에 대해 고객과 스폰서 또는 이해관계자와 함께 명확히 이해해야 한다. 위의 상황 중 하나에 적용 가능하다고 합리적으로 믿는 경우, 적절한 관계 기관에 알릴 필요가 있을 수 있다.
7. 비밀 유지, 보안 및 개인 정보 보호를 위해 모든 관련 법률과 계약을 준수하는 방식으로 코칭 과정 중에 만들어진 전자 파일 및 모든 소통 기록을 보존, 저장 및 폐기한다. 또 코칭 서비스에서 사용되는 최신 기술과 이에 적용되는 다양한 윤리적 기준을 숙지한다.

Section II - 프랙티스와 실행에 대한 책임
19. ICF 회원들의 개인 정보를 보호하고, ICF 회원들의 연락처 정보(이메일 주소, 전화번호 등)는 ICF나 ICF 회원이 승인한 경우에만 사용한다(ICF, 2019a).

다음 몇 가지 포인트들은 더 주목할 필요가 있다.

'최고 수준의 비밀 유지'란 코칭 대화의 내용이 코치와 고객 사이에만 유지되도록 가능한 모든 조치를 취하여야 함을 말한다. 이것은 코칭 노트를 다른 사람이 볼 수 없도록 하고 되도록 익명으로 처리하는 것을 의미한다. 그것은 또한 노트북, 아이패드 또는 다른 전자 장비에 저장될 수 있는 모든 고객 데이터를 안전하게 관리한다는 것을 의미한다.

비밀 보장은 또한 다른 사람들과 코칭 대화의 내용을 구두로 공유하지 않는 것을 의미한다. 다음의 사례들을 살펴보자:

- 복도에서 고객의 상사와 마주쳤는데 코칭이 어떻게 진행되는지 묻는다 – 고객의 명확한 사전 동의 없이 진행 상황을 이야기하는 것은 적절하지 않을 것이다. 3자 간의 계약 대화 triparise contracting conversation 시 중요한 측면으로 보고, 업데이트와 비밀 보장에 관해 논의하고 합의하여야 한다. 더욱이 실제로 업데이트와 보고를 의뢰인이 하는 것을 추천한다. 고객이 본인의 상사에게 직접 코칭에 대한 업데이트를 하면 그들 사이의 관계가 온전하게 유지되는 데 도움이 되며, 또한 그 관계에 대한 책임의 경계가 명확해지고 코치와 분리될 수 있다.
- 당신은 당신의 수퍼바이저와 고객 건에 대해 상의하기를 원한다. 고객과의 계약 일부는 당신의 코칭 역량 개발 차원에서 당신이 수퍼바이저와 함께 고객과의 코칭 내용에 대해 토의하는 것을 포함해야 한다. 고객의 신원은 항상 비밀로 유지되고 수퍼바이저 역시 동일한 윤리강령을 지킬 의무와 비밀 보장 의무를 진다.
- 멘토링 또는 평가 목적으로 고객과의 코칭 세션을 녹음하거나 기록

하길 원한다. 이러한 목적으로 세션을 사용할 수 있도록 고객에게 허가를 받고 계약 조항에 반영해야 한다.
- 약속 예약 등을 도와주는 가상 비서virtual assistant(VA)의 도움을 받는 경우, 가상 비서 역시 계약 과정의 일부로 윤리강령을 준수하고 고객도 이 사실을 알아야 한다. 가상 비서와 함께 계약할 때 윤리강령을 공유하여 서명하도록 요청하여 계약 문서의 일부로 보관한다.

코칭 계약서를 서면으로 작성해야 한다는 것이 역량 모델이나 윤리강령에는 명시되어 있지 않지만, 반드시 서면으로 작성하도록 적극 권장한다. 코칭 관련 약속engagement의 핵심 요소를 문서화한 다음 각 당사자에게 해당 계약에 서명하도록 요청하는 것은 전문적인 프랙티스로 바람직하다. 이런 식으로 모든 당사자들은 해당 코칭에서 자신들에게 무엇이 기대되는지, 그리고 자신의 역할이 무엇인지 분명히 알 수 있다.

대부분 비밀 유지 관련 사례들을 전문적으로 다루는 수단은 코칭 계약이다. 학생들을 가르칠 때, 우리는 흔히 "모든 길은 계약으로 이어진다."라고 말한다. 그리고 많은 측면에서 이것은 사실이다. 철저한 계약은 코칭 관련 약속의 큰 토대를 마련하는 열쇠다. 우리는 세 번째 역량을 설명할 때 코칭 계약을 자세히 살펴볼 것이다. 그러나 이 섹션의 마지막 포인트는 비밀 보호가 사생활과도 관련이 있다는 것이다. 전 세계의 데이터 개인 정보 보호 규제는 전보다 훨씬 엄격해졌다. 따라서 코치는 그들이 GDPR 및 전 세계의 다른 데이터 개인 정보 보호 요건을 준수하고 있는지를 살피고, 이는 모든 유형의 상호작용에서 고객과 기타 이해관계자들에게 분명히 밝히는 것이 중요하다. (역자 주: GDPR: 유럽 연합의 개인정보보호규정General Data Protection Regulation, 우리나라의 개인정보보호법에 해당)

코칭, 컨설팅, 심리치료 및 다른 지원 전문직과의 차별성을 유지한다

자격을 신청할 때 탐구에 초점을 맞춘 코칭 대화에 참여하고 그 대화가 주로 현재와 미래의 이슈에 바탕을 두고 있다면 코치는 이 세부 역량을 갖추었는지 검증받아야 한다.

코치가 주로 고객에게 무엇을 해야 하는지 또는 어떻게 해야 하는지 말하는 데 초점을 맞추거나(컨설팅 모드), 대화가 주로 과거, 특히 감성적 과거(치료 모드)에 기반을 두었다면 통과할 수 없다. 또 ICF는 자격 신청자가 코칭의 정의에 기반하여 기초 탐색과 일깨우기 스킬을 명확히 알지 못하는 경우, 이와 같은 스킬 부족이 관련된 다른 핵심 역량 수준에 영향을 미칠 것이라고 언급한다. 예를 들어, 코치가 거의 전적으로 조언하거나 코치가 선택하거나 제안한 특정 답변이 고객이 해야 할 일이라고 제시하는 경우, 신뢰와 안전, 코칭 프레즌스, 강력한 질문, 알아차림 일깨우기가 제대로 이루어지지 않고 고객 스스로 아이디어 발상과 실행에 대한 책임을 지지 않고, 결과적으로 코칭 자격 신청 결과는 좋지 않을 것이다.

필요한 경우, 더 적합한 지원 전문가를 고객에게 추천한다

코칭, 컨설팅, 심리치료 및 기타 지원 직업의 차이를 유지하는 것뿐만 아니라 코치는 고객을 다른 지원 전문가에게 언제 어떻게 추천해야 하는지 알고 적절한 조치를 취해야 한다. 언제나 그렇듯이, 계약할 때 코칭 관계와 코칭 서비스 내에서 제공되는 것과 그렇지 않은 것을 명확히 설명하는 것이 최선이다. 이렇게 함으로써 혼선이나 오해를 완화하여 (타 서비스로의) 추천 등의 번거로움을 피하는 데 도움이 된다.

그러나 때로는 코칭 프로세스상에서 정보, 요구, 기대 및 다른 서비스 방식이 고객에게 더 유용할 수 있음을 밝혀 주기도 한다. 이것의 몇 가지 예로는 멘토링과 상담 또는 심리치료가 있다.

때때로 고객들은 그들이 실제로 원하는 것이 멘토링일 때 코치와 함께 일한다. 그들의 요구사항은 어떤 문제나 목표에 대한 해결책을 찾기 위해 그들 자신의 생각, 감정, 행동을 탐구하는 것보다 정보, 조언, 지침, 아이디어와 전략을 얻는 것일 수도 있다. 가장 먼저 고려해야 할 것은 그들이 원하는 것과 필요한 것 사이에 차이가 있는지 여부다. 고객들은 코치가 그들에게 해결책과 답을 제시하기를 원할지도 모른다. 왜냐하면 그것은 아마도 스스로 해결하는 것보다 더 쉬울 수 있기 때문이다. 이 경우 코치는 고객이 자신의 해결책을 찾기 위해 스스로 성찰하도록 격려하고, 파트너십을 유지하고, 심지어 도전하며 코치의 역할에 머물 수 있다.

단, 고객에게 실제로 필요한 것이 멘토링이며, 계약 단계에서 제공되는 서비스에 대한 오해 또는 소통의 오류가 있었을 수 있다. 이 경우에는 코치가 다른 서비스가 고객에게 더 유용할 수 있음을 제안하고 멘토를 통해 도움받도록 하는 옵션을 고객과 함께 탐색할 수 있다.

흥미롭게도 이것은 실제로는 그렇게 명확하지 않고, 코칭 아니면 멘토링이라고 단순하게 판단하기 어렵다. 많은 코치가 자신의 포트폴리오로 코치, 멘토, 강사, 퍼실리테이터 등 다양한 모자(역할)를 쓰고 있는 것이 현실이다. 이는 실제로 일부 코치들이 혼합^{blended} 서비스를 제공한다는 것을 의미한다. ICF 관점에서 이것은 다음의 두 가지 중요한 기준이 충족되는 한 완벽하게 허용될 수 있는 방법이다.

1. ICF 코치 자격 평가 목적으로 고객 세션 기록을 제출할 때 혼합 서비스의 예를 사용하는 것은 적절하지 않다. 평가 과정은 코치가 핵심 코칭 역량을 이해하고 적용할 수 있는지, 코칭 모드를 유지할 수 있는지 확인하는 것이다. 코치가 코칭 모드에서 벗어난 세션 기록을 제출하는 경우 자격 평가에 실패할 가능성이 크다.
2. ICF 자격 증명 및 갱신 목적으로 고객과의 코칭 시간을 기록할 때 코치는 계약을 맺고 코칭으로 제공한 시간만 기록해야 하며, 혼합 서비스가 제공된 시간은 기록하지 않아야 한다.

또 다른 잠재적 추천 가능성은 상담이나 치료가 고객에게 더 적합할 수 있는 경우다. 고객이 특정한 행동을 보여주거나 특정 정보 또는 관점을 공유하는 경우 다른 형태의 전문 서비스나 자원이 고객에게 더 적절하고 유용할 수 있음을 확인할 수 있다. 이는 ICF 윤리강령 내 Part 3. Section I에 나오는 고객에 대한 책임의 8번 항목에서 언급된다: '코칭 관계를 통해 제공되는 가치에 변화가 있을 수 있다는 징후indication를 경계하라. 만일 그렇다면 관계 상의 변화를 시도하거나 고객/스폰서에게 다른 코치 또는 다른 전문가를 찾거나 다른 리소스를 사용하도록 추천한다.' 언제 어떻게 고객에게 치료를 추천할 것인지에 대한 지침은 ICF 백서에 나온다. '의뢰인에게 치료 추천하기: 가이드라인'(Hullinger & DiGirolamo, 2018).

이 역량의 일부 측면은 수행 평가 중에 직접 확인되지 않는다. 사실 이 역량의 부재가 확인되었을 때 역량 평가 불합격 사유가 된다. 평가자가 자격 증명 신청의 일부로 녹음된 코칭 대화를 검토할 때 (1) 코치가 예를 들어, ICF 윤리강령을 명백하게 위반하는 경우이거나 (2) 코치가 다른 역할(예: 상담자, 컨설턴트, 교사, 강사)을 자주 수행하는 경우 실격 사유가 된다.

마무리

이 장에서는 ICF 핵심 역량 모델의 기초 영역 foundation domain을 소개하고 첫 번째 역량인 '윤리 프랙티스 보여주기'를 소개했다. 역량 정의와 하위 역량들을 공유하고 각각의 필수 요소와 기대사항들을 살펴보았다. 이 역량이 정직성, 직업의식, 비밀 보장, 윤리적 행위에 얼마나 큰 비중을 차지하는지 확인할 수 있었다. 한 개인의 윤리적 플랫폼을 뒷받침하는 몇 가지 요인을 설명했고, 윤리 사례 연구를 통해 윤리 관련 시나리오에 직면했을 때 고려해야 할 몇 가지 측면들을 살펴보았다. 또 이 사례 연구는 ICF 윤리강령이 윤리 관련 질의를 탐색하고 알리는 데 도움이 되었고, 이 강령을 코칭 프랙티스에서 코치에게 매우 유용한 참고 자료와 지침 자료로 활용했다. 우리는 또한 윤리적 시나리오, 그것의 함의 및 가능한 해결책에 대해 철저히 검토할 수 있는 간단한 지침을 제공하는 윤리 검토 체크리스트를 제시했다.

7장.
기초 세우기 영역,
역량 #2: 코칭 마인드셋을 구현한다

도입

기초 세우기 영역의 두 번째 역량은 코칭 마인드셋을 구현하는 것이다. 이는 최근 ICF가 실시한 코칭 직무 분석 및 ICF 학술조사 Academic Research 팀이 완료한 코치의 학습 여정에 관한 정성적 연구에서 나온 새로운 역량이다. 직무 분석 과정에서 파악된 많은 핵심 코칭 과제, 지식 및 태도에는 성찰 프랙티스(예: 성찰, 인식 및 자기 규제)의 측면이 포함되었다. 이는 코치가 반드시 신경 써야 하는 중요한 '자기 작업 self-work'으로 확인되고 강조되어 왔다.

코칭 마인드셋

이 역량은 [Box 7.1]에 기술되어 있다:

> **[Box 7.1] 역량 #2: 코칭 마인드셋을 구현한다**
>
> 정의: 개방적이고 호기심이 많으며, 유연하고 고객 중심적인 마인드셋을 개발하고 유지한다.
>
> 1. 선택에 대한 책임이 고객에게 있음을 인정한다.
> 2. 코치로서 지속적인 학습과 자기 계발에 힘쓴다.
> 3. 코칭 능력을 향상하기 위해 성찰 프랙티스를 지속한다.
> 4. 자기 자신과 다른 사람들이 맥락과 문화에 영향받을 수 있음을 인지하고 개방적인 태도를 취한다.
> 5. 고객의 유익을 위해 자신의 인식과 직관을 활용한다.
> 6. 정서를 조절하는 능력을 개발하고 유지한다.
> 7. 정신적으로나 정서적으로 세션을 준비한다.
> 8. 필요한 경우 외부 자원에서 도움을 구한다.
>
> (ICF, 2019b)

코칭 마인드셋은 그 자체로 역량이 되기에 충분히 중요하다고 간주되며, 코치의 '존재 방식way of being'을 설명하는 매우 중요한 측면이다. 실제로, 한 개인이 코칭 스킬을 배우고 사용할 수 있게 되면 고객과 이해관계자들과 함께 일할 때 눈에 띄게 되는데, 이러한 스킬을 구현하여 일상생활에서도 의식적으로 그리고 무의식적으로 대화 속에서 사용하면, 고객에게 자주 변혁이 일어난다. 이와 같이 코칭 마인드셋은 코치가 이 프레임워크 내에서 다른 모든 역량을 어떻게 발휘하는가에 해당된다. 앞서 살펴보았던 첫 번째 역량인 윤리적 프랙티스 보여주기와 마찬가지로, 직업 정신, 진실성, 정직성 및 코칭 마인드셋과 같은 자질이 훌륭한 코칭 실행의 근간이다.

이 역량은 다음 8가지 세부 역량으로 설명된다:

선택에 대한 책임이 고객에게 있음을 인정acknowledge한다

이 세부 역량은 코칭이 고객 중심이라는 사실에 즉시 초점을 맞춘다. 파트너십과 평등은 이 역량 프레임워크 내에서 매우 중요한 주제다. 그러나 이러한 원칙 내에서 코칭 주제와 방향을 결정하는 것은 고객이라는 분명한 의도와 기대도 있다. 또 고객에게는 자신의 아이디어, 행동 및 다음 단계를 만들어 나갈 책임이 있다. 이와 같은 인정은 코치가 고객(및 기타 관련 당사자들)에게 코칭이 무엇인지, 코칭이 다른 일하는 방식과 어떻게 다른지 설명함으로써 시작된다.

이러한 유형의 인정은 코칭 프로세스 내내 지속되며, 코치가 다음과 같은 역량들을 발휘할 때 나타난다:

- 고객과 함께 코칭 계약을 작성할 때(역량 #3: 합의 도출 및 유지)
- 코칭 프로세스에서 고객의 인식, 제안 및 작업을 존중하고 인정할 때 (역량 #4: 신뢰와 안전감 조성)
- 고객이 미래 지향적인 아이디어를 제시하도록 초대할 때(역량 #7: 알아차림 불러일으키기)

- 고객과 협력하여 목표, 행동 및 책임 방법을 설계하고 고객의 자율성을 인정하고 지원할 때(역량 #8: 고객 성장 촉진)

코치가 이러한 세부 역량을 입증하기 위해 말하거나 물어볼 수 있는 몇 가지 실질적인 예는 다음과 같다:

- "오늘 어떤 일에 집중하고 싶으십니까?"
- "이 문제에 어떻게 접근하시겠습니까?"
- "선택사항들은 어떤 것들이 있나요?"
- "어떻게 생각하세요?"
- "이제 어떻게 하시겠습니까?"
- "그렇게 하는 것에 대해 어떻게 생각하세요?"
- "이 문제에 대해 얼마나 열심히 하겠다는 마음이 드시나요?"
- "열심히 하겠다는 약속을 지킬 수 있도록 무엇을 하시겠습니까?"

따라서 실제로 코치는 탐색, 질의, 초대, 통지, 질문 및 도전을 할 수 있지만, 이러한 활동은 고객이 자기 자신에 대해 책임질 수 있도록 권한을 주는empower 완전한 서비스를 통해 이루어지며, 코칭에 대한 ICF의 정의에 따라 개인적이고 전문적인 잠재력을 극대화하는 영감을 줄 수 있다.

코치로서 지속적인 학습과 자기 계발에 힘쓴다

지속적인 학습과 자기 계발은 ICF 코칭 철학의 기본이다. 5장에서 요약한 바와 같이 ICF 자격을 주기적으로 갱신하도록 한 이유가 전문가로서 코치의 지식, 기술, 태도 및 행동을 유지하고 발전시키기 위해 지속적인 자기 계발 활동을 하도록 한 데 있다.

모든 코치는 자격 갱신을 위해 3년 동안 최소 40시간의 지속적인 코칭 교육Continuing Coach Education(CCE)을 받아야 한다. ICF 웹사이트에 이 교육에 관한 설명이 나와 있고, 다음과 같은 다양한 형태가 인정된다:

- ICF에서 인정하는 교육
- 기타 교육
- 자기 진도에 맞춰 학습하거나 기타 자율학습
- 멘토 코칭
- 수퍼비전 코칭
- 연구 및 강의

ACC 수준에서 자격을 갱신하려는 코치의 경우, 코치가 핵심 역량을 충분히 이해하고 적용할 수 있도록 10시간 이상의 멘토 코칭을 받아야 한다. 또 코치의 자격 갱신을 위해 최소 3시간 이상의 코칭 윤리 학습이 모든 수준의 자격에 요구된다. 학습과 자기 계발 기회는 전 세계의 ICF 챕터와 ICF 인증 교육 기관에서, 그리고 ICF의 학습 포털을 통해서도 이용할 수 있다.

지속적인 학습과 자기 계발이라는 이 주제는 코치가 고객에게 더 나은 서비스를 제공하기 위해 참여하는 '자기 작업'의 중요한 부분으로 코치의 핵심 과제와 활동으로 간주된다.

매우 실용적인 관점에서 이 요구 사항에 대한 적극적인 태도를 갖는 것이 좋다. 코치의 3년 자격 증명 기간이 몇 개월밖에 안 남은 상황에서 급작스럽게 40시간 이상의 자기 계발을 완료하려고 저자들에게 도움을 요청하는 경우들이 많다. 인증 프로세스상 미리 이와 같은 자기 계발을 하도록 권장하고 있을 뿐만 아니라, 3년에 걸쳐 미리 계획을 세워 두고 자기 계발을 하는 것이 더욱 의미 있고 비용 면에서도 효율적인 방법이다. 또 이러한 계획성이야 말로 혼자만의 작업과 지속적인 학습을 주도적으로 실행하는 '코칭 마인드셋'의 핵심이다.

코칭 능력을 향상하기 위해 지속적인 성찰 프랙티스를 개발한다

성찰 프랙티스는 앞서 소개된 세부 역량인 지속적인 학습과 자기 계발 영역 내에서 구체적이고 중요한 활동으로 확인되었다. 이러한 목적을 위해, 성찰 프랙티스는 성찰 자체, 인식과 자기 규제라는 세 가지 핵심 과제를 포함한다.

이러한 성찰 프랙티스는 다음과 같은 여러 가지 형태를 취할 수 있다:

- 코칭 수퍼비전(29장 참조)
- 동료peer 그룹 성찰
- 저널링

- 멘토 코칭
- 디브리핑과 피드백이 이어지는 관찰된 코칭 프랙티스
- 고객과의 세션 녹음 듣기

역량 #7(알아차림 불러일으키기)에서 언급되지만, 코치는 고객을 위한 통찰력과 학습을 촉진한다. 이 경우 코치는 고객과 함께하는 통찰력과 학습을 위해 역할 모델이 된다. 자기 규제는 코칭 프로세스 내에서 자기 정서를 관리하고, 자기 직관을 사용할 뿐 아니라 코칭 모드를 유지하며, 말하고 제안하고 판단하거나 고객을 '고치려는' 자신의 성향을 관리하는 등 여러 가지 형태를 취할 수 있다.

자기 자신과 다른 사람들이 맥락과 문화에 영향받을 수 있음을 인지하고 개방적인 태도를 취한다

이 세부 역량과 함께 다루어야 할 핵심 영역은 편견과 관련되어 있다. 코치가 코칭 프로세스에 가져올 수 있는 편견과 고객이 코칭 자체나 프로세스에 대해 가질 수 있는 편견도 포함된다. 따라서 코칭 마인드셋의 일부는 코치가 (자신이나 다른 사람이 갖는) 편견의 존재와 이것이 진행 중인 코칭에 어떤 영향을 미칠 수 있는지 의식하는 것이다.

실제적인 관점에서, 코치는 고객들이 또는 그들이 가져오는 과제에 대해 자신이 가진 가정들을 소유, 인정, 공유 및 점검함으로써 이를 증명할 수 있다. 예를 들어:

- "제가 이 대목에서 추측하고 있는 것은 알지만, 혹시 ⋯."
- "여기서 제 생각을 확인해보고 싶습니다. ⋯인가요?"
- "제가 틀렸다면 이의를 제기하거나 정정해 주시기 바랍니다. 고객님은 ⋯인 것 같습니다."
- "이 이야기가 잘 납득되지 않으면 알려주세요. 제 생각엔 아마도⋯."

또 이 세부 역량은 코치가 고객의 가정에 대해 질문하거나 도전하는 것으로 나타날 수도 있다. 이는 다른 역량들의 일부 측면과 매우 밀접하게 연결될 수 있는데 이는 각 관련 사례에서 살펴볼 것이다. 그러나 코치의 편견에 관한 한, 이를 탐색하고 해결하는 또 다른 중요하고도 가치 있는 방법은 이전 세부 역량에서 설명한 성찰 프랙티스를 통해서다.

고객의 유익을 위해 자신의 인식과 직관을 활용한다

코칭 프로세스에서 직관을 사용하는 것은 매우 중요한 것으로 간주되며, 또한 세심하게 균형 잡히고 관리되어야 하는 스킬이다. 직관의 사용에 대한 연구는 매우 결함이 있다는 것에서부터 현저하게 정확하다는 것까지 다양한데, 직관은 창조적인 불꽃을 일으킬 수 있다. 신중한 판단과 좋은 감각으로 직관을 사용하는 것은, 코치의 주관이 개입되지 않는다면, 고객의 인식이나 학습을 매우 잘 자극할 수 있다.

코치는 고객과 자신의 직관을 아래의 방법으로 나눌 수 있다:

- "저는 이런 예감이 듭니다."
- "저는 OO과 같은 강한 느낌이 드는데, 어떻게 생각하세요?"
- "전 이런 생각이 드는데 ….."

정서를 조절하는 능력을 개발하고 유지한다

이는 정서를 조절하는 데 중요한 수단으로 간주되는 세부 역량 2.3인 성찰 프랙티스와 관련이 있다. 효과적이고 적절하게 고객의 정서에 대응하며 코칭하는 것에 대한 설명은 역량 #5 프레즌스 유지와 역량 #6 적극적 경청에서 추가로 다뤄질 것이다. 그러나 고객의 정서에 효과적으로 대처하기 위해서는 먼저 자기 정서를 관리하고 스스로 조절하는 방법을 알아야 한다. 수퍼비전 코칭에서는 이를 '고객과의 코칭에 영향을 미치는 공간'이라고 부르기도 한다. 수퍼비전 코칭에 관해서는 29장에서 더 자세히 알아본다.

우리는 특정 시점에서 느끼는 정서 '상태'를 코칭 세션으로 가져오게 되고, 우리의 정서는 고객이 세션으로 가져오는 정서에 영향받을 수 있다. 따라서 우리의 정서를 조절하는 능력은 순간순간 바뀔 수 있으므로 이것을 늘 염두에 두고 우리의 정서가 고객에게 도움이 되지 않는 방식으로 세션에 들어오지 않도록 하기 위해 계속해서 우리 자신의 반응을 체크해야 한다.

지속적인 학습, 자기 계발 및 성찰 프랙티스의 결과로 발달하는 자각은 우리의 정서를 조절할 수 있게 해주는 유용한 방법이다. 정서를 조절해야 하는 상황들은 예를 들어 다음과 같다:

- 크리스마스에 정말 열광하고 축제 준비에 열정을 보여주는 고객이 있다. 만약 크리스마스와 당신의 관계가 그렇게 긍정적이지 않고 크리스마스가 슬픔, 상실 또는 실망의 기간으로 이해된다면 어떻게 될까? 우리 자신의 반응, 편견을 어떻게 통제할 것인가?
- 고객이 이혼한다고 말하는데, 최근에 당신도 매우 고통스럽고 괴로웠던 이혼을 경험했다. 자신의 정서 경험이 코칭 세션에 스며들지 않도록 하려면 어떻게 해야 할까?
- 당신의 고객은 다가오는 여행에 대한 설렘을 이야기한다. 살아오면서 가장 놀라운 경험이었던 작년의 여행 '이야기'가 고객의 공간을 차지하지 않도록 자신의 정서를 어떻게 조절할 것인가?

어떤 경우에 우리의 정서를 조절할 수 없다면, 그 고객과의 코칭을 중단하거나 일정 기간 동안 만나지 않는 것이 적절할 수 있다. 예를 들어, 만약 우리가 개인적으로 매우 힘든 시간을 겪고 있거나, 고객이 우리에게 가져오는 주제가 특히 자극적이고 민감한 것이라면, 자기를 충분히 관리할 수 없어서 고객에게 도움이 될 수 없을 수도 있다. 이는 코칭 수퍼바이저와 함께 탐색해보는 것이 이상적일 수 있으며, ICF 윤리강령 Part 4 윤리 기준, Section II - 프랙티스와 실행의 책임에도 나와 있다.

    ICF 전문 코치로서 나는:
17. 코칭 성과 또는 코칭 관계를 손상시키거나, 충돌하거나, 방해할 수 있는 자신의 개인적인 제한이나 상황을 인식한다. 나는 취해야 할 조치를 결정하기 위해 지원을 요청하고, 필요하다면 즉시 관련 지침을 찾을 것이다. 여기에는 코칭 관계를 일시 중단하거나 종료하는 것이 포함될 수 있다.

정신적으로나 정서적으로 세션을 준비한다

이 측면은 최적의 코칭 상태나 마인드셋을 활용할 수 있는 부분을 강조하므로 2번 역량을 통합하는 데 큰 도움이 된다. 고객과의 코칭을 의식적이고 의도적으로 준비함으로써 앞서 언급한 이 역량의 모든 측면을 이용한다. 이는 전문적/개인적 자기 계발의 지속적인 프로세스이고, 각 코칭 세션마다 필요한 준비 활동이기도 하다. 역량 리뷰 프로세스의 결과물과 ICF의 연구에 따르면 훌륭한 코치들은 이 세부 역량 실행에 시간을 투자한다.

이러한 준비는 다양한 형태일 수 있으며 코치의 개인적 선호에 따라 달라질 수 있다. 산책하기, 운동하기, 명상하기, 조용히 앉아 있기, 그리고 성찰과 같은 활동들이 포함된다. 코치가 최적의 코칭 마인드셋을 갖추기 위해 언제 어떻게 했는지 확인하기 위해 다음과 같이 질문해볼 수 있다:

- 코치가 '최고의 상태인' 요일 또는 시간이 있는가?
- 코치는 하루에 얼마나 많은 고객과 만날 수 있으며, 각 고객과 새로움, 전문성, 프레즌스를 유지할 수 있는가?
- 코치는 다음 고객을 위해 충분히 준비하기 위해 어느 정도의 시간이 필요한가?

이와 관련한 유용한 논문을 DiGirolamo, Rogers & Heink가 2016년에 썼다.

필요한 경우 외부 자원을 찾아 도움을 구한다

지금까지의 요소들이 코칭 마인드셋 역량 개발을 지원한다. 그렇지만 우리 고객이나 코칭 프로세스에 도움이 되지 않는 방향으로 우리의 마인드셋이 손상되거나 영향을 받는 경우들을 볼 수 있었다. 이와 같은 경우에는 어떻게 하면 가장 적합하게 마인드셋을 회복할 수 있을지 주변의 지원을 찾는 것이 중요하다. 코칭 수퍼비전이 매우 유용한 지원 방법인데 이는 29장에서 다루어진다.

마무리

이번 장에서는 ICF 핵심 역량 모델이 업데이트되면서 새롭게 등장한 역량에 관해 소개했다. 이 역량이 추가되었다는 것은 코칭 실행doing뿐만 아니라 코치 존재being의 중요성이 강조됨을 의미하고, 코치의 역할이 고객과 다른 이해관계자들과의 직접적인 상호작용 이상일 수 있음을 시사한다. 세부 역량들 각각이 ICF 모델에서 다른 역량들과 어떻게 연결되고 보완되는지 살펴보았다. 우리는 또한 코치들이 더욱 성숙한 코치가 되기 위해 이 역량을 개발할 수 있는 방법에 대해서도 강조했다.

8장.
관계 공동구축 영역,
역량#3: 합의를 도출하고 유지한다

도입

이 영역은 (3) 합의를 도출하고 유지한다, (4) 신뢰와 안전감을 조성한다, (5) 프레즌스를 유지한다의 세 가지 역량으로 구성되어 있다. 고객의 성장과 개발은 물론이고, 코칭 세션 전이나 중간에 필요한 진행방법logistics과 관련이 있다.

이번 장은 3번 역량 합의 도출 및 유지에 집중하며, 다음 세 가지 명확한 합의 단계를 제시한다.

1. 코칭 관계를 위한 합의
2. 코칭 계획과 목표에 대한 합의
3. 세션 목표에 대한 합의

이들 세 가지 단계는 가장 최근의 역량 프레임워크에서 등장했으며, 성숙한 코칭 프로세스와 코칭 직업의 지속적 개발을 반영한다.

이 역량은 [Box 8.1]에 기술되어 있다.

> **[Box 8.1] 역량 #3: 합의를 도출하고 유지한다**
>
> 정의: 고객 및 이해관계자와 협력하여 코칭 관계, 프로세스, 계획 및 목표에 관해 명확하게 합의한다. 개별 코칭세션은 물론 전체 코칭 과정에 대한 합의를 도출한다.
>
> 1. 코칭인 것과 코칭이 아닌 것에 관해 설명하고 고객과 이해관계자에게 프로세스를 설명한다.
> 2. 코칭 관계에서 무엇이 적절하고 적절하지 않은지, 무엇이 제공되고 제공되지 않는지, 고객과 이해관계자의 책임에 관하여 합의한다.
> 3. 코칭 진행방법, 비용, 일정, 기간, 종결, 비밀 보장, 다른 사람의 참여 inclusion 등과 같은 코칭 관계의 지침과 특이사항에 관해 합의한다.
> 4. 고객 및 이해관계자와 함께 전체 코칭 계획과 목표를 설정한다.
> 5. 고객과 코치 사이의 합 client-coach compatibility을 맞추기 위해 상호 협력한다.
> 6. 고객과 함께 코칭세션에서 달성하려는 것을 찾거나 재확인한다.
> 7. 고객과 함께 세션에서 달성하려는 것을 얻기 위해 고객 스스로가 다뤄야 하거나 해결해야 한다고 생각하는 것을 분명히 한다.
> 8. 고객과 함께 코칭 프로세스 또는 개별 세션에서 고객이 달성하려는 목표에 대한 성공 척도를 정의하거나 재확인한다.
> 9. 고객과 함께 세션 시간을 관리하고 초점을 유지한다.
> 10. 고객이 달리 표현하지 않는 한 고객이 원하는 성과를 달성하기 위한 방향으로 코칭을 계속한다.
> 11. 고객과 함께 나눈 코칭 경험을 존중하며 코칭 관계를 마무리한다.
>
> (ICF, 2019b)

이 역량의 핵심은 적절하고 적합한 코칭 관계와 각 세션에 대한 코치와 고객 사이의 관계 내에서 벌어지는 일들에 관해 명확하게 합의를 끌어내는 것이다.

이 역량의 핵심적인 요소는 코치가 다음에 정리하는 세 가지 단계 모두에 대해 합의를 도출하고 유지하는 것이다.

1단계: 코칭 관계를 위한 합의

- 코칭인 것과 코칭이 아닌 것을 설명하고 고객과 이해관계자에게 프로세스를 설명한다.
- 코칭 관계에서 무엇이 적절하고 적절하지 않은지, 무엇이 제공되고 제공되지 않는지, 고객과 이해관계자의 책임에 관하여 합의한다.
- 코칭 진행방법logistics, 비용, 일정, 기간, 종결, 비밀 보장, 다른 사람의 참여 등과 같은 코칭 관계의 지침과 특이사항에 관해 합의한다.
- 고객 및 이해관계자와 함께 전체 코칭 계획과 목표를 설정한다.
- 고객과 코치 사이의 합client-coach compatibility을 맞추기 위해 상호 협력한다.

2단계: 코칭 계획과 목표에 대한 합의

- 고객 및 관련 이해관계자들과 파트너가 되어 성공 지표와 함께 전반적인 코칭 계획과 목표를 세운다.

- 코칭의 중요성과 의미를 고객이 이해하고 코칭 관계에 대해 고객이 몰입할 수 있도록 한다.
- 고객이 반대하지 않는다면 코칭의 방향은 고객이 원하는 결과를 얻을 수 있는 쪽으로 이어간다.

조직을 위해 조직 내에서 코칭이 이루어지는 경우, 코칭이 긍정적 결과를 가져올 수 있을 것으로 합의에 도달했을 때, 계약은 코치와 조직 사이에 하나 또는 그 이상의 관계들을 위해 특정한 또는 잠재 고객들과 맺어지게 된다. 이러한 경우 1, 2단계에서 다루어지는 내용을 합의하기 위한 토의가 코치와 조직 사이에 이루어질 수 있다.

만약 코치가 고객들과 직접 연결되어 조직이 개입하지 않는 경우에 이러한 요소들은 코치와 고객 사이에 직접 합의점을 찾게 된다.

1, 2단계에서 처리해야 하는 일들은 양측의 서명과 함께 서면상의 코칭 계약서로 공식화된다.

3단계: 세션 목표에 대한 합의

마지막으로, 코치들은 각 세션을 형식적이지 않은 구두 합의로 시작한다. 그때 언급되는 것들은 아래와 같다:

- 고객과 함께 코칭 세션에서 달성하려는 것을 찾거나 재확인한다.
- 고객과 함께 코칭 세션에서 고객이 달성하려는 목표에 대한 성공 척

도를 정의하거나 재확인한다.
- 고객과 함께 세션에서 달성하려는 것을 얻기 위해 고객 스스로 다뤄야 하거나 해결해야 한다고 생각하는 것을 분명히 한다.
- 고객과 함께 세션 시간을 관리하고 초점을 유지한다.
- 고객이 달리 표현하지 않는 한 고객이 원하는 성과를 달성하기 위한 방향으로 코칭을 계속한다.

코칭 계약(합의)의 중요성

코치 트레이너로서 자주 확인하게 되는 것들 가운데 하나는 이 역량이 충분히 탐색되지 않는다는 점이다. 코칭 합의와 고객이 희망하는 결과에 대해 코치가 어느 정도의 깊이와 범위로 정의하는지가 중요하다. 자, 이제 이 역량에 필요한 핵심에 다가가기 위한 가이드라인과 요구사항 모두를 살펴보자. 1, 2단계의 코칭 합의들은 주의 깊고 철저한 전문가로서의 실행에 초점을 맞추고 비교적 그 자체로 설명이 가능하다. 그보다는 3단계에 필요한 코치로서의 역량, 예를 들어 각 코칭 세션 중 합의를 끌어내고 유지하는 등의 활동이 필요한데, 이에 대해서는 추가 탐색을 해볼 만하다.

초보 코치들은 이따금 코칭 목표에 빨리 도달해서 고객과 '진짜 과제'를 갖고 코칭해야 한다고 급하게 생각하는데, 코칭 세션 중에는 광범위하게 그리고 깊이 있게 고객이 성취하려는 것이 무엇인지 이해하고, 왜 그것이 고객에게 중요한지를 살펴봐야 하는 풍부한 영역rich territory이 있다. 사실, 코칭 합의를 이루는 것은 세션의 전반부에 걸쳐 이루어질 수도 있고, 코칭 전반에 대한 명확성을 충분히 탐색하고 수립하는 데 세션 전체가 걸릴 수도 있다. 이 프로세스는 대화를 시작하고 몇 분만에 완료되어야 하는 것은 아니며 세션 전체에 걸쳐서 어느 순간이든 다시 되짚어봐야 한다.

모든 코칭 대화가 다르고 고유한 궤도trajectory와 속도pace가 있는 반면, 이 역량을 가르칠 때 우리가 유용하다고 발견한 개념이 있다. 굉장한 이야기, 책, 보고서, 프로젝트, 에세이, 과제 등의 공통점은 모두 시작, 중간, 끝이 있다는 점이다. 코칭도 똑같아서, 이 세 가지 중요한 절차가 모두 충분히 탐색되고 효과적으로 절차 하나에 대해 다룬 범위가 다른 두 절차에 대해 우리가 어떻게 일하게 되는지에도 영향을 미치게 된다. 예를 들어, 코칭 합의에 대해 종합적으로 탐색하는 것은 고객은 물론 코치에게도 충분한 정보를 제공하게 된다. 이는 또한 잠재적으로 고객의 과제에 영향을 미치는 주변 환경, 맥락과 정보를 확인하는 것뿐만 아니라, 코칭 과제에 다다르는 가장 적절하고 중요한 경로를 수립해주고 그 이유도 설명해준다.

게다가 코칭 합의를 철저하게 탐색하는 것은 코칭 대화를 결말 시점과 다음 단계로 가져감으로써 고객에게 처음 코칭 대화에서 정말로 원했던 것이 무엇이었는지를 명확하게 이해하게 하는 데 도움이 된다. 이렇게 함으로써 우리는 고객이 목표와 결과의 성취를 최대화하는 방법으로 세션이 끝난 뒤 삶 속에서 이 과제를 어떻게 다룰 것인지 탐색하기 위해 합의를 다시 살펴볼 수 있다. 더 나아가 우리는 전체 코칭 세션이 이 기본적인 작업을 제대로 하는 데 쓰여도 무방하며, 코치는 그 과정에서 모든 핵심 역량을 입증할 수 있다고 말할 수 있다. 실제로 이는 흔히 초보 코치와 경험이 많고 효과적인 코치의 차별화 포인트다. 초보자들은 서둘러 합의에 도달하려는 경향이 있는 반면, 경험이 많은 코치는 합의에 이르기까지 완전하게 탐구해야 하는 가치를 이해한다. 궁극적으로 우리가 하는 주문mantra은 '서두르지 말자!Don't rush this!'이다.

코칭 계약(합의)의 심화

이 역량에 대한 철저한 탐색 필요성에 대해서 어느 정도 납득이 되었다면, 이제 구체적으로 어떻게 하면 되는지를 살펴보자. 이 역량에 대한 몇 가지 측면들을 묘사할 때 가장 먼저 강조하고 싶은 점은 '이 세션에서…'라는 표현의 사용이다. 고객이 코칭 세션에 왔을 때 코치가 어떤 과제를 다룰지 물으면 고객은 자신의 삶 '바깥쪽에 있는' 무언가 벌어지거나 성취하거나 변화시키고 싶은 이야기부터 꺼낼 가능성이 매우 크다. 예를 들어, "저는 팀원들과의 관계를 개선하고 싶어요." 또는 "다음 경력 이동에 대해 탐색해보고 싶어요." 또는 "더 건강해지고 싶어요." 등이다. 이 목표들은 덜 구체적일 뿐 아니라 궁극적인 성과가 코칭 맥락 밖인 고객의 일상 생활 속에서 나온다는 점에 주목해야 한다. 고객이 '바깥에서' 얻고자 하는 것을 탐색하고 이해하고 난 다음, 우리의 역할은 고객과 함께 코칭 세션 중에 성취하려는 작업의 일부가 무엇인지와 그 일부를 작업한 다음 얻을 수 있는 것은 무엇인지 살펴보는 것이다. 이렇게 함으로써, '저 바깥의' 목표뿐 아니라, 이 세션에서 함께 해야 하는 작업의 한 부분에 대한 '여기 내부의' 목표도 알 수 있게 된다.

목표들에 대한 지속적인 탐색은 코칭 작업 자체를 명확하게 하는 데 도움이 되고, 고객들이 성취하고 다루고 싶어 하는 것이 무엇인지 진정으로 고민해볼 수 있도록 한다. 고객이 세션 중에 생긴 중요한 통찰을 통해 목표를 실제로 바꾸거나 재구성할 수 있도록 깊은 탐구가 얼마나 자주 있을지 확인해보는 것은 매우 흥미롭다. 우리가 만약 한 고객과 여러 세션을 함께한다면, 과제의 묶음package을 아우르는 목표가 (1, 2단계를 통해) 있을 수 있다. 그러면 개별 세션별로 특정한 요구 결과물이 있고, 점진적으로 전체 목표에 가까워질 것이다.

한 가지 더 주목할 점은, 어느 프로세스나 마찬가지지만, 목표 지점goal posts이 바뀌거나 심지어 목표 자체가 바뀔 수도 있다는 것이다. 예를 들어, 코치는 대화의 방향이 고객이 원래 기술한 목표에서 벗어난다고 여겨질 때 주목하고 묻도록 되어 있다. 그래서 고객에게 가장 중요하고 관련성이 높은 방향으로 지속하거나 바꾸거나 재정열realign할 수 있는 기회를 놓치지 않는 것이 중요하다. 코치는 이렇게 말할 수 있다. "(대화상에) 이러한 새로운 영역이 출현했는데, 어디에 더 집중하는 것이 가장 유용할까요?" 이러한 질문이나 개입 기회에 기반을 두고, 코치는 고객이 갈망하는 결과에 대화의 방향을 맞추어 이어나가면 된다. 이 역량과 관련해서 주목할 만한 가장 최근의 설명은 합의를 '유지maintains'한다는 단어가 포함되었다는 점이다. 이 단어의 추가는 코칭이 이루어지는 전체 기간 중에 합의한 것이 고객에게 여전히 관련성이 있는지, 그리고 코칭이 갈망하는 방향으로 움직이고 있는지 계속 재점검revisited 되어야 함을 강조한다.

성공 척도를 수립하는 것 역시 이 역량의 중요 측면이다. 다시 한번 강조하지만, 이는 고객이 전체 코칭 기간에 (1,2단계) 걸쳐, 그러고나서 각 코칭 세션 내에서 (3단계) 성취하려는 것의 성공 척도를 명확하게 이해하는 것으로 연결된다. 코칭 기간 또는 세션이 끝날 때, 고객들이 원했던 결과를 이뤘는지 어떻게 알 수 있는가? 고객을 성취와 진보의 느낌으로 연결하는 데 이 척도의 기능은 중요하다. 또 직속 상사와 같은 코칭 스폰서가 있는 경우에는 수행하는 과제에 대한 투자대비수익률return on investment(ROI)이라든지 기대수익률return on expectations을 정해두고 코칭의 혜택을 측정하는 것도 방법이 될 수 있다. 앞서 문단에서 지적했듯이, 세션의 목표와 결과가 변하는 경우 척도를 재확인하는 것이 필요하다.

이제 우리는 고객과 함께 수행하는 과제의 중요성과 의미를 이해하는 것과 관련된 해당 역량의 한 부분에 도달했다. 몇 가지 이유로 인해 이것은 유용하다. 이 탐구는 고객이 이 주제에 대해 어느 정도의 동기, 자신감, 의욕commitment 수준을 고려할 수 있도록 하는 데 도움이 된다. 이 주제가 자신에게 어떤 의미가 있는지를 이해하는 것은 이 이슈가 해결이 되거나 목표를 성취했을 때 삶에 어떤 변화가 있을지와 연결되므로 역시 도움을 줄 수 있다. 이는 다시 왜 이것이 중요한 대화인지 고객이 중요하게 여기는 가치들과 진짜 이유들을 강조하게 된다. 이 탐구는 고객이 조심스럽게 무엇을 원하고, 왜 원하는지 고려할 때 이 코칭 세션의 실제 목표가 더 명확해지도록 도울 수 있다. 다음과 같은 질문들을 통해 이러한 탐구가 가능하다: "이를 해결하거나 성취하는 것이 당신에게 어떤 의미인가요?" 또는 "이를 지금 해결해 나가는 데 당신에게 어떤 것이 중요합니까?" 또는 "이를 성취하는 것이 어떤 결과를 가져올까요?"

이 역량과 관련한 추가 포인트는 코치가 고객에게 세션의 결과를 제대로 성취하기 위해 어떤 것이 해결되어야 하는지를 고려할 수 있게 도와야 한다는 점이다.

여행 준비를 비유로 들어보겠다. 우리는 이 도시에서 저 도시로 여행하기로 하고 나서, 그곳에 어떻게 갈지 차량용 내비게이션route planner을 참고할 수 있다. 그렇지만 내비게이션은 특정 가정assumption과 평균 고려사항들을 감안해서 경로와 소요 시간을 보여줄 뿐이다. 우리가 단순히 길을 나서서 어떤 도전이나 방해 없이 정시에 도착할 것이라는 최선의 상황만을 바랄 것인가?

코칭에서도 마찬가지다. 코치는 문제 해결과 관련된 다양한 이슈들을 고객들이 고려할 수 있도록 하고, 그들의 목표에 대해 고객 자신의 성공 경험을 떠올릴 수 있게 돕는다.

마지막으로, 코칭 계약을 수립하고 유지하는 것은 코치가 고객과 어떻게 파트너가 되어 시간을 효과적으로 관리하고 세션이나 전체 코칭 과정을 적합하게 마무리 지을지와 밀접하게 연결되어 있다. 각 세션별 관점에서 보면 코치는 이미 기술된 세션의 초점만을 관리하는 것이 아니라, 고객과 파트너가 되어야 하며, 시작, 중간, 끝을 제대로 갖춘 대화가 될 수 있도록 시간도 관리해야 한다. 시간을 관리하고 기술된 목표를 향해 진전이 있는지, 남은 시간을 어떻게 쓰고 싶은지 주기적으로periodically 고객에게 확인해야 한다. 이렇게 할 때, 고객은 코칭 자체에 집중할 수 있고, 코치는 시간을 체크해가며 조심스럽게 코칭 공간을 유지해 나갈 수 있다. 코치가 다음과 같은 질문을 하는 것이 증거가 된다:

- "오늘 우리 시간의 반 정도 지났습니다. 오늘의 목표와 관련해서 어떻게 하고 계시다고 생각하세요?"
- "오늘 00분 정도 남았는데, 지금 어디에 집중하길 원하세요?" 또는

"남은 시간을 어떻게 사용하고 싶으신가요?"

시간 관리 프로세스는 코칭 전반과 관련이 있다. 이를 통해 고객의 전반적인 목표가 정리되고 탐색되며, 어떤 수정 사항이라도 고객이 원하는 바대로 해결되어야 한다.

궁극적으로 코칭 계약은 마무리될 수밖에 없는데, 이 역량의 중요한 부분은 코치가 고객과 파트너가 되어 코칭 경험을 존중하는 방법으로 상호 관계를 종료한다는 점이다. 여기서 키워드는 '파트너가 된다'이다.

마무리

이 장에서 우리는 코치들이 철저하게 수립하고 유지해야 하는 계약의 세 가지 명확한 단계들을 강조했다. 코칭 합의가 왜 코칭 프로세스에서 의미 있는 측면인지 살펴보았고, 이 역량의 각 요소를 심도 있게 탐색했다.

9장.
관계의 공동구축 영역, 역량 #4: 신뢰와 안전감을 함양한다

도입

이 영역의 다음 역량은 신뢰와 안전감safety 함양이다. 이번 장은 4번 역량에 초점을 맞추고 있지만, 5번 역량인 코칭 프레즌스 유지와도 밀접한 관련이 있다. 이 두 가지 역량과 함께 3번 역량인 합의 도출 및 유지에서 다뤄진 고객과의 관계를 진정으로 함께 창조할 수 있는 파트너링의 깊이와 철저함도 염두에 두어야 한다. 다른 역량들이 코치가 실제 코칭 프로세스에서 스킬을 어떻게 보여주는가에 초점을 맞춘다면, 4번, 5번 역량은 코칭 프로세스가 최고의 효과를 갖고 작동되도록 코치가 고객과의 바람직한 관계를 형성하고, 보살피고, 유지하는지에 초점이 맞춰져 있다. 이와 관련하여, 이 역량의 제목에 나오는 '함양cultivate'이라는 단어가 특별히 사용된 것은 신뢰와 안전감이 코칭 관계 전반에 걸쳐 적용되어야 하며, 코치에 의한 '일회성 활동'이 아니라는 의미다.

관련 역량들

모든 역량의 상호 관련성은 이제 명백하게 이해되었기를 바라지만, 여기서 주목할 필요가 있는 것은 4번과 5번 역량이 다른 역량들과 매우 밀접하게 관련성이 있고, 이상적으로는 고객의 효과적인 코칭 경험과 결과에 도움이 되는 환경과 관계를 가능하도록 하는 대화에 연결고리thread를 제공한다는 점이다. 코칭은 코치와 고객이 친밀한 관계 속에서 우아하게elegantly 함께 일하게 되므로 자주 춤으로 묘사된다. 춤 은유는 춤을 출 때 상대 파트너가 주도해야 하는 경우 투박하게clunky 느끼고 상대방 발을 밟거나 다른 방향으로 움직일 수 있는 것이 코칭에서의 상황과 흡사하다. 우리는 심지어 다른 사람이 자이브를 추고 있는데 왈츠를 추는 것처럼 느낄 수 있다. 여기서 코치의 스킬 가운데 하나는 최대한 빨리 고객과 스텝을 맞추는 방법을 찾아서 고객과의 코칭이 원활하게 진행될 수 있도록 하는 것이다. 평가 장면이라면 이러한 스킬들은 코칭 세션 중에 관찰되어야 하지만, 실제로는 이 두 가지 역량 모두가 예비 세션chemistry session과 같은 코치와 고객 관계 시작 단계부터 적용되어야 한다.

이 역량의 구체적인 설명은 [Box 9.1]에 나와 있다.

> **[Box 9.1] 역량 #4: 신뢰와 안전감을 함양한다**
>
> 정의: 고객이 자유롭게 나눌 수 있는 안전하고 지지받는 환경을 고객과 함께 만든다. 상호 존중과 신뢰 관계를 유지한다.
>
> 1. 고객의 정체성, 환경, 경험, 가치 및 신념 등의 맥락 안에서 고객을 이해하려고 노력한다.
> 2. 고객의 정체성, 인식, 스타일 및 언어를 존중하고 고객에 맞추어 코칭한다.
> 3. 코칭 프로세스에서 고객의 고유한 재능, 통찰 및 노력을 인정하고 존중한다.
> 4. 고객에 대한 지지, 공감 및 관심을 보여준다.
> 5. 고객이 자신의 감정, 인식, 관심, 신념, 및 제안하는 바를 그대로 표현하도록 인정하고 지원한다.
> 6. 고객과의 신뢰를 구축하고 취약성vulnerability을 감추지 않기 위해 개방성과 투명성을 보여준다.
>
> (ICF, 2019b)

핵심 구성 요소들

이 역량의 핵심 구성 요소들은 코치가 다음과 같은 일을 하는 것이다:

- 안전하고 지원하는 환경을 만드는 것
- 고객의 전인격whole person을 존중하는 것
- 프로세스상에서 고객의 작업을 인정하는 것

이 역량에서 우리가 보아야 할 것은 코치가 고객에게 제대로 코칭에 참여할 수 있는 안전한 공간을 제공하는 것뿐 아니라 고객과 고객이 자신의 작업에 기여한 바를 코치가 이해하고 존중하는 것이다. 이 역량이 관계를 함께 만들고 코칭 대화 전반에 걸쳐 명확하다는 점을 감안할 때, 이러한 스킬의 여러 사례들이 작업 과정 중에 관찰될 것으로 예상한다. 이 역량의 스킬은 코치의 언어나 행동을 통해 직접적으로 입증될 수 있으며, 코치의 존재 방식에 의해 간접적으로 증명될 수도 있다. 예를 들어, 코치와 고객이 친밀하고 편안한 관계를 가질 때 코치와 고객 사이에 발생할 수 있는 친근한 언어의 교환은 역량을 입증하는 유효한 방법이다.

처음에는 코치가 고객을 한 인격체로서 더 잘 알려고 노력하는 것뿐 아니라 그들이 코칭 프로세스에 무엇을 가져오는지를 명확히 하기를 바랄 것이다. 그래서 초점은 고객이 무엇을 가져오는지와 함께 고객이 누구인지이다. 이 측면은 이전 역량인 합의 도출과 유지를 구성하는 요소들과도 관련이 있는데, 코치는 고객이 선택한 주제의 의미, 중요도, 시기에 대해 고객과 함께 깊이 탐색할 수 있다. 이렇게 함으로써 코치는 주제뿐 아니라 주제를 가져오는 사람에 대해 알고 이해하기 시작한다. 이 역량에서 관계 구축 프로세스는 관련 환경, 경험, 가치, 신념, 필요 및 기대, 주제 또는 목표에 대한 자신의 정체성 인식까지 포함하여 고객의 다른 측면을 추가로 지속해서 탐색한다.

코치와 고객이 조금 더 서로를 잘 알게 되면, 인정과 존중 프로세스가 촉진된다. 코칭 과정에서 고객의 작업에 대해 인정과 존중을 표현하는 것은 다음과 같은 코멘트에서 증명된다. "이 문제에 대해 많은 생각을 하신 것 같네요." 또는 "이미 이 주제에 대해 많은 노력을 기울이신 것 같아 놀랐습니다." 고객의 표현을 지지하는 것은 코치가 코칭 세션 내내 고객에게 의견을 나누도록 요청하고 고객의 감정, 인식, 우려, 신념 및 향후 진행 방법에 대해 제안하도록 하는 데에서 확인된다. 이러한 인정과 요청은 고객의 표현/언어 스타일에 대한 존중과 함께 나타난다.

때때로 코칭 대화의 초점이 고객에게 상당히 민감한 영역으로 들어갈 수 있다. 이러한 경우, 이 역량은 코치가 그 방향으로 더 탐색하기 위해 고객의 허락을 얻어 이러한 민감함을 만나는 것을 포함한다. 이렇게 존중하면서 민감한 부분을 탐색하는 것은 고객에게 선택하게 하고, 강력하고 안전한 코치-고객 사이의 연결을 구축할 수 있는 중요한 기능이다. 또 좋은 수준의 존중과 친밀감은 코치가 고객이 말하는 방식에 적절히 맞추거나 대면 코칭인 경우 눈맞춤과 보디랭귀지를 통해 경험될 수 있다.

코칭 프로세스에서 고객의 작업을 인정하고 존중하는 또 다른 측면은 목표 달성을 위해 고객의 용기와 변화 의지를 지지, 장려 및 옹호하는 것이다. 또 이러한 변화를 추진하는 동안 직면할 수 있는 도전을 인정하는 것도 포함될 수 있다. 이런 종류의 인정은 다음과 같은 코멘트로 증명될 수 있다: "고객님이 위험을 무릅쓰고 다른 일을 시도하는 데 용기가 필요했다는 걸 알고 있습니다." 또는 "고객님이 이 새로운 습관으로 인해 지금 탄력을 받고 있는 것처럼 보입니다." 고객의 삶, 경력, 작업, 가치, 신념 등을 인식하고 수용하는 것은 인정과 존중을 보여주는 또 다른 방법이며, 다음과 같은 표현으로 증명될 수 있다. "이것이 고객님에게 얼마나 중요한지, 과거에 이로 인해 얼마나 힘드셨는지 알고 있습니다. 이제 이러한 상황이 발행할 때 얼마나 자신감을 가지고 대처하고 계신지 알게 되었습니다."

지지, 공감, 관심이 누구를 구출하거나 돌보는 것을 의미하지 않는다는 점을 중요하게 강조한다. 코칭에서 이러한 세 가지 자질을 증명할 수 있는 방법의 핵심 특징은 코치가 고객과 동등한 관계를 만들고 고객이 창의적이고 자원이 풍부하며resourceful 전인적이라는 코칭 원칙 가운데 하나와 연계하는 것이다. 따라서 고객들은 우리가 구하거나, 고치는 대상이 아니어서, 자율성을 뺏으면 잠재력이 제한되고 약화된다. 이 점은 또한 이전 장에서 다룬 역량인 코칭 마인드셋 구현과 밀접한 관련성이 있다.

따라서 인정이 코치의 칭찬이나 승인approval으로 받아들여지지 않도록 어떻게 계획하에 제시할 수 있을지가 중요하다. 이 포인트를 설명하기 위해 우리는 교류 분석transactional analysis이라고 하는 모델을 활용하는데 이는 에고 상태ego states(Stewart & Joines, 1987)라고 불린다. 코치가 고객과의 관계를 부모-자녀 관계가 아닌 성인-성인 관계로 설정하는 데 도움이 된다. 이를 위해 코치는 고객의 능력에 자신감을 표현하고, 고객의 강점과 성취에 주목하기 위해 공감 대 동정empathy versus sympathy을 제공하도록 기대된다. 또 코치는 코칭 프로세스에서 고객이 과업을 수행하는 동안 인내심을 보여야 하며, 고객이 어떻게 하는지에 대해 판단해서는 안 된다.

이와 같이 동등하고 판단하지 않으면서 뜯어고치려고 하지 않는 방식은 고객에게 엄청난 지지가 될 뿐 아니라 강력한 힘을 실어줄 수도 있다. 고객을 안전한 공간으로 초대해서 재치와 창의성을 십분 발휘해서 도전을 극복하고 목표를 달성할 변화를 만들어가도록 돕는다. 예를 들어, "고객님은 할 수 있어요. 이미 많이 성취해 나가고 있어요."라든지, "고객님의 슬픔이 느껴져요. 이 슬픔과 지금 어떻게 함께하고 싶어요?" 또는 "이 돌파구를 만드신 것을 축하합니다."라고 말할 수 있다.

고객이 자신을 충분히 표현할 수 있도록 격려하고 허용하는 것은 이 역량의 또 다른 중요한 측면이며, 신뢰하는 환경을 만드는 것뿐 아니라 존중과 지지를 표현하는 또 다른 방법이다. 코치가 직접 다음과 같이 말할 수 있다. "…에 대해 더 이야기해주세요." 또는 "이것에 대해 어떻게 생각하세요?" 여기서 공통적인 주제는 대부분 시간 동안 말하는 사람은 코치의 방해를 받지 않는 고객이어야 하며, 고객은 세션의 결과물을 얻는 방향으로 나아가기 위해 더 많은 생각을 나눌 수 있도록 코치의 초대를 받아야 한다.

마지막으로, 신뢰와 안전감을 만들어내는 것은 코치가 본인의 취약함vulnerability을 보여주는 방법으로 개방적이고 투명하게 대해야 한다. 이는 코치의 생각에 고객이 동의하거나 동의하지 않는 것으로 입증된다. 이렇게 이야기할 수 있겠다: "만약 이것이 고객님의 마음에 울림resonance이 없으면 알려주세요. 제가 알아차린 것은 …."

마무리

이번 장에서 우리는 역량들의 상호 연관성에 대해, 특히 네번째 역량과 다섯 번째 역량의 관계를 강조했다. 우리는 또한 신뢰와 안전감을 함양하는 것의 핵심 요소들에 대해 강조하면서 기술했다. 다음 장에서는 코칭 관계의 공동 구축 영역의 3부작을 완성하는 마지막 역량을 살펴보겠다.

10장.
관계의 공동구축 영역,
역량 #5: 프레즌스를 유지한다

도입

이 역량과 함께 우리는 코치가 어떻게 고객과의 관계를 함께 만들어 나가는지 볼 수 있다. 이 장에서는 특히 코치가 현존present하고 고객이 말하는 것과 고객이 누구인지에 대해 호기심을 갖는 데 초점을 맞춘다. 이 협력 관계의 스킬과 자질은 코치가 정보나 방향을 제시하는 대신 고객이 그렇게 할 수 있도록 어떻게 그리고 얼마나 적극적으로 고객의 입력input을 구하는지를 감안하면 역시 의미가 크다.

프레즌스 유지

이 역량은 [Box 10.1]에 설명되어 있다.

> **[Box 10.1] 역량 #5. 프레즌스를 유지한다**
>
> 정의: 개방적이고 유연하며 중심이 잡힌grounded 자신감 있는 태도로 완전히 깨어 있는 상태에서 고객과 함께한다.
>
> 1. 고객에게 집중하고 관찰하며 공감하고 적절하게 반응하는 것을 유지한다.
> 2. 코칭 과정 내내 호기심을 보여준다.
> 3. 고객과 함께 현존하기 위해 정서를 관리한다.
> 4. 코칭 프로세스상에서 고객의 강한 정서 상태에 대해 자신감 있는 태도로 함께한다.
> 5. 코치가 알지 못함의 영역을 코칭할 때도 편안하게 임한다.
> 6. 침묵, 멈춤, 성찰을 위한 공간을 만들거나 허용한다.
> (ICF, 2019b)

핵심 구성 요소

이 역량의 핵심 요소들은 코치의 다음 행동으로 설명할 수 있다:

- 모든 초점을 고객에게 맞춘다.
- 호기심을 보여준다.
- 정서를 관리한다.

- 성찰을 위한 공간을 만든다.

코치가 고객에게 집중하고 관찰하며 공감하고 반응하는 능력을 보여주는 것이 첫 번째 세부 역량의 예라고 할 수 있다. 다음에 나오는 세부 역량들은 코치가 프레즌스의 자질을 어떻게 보여주는지에 대한 추가적인 예다. 이 역량의 중심에 있는 핵심 주제는 코치가 도전, 복잡성, 불확실성에 직면했을 때조차 중심을 잡고 열린 자세로 고객과 진정으로 협력할 수 있는 범위라고 할 수 있다. 때때로 이는 주제만이 아닌 '사람을 코칭'하는 것으로 불린다. 파트너링은 이미 지금까지 다뤄진 역량들 내에서 중요한 위치를 차지하고 있으며, 효과적인 코칭 대화의 중요한 덕목quality이다.

파트너링

여기 이 역량의 철학 속에 내장되어 있는 파트너링의 핵심 요소들은 다음과 같다.

- 존중과 평등을 보여준다.
- 신뢰와 안전감을 불러일으킨다engender.
- 고객에게 힘을 실어준다empowers the client.
- 코칭 프로세스에서 과제의 책임을 고객이 지도록 한다(13장에 나오는 상호책임accountability 부분 참조).
- 자율적이고 성장할 수 있다는 사고와 고객을 위한 긍정적 변화를 강조한다.

실제 상황에서 코치는 몇 가지 방법으로 파트너링을 시연할 수 있다. 첫째, "어디서부터 시작할까요?", "이 문제에 어떻게 접근하시겠어요?", "다음은 어디로 가보시겠어요?", "오늘 이 주제에 대해 어떻게 하면 가장 잘 협력할 수 있을까요?"와 같은 질문으로 세션의 초점과 방향을 고객과 함께 디자인할 수 있다. 파트너링은 또한 코치가 열려 있고 고객이 코치에게 반대할 수 있도록 기회를 줄 때도 경험할 수 있다. 코치가 자신의 준거 틀에서 편안하게 고객의 준거 틀로 이동하는 것도 방법이다. 코치는 다음과 같이 물을 수 있다. "제 직관은 …라고 말하는데, 제가 틀릴 수 있습니다. …에 대해 어떻게 생각하세요?" 고객에게 자신의 관점을 집착 없이without attachment 제시하는 경우 동의하지 않아도 됨을 코치는 다음과 같이 말할 수 있다. "제가 방금 제시한 내용에 대한 고객님의 반응은 무엇입니까? 반대하셔도 아무 문제 없습니다."

파트너링의 또다른 측면은 코치가 고객이 표현한 옵션과 가능성들을 다시 들려주고 고객에게 이것들로 무엇을 할지 선택하도록 의견을 구하는 것이다. 여기서 중요한 점은 고객이 주도권agency을 가지고 있어서 주제도 정하고, 코칭 프로세스상의 작업에 대한 방향성과 접근 방식을 정하게 된다. 예를 들어, 고객은 세션 이후에 더 진척시키고 싶은 몇 가지 대안들을 공유할 수 있고, 코치는 다른 말로 바꿔 표현하거나 명확히 하게 되면, 고객은 어느 방향으로 나아가는 것이 가장 유익할지 선택하게 한다. 다음과 같이 말할 수 있다: "고객님은 대안 A, B, C를 제시하셨습니다. 이제 무엇을 하시겠습니까?" 이 접근 방식은 고객이 세션에 몇 가지의 코칭 주제를 가져온 경우에도 유용하다. 추가로, 이 재생 방법playback은 고객이 분쟁의 소지가 있는 가능성을 탐색할 때 유용하다. 이 경우 주제들이 충분히 정렬

aligned 되지도 않았고 매우 다를 수 있기에 "고객님, 제가 듣기로는 6개월간 휴가를 가는 것과 새 프로젝트에 흥미를 느끼는 것 같습니다. 어떤 쪽이 이번에는 더 성취감을 갖게 할 것 같습니까?"라고 질문할 수 있다.

코칭은 코칭 대화나 고객이 가지고 오는 특정 주제들을 뛰어넘는 고객의 성장과 자기 계발을 지원하는 의도가 있다. 고객의 파트너가 되는 것 partnering은 그 성장과 잠재력에 대한 봉인을 해제하는 열쇠들 가운데 하나이다. 구체적으로 볼 때 코치는 자신이 원하는 대로가 아니라 고객이 자신의 학습을 만들어 가도록 격려함으로써 실행을 지원한다. 이 방법으로 코치는 고객의 능력을 옹호하고 다음 질문들을 통해 고객 자신의 경험을 평가할 수 있다. "이 상황을 묘사하면서 무엇을 알아차리시나요?", "그것이 고객님에게 무슨 말을 하고 있나요?", "그 경험을 묘사하는 자신의 말을 들을 때 어떤 걸 배우죠?"

사람을 코칭한다

이제 이 역량의 다른 주요 측면인 '사람을 코칭하는 것'에 대해 살펴보자. ACC 수준에서는 코치가 고객이 가져온 주제에만 집중하기 쉽다. PCC나 그 이상 MCC 수준에서는 코치가 고객의 주제만이 아니라 고객이 어떤 생각을 하는지, 어떻게 느끼고 배우고 연결하고 창조하는지까지 챙겨보는 것을 기대하게 된다. 이는 고객의 가치나 믿음, 고객이 세상을 어떻게 보는지, 세상 속에서 자기 위치를 어떻게 생각하는지까지 확장될 수 있다. 예를 들어, 코치는 다음과 같이 물을 수 있다: "이 새로운 프로젝트가 고객님이 앞서 말씀하신 가치들과 어떻게 연결되나요?" 또는 "고객님이 그 대화를 하실 때 중요하게 여기시는 믿음과 가치는 무엇인가요?"

사람을 코칭할 때 코치는 공감과 반응 또한 보여주고, 코칭 프로세스상에서 무슨 일이 벌어지는지 완전히 관찰하고 있음도 보여주어야 한다. 이것은 다음과 같이 고객의 정서와 느낌을 알아채고 묻는 것일 수 있다. "실망하는 것처럼 느껴지는데 확인하고 싶습니다. 이것이 고객님에게 어떻습니까?" 또는 "고객님의 정서가 보이고 이것이 고객님에게 중요하다고 알고 있습니다. 더 자세히 살펴보고 싶습니까?" 이는 고객의 정서, 특별히 강한 정서 주제로 넘어가게 한다. 코치는 고객이 강한 정서를 포함해서 자신을 충분히 표현할 수 있도록 적절히 공간을 확보해줄 수 있어야 한다. 이는 고객이 창의적이고 자원이 풍부하고 전인적이라는 코칭의 철학과 다시 연결된다. 울음을 터뜨리는 등 감정을 표현하는 고객이라고 해서 자원이 부족하거나un-resourceful 창의성이 부족하고 마음이 고장난 것은 아니다. 로저스(1980)는, "저는 너무 오랫동안 감정을 억누르고, 그것이 왜곡되거나 공격적이거나 상처를 주는 방식으로 터져나오는 것을 후회합니다."라고 한다. 코칭이 제공할 수 있는 것 가운데 일부는 정서가 표현되어 고객이 전진하고forward movement 성장할 수 있는 공간을 제공한다. 따라서 정서가 표현될 수 있도록 코치가 용인하는 것은 중요하다. 이를 설명하기 위해 우리는 교류 분석이라는 심리 접근법을 창안한 에릭 번Eric Berne(1962)의 논문에서 유래한 라이프 포지션Life Positions이라는 개념을 참고할 수 있다. 에릭 번의 연구 결과는 이후 프랭클린 언스트Franklin Ernst(1971)에 의해 더 발전되어 OK Corral이라는 모델이 자리잡았다. 이 모델에서는 건전하고 기능적인 입장에서 코치와 고객이 다음과 같은 관점을 가질 수 있다: "나는

나 자신과 괜찮고, 너는 나와 괜찮다.I am OK with me and you are OK with me." 이는 고객이 정서적으로 되고 눈물을 보일 수 있지만 여전히 핵심은 문제가 없으며, 코치와 고객은 코칭을 계속해도 된다. 이런 상황에서 정서가 표출된다고 해서 코치가 세션을 중단할 필요는 없다는 것이다. 정서를 다루는 이러한 측면은 어떤 코치들에게는 매우 자연스럽고 편안하지만, 그렇지 않은 경우에는 다른 사람들의 정서에 대한 자신의 반응과 고객의 코칭 과제에 대해 탐색하는 것을 코치로서 소중한 성장의 기회로 삼을 수 있다. 이는 세 번째 세부 역량인 "고객과 현존하기 위해 정서를 관리한다."와 두 번째 역량인 코칭 마인드셋 함양의 여러 측면과 직접 연결된다.

우리가 주제뿐 아니라 사람을 코칭하기 위해 집중하고 관찰하며 반응하는 것을 보여줄 수 있는 또 다른 방법은 고객에 대해 더 알고 싶다는 의도와 함께 호기심을 보이는 것이다. 호기심은 코치가 고객의 생각이나 관점을 물어보는 것과 함께, 진정으로 고객의 주제와 고객을 인간으로서 궁금해하는 것이다.

코칭이 치료therapy가 아님을 밝히는 것과 고객의 정서 수준이나 상태가 다른 형태의 지원이 더 적절하고 유용할 수 있겠다는 고려 또한 이 시점에서 주목할 만하다. 이는 ICF 윤리강령 Part 4인 윤리 기준의 Section I-고객에 대한 책임 내용에 언급되어 있다. Item 7은 다음과 같이 되어 있다: 코칭 관계를 통해 받은 가치의 변화가 발행하는 신호에 주의를 기울이십시오. 만약 그렇다면, 관계를 변경하거나 고객/스폰서에게 다른 코치를 찾거나 다른 전문가를 찾거나 다른 자원을 사용하도록 권유한다. 6장에서 설명되었듯이 언제 어떻게 고객을 치료 쪽으로 소개하는가에 관한 가이드는 ICF 백서인 '고객에게 치료 소개하기Refering a client to therapy'를 참고하라

(Hullinger & DiGirolamo 2018).

걸림돌 getting in the way

때때로 코치의 프레즌스는 그것이 없을 때 눈에 잘 띈다. 고객과 함께할 때 프레즌스가 없어지거나 줄어드는 것은 특정 요인 때문인데, 그 가운데 하나가 우리가 이제 막 살펴 본 고객의 강한 정서 때문이다. 우리의 존재감에 도전이 되는 다른 요인은 알고자 하는 need to know 것이다. 여러 방면에서 우리가 아는 것이 중요해 보이고, 우리는 알아야 하는 것이 전제조건이자 권장사항이 된다. 그리고 많은 상황에서 우리는 얼마나 알고 있는지에 따라 평가받기도 한다. 학자들, 내용 전문가들은 아는 만큼 보수를 받는다. 리더들은 조직의 변화 시기에 무엇을 해야 하는지 알아야 하고, 의사들은 환자들에게 어떤 문제가 있는지 알아야 한다. 그렇지만 우리가 인본주의적인 접근법을 고려한다면(16장 참조), 우리의 지식은 사실 혼선을 줄 수도 있고, 고객이 자신의 과제를 수행하는 데 걸림돌이 될 수도 있다.

인본주의 접근법은 사람들이 '자동 복원 반응 self-righting reflex'을 하며 올바른 조건이 주어진다면, 그들의 목표를 달성할 수 있을 것으로 믿는다. 초보 코치는 이 개념이 우리 삶 속에서 경험하는 지식 관련 생각보다 꽤 심각한 마인드셋의 변화이므로 받아들이는 데 어려움이 있다. 알지 못함으로써 가치를 더할 수 있다는 것은 거의 직관과는 반대되는 것처럼 느껴질 수 있다. 코치로서 성장해나가면서 우리는 고객에게 어떤 일이 벌어지는지, 그들에게 궁극적으로 최고인 것이 무엇인지 정확히 모르며 그렇게 하는 것이 우리의 역할이 아님을 깨닫는다. 고객들이야 말로 자기 삶에서 내용 전문가이고, 우리의 역할은 그들이 미지의 세계를 항해할 때 함께하는 것을 익숙하게 여기고, 문제를 해결하거나 고치는 것이 아니라 단지 그들이 생각할 공간과 시간을 만들어서 제공하는 것이다. 현존한다는 것은 그들의 생각과 느낌 프로세스를 깨끗하고 단순한, 그렇지만 생각을 깨우는 질문들과 함께 관찰하는 것이다. 이 도전은 자기 분야에서 성공적인 커리어를 쌓고 회사를 떠나 코치가 되겠다고 결정한 사람의 경우가 예가 될 수 있다. 그들이 코칭 이론을 명확하게 깨닫고, 책에 있는 역량들을 이해하더라도, 실제 코칭 장면에서 고치려 하고, 이끌고, 지시하려는 욕망과 필요를 억제할 수 없다는 점에 주목해야 한다. 그들의 전문 경력상에서 알고 있는 것에 가치를 평가받았던 과거의 조건이 코치로서 어떻게 가치를 더할 수 있을지에 대한 그들의 인식과 연결되고 뒤섞여 있을 수 있다. 이는 코치 자신의 의제agenda와 믿음이 업무에 스며들기 시작하고, 실제로 그들이 고객에게 걸림돌이 되어 가치를 반감하는 결과를 가져온다. 많은 초보 코치가 다음과 같이 이야기하는 것을 듣는다: "전 아무 일도 하지 않았어요.", "정말 제가 어떻게 가치를 더해야 하는지 도무지 모르겠어요.", "제 고객들이 목표를 달성하는 걸 돕는 데 고전하고 있어요." 심지어는 "어떻게 그냥 듣기만 하고 도울 수 있어요? 당연히 제가 뭐라도 고객에게 드리지 않는다면 어떤 가치를 준다고 할 수 있어요? 거기에 대해 고객은 돈까지 지불하잖아요."

이러한 우리 자신의 마인드셋 변화는 1장에서 살펴본 코치의 성숙도와도 관련 있다. 알지 못하는 것을 편안해하는 역량을 개발하는 것은 어느 정도 개인적인 노력(우리 자신의 코치나 코칭 수퍼바이저와 함께하는)과도 연관이 있다. 알아야 하는 것에 대한 우리의 믿음을 탐색하는 것과 잘 알지 못하면서도 코치로서 가치를 줄 수 있다는 믿음을 가져야 한다. 우리의 가치는 엄청날 수 있고, 이는 우리가 그 가치를 어떻게 정의하고 인식하는가에 대한 질문일 수 있다.

침묵은 금이다

위에 언급되었듯이, 이 역량은 침묵, 멈춤, 성찰을 위해 공간을 만들고 허용하는 정도에 대해서도 설명한다. 이는 고객이 자유롭게 사고하고 느끼는 과정을 거쳐 풍부하게 자신을 표현할 수 있게 하는 중요한 측면이다. '코칭 공간'이라고 불리는 이 지점은 고객이 생각하고 느끼는 것의 의미를 만들 수 있도록 돕는다. 이 의미 생성 프로세스는 7번 역량인 알아차림 불러일으키기와 8번 역량인 고객 성장 촉진과 매우 밀접한 관련이 있다. 고객을 위한 공간은 코치가 단순히 침묵을 지키며 고객에게 생각이 펼쳐지고 수면 위로 올라왔을 때 나누다가 멈추었다가 다시 나누도록 권유할 수 있다. 시각화를 해본다면, 탁구 경기를 떠올려보면 어떨까? 탁구에서는 선수가 공을 쳐서 상대편 쪽으로 넘기는 소리가 탁, 탁, 탁 하고 지속해서 들린다. 흔히 사람들이 처음 코칭을 배울 때, 대화가 약간 탁구 소리와 비슷하다. 코치와 고객 사이의 일련의 질문들과 대답들은 그 사이에 매우 적은 공간이 존재한다. 우리가 정보를 처리하고 최선의 소통을 하는 방법으로 아는 것은 대화 사이에 존재하는 공간으로 인해 차이가 발생한다는 사실이다. 대화 중에 말들이 그냥 들리는 것이 아니라 경청하기 위해서는 대화 속의 공간이 필요하다. 우리는 또한 이 '코칭 공간'에서 단어들을 소화하고 처리해내며, 우리의 반응을 만들기 시작한다. 더욱 숙련된 코치들의 코칭 대화에서 주목할 점은 그 '게임'의 속도가 늦어진다는 것이다. 탁구에 다시 비유하면, 공이 잠깐씩 양 선수 사이를 이동할 때 바닥에 닿지 않고 허공에 머물렀다가 다시 상대방이 다시 말하게 된다. 이 방법으로 고객은 정말로 자기 자신이 하는 말을 들어볼 수 있는 공간을 갖는다. 또 자신의 표현을 통해 직관을 얻고, 코치는 고객을 진실로 들을 수 있는 공간을 갖게 되어, 시간을 갖고 무슨 말이나 질문을 해야 할지 고객이 하는 말을 코칭 프로세스상에서 듣고 주목하고 경험해 볼 수 있는 시간을 벌 수 있다.

코치가 고객에게 성찰하고, 질문에 답할 시간뿐 아니라, 그저 고객에게 생각할 시간을 충분히 주는 것은 중요하다(Kline, 1999). 클라인은 누군가의 사고의 질이 그들이 듣는 것의 질과 직접 비교가 가능하다고 제안한다. 너무 자주, 코치들은 훌륭한 질문이나 강력한 통찰을 이야기함으로써 고객에게 가치를 제공해야 한다고 느낀다. 따라서 그들은 자신의 의제와 성과에 대한 갈망에 사로잡히게 되어 정작 고객이 필요한 건 스스로 생각할 수 있는 시간과 공간이고, 이야기를 들어줄 사람만 있으면 된다는 사실을 놓친다. 이는 코치와 고객 사이의 파트너십과 춤이 어떻게 고객의 지혜를 끌어낼 수 있는지에 대한 중요한 부분이다.

마무리

이 장은 공동 관계 구축 영역을 기술하는 역량 3부작의 마지막 편이다. 파트너링의 중요성과 코칭 주제만이 아니라 사람을 코칭하는 것에 대한 개념을 강조하고 정리했다. 우리는 또한 코치가 이 역량을 충분히 펼치는 데 방해가 될 것들을 탐색했고, 침묵이라는 코칭 개입 중 가장 강력한 방법을 소개함으로써 마쳤다.

11장.
효과적인 의사소통 영역, 역량 #6: 적극적으로 경청한다

도입

이제 우리는 효과적인 의사소통 영역의 두 가지 역량에 대해 살펴보겠다. 이 두 역량은 커뮤니케이션과 고객의 알아차림을 불러일으키는 방법들을 포함한다.

> **[Box 11.1] 역량 #6: 적극적으로 경청한다**
>
> 정의: 고객의 시스템 맥락에서 전달되는 것을 충분히 이해하고, 고객의 자기표현 self-expression을 돕기 위하여 고객이 말한 것과 말하지 않은 것에 초점을 맞춘다.

1. 고객이 전달하는 것에 대한 이해를 높이기 위해 고객의 상황, 정체성, 환경, 경험, 가치 및 신념을 고려한다.
2. 고객이 전달한 것에 대해 더 명확히 하고 이해하기 위해 반영reflect하거나 요약한다.
3. 고객이 소통한 것 이면에 무언가 더 있다고 생각될 때 이것을 인식하고 질문한다.
4. 고객의 정서, 에너지 변화, 비언어적 신호 또는 기타 행동에 주목하고, 알려주며, 탐색한다.
5. 고객이 전달하는 내용의 완전한 의미를 알아내기 위해 고객의 말, 음성 및 몸짓 언어를 통합한다.
6. 코칭 주제와 패턴을 분명히 알기 위해 세션 전반에 걸쳐 고객의 행동과 정서의 추세trends에 주목한다.
(ICF, 2019b)

이 설명을 읽으면서 여태까지 다뤄진 앞서 역량 부분에 나왔던 아래 주제들이 언급된 것을 눈치챘을 수 있다:

- 고객의 확장된 맥락broader context
- 이해하기 위해 찾고seeking 듣기
- 고객의 소통 방식을 더 명확하게 하고 의미의 깊이를 더하기 위해 살피고probing 통합하기
- 목소리, 구어verbal language, 에너지, 몸짓 언어에 주목하고 탐색하기
- (고객이 한 말을) 재생하기playing back
- 트렌드, 주제, 패턴을 파악하고 탐색하기

위의 주제들은 자연스럽고, 직관적이며, 적절한 방법으로 코칭 대화를 해야 한다는 맥락thread을 형성한다.

핵심 구성 요소

이 역량의 핵심 구성 요소들은 다음과 같은 코치의 역할로 설명된다:

1. 총체적으로 경청한다Engages in holistic listening.
2. 함께 이해하고 있는지 확인하기 위해 성찰한다Reflects back to ensure shared understanding.
3. 소통을 돕기 위해 고객에 대한 이해를 통합한다Integrates understanding of the client to support communication.

기본적으로 이 역량은 고객이 자신의 상황이나 주제에 관해 말하는 것들을 진심으로 듣는 능력을 말한다. 이 능력은 고객이 말하는 내용에 대해 코치가 어떻게 대응하는지와 고객이 내어놓는 정보와 언어를 이용해서 고객과 함께 탐색해야 하는 잠재 영역을 포함한다. 아울러 구조와 방향을 함께 만들어갈 수 있는지에 의해 증명된다.

기본 수준에서 이 역량은 우리가 잘 아는 다음의 대단한 경청 스킬들을 암시한다. 적극적으로 주의 집중하기, 진정한 관심 보이기, 다른 말로 바꿔 표현하기paraphrasing, 요약하기, 미러링하기, 명확성 추구하기, 고객이 말하도록 격려하기, 판단 보류하기, 코치 자신의 아이디어와 안건 밀고

나가지 않기 등. 이 스킬들을 뛰어 넘어, 우리는 고객과 코치 모두 나오는 이야기들의 의미를 깊이 탐색할 수 있는 또 다른 수준의 경청을 알아볼 것이다. 이를 통해 통찰력과 의식이 더 커져서 고객이 앞으로 나아갈 수 있게 된다.

질문과 탐색을 통한 경청

깊은 경청을 시작하는 방법의 하나가 질문하거나 관찰하는 것으로, 이는 고객에 대해 또는 고객의 상황이나 주제에 대해 코치가 아는 것을 진정으로 성찰할 기회를 준다. 너무 뻔한 제안처럼 들릴 수도 있다. 실제로 이렇게 하는 것이 매번 쉽지는 않다. 코치가 묻고 싶을 때 물을 수 있으면 매우 쉽다. 그렇지만 고객은 코치를 위해 말을 간략하게 하지 않을 수 있다. 그때 코치의 에너지는 고객이 말을 멈추면 질문하기 위해 기다리는 데 초점이 맞춰진다. 이것을 '질문 대기question queuing'라고 한다. 이로 인해 코치의 에너지와 집중력, 존재감은 고객을 듣는 것에서 벗어나게 된다. 이 경우 코치는 다음 질문을 해야 한다는 자신만의 순서에 집중하기 때문이다. 많은 경우 코칭 세션 녹음을 듣다 보면 말 그대로 고객의 말이 끝나기가 무섭게 질문으로 치고 들어가기 위해 기다리는 코치의 숨 들이마시는 소리까지 들을 수 있다. 이것은 5번 역량이 나오는 이전 장에 묘사된 대로 고객이 자신을 충분히 표현할 수 있는 환경과 비교하면 매우 다른 상황이다. 고객에 대해 알게 된 것을 성찰할 수 있는 질문과 관찰하는 것은 우리가 이전에 고객에 대해 들은 것들을 바탕으로 정보를 끌어오는 것으로 증명될 수 있다. "지난 세션에서 고객님에게 휴식이 그 순간 얼마나 중요한지 말씀하셨는데, 새 프로젝트로 인해 미치는 영향은 어떤가요?"와 같은 질문이 그 예가 되겠다. 코치는 여러 세션들에 걸쳐서 주제와 패턴을 파악하기 위해 고객의 행위나 정서의 추이를 주목한다. 몇 번의 세션에 걸쳐 들은 누적된 정보를 사용하여 코치가 고객이 말하는 맥락과 의미를 더 폭넓게 이해할 수 있는 것은 매우 중요하다. 이러한 더 깊고 넓은 경청 측면은 경험이 많지 않은 코치들이 간과하는 경우가 있지만, 이 역량이 개발되면 코치가 고객과 함께하는 코칭 프레즌스를 구축하고 유지하는 데 도움이 된다.

깊은 경청은 또한 깊은 탐색을 포함한다. 이 탐색은 코치가 주목한 고객의 언어 사용 또는 느낌, 패턴에 관한 것이거나 고객이 현재 어떤 상태인지에 대해서일 수 있다. 언어를 예로 들면, 코치는 다음과 같이 물을 수 있다: "자유라는 단어를 몇 차례 언급하셨는데, 자유가 어떤 의미인가요?" 그리고, 느낌에 대해서는 다음과 같이 물을 수 있다: "그 자유를 생각할 때 어떤 느낌이 드나요?" 그리고 고객이 어떤 상태인지에 대해 깊은 탐색을 위해서는, "고객님이 가진 자유의 가치를 존중하는 것이 목표를 달성하는 데 어떻게 도움이 될까요?"라고 물을 수 있다. 고객의 감정에 대한 탐색은 고객의 감정에 대해 다루는 5번 역량 부분에서 몇 가지 포인트들이 논의가 되었다. 예를 들어, 코치는 고객의 기분, 목소리 톤, 몸짓언어, 에너지 등에 대해 주목하면서 질문하거나 되새길 수 있다. 이 경우 코치는 "이것에 대해 이야기하실 때, 얼굴이 밝아지고 미소가 번졌는데, 이게 고객님에게 어떤 의미인가요?" 또는 "눈물이 보이는데, 지금 고객님에게 무슨 일이 벌어지고 있나요?"라고 물을 수 있다.

또 중요한 것은 코치가 고객이 말하는 것에 대해 가정하는 것을 점검하거나 처리하는 데 이것이 도움이 된다는 점이다. 고객이 '자유'를 언급할 때, 코치의 마음에는 자신의 삶과 경험을 참고 자료point of reference로 삼아 자유가 의미하는 바를 고객이 의미하는 것과는 무관하게 매우 빠르고 쉽게 떠올릴 수 있다. 코칭에서의 위험은 우리가 그와 같은 가정에 근거해 행동하고, 자유가 고객에게 의미하는 바와 코치에게 의미하는 바는 매우 다를 수 있다는 것이다. 우리가 같은 언어를 사용하고 있다고 생각하지만, 사실상 우리는 그렇지 않다. 모든 사람에게는 정확하게 우리의 생각과 느낌을 표현하기 위해 단어와 용어를 선택하는 자신만의 독특한 방법이 있다. 우리가 단어를 고를 때 신경 쓰는 것은 때때로 '맞는 단어를 찾기' 위해 고군분투할 때 나타나며, 코치가 주의 깊게 고객이 나누는 단어들을 듣는 것은 정말로 중요하다. 고객들이 선택하는 단어들은 그만한 이유가 있으며, "단어들이 세상을 창조한다words create worlds."라는 말이 떠오른다.

모든 감각으로 경청하기

에너지의 움직임을 알아채고 탐색하는 것은 고객과의 깊은 경청과 소통을 가능하게 한다. 물론 고객의 눈에 띄는 에너지 변화가 감지되어야 하지만 말이다. 그렇지만 기대되는 것은 고객의 몸, 신체 리듬, 자세가 변화할 때 코치가 관찰을 통한 피드백을 고객과 나눔으로써 존재감을 표출하게 된다. 이 단계의 탐구에 대한 그 이상의 뉘앙스는 고객의 목소리 톤, 속도, 성량이나 기타 발성의 변화에 대해 묻거나 탐색하는 것이다. 에너지 변화와 함께, 고객 목소리의 변화는 우리가 관찰을 통한 피드백을 통해 더 깊은 수준의 경청을 보여줄 수 있는 방법이다. 예를 들어, "그 사건에 대해 말씀하실 때 속도가 빨라졌고, 목소리 톤도 올라갔는데, 어떻게 생각하세요?"라고 물어볼 수 있다.

마지막으로, 언어, 느낌, 발성에 대한 경청이나 탐색에 더해, 코치는 고객의 행동과 환경, 믿음, 가치 등에 대한 고객의 세계관을 경청할 수 있다. 예를 들어, 고객은 특정한 상황을 이야기할 수 있고, 코치는 사람들, 장소, 사건에 대한 고객의 행동이나 반응에 대해 질문함으로써 더 탐색할 수 있다. 여기서 주목할 만한 부분은 이 질문들이 단지 데이터를 끌어내려는 의도는 (그 사람이 무엇을 했고, 당신은 무엇을 했고, 그다음에 그 사람은 무엇을 했고, 그래서 당신은 무엇을 했는지 등의) 아니라는 점이다. 코치의 초점은 특정한 행동 전/중/후에 벌어졌던 프로세스다. 예를 들어, "그런 방식으로 반응했던 고객님의 생각과 느낌은 어땠나요?"라든지 "그 회의에서 고객님의 행동으로 인한 영향은 무엇인가요?" 내지는 "그 대화를 할 때 당신은 어땠으면 좋은가요?"라고 물을 수 있다. 고객이 인식하는 자신의 경험은 고객의 믿음, 가정, 가치, 관점에 대해 묻는 다음과 같은 질문들로 인해 어떻게 탐색이 될까? "이것과 관련해 어떤 가정을 하게 될까요?" 또는 "지금 서 계신 곳에서 고객님의 관점은 무엇입니까?" 또는 "이것에 대한 믿음은 무엇입니까?"

마무리

이 장에서 경청이 질문을 동반한다는 점은 명확해졌다. 코칭 관계에서 경청은 수동적인 행동이 아니라 적극적으로 듣는 것이다. 코치로서 우리의 경청에는 목적이 있고, 이는 확인probe, 조사inquire, 탐구explore를 위한 질문을 통해 고객이 소통하려는 것의 진정한 의미가 충분히 표현되고, 전달되며, 이해될 수 있다는 의미다.

12장.
효과적인 의사소통 영역, 역량 #7: 알아차림을 불러일으킨다

도입

효과적인 의사소통 영역의 두 번째 역량은 '알아차림 불러일으키기'다. 이 역량과 직무 분석 프로세스는 특정한 '핵심^{kernels}'을 확인하고 분석한다. 이 핵심은 코칭 프로세스에서 매우 효과적인 특성(아래와 같음)이 되었다.

- 변화하고 배우는 데 열려 있는 고객
- 고객에 대해 경청하는 코치
- 적절한 코칭 방법들과 접근법들을 사용해 고객의 변화를 유발하는 코치

[Box 12.1] 역량 #7: 알아차림을 불러일으킨다

정의: 강력한 질문, 침묵, 은유metaphor 또는 비유analogy와 같은 도구와 스킬을 사용하여 고객의 통찰과 학습을 촉진한다.

1. 가장 유용한 것이 무엇인지 결정할 때 고객의 경험을 고려한다.
2. 알아차림이나 통찰을 불러일으키기 위한 방법으로 고객에게 도전한다.
3. 고객의 사고방식, 가치, 필요 및 욕구 그리고 신념 등 고객에 대하여 질문한다.
4. 고객이 현재의 생각을 뛰어 넘어 탐색하도록 도움이 되는 질문을 한다
5. 고객이 이 순간에 경험하고 있는 것을 더 많이 공유하도록 초대한다.
6. 고객의 발전progress을 위해 무엇이 잘되고 있는지에 주목한다.
7. 고객의 필요에 맞춰 코칭 접근법을 조정한다.
8. 고객이 현재와 미래의 행동, 사고 또는 감정 패턴에 영향을 미치는 요인을 식별하도록 도와준다.
9. 고객이 어떻게 앞으로 나아갈 수 있는지, 무엇을 하려고 하고, 할 수 있는지 생각해내도록 초대한다.
10. 관점을 재구성reframing 할 수 있도록 고객을 지원한다.
11. 고객이 새로운 학습을 할 수 있는 잠재력을 갖도록 관찰, 통찰 및 느낌을 있는 그대로 공유한다.
(ICF, 2019b)

이 역량의 주요 요소들은 다음과 같은 코치의 역할로 설명된다:

- 새로운 통찰력을 끌어내기 위해 질문하기
- 새로운 배움을 지원하기 위해 관찰 나누기
- 고객의 성찰과 재구성 돕기

'강력한 질문'이란 무엇인가?

고객의 변화shift를 유발하는 중요한 코칭 도구인 강력한 질문하기부터 살펴보자. 때때로 코치들은 강력한 질문이 '고객에게 한 방을 날리는blows the socks off the client' 것으로 생각한다. 강력한 질문이 구성하는 것을 이해하기 위해서 우리는 앞서 나왔던 ICF의 아래 코칭 정의로 우리의 주의를 집중해보면 좋겠다. '고객들이 개인적으로 그리고 전문적으로 잠재력을 극대화할 수 있도록 영감을 주기 위해 생각을 자극하고 창의적인 과정 속에서 고객들과 파트너가 되는 것'(ICF, 2007).

    강력한 질문 도구는 코칭의 정의에서 '생각을 자극하는thought-provoking' 부분과 직접적으로 관련이 있다. 우리는 자신이 전형적으로 습관의 창조물이라는 것과 우리의 습관이 행동뿐 아니라 생각에까지 확장한다는 것도 안다. 출처가 불분명한 격언을 하나 소개하겠다. "항상 해왔던 일을 하면, 항상 얻어왔던 것만 얻게 된다." 이것은 코칭에서 이 도구의 관련성을 뒷받침한다. 고객의 현재 행동이나 사고의 습관이 코칭 당시의 상황에서 잘 작동되고 있다면, 고객은 거기에 대해 코칭을 원하지 않을 것이다. 고객이 이 주제를 가져왔다는 사실은 이와 관련해서 일종의 도전이나 복잡성을 겪고 있어서 사고와 관점을 확장함으로써 이 상황에서 고객이 느끼는 선택의 폭도 넓힐 수 있는 지원이 필요할 것이다. 이것은 이 도구의 기능과 목적이지, '고객에게 한 방을 날리는' 것이 아니라 명확한 질문을 함으로써 고객이 이슈들을 탐색하고, 그 이슈 속에서 자신의 부분 – 행동과 존재까지 살펴볼 수 있게 된다. 이 질문들은 코칭 대화에서 고객이 원하는 결과를 향해 나아갈 수 있도록 도울 수 있어야 한다.

강력한 질문을 효과적으로 활용하는 데 몇 가지 공통 패턴들이 있다. 물어볼 수 있는 질문의 초점이나 유형, 질문의 성격과 질, 그리고 강력한 질문의 목적 등이다.

질문의 초점과 유형

질문의 초점 및 유형과 관련해서는 불러일으키기evoke, 탐색explore, 너머 beyond, 생성generate 및 재구성reframe과 같은 단어들을 주목할 만하다. 따라서 강력한 질문의 유형들은 고객과 고객의 생각에 도전하고, 관습에 따른 사고 습관의 경계와 한계를 넘어 고객의 상황, 이슈, 목표를 고려하는 새로운 방법을 탐색하고 발견하도록 돕는 것들이다. 코치는 이를 위해 몇 가지 방법을 사용할 수 있는데, 고객의 사고 방식, 가정, 신념, 가치, 욕구와 필요 등에 대해 묻게 된다. 예를 들어, "이제까지 어떤 선택을 고려했나요?", "그것에 대해 고객님에게 중요한 것은 뭔가요?", "이 상황에 대해 어떤 가정을 하고 계시죠?", "결정을 하기 위해 어떤 것을 고려하실 건가요?", "진정으로 원하는 것이 뭔가요?"와 같은 질문들이다. 이러한 광범위한 질문들은 고객에게 자기 자신에 대한 새로운 방식의 생각을 고려하거나 심지어 현재의 생각에 도전해서 고객이 다른 각도에서 상황을 볼 수 있게 한다. 이러한 방식으로 코치의 질문들은 고객이 현재의 '이야기'에서 벗어나 새롭고 다른 가능성을 향해 나아갈 수 있게 돕는다. 이러한 질문들은 "그 신념은 정말로 사실인가요?", "이것에 대한 고객님의 견해에 어떻게 도전할 수 있나요?" 또는 "이 상황에서 고객님 자신에 대해 어떻게 달리 생각할 수 있을까요?" 등이다.

고객의 생각을 탐색하거나 자신을 어떻게 보는지에서 벗어나, 강력한 질문은 코칭으로 고객이 가져오는 상황 주변에서 알아차림을 확대하는 데 초점을 맞춘다. 이러한 유형의 질문들과 함께, 코치는 고객이 다른 각도에서 상황을 바라보도록 인도한다. 이 질문들은 고객이 상황을 재구성해서 자신에게 더욱 힘을 불어넣을 수 있도록 한다. "지금부터 6개월 후 이 문제가 해결되었다면 무엇이 눈에 띄십니까?", "이것을 달리 보는 방법은 무엇일까요?", "그 사람의 입장이 되어본다면 무엇이 떠오르시나요", 또는 그냥 "그 외에는요?"라고 물을 수 있다. 마지막으로, 코치의 질문들이 고객의 주목과 생각을 목표 쪽으로 이끌어야 하는 것 또한 중요하다. 코치가 성공이 어떤 모습인지에 대한 질문하기 위해 고객이 바라는 미래를 상상해보라고 한다. 이때 미래에서 시작해서 현재 시점으로 거꾸로 이동해오는 방법도 포함된다. 이러한 질문은 고객을 도와서 성공적으로 목표를 성취할 수 있는 새로운 시나리오나 가능성을 만들 수있도록 한다. "지금부터 일 년 후 일들이 어떻게 되어 있길 원하나요?", "이상적인 결과는 어떤 모습입니까?", "목표에 도달하기 위해 오늘 당장 바꿔야 하는 건 뭔가요?"와 같은 질문들이 그렇다. 다음과 같은 기적 질문도 여기에 해당된다. "마술 지팡이가 있다면 뭘 바꾸시겠어요?" 기적 질문은 습관적인 사고에서 나온 한계들에 직접 도전하므로 매우 유용하다. 때때로 어떤 것이 불가능한 이유는 우리가 생각하는 방식 때문이고, 우리 생각의 잠금 장치가 강력한 질문으로 인해 풀리면, 매우 많은 대안과 가능성이 우리에게 열린다.

위에서 보았듯이 미래와 가능성에 대한 초점은 고객 자신에 대한 이상적인 관점과 밀접한 관련이 있다. "만약 무엇이든 가능해진다면?"과 같은 질문은 21장에 소개되는 환상적인 삶fantasy life에 대한 탐색 개념과 정신역동 접근 방식으로 연결된다. 보야치스Boyatzis의 의도적 변화 이론Intentional Change Theory(2008)과 '이상적인 자기ideal self'의 발견은 고객의 희망, 꿈, 성공에 대한 비전을 탐색하는 혜택에 초점을 맞추려고 한다. 이를 통해 고객의 사고 속에서 가능한 것에 대한 범위가 열리게 된다.

미래에 대한 초점은 전진forward-moving 철학의 핵심이다. 11장에 나온 적극적 경청 역량이 고객과 그들의 현재 세계관, 상황, 자신에 대한 관점을 제대로 듣는 것이라면, 알아차림 불러일으키기 역량은 견해를 가능한 쪽으로 변화시키는 데 훨씬 더 주목한다. 질문은 양쪽 역량 모두에게 중요하지만, 의도나 결과물은 구별된다.

이러한 다른 유형의 질문들에 관해 토의하면서, 우리는 ICF의 코칭 정의를 다시 한번 살펴보겠다:

'고객들이 개인적으로 그리고 전문적으로 잠재력을 극대화할 수 있도록 영감을 주기 위해 생각을 자극하고 창의적인 과정 속에서 고객들과 파트너가 되는 것'(ICF, 2007).

새롭고 확장된 생각을 자극함으로써, 코치는 고객에게 이미 있지만 지금까지의 생각하는 습관 때문에 잠자고 있거나 방해를 받는 창의성에 접근할 수 있도록 돕는다. 이를 위한 코치의 역할은 '강력한' 질문을 하는 사람이 되는 것에서 벗어나 고객이 새로운 통찰력을 얻도록 돕는 코치의 본질적인 역할에까지 이른다. 일단 고객의 창의성이 무장해제되면, 고객이 더 많은 대안, 가능성, 선택을 볼 수 있게 되어, 그들의 에너지는 더 많은 영감을 얻고 성취감을 느끼게 하면서 목표 달성을 위해 더 긍정적으로 나아갈 수 있다.

질문의 성격과 질

코칭 질문의 성격과 질로 넘어가보자. 질문은 되도록 명확하고 간결할수록 좋다. 간결함을 통해, 고객은 질문을 더 쉽게 듣고 처리할 수 있다. 이는 고객의 정신 에너지가 최대화되고, 질문을 처리하거나 응답하기도 전에, 복잡하고 긴 질문들로 인해 이해하는 데 시간과 에너지가 걸리며 산만해지지 않는다는 것을 의미한다. 이는 여러 질문이 아닌 한 번에 한 질문씩, 그리고 고객이 듣고, 생각하고, 성찰하고, 응답할 수 있도록 하는 코치의 질문에 의해 더욱 도움이 된다(코칭은 탁구 게임이 아님을 기억하자!). 약자인 WAIT$^{Why\ am\ I\ talking?\ 내가\ 왜\ 말하는가?}$는 코치의 질문이 새로운 사고를 불러일으키기 위한 것임을 상기하는 데 도움이 된다. 코치 자신의 성과나 의제를 갖고 방해해서는 안 되며, '적은 것이 더 많음$^{less\ is\ more}$'의 철학을 주장해야 한다. 따라서 코치는 성찰을 통해 질문을 되도록 적은 단어를 활용해서 고민하고, 만들어서 던져야 고객에게 최대한 긍정적인 영향을 미칠 수 있다.

코치가 던지는 질문의 질은 고객의 언어와 학습 스타일과 준거 틀을 적절히 사용하고 반영하면 향상될 것이다. 연결과 친목을 쌓는 여러 측면과 함께, 앞서 몇 가지 역량들에서 보았듯이, 고객의 언어를 사용하는 것은 거울신경세포를 자극하여 친밀감을 쌓거나, 고객에게 익숙함 수준을 올리고, 그 언어로 인해 연결과 프로세스 진행이 용이해진다. 낸시 클라인^{Nancy}

Kline(1999)이 말하는 예리한 질문들은 16장 인본주의 접근에서 다루어진다.

코치는 또한 고객의 일하는 방식을 이해하고 적응하기 위해 고객의 경험, 맥락, 의사소통 스타일을 고려해야 한다. 직접 시도해보거나, 반응을 보이고, 실험해보고, 형상화하는 등의 방법이 있다. 코치가 할 수 있는 질문이라면, "미래의 모습을 언뜻 보신 것 같다고 하셨는데, 어떤 장면이었나요?", "이 과제에 대해 다룰 때 어떤 접근 방식이 좋을까요?", "지금 뭘 하고 싶으세요?", "전력을 다 하신다고 했는데, 그건 어떤 모습인가요?" 등이다. 질문의 질에 대한 마지막 생각은 그 질문이 코치가 끌고 가거나 결론을 담고 있지 않다는 것이다. 이 측면은 코치가 고객의 주제를 지키고 유지하는지에 관한 명확한 판단 기준이 된다. 관련 질문이라면, "말씀하신 대안들을 갖고, 어떤 경로를 따라가시겠어요?", "어떤 아이디어가 있나요?", "여기서 어떤 결론을 도출하시나요?" 등이다.

강력한 질문의 목적

궁극적으로 강력한 질문의 목적은 고객이 새롭고 색다른 생각을 탐색할 수 있도록 돕는 데 있다. 그를 통해 새롭고 색다른 대안, 가능성, 선택을 발견할 수 있고 목표를 성취하기 위해 발걸음을 옮길 수 있게 된다. 그렇지만 이 질문들이 고객과 그들의 상황에 대해 듣거나 배운 것에 맞춰야 한다는 것을 잊어서는 안 된다. 몇 가지 예로 이와 같은 질문들이 이번 장에 제시되지만, 이 질문들 중에 골라서 실제 코칭에 사용하는 것은 경계하기 바란다. 모든 코칭 대화는 다르고 독특하므로 강력한 질문을 하기 위해서 최고의 방법은 고객과의 대화에 깊이 연결하고, 충분히 현존present 하고, 모든 감각을 동원해 듣고, 직관을 발휘해 코칭 프로세스상 듣거나 배운 것에서 떠오르는 질문을 던지는 것이다.

은유 metaphor

알아차림을 불러일으키는 데 또 다른 의미 있고 유용한 코칭 도구는 은유 또는 비유의 사용이다. 이 방법은 고객의 언어를 활용해 관계도 나아지게 만들고, 의사소통도 효과적으로 하며, 알아차림을 불러일으키는 데 도움이 된다. 이 단어 어원의 하나는 metapherein인데, 이 말은 '이어지게 만든다 carry over'라는 의미다. 의미를 전달한다는 뜻으로서 은유는 의미를 부여하고 우리가 말하는 것을 구조화하는 중요한 방법이다. 우리의 이야기는 구조화되고 측정되고 논리적일 수 있는데 비해, 우리의 마음과 생각은 더 무작위적이고 신속하고 여러 측면을 갖고 있다. 언어는 내부에서 벌어지는 것을 표현하는 데 사용되고, 은유는 우리의 경험에 의미를 부여하는 데 사용된다. 고객이 이야기한 은유를 활용하는 것은 그들에게 진정으로 의미하는 것을 깊이 이해하고 그를 고객과 나누는 풍부한 방법이다. "어떻게 지내십니까?"라는 질문에 대해 "구름 위에 떠 있는 것 같아요." 또는 "어두운 동굴 속에 갇혀서 출구를 못 찾고 있는 것 같아요."라고 대답한다면, 무엇이 떠오르는가? 이러한 은유와 상징 언어는 다른 코칭 스킬을 쓸 수 있는 기회를 제공하며, 고객의 언어 사용에 대해, 그것이 어떤 의미인지 등 깊은 현존과 경청을 통해 모든 것이 고객에 맞춰진다.

침묵

다른 역량에서도 등장했지만 침묵은 알아차림을 불러일으키는 데 아주 유용한 도구이다. 침묵과 공간을 허락하고, 성찰, 고려, 의미 창출을 위해 멈추는 코치의 능력은 고객의 의식 확장을 위한 강력한 기회를 제공한다. 침묵은 10장에 나왔던 5번 역량인 프레즌스 유지하기에서 충분히 강조되고 설명되었다.

잠재력 찾기 |finding potential

이 역량의 다른 측면은 코치의 질문, 직관, 관찰의 범위가 고객의 새로운 배움이 될 수 있다는 가능성이다. 여기서 키워드는 '가능성'이다. 고객이 배우려고 할지 코치가 장담할 수는 없지만, 이 역량에서 코치의 역할은 배움이 일어날 수 있는 가능성을 보고 기여하는 것이다. 이것은 사실 코치가 이따금 자신의 아이디어를 나눔으로써 고객에게 통찰력이나 앞으로 나아갈 수 있도록 하는 등의 멘토링이나 컨설팅과 같은 개입을 할 수도 있는 영역이다(물론 이는 코치의 에고나 자신의 의제가 아닌 고객의 주제에 도움이 되기 위함임). 예를 들어, "이것에 대한 제 관점을 좀 말씀드려도 될까요? 이것이 도움이 되는지 아니면 동의하지 않는지 알려주세요."라고 하든지 "고객님은 매우 창의적인 생각을 하시는 사람입니다. 본인도 그렇게 생각하신다면 어떤 일이 벌어질까요?" 또는 "대안의 폭을 좁히는 것으로 보이는데 어떻게 생각하세요?"라고 물을 수 있다.

관점 제시

이 활동의 일부는 코치가 관찰, 통찰, 느낌을 편견이나 집착없이without attachment 나눠서 고객이 새롭게 학습할 가능성을 포함한다. 코치가 조언하는 것은 늘 논란이 되는 주제다. 우리는 수년간의 경험적 증거와 코칭 세션 녹음을 들어본 결과 많은 코치가 이를 하고 있고, 자주 긍정적인 결과를 가져온다. 이것의 증거는 이 역량의 모든 단계에서, 그리고 직무 분석 프로세스에서 보였고, 두 가지 중요한 기준이 확인됐다:

1. 고객과 관찰, 통찰, 느낌을 나누는 것은 고객의 허락을 미리 얻고 거기에 편견만 없다면 받아들여진다.
2. 그 나눔은 고객의 대안이나 시야를 (좁히는 대신) 넓혀야 한다.

따라서 코치의 이러한 개입은 코치의 의제가 아닌 고객의 전진과 학습을 위해 이루어져야 한다. 이 같은 개입은 고객의 생각을 확장 및 탐색하고, 잠재적으로 고객의 생각에 도전하며, 이슈에 대해 고려하고 다뤄가면서 새롭고 다른 방법을 찾도록 돕는다. 이런 식의 개입은 코치가 '편견없이' 그리고 고객이 스스로의 발견을 가능하게 할 수 있는 커뮤니케이션을 통해 가능하다. 코치가 고객에게 맞는 답을 찾게 한다든지, 고객이 필요한 것을 알고 있다고 이야기하는 건 바람직하지 않다. 사심없는 관찰, 직관, 코멘트, 생각과 느낌은 다음과 같이 전달된다. "고객님이 저 솔루션에 훨씬 더 만족하시는 것처럼 들립니다.", "실망하신 것으로 들리는데 맞나요?", 또는 "제 직관에 따르면, 아직도 고객님한테 뭔가 빠진 것이 있는 것 같은데 거기에 대해 어떻게 느끼세요?"

마무리

이 역량은 고객이 사고, 감정, 행동상의 변화에 있어 궁극적으로 고객을 목표와 원하는 결과에 더 가까이 인도하기 위해 필수적이다. 알아차림을 불러일으키는 과정은 고객의 배움과 전진을 돕기 위해서, 코치가 잘 제시한 관점과 관찰은 물론이고, 조심스러운 질문, 조사^{probing}, 탐색을 포함한다. 효과적인 코치는 코칭 프로세스에서 작동하는 것을 주목하고, 고객과 보조를 맞춰 적응해 나간다. 이때 은유와 침묵도 활용할 수 있는데, 이를 통해 고객의 성장과 발전을 위한 완전한 잠재력을 끌어내게 된다.

13장.
학습과 성장 북돋우기 영역,
역량 #8: 고객의 성장을 촉진한다

도입

이 마지막 역량은 학습과 성장 북돋우기라는 영역에 속하며, 코칭 프로세스의 기능과 목적을 아우르는 역량 가운데 대표적이다. 학습과 성장이라는 단어를 사용한다는 것은 코칭이 단지 문제 해결 수단이거나 이슈에 대처하거나 목표를 달성하거나 도전에 대응하는 것만이 아니라는 것을 의미한다. 이것들보다는 훨씬 더 많은 것을 뜻한다. 한 가지 측면에서는 코칭 프로세스를 이용해 고객이 세션으로 가져온 것들을 가지고 구체적이고 긍정적이며 앞으로 나아가는 결과를 만들어 가지만, 다른 측면에서 코칭은 고객이 자신의 주제를 다루는 경험을 통해 훨씬 더 넓은 의미에서 개인적/전문적인 잠재력을 극대화할 수 있는 방향으로 성장할 수 있는 기회를 제공하기도 한다. 이러한 방식으로 코칭은 여러 면에서 [표 13.1] 미시/거시 수준에서의 집중을 명확히 한다. 이 역량은 [Box 13.1]에서 기술되어 있다.

[표 13.1] 코칭의 미시-거시 초점

미시 micro	거시 macro
주제	사람
현재	미래
주제/상황	어디 그리고 그 외 무엇 Where and what else?
행동	존재
문제 해결	능력 개발 및 잠재력 극대화

핵심 구성 요소

이 역량의 핵심 구성 요소들은 다음과 같은 코치의 행동으로 표현된다:

- 학습을 행동으로 옮길 수 있게 돕는다 facilitates learning into action
- 고객의 자율성을 존중한다 respects client autonomy
- 진척을 축하한다 celebrates progress
- 세션 종료를 함께한다 partners to close the session

[Box 13.1] 역량 #8: 고객 성장 북돋우기

정의: 고객이 학습과 통찰을 행동으로 전환할 수 있도록 협력한다. 코칭 과정에서 고객의 자율성을 촉진한다.

1. 새로운 알아차림, 통찰, 학습을 세계관 및 행동에 통합하기 위해 고객과 협력한다.
2. 새로운 학습을 통합하고 확장하기 위해 고객과 함께 고객의 목표와 행동, 그리고 책임 측정 방안accountability measures을 설계한다.
3. 목표, 행동 및 책임 방법을 설계하는 데 있어서 고객의 자율성을 인정하고 지지한다.
4. 고객이 잠재적 결과를 확인해보거나 이미 수립한 실행단계에서 배운 것을 지지한다.
5. 고객이 지닌 자원resource, 지원support 및 잠재적 장애물potential barriers을 포함하여 어떻게 자신이 앞으로 나아갈지에 대해 고려하도록 한다.
6. 고객과 함께 세션에서 또는 세션과 세션 사이에서 학습하고 통찰한 것을 요약한다.
7. 고객의 진전과 성공을 축하한다.
8. 고객과 함께 세션을 종료한다.
(ICF, 2019b)

앞서 역량이 고객의 사고를 확대하고 알아차림을 넓힐 수 있도록 돕는 것이었다면, 이번 역량의 핵심은 고객이 코칭 프로세스상의 작업을 통해 어떤 학습과 통찰을 얻을지 고려하도록 하는 데 초점을 맞춘다. 어떻게 하면 코칭 대화를 넘어서 고객의 혜택을 위해 적용하고 통합할 것인가 하는 점이 관건이 된다. 간단히 말해, 이는 코치가 어떻게 하면 고객을 도와 더 나아진 알아차림을 활용할 수 있을지, 그래서 그 결과로 성장을 촉진할지에 관한 것이다. 더 나아가 코칭 프로세스에서 암시된 앞으로의 움직임은 이 역량이 다음 단계 및 관련된 계획/실행에도 초점을 맞추게 됨을 의미한다.

자율 학습 autonomous learning

이 역량에서 찾고자 하고 평가하는 것은 고객의 자율성을 촉진하고, 코칭 프로세스 전반에 걸쳐 이루어지는 코칭 대화를 통한 고객의 새로운 배움을 어떻게 창조하고 주장하고, 결정하도록 할지에 대한 코치의 능력이다. 코치가 고객과 어떻게 협력하여 새롭게 배우고 성장할 잠재력을 창출하는 방법에 대해서도 중점적으로 다룬다.

    코치가 고객에게 코칭 주제와 이슈에 대해 세션을 통해 얻게 되는 배움을 탐색하도록 하는 것도 이 역량의 일부이다. 예를 들어, "오늘 이 주제를 살펴보았는데, 이 상황에 대해 어떤 점을 배우고 있습니까?"라고 물을 수 있다. 그렇지만, 우리의 코칭 스타일이 정형화되는 것을 바라지 않는 입장으로 인해, 코치들이 이러한 식의 질문을 다른 많은 방식으로 할 것으로 기대한다. 예를 들어, "…에 대해 어떤 통찰력을 얻고 있나요?", "…에 대해 어떤 결론을 도출하시나요?" 또는 "이것을 더 살펴보시니까 어떤 변화가 있습니까?" 등이다. 이러한 식의 질문은 고객이 자신에 대해 얻게 되는 배움과 그 결과로 어떻게 다르게 행동할 수 있는지, 또는 "오늘날 리더로서 본인에 대해 알게 된 점은 무엇인가요?", "이런 결정을 내렸으니 어떻게 다르게 행동할 건가요?", "부모로서 되고자 하는 방식이 통찰력에 의해 어떤 영향을 받나요?" 등의 질문을 해볼 수 있다.

학습을 끌어내고 통합하고 적용하기

이 역량은 코치가 어떻게 하면 고객이 세션 내의 특정 코칭 문제나 주제에 대한 배움을 넘어, 더 넓은 환경, (코칭 장면 바깥의) 본인의 삶 속에서 목표를 추구할 수 있을지까지 다룬다. 따라서 이 역량은 코칭 작업과 프로세스의 가능성을 열어주어, 이슈 해결에만 제한받지 않고 인간으로서 고객에게 집중하여 성장과 개발 기회를 제공할 수 있다. 이 같은 넓은 학습과 적용은 다음 질문들로 탐색될 수 있다. "이러한 통찰력을 어디에 사용할 수 있나요?", "이러한 배움을 더 넓게 어디에 적용해볼까요?", 또는 "업무에 더 능동적으로 대처하기 위해 오늘 배우신 것을 어떻게 활용하시겠어요?" 등을 질문할 수 있다.

코치는 이러한 학습 질문 외에도 고객이나 고객의 상황에 대한 자신의 관찰을 제시하고, 고객의 추가 정보나 탐색을 통해 성장을 도울 수 있다. 이는 세션 전체에 걸쳐 적절한 시점에 목소리 톤, 몸짓 언어, 감정 또는 사고와 언어의 패턴에 대해 알아채고 질문함으로써 이루어진다. 예를 들면 이 같은 질문이다: "어깨가 내려가고 한숨을 크게 내쉬던데, 왜 그러신 건가요?" 또는 "오늘 이것에 대해 훨씬 더 자신있게 이야기하시는데, 뭐가 달라졌나요?"

본질에서 이 역량에서 중요한 것은 코치가 학습, 통찰력, 결론, 결정 등에 대해 탐색하고 질문하는 것이다. 이는 코치가 사심없이, 지시하거나 가르치지 않고 고객이 스스로 발견할 수 있도록 이루어져야 한다. 이런 식으로 고객은 학습의 결과로 더 자연스럽게 전진할 수 있는 장소로 이동하게 되고, 세션 후의 다음 단계에 대해 쉽게 이야기 나눌 수 있다.

이것이 마지막 역량이지만, 배움과 성장을 촉진하는 함께함presence과 질문 과정이 코칭 대화의 맨 마지막에만 있어야 하는 것은 아니라는 점이 중요하다. 통찰력, 배움, 알아차림, 관찰과 결정 등은 코칭 대화의 어느 때나 표면 위로 등장할 수 있다.

다음은? What Next?

학습, 통찰력, 결론, 결정 등을 확립하는 과정은 자연스럽게 다음 단계에 초점을 맞추게 한다. 따라서 이 역량은 코치가 고객에게 의미 있고 앞으로 나아갈 수 있는 방식으로 코칭 세션(그리고 잠재적으로는 코칭 계약 전반)을 종료하는 방법도 다룬다. 우리는 7장에서 좋은 코칭 세션에는 시작, 중간, 끝이 있다고 이야기했다. 이 세 부분을 각각 3분의 1의 시간을 배정한다고 생각할 수 있다. 실제로는 중간이 세션에서 차지하는 비중이 3분의 1 이상이 될 것 같지만, 고객들과 함께 시작과 끝 부분에 대해 철저히 작업하는 데 필요한 시간을 과소평가하지 않는 것이 중요하다는 점을 강조한다. 따라서 실제로 고객에게 중요한 통찰력과 진전을 제공할 수 있을 때 시작과 끝 부분은 코칭 세션의 처음 그리고 마지막 2분에 압축된다. 세션 시작 시 (그리고 코칭 계약 전반에 걸쳐) 강력하고 철저한 기초를 다지는 것은 세션을 (또는 코칭 계약 전반을) 마무리하는 데 도움이 될 것이며, 이 마무리 과정을 앞으로 살펴볼 것이다.

본래 이 역량에서 기대하는 것은 코치가 고객에게 코칭 세션의 결과들을 적용하고 실행하도록 돕는 것이다. 결과를 실행하도록 만드는 중요한 부분은 고객의 목표에 대한 진도를 코치가 묻는 것이다. 중간중간 다음과 같이 물을 수 있다. "이제 세션의 절반 정도 진행했는데, 오늘 세션을 통해 얻고자 했던 것과 관련해 어떻게 하고 있나요?", 또는 조금 더 구체적으로 "시작할 때 고객님의 동기 수준이 10점에 4점 정도라고 하셨고, 8점까지 되고 싶다고 하셨는데, 지금은 어느 정도입니까?"라고 물을 수 있다.

이 역량의 또 다른 측면은 고객이 최종 목표를 향해 계속 전진하기 위해 세션 후 고객이 무엇을 할 것인지에 대해 코치와 고객이 협력한다는 점이다. 이 탐색은 고객이 추가적인 사고, 행동 변화, 실천, 실험, 자기 성찰, 연구, 또한 고객이 코칭 대화를 넘어 진도를 이어 나갈지, 추가 진단을 할지 결정할 수 있도록 지원한다. '다음 단계'를 실현하기 위한 몇 가지 방법들이 있으며, 눈에 보이는tangible 행동이 늘 가장 적합한 것은 아니라는 점에 주목해야 한다. 생각하는 것 또한 완벽한 다음 단계가 될 수 있다. 이 경우 코치는 그 생각의 중심과 본질에 대해, 그리고 이것이 고객의 전진에 어떻게 기여할지를 물을 수 있다.

다음 단계의 개발은 코치가 고객이 자신의 잠재력을 극대화하고 목표를 달성할 수 있도록 영감을 주기 위한 단계를 결정하도록 돕는 것이다. 여기에는 코치가 고객을 격려하고, 고객이 다음 단계로 나아가도록 지원하고 신뢰하는 옹호자champion가 되는 것이 포함된다. 또 코칭 프로세스에서 지금까지 고객이 했던 일들을 인정하고, '지금이 아니면 언제'라는 도전을 하는 것도 포함된다. 그렇게 함으로써 고객이 결정한 다음 단계로 나아가 갈망했던 결과를 얻을 수 있도록 이끈다. 코치는 자신의 생각만 지나치게 개입하지 않는다면, 잠재적으로 고객에게 제안할 수도 있고, 고객의 자율성을 지지하고 존중할 수도 있으며, 고객의 스타일에 맞게 주제와 향후 진행을 도울 수 있다.

코칭이 끝나고 나서 행동과 목표를 디자인할 때 코치는 그 행동이 세션 후에 얼마나 일어날 가능성이 있는지 그리고 그 행동에 대한 고객의 느낌과 실행하겠다는 의지가 어떤지 탐색한다. ICF의 코칭 정의를 다시 살펴보자. '고객들이 개인적으로 그리고 전문적으로 잠재력을 극대화할 수 있도록 영감을 주기 위해 생각을 자극하고 창의적인 과정 속에서 고객들과 파트너가 되는 것.'

여기서 키워드 가운데 하나는 '영감$_{inspire}$'이다. 다음 단계가 고객에게는 도전이 되지만, 그 의도는 '해야만' 한다고 느끼는 것이 아니라, 영감을 얻어서 자신의 잠재력을 극대화하길 원하므로 그 단계를 밟아 나가기 위해 필요한 자원을 (내부에서 또는 다른 사람들의 지원을 통해) 찾는 것이다. 고객이 주인의식을 느끼고 코칭 세션 이후의 계획이 일치하고 접근 가능하도록 하기 위해서는 파트너링 측면이 매우 중요하다. 따라서 이 파트너링에는 잠재적 장애물을 식별하고 완화 전략을 수립하는 것뿐만 아니라 고객이 조치를 취하도록 돕기 위해 어떤 유형의 지원이 필요한지 고려하는 것도 포함된다. 어떤 면에서 이 프로세스는 프로젝트 관리자 사무실로 국한시켜서 설계되었을 때 서류상으로는 훌륭해 보일 수 있는 프로젝트 계획의 개발에 비유될 수 있다. 그러나 현실 세계로 나왔을 때, 계획의 실행 가능성과 성공을 보장하기 위해 위험 분석이나 실행 계획이 없으므로 시작하기 전에 실패할 수 있다. 따라서 코칭 프로세스의 이 단계에서는 고객이 세션을 종료하고 성공으로 이끄는 강력한 계획을 수립해야 한다.

또 코치는 고객이 자신의 목표와 계획(적용하고 측정하기 위한 매커니즘 포함)에 대한 약속 수준에 도달할 수 있도록 지원한다. 책임을 확립하는 것

외에도 이 역량의 다른 두 가지 측면은 코치가 일방적이 아닌 고객과 상호 합의 하에 세션을 끝내는 것과, 고객이 각 세션 별로 얻고자 하는 것은 물론 코치는 코칭 작업 coaching work에 대해 더 큰 그림을 갖고 있어야 한다는 것이다. 이러한 방식으로 코치는 고객이 명시된 결과에 대한 전반적인 진행 상황에 대해 책임질 수 있도록 지원함으로써 고객이 개인적/전문적 잠재력을 극대화할 수 있도록 지원하는 프로세스를 뒷받침하게 된다.

마무리

이 역량 내에서 수행되는 탐색과 작업은 고객이 코칭에 가져온 주제의 경계를 뛰어넘는 방식으로 앞으로 나아가고, 개발하고 성장하기 위한 풍부한 영역이다. 이 같은 측면은 코칭 프로세스 내에서 충분한 시간과 공간이 주어지는 것이 중요하며, 세션이 끝나간다고 고객이 느낄 때 코치가 대화 막판에 억지로 끼워 넣는 식으로 진행되어서는 안 된다. 7장에서는 세 번째 역량인 합의 도출과 유지에 관해 살펴보았다. 고객에게 충분한 시간과 공간을 주고 코칭 프로세스상의 목표를 충분히 탐색할 수 있도록 하여, 단단하고 명확한 기초를 수립한다. 같은 방식으로 이 마지막 역량은 세션 후에 새로운 패턴과 습관으로 이어지도록 하기 위해 어떤 일들이 필요한지를 강조한다. 앞서 우리는 흔히 코칭 합의를 수립하는 데 너무 급하다는 걸 지적했는데, 이는 마지막 역량에도 해당된다. 고객에 대한 코치가 지는 책임의 한 부분은 코칭 세션에 주어진 시간을 관리하는 것이다. 매우 자주 코치들은 시간에 쫓겨 이 부분을 충분히 다루지 못하고 다음과 같은 질문을 우아하지 않고 어설프고 억지스럽게 짜내게 된다. "이제 2분 남았는데, 이 세션이 끝나고 무엇을 하시겠어요?"

따라서 추천하는 바는 시작, 중간, 끝이라는 단순한 개념을 기억하는 것이다. 그래야 코칭 세션이 균형잡히고 속도 조절이 가능해지며, 고객과 함께하는 일에 대해 충분하고 풍성한 탐색이 이루어질 수 있다.

여덟 가지 핵심 역량 리뷰

지금까지 여덟 가지 핵심 역량을 모두 살펴보았고, 마지막으로 이 역량들에 대한 생각을 제시하며 정리해보고자 한다. 코칭은 때때로 춤으로 표현되며, 이는 코치와 고객 사이의 파트너십과 핵심 역량들이 이리저리 얽혀서 사용되는 방식을 표현한다. 우리가 각각의 역량을 개별적으로 살펴보긴 했지만, 그 역량들은 체크리스트가 아니며, 순서를 두고 발현되는 것도 아니다. 어떤 역량들의 측면은 코칭 세션의 시작과 끝 부분에 나타나기도 하지만, 사실은 코칭 작업 전반에 걸쳐 일관되고 응집력 있게 연결되어 있다. 이 역량들이 서로 어떻게 연결되어 있는지 몇 가지 예를 들자면, 고객의 코칭 목표를 철저히 탐색하는 것(역량 #3)은 작업의 기초를 제공하는 것뿐 아니라, 다음 단계와 함께 적절하고 품위 있는 마무리(역량 #8)를 위한 완벽한 기준점benchmark을 제공한다. 완전하고 적극적인 경청(역량 #6)은 코치의 적절하고 자리잡힌 관찰과 개입(역량 #7)을 가능하게 한다. 생각을 명확하게 유발하는 질문들(역량 #7)은 고객의 중요한 학습에 활용될 수 있는 알아차림을 불러일으킨다(역량 #8). 배움을 활용하는 것은 고객이 선택과 의사결정을 해서 행동과 다음 단계로 넘어갈 수 있게 한다(역량 #8). '춤 추기'가 진전되면, 코치-고객 관계의 질(역량 #4, 5)은 고객에게 영향을 미칠 수 있는 긍정적인 변화를 위한 최적의 조건을 만든다. 이 역량들의 춤과 흐름이 강력한 전문적, 윤리적 플랫폼(역량 #1)과 코칭 마인드셋(역량 #2)을 갖추고 있을 때, 고객이 코칭의 파워를 최대한 활용할 조건이 만들어진다.

3부: 코칭 접근 방식

도입

3부는 코칭 프로세스에 대한 유용한 통찰과 적용을 가능케 하는 다양한 심리적 접근을 다룬 아홉 개의 장으로 구성되어 있다.

우리는 가장 인기 있는 심리학 모델 몇 가지에서 뽑은 유니버설 절충 접근법universal eclectic approach부터 시작한다. 각 사례에서 우리는 이러한 접근법들의 배경과 개요를 살펴보고, 어떻게 이들이 코칭에 적용되는지 구체적인 예시들도 알아본다. 14장에서는 유니버설 절충 프레임워크를 소개하고, 인본주의, 행동주의, 인지행동주의, 게슈탈트, 시스템즈, 정신역동, 진화 및 생물학을 포함한 이 프레임워크의 핵심 특징들을 설명한다.

15장에서 21장 각각은 다른 심리학적 접근 방식을 살펴본다. 우리의 의도는 이러한 접근법들의 역사와 기원, 그리고 어떻게 개발되었는지에 대한 개요를 제시하는 것이다. 이 접근법들의 원칙과 철학이 어떻게 쉽고도 명확하게 코칭에 개념적으로 그리고 매우 실용적인 방법으로 적용되는지를 나누는 것이 핵심 주제 영역이 된다. 각 접근법은 이론들이 현실화될 수 있었던 주요한 도구들과 모델들을 포함한다. 이들 원칙 가운데 몇 가지가 ICF 핵심 역량의 언어에 어떻게 포함되는지도 강조하겠다.

22장은 3부의 마지막 장으로 통합 아이디어를 제시한다. 고객의 고유한 특성에 맞게 융통성 있게 적응할 수 있는 능력과 각 코칭 대화의 고유성은 바람직한 코칭 실천이 여러 출처와 자원들을 활용한다는 걸 의미한다. 7개의 흐름이 통합된 모델이 이러한 서로 다른 접근 방식들이 결합된 모습으로 소개된다.

14장.
유니버설 절충형 코칭 접근 방식

도입

이 장에서는 유니버설 절충형 코칭 프레임워크를 살펴본다. 이 프레임워크는 8가지 가장 인기 있는 심리 모델들을 코칭에 적용한 것이다. 심리 모델 각각을 살펴보고, 코칭에 어떻게 적용되는지 알아보겠다. 소개될 접근법들은 인본주의, 행동주의, 인지행동주의, 게슈탈트, 그리고 정신역동이다.

절충형 코칭 eclectic coaching

역사를 돌아보면, 심리학자들과 철학자들은 인간이 어떻게 배우는지에 대한 공통의 관심을 보여왔다. 아주 다양한 이론들이 생겨났고, 각각의 이론은 그 나름의 초점이 있다. 그리스 철학자 소크라테스는 도발적인 질문들로 인해 궁극적으로 자신을 곤경에 빠뜨리게 됐지만, 학생들을 가르칠 때 질문을 사용했다. 다른 저자들은 또 다른 접근법을 제안했다. B. F. 스키너Skinner(1938)는 배우는 데 있어 보상으로 자극할 수 있다고 주장한 반면, 데이비드 콜브David Kolb(1984)는 현실 세계에서 우리의 경험이 배움의 핵심 요소라고 주장했다. 그는 이러한 것들을 반영, 이론화, 시험함으로써 성인들이 새롭고 다른 방법으로 세상을 이해하기 시작한다고 제안했다.

유니버설 절충형 코칭 모델은 8개의 주요 심리 접근법, 즉 인본주의, 행동주의, 인지행동, 게슈탈트, 시스템즈, 정신역동, 진화, 생물학 등을 포함한다. 이 모델은 앨리슨 하딩햄Alison Hardingham(2006)에 의해 영국의 절충형 모델로 개발되었고, 이후 헨리 경영대학원에서 유니버설 코칭 모델로 발전했다.

모든 코칭 접근법이 모델의 여덟 가지 부분에 깔끔하게 들어맞지는 않으며, 모든 심리학적 접근 방식을 포함하지는 않는다. 그렇지만 이 모델은 코치가 현재 사용할 수 있는 여러 개의 코칭 접근법에 대해 생각하고 분류하는 한 가지 방법을 제시한다.

유니버설 코칭 모델은 각 이론이 사람들의 학습과 그로 인해 어떻게 성장하는지를 설명하는 데에서 출발한다. 배움은 흔히 학습과 변화와 관련된 이론을 통해 설명된다. 이러한 이론들의 개발은 이론을 일대일 작업 환경에 적용하는 코칭 접근법으로 이어진다. 많은 경우, 이 아이디어는 원래 심리치료와 인지행동치료와 같은 상담에 적용되었다. 그러나 어떤 접근법들, 예를 들어 진화 접근법과 같이 수개월이 아닌 수천 년에 걸쳐 일어나는 경우, 일대일 작업과는 자연스럽게 맞아 떨어지지 않는다.

이 책의 다른 장에서 우리는 이러한 다양한 접근법을 더 깊이 있게 살펴볼 것이다. 접근법에 초점을 맞추고 그 근원, 상담 적용, 코칭 세계 적용에 관해 알아본다. 이 장에서는 코칭에 적용된 다양한 접근법 각각의 아주 간략한 개요 정도를 살펴보는 것을 목표로 한다. ([그림 14.1])

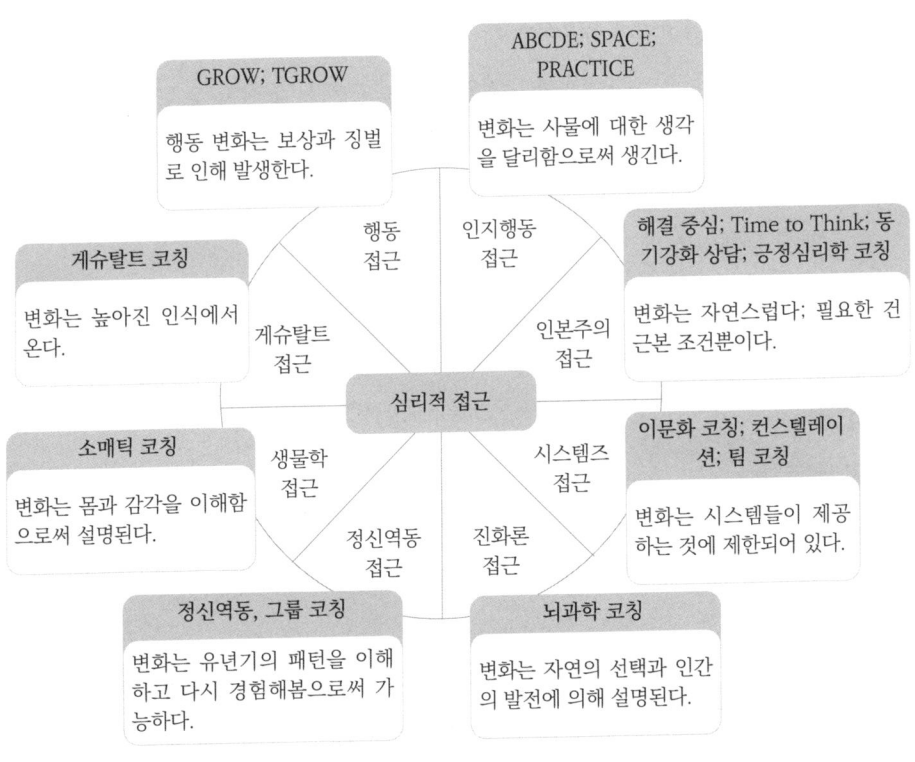

[그림 14.1] 유니버설 코칭 모델.
출처: 헨리 경영대학원의 허가를 받아 다시 그림(2020)

인본주의 people-centered

인본주의 접근 방식은 따뜻함, 진실성, 그리고 조건 없는 긍정적 존중 positive regard 등의 '기본 조건'만 있다면 변화가 자연스러울 것이라고 전제한다. 이따금 필요 충분 조건이라고 불리는 이 기본 조건은 코치-고객 관계를 통해 표현된다. 이 관계 안에서 개발, 성장 또는 치유가 일어날 수 있다. 코치나 치료사에게 필수적인 도구는 그래서 고객이 코치가 제공하는 따뜻함과 공감을 경험할 수 있도록 하는 관계의 질이다. 결과적으로 인본주의 접근법에서는 도구를 덜 사용한다. 이와 대조적으로 초점을 관계에 두게 되는데, 코치가 어떻게 경청하고 고객에게 공감을 표시하는가에 달렸다.

코칭에서 인본주의 철학을 구현하는 한 가지 접근 방식은 낸시 클라인 Nancy Kline의 『생각의 시간 Time to Think』(1999)이며, 이는 16장에서 다룬다.

행동주의 behavioral

행동주의 접근법은 보상과 처벌의 중요성을 강조한다. 인간 행동을 포함해서 동물들은 음식이나 급여 인상과 같은 보상에 자극받는다. 동물들은 보상을 자극과 연관시킨다는 믿음이 있다. 이는 이반 파블로프 Ivan Pavlov가 개들에게 음식 보상과 종소리 실험을 함으로써 설명되었다. B. F. 스키너 Skinner가 비둘기와 쥐를 훈련시켜 음식 보상을 활용해 행동 패턴을 따르게 한 것은 그 이전 일이다. 행동주의자들은 마음의 '블랙박스'를 완전히 이해하는 것이 불가능하다고 믿었고, 따라서 우리가 볼 수 있는 것, 즉 인간의 행동에 집중하는 것이 더 낫다고 생각했다. 개인의 행동이 '적절하다면' 우리가 볼 수 있는 것은 그들의 생각이 아니라 행동이었으므로 사람들이 무엇을 생각하거나 믿는지는 중요하지 않았다.

행동 기반 접근법은 현대 조직 관리를 강조한다. 역량 프레임워크를 활용하는 이론적 기반이 있고, 업적 평가와 같은 육성 활동에 일반적으로 이용된다.

코칭에서는 GROW 모델이 행동 기반 접근의 전형적인 예라고 할 수 있다(Whitmore, 1992). 다른 곳에서 더 설명될 GROW 모델은 비록 오랜 시간에 걸쳐 다른 모델들에서 수치화scaling도 덧붙이고, 잘못된 사고faulty thinking를 탐색하기도 했지만, 결국 인간 행동에 초점을 맞추고자 한다. 15장에서는 GROW 모델과 행동 접근법에 대해 더 살펴본다.

> **[Box 14.1] GROW – 자주 사용되는 질문들**
>
> 오늘 어떤 주제에 집중하길 원하세요?
> 오늘 세션 목표는 무엇인가요?
> 지금 처해 있는 상황의 현실은 무엇인가요?
> 그 목표에 더 가까이 가기 위해 어떤 대안들이 있나요?
> 고객님이 앞으로 나아가기 위해 우리 대화에서 어떤 것을 가져가고 싶은가요?

인지행동 접근cognitive behavioral

인지행동 접근은 학습, 개발, 그리고 변화가 행동, 인지, 감정 그리고 외부 자극이 상호작용한 결과로 발생한다고 믿는다. 이 접근으로 많이 사용되는 모델들은 ABDCEF와 Current Bun이 있다.

ABCDEF 모델은 고객이 도전적인 상황을 겪을 때, 도움이 되지 않는 믿음에 도전하고, 새로운 것보다 근거가 있고, 논리적인 힘을 주는 믿음을 갖게 하기 위해 사용된다. 17장에서 이 모델과 인지행동 접근법에 대해 더 알아보겠다.

[Box 14.2] ABCDEF 모델

A = 선행 사건Activating event
B = 신념(어떤 것에 대해 갖고 있는 시각)Beliefs
C = 결과(반응, 행동, 감정, 생각, 생리적)Consequences
D = 논박 문구(도움이 되고 근거가 있으며 우리가 자신에게 말하는)Disputing statements
E = 효과적인 새로운 신념(새로운 이해/선행 사건에 대한 믿음)Effective new beliefs
F = 미래 행동Future action

게슈탈트gestalt

게슈탈트는 인식(알아차림)의 증대가 변화의 열쇠라고 가정한다. 우리 자신, 환경, 고객에 대해 더 잘 알게 됨으로써, 어떤 패턴들과 우리가 살아가는 더 넓은 환경에 대해 관찰하기 시작한다.

게슈탈트는 개인을 마음, 몸, 감정, 정신의 총합totality으로 이루어진 고유한 존재로 간주한다. 치료에서 이것은 게슈탈트 프랙티셔너들에게 현재의 순간과 즉각적인 생각, 느낌, 감각에 초점을 맞추고, 이것들을 세션에 불러들여 이해를 깊게 하는 것을 의미한다. 고객의 자신감을 높이고 고객이 현재의 순간에 더 머무를 수 있도록 돕는 것이 목표다.

코칭에서는 다음과 같은 의미로 해석된다:

- 마음뿐 아니라 몸에 집중한다.
- 내용과 환경을 감지한다.
- 은유와 이미지를 활용한다.
- 아이디어를 탐색하기 위해 의자 기법과 같은 연기(롤플레이)enactment를 이용한다.

게슈탈트 접근은 18장에서 더 알아본다.

시스템즈systems

시스템즈 접근은 코치들이 특정한 역할, 팀, 조직, 경제 분야, 국가와 역사 맥락에 처해 있음을 인식하는 데 도움이 된다. 이 시스템적 요인 또는 내용은 개별 고객과 다른 사람들이 어떻게 행동하는지에 영향을 미친다.

오슈리Oshry(2007)는 그의 조직 시스템 작업에 이를 활용했는데 대부분 직원이 천정tops, 중간middles, 바닥bottoms, 그리고 고객customers 가운데 하나의 조건이라고 주목했다. 천정은 전체 조직, 그 안의 사업부division, 부서department, 프로젝트 팀 또는 교실 등에서 정해진 책무responsibility(책임accountability)를 가지고 있다. 그들이 모든 책임을 지지만 그들이 요청하는 일을 아무도 하지 않는 것처럼 느낀다. 바닥은 과업을 수행한다. 그들은 위에 있는 천정이 일을 잘 챙겨야 하고 정보도 제공해야 한다고 생각하는데, 그렇게 하는 데 실패한다. 중간은 충돌하는 요구를 경험한다. 천정은 행동을 요구하는데, 중간은 자원과 정보를 요구한다. 중간은 두 그룹을 절대 만족시킬 수 없다고 느낀다. 마지막으로, 고객은 제품이나 서비스를 제공하기 위해 다른 사람을 바라본다. 앞으로 움직이려고 하지만 '시스템'에 의해서 지속해서 기대에 못 미친다고 느낀다.

가장 복잡하고, 다층multilevel, 다기능 조직들에서도 우리 각자는 지속해서 천정/중간/바닥/고객 조건에 들어갔다 나왔다 하게 된다. 이 조건들 각각에는 전체 시스템에 기여할 독특한 기회들이 있으며, 이 기여를 박탈당하는 쪽으로 이끄는 위험도 존재한다.

이를 코칭에서 활용하기 위해서 코치는 고객에게 다음의 일들을 요구한다:

- 조직 맥락의 중요성을 성찰하게 한다.
- 고객이 요소들 사이의 상호 관계를 깨닫기 위해 가족이라는 은유를 가져온다.
- 고객이 정치적으로 기민하도록politically astute 돕는다.

힘의 장force field과 같은 기법은 고객이 일하면서 구조적인 힘을 고려해서 이것들을 관리할 계획을 세우도록 돕는다. 예를 들어, 힘의 장은 고객에게 변화하려는 힘(바라는 결과)과 변화에 저항하는 힘(바라는 결과, 컨스텔레이션consellation이 이해관계자들과 그 관계를 탐색함)의 기운을 확인하고, 목록을 적고, 진단하도록 고객에게 묻는 것을 포함한다.

시스템 접근과 힘의 장 모델은 20장에서 더 자세히 알아본다.

정신역동 psychodynamic

정신역동심리학은 역동적인 무의식과 관련이 있다. 이 믿음은 빙산과 매우 흡사하게 우리의 느낌과 행동은 우리의 인식 밖에 있는 (무의식의) 본능과 생각에 의해 주도된다는 것이다.

이는 투사와 같은 방어, 부인, 투사적 동일시projective identification, 행동화acting 등 여러 가지 방법으로 드러난다. 정신역동 코치의 역할은 고객이 이 메커니즘에 대해 더 잘 알고, 그 근원과 계기를 이해하고 도움이 되지 않는 방어기제를 관리할 수 있는 방법을 확인하게 돕는 것이다.

정신역동 접근 방식은 21장에서 더 자세히 설명한다.

진화론 evolutionary

진화심리학은 왜 인간이 지금과 같은 모습으로 진화해 왔는지를 설명하는 데 관심이 있다. '적자 생존'에 대한 다윈의 이론에 비춰볼 때, 왜 인간의 생각, 감정, 행동의 어떤 특징이나 측면이 살아남았을까? 그것이 주는 혜택은 무엇인가?

코칭 측면에서 이러한 심리학 이론들은 신경과학 코칭에 도움이 되었다. 고객들이 두뇌에 대해, 그리고 그 구조, 기능, 작동에 관해 이해할 수 있게 도움으로써, 고객들은 기기로서의 두뇌가 어떻게 목표 추구를 도울 수도, 방해할 수도 있는지 알 수 있게 된다.

생물학 biological

인간의 행동에 대한 생물학적 설명은 유전학, 즉 어떻게 우리의 유전자가 인간의 행동을 결정하는지에 따라 이루어진다. 자연(유전자)과 양육(환경 및 관계)의 균형에 대한 상당한 논쟁이 아직 남아 있다. 일반적인 합의로는 인간 행동의 60%가 우리 유전자에 의해 결정되고, 40%는 환경적 요인에 반응한다는 것이다. 40%를 가지고 고객들은 자신의 행동에 대해 선택할 수 있는 엄청난 능력을 발휘할 수 있다.

코칭 측면에서 이 심리학 이론들은 소매틱 somatic 코칭과 같은 접근법도 알려준다. 신체학은 몸 전체와 연관이 있고, 신체에 대해 더 잘 알도록 돕고, 자신의 변화하는 감정과 생각에 더 민감해지도록 도와준다.

[Box 14.3] 유니버설 코칭 모델 적용하기

코치인 로스와 고객인 산드라 사이의 첫 전화 통화는 로스가 인간 중심의 접근 방식을 인식하도록 이끌었다. 비록 산드라가 경력관리에 대한 열망에 도전적인 대화를 요청했지만, 로스는 대화하는 동안 고객에게 자신이 상당히 필요하다고 느꼈다. 산드라는 코칭과 회사에서 자신의 역할에 대해 걱정이 많았다. 로스는 향후 코칭이 이루어질 수 있는 관계성 구조를 제공하기 위한 '필요 충분 조건'을 도출하려고 했다.

로스는 세션의 처음 한 시간을 산드라의 이야기를 듣는 데 사용했다. 로스는 따뜻했고, 매우 긍정적이었으며, 그가 들은 단어들과 느낌을 되짚어 보았다.

일단 관계가 안정되자, 로스는 인지행동 작업으로 넘어갔다. 산드라는 자신의 리더십 부족을 다른 관리자들보다 능력이 떨어진 신호로 보는 경향이 있었다. 로스는 산드라에게 이렇게 제한하는 믿음을 탐색해보고 연쇄적 접근 기법 chaining을 사용하여 궁극적으로 그녀가 자기 조직에서 리더가 되기에는 '충분하지 않은unworthy' 자신을 보며 핵심 정체성에 도전해보도록 격려했다.

이 작업이 계속되면서 로스는 산드라가 시스템적으로 생각해보면 도움이 되리라 결정했다. 이 조직의 리더십은 대부분 남성들이 차지했고, 여성 롤 모델의 숫자는 제한적이었다. 산드라는 동기가 꺾이는 걸 느꼈고, 이는 조직과의 관계가 부정적으로 영향을 미쳤다. 로스는 조직이 현재 어떻게 그녀의 리더로서의 범위를 제한하는지 보기 위해 힘의 장 분석 기법을 사용했다. (시스템즈) 의자 기법이 그다음에 이어졌는데(게슈탈트), 조직 내 리더십 역할을 맡을 여성 숫자를 늘리겠다는 HR 및 상사와 어려운 대화를 어떻게 할지 계획을 세우도록 도왔다. 여태까지 한 번도 시도해보지 않았으므로 이 기법의 사용은 산드라에게 도전이었다. 이는 변화에 대한 그의 긴급도가 올라가게 했고, 자신이 챙겨야 할 스크립트를 제공했다. 그녀의 상사와 HR이 들을 수 있는 방식으로 산드라의 관점을 설명하고 변화를 위한 긍정적 제안이 가능해졌다.

코칭 과제의 마지막 단계에서 로스는 행동 기법을 끌어왔다. 산드라를 초대해서 다른 시니어 여성 리더들을 관찰하게 했고, 그녀들이 리딩하는 접근법에 대해 '시범'을 볼 수 있었다. 변화를 이끄는 그녀가 다른 여성 직원들의 롤 모델이 되는 것도 생각해볼 수 있다.

모델 활용 방법

첫 번째 주안점은 우리가 코칭에서 이용하는 대부분 모델처럼 이 모델도 고객들에게는 보이지 않는다는 점이다. 이 모델의 목표는 코치들이 고객과 함께 일할 때 그 접근법을 가이드 해주는 체험heuristic이나 지도를 제공하는 것이다.

고객들이 보게 되는 건 코치가 채택한 행동과 도구들이다. 코치가 고객에게 가장 적합한 도구를 선택할 수 있으려면, 자신에게 익숙한 서너 가지 도구들을 모든 고객에게 사용할 것이 아니라, 다양한 도구들을 충분히 알 필요가 있다. 최고의 코칭은 그 순간에 함께 창조된다. 고객의 필요에 의해 리드되고, 협력적인 프로세스에 따라 코치-고객이 함께 실행하게 된다.

도구를 도입하고 싶은데 확신이 들지 않거나 당신 고객에게 편안한 공간comfort zone 밖에서 그 도구가 사용될 것으로 판단된다면, 이 도구 사용을 '실험'으로 설명하는 것도 방법이다. 그렇게 함으로써, 그 아이디어를 시도해볼 수 있고 이것을 지속해서 더 확대하여 사용할지 결정하는 기회로 삼을 수 있다. 이 방법은 코치에게 '완벽해야' 한다는 압박을 줄일 수 있고, 그 기법을 실행-관찰-성찰의 사이클을 활용해서 단지 테스트해보고 평가해본 다음에, 다음 사이클로 넘어가는 데 적용할 수 있다는 점에서 도움이 된다.

마지막으로, 당신의 레퍼토리에 어떤 기법을 추가하기 전에, 대여섯 번에 걸쳐 다른 고객들과 테스트를 해볼 만한 가치가 있다. 성찰 저널을 활용해서 어떻게, 언제 이것을 활용했고, 이 도구가 쓰였을 때 고객의 피드백은 어땠는지 적어본다. 숙련됨은 반복 적용과 성찰을 통해서만 다시 나타난다.

마무리

이번 장에서 우리는 유니버설 코칭 모델을 설명하고, 학습과 변화에 대해 8가지 다른 심리적 관점들을 간략하게 다루면서, 이들 관점들이 저자 또는 사상가들에 의해 코칭에는 어떻게 적용되었는지도 살펴보았다. 유니버설 코칭 모델은 여러분이 코칭할 때 다양한 증거 기반 접근법의 사용을 생각하는 하나의 방법이다. 8가지의 구체적인 심리 접근법들을 결합시켰다. 22장에서 통합 모델을 보게 되겠지만, 이것이 유일한 방법은 아니다. 궁극적으로, 개별 코치는 다른 프레임워크들을 함께 쓰기 위해 자신만의 방법을 발견해야 하고, 고객들의 니즈에 맞추기 위해 변화/적응하면서 이것들을 통합할 수 있어야 한다고 믿는다.

15장.
행동주의 접근 방식과 GROW 모델

도입

GROW 모델은 아마도 전 세계적으로 사용되는 가장 인기있는 코칭 프레임워크일 것이다. 그 인기는 '4단계의 구조화된 모델four box model'이라는 단순함과 문제 해결에 대한 단계별 경로를 요약하는 힘과 그 과정에서 심리학 이론을 활용하는 힘이 결합되어 있기 때문이다.

   이 도구는 원래 영국에서 조직 컨설턴트로 일했던 존 휘트모어 경Sir John Whitmore, 그레함 알렉산더Graham Alexander 및 앨런 파인Alan Fine에 의해 개발되었다. 그 기원은 행동심리학에 있으며, 강력한 목표 초점과 결과를 설정, 달성 및 측정하려는 욕구가 있다. GROW 모델은 다른 코칭 기법들과 통합될 수 있으며 코칭 외에도 문제 해결 프로세스로 사용된다.

행동심리학

GROW 모델은 사람들이 생각하는 것과 반대로 사람들이 하는 일에 초점을 맞춘 행동심리학 전통에 맞는 것으로 간주될 수 있다. 실습을 통해 개발된 모델들이 이론에 완벽하게 부합하는 경우는 드물다. GROW도 예외는 아니다. 그러나 수년에 걸쳐 이 모델은 솔루션 중심 접근법에서 말하는 수치화scaling와 게슈탈트 접근법의 지각적 지위perceptual positions와 같은 다른 모델의 기술을 차용해왔다.

그러나 이 모델은 행동심리학파와 1930년대 스키너Skinner, 파블로프Pavlov, 왓슨Watson과 같은 연구자들의 연구와 잘 맞아 떨어진다. 그들의 관심은 다른 사람들이 행동을 설명하고 예측함에 있어 객관적이고 정량화된 접근 방식을 통해 어떻게 학습했는지 이해하는 데 있었다. 이러한 아이디어는 효율성을 향상하는 방법과 공예품 생산에서 현대 제조 기술로의 이동에 대한 아이디어를 심리학자들에게서 찾는 현대 경영과 병행하여 개발되었다. 그 결과 테일러의 과학적 관리(Taylor, 1911)는 지난 세기 동안 인적 자원 업무를 위한 핵심 플랫폼을 제공했다.

GROW 모델

이 모델은 코치가 유연하게 활용하는 4단계로 구성된다(Alexander, 2016; Whitmore, 2017). 코치는 목표에서 시작하여 현실로 이동할 수 있지만, 옵션 단계로 진행하기 전에 목표 단계로 돌아가서 목표를 더 명확하게 하고 구체화할 수 있다.

1단계: 목표 설정 establishing the goal

첫 번째 단계에서는 목표를 설정하기 위해 고객과 협력하게 된다. 이 단계는 스폰서의 요약 설명과 상황적 요인을 고려하여 대화의 더 넓은 목적에 대한 일반적인 탐색으로 시작할 수 있다. 다음엔 특정 목표에 대한 탐색과 개별 세션의 초점으로 이동할 수 있다. 일부 모델에서는 주제topic에 대한 예비 토론이 추가되면서 모델 이름이 T-GROW로 살짝 바뀌기도 했다.

이 단계에서 코치의 과제는 명확하게 정의되고 측정 가능하며 의미 있는 세션 목표goal를 고객이 설정하도록 돕는 것이다. 더 명확하게 정의할수록 고객에게 더 의미 있고 더 많은 진전을 이룰 수 있다.

결과적으로 고객이 성공, 이정표에 대한 명확한 척도를 정의하도록 권장하는 것은 물론 목표가 얼마나 중요한지, 다른 목표와 어떻게 연결되는지에 대해 생각하는 것도 도움이 된다.

때때로 목표를 수정하거나 명확히 해야 한다. 이 모델은 각 고객의 요구 사항에 유연하게 적응할 수 있도록 설계되었으므로, 목표를 명확히 하거나 구체화하기 위해 추가 작업이 필요한 경우 코치가 목표 단계로 돌아갈 수 있다.

[Box 15.1] 목표 : 몇 가지 유용한 질문

- "앞으로 한 시간이 주어져 있습니다. 이 시간 동안 어떤 것을 성취하고 이 방을 떠나고 싶으신가요?"
- "이 목표를 통해 달성하려는 것은 무엇입니까?"
- "지금 이 목표가 중요한 이유는 무엇입니까?"
- "목표를 달성했는지 어떻게 알 수 있습니까?"
- "언제 이것을 달성할 계획입니까?"

2단계: 현재의 현실 탐구 exploring the current reality

두 번째 단계에서 코치는 고객이 선택한 주제와 관련된 현재 상황을 탐색하도록 권장한다. 때때로 고객은 전에 시도했던 것들과 왜 이것이 효과가 없었는지에 대해 탐색하는 것을 생략하고, 바로 행동으로 옮기길 원할 수 있다. Reality 단계에서 코치의 목표는 고객이 한 발짝 물러서도록 돕고, 열린 질문을 통해 상황의 모든 영향을 반영하는 데 시간을 할애한다. 고객의 이해를 넓히고 심화하는 것 외에도 성찰하는 시간은 옵션을 만들고 평가하는 다음 단계의 토대를 제공한다.

현실에 관해 토론하는 동안 고객이 지금까지 시도한 내용, 원하는 결과를 달성하는 데 있어서의 장애물, 다양한 이해관계자의 관점에서 상황 검토, 가능한 원인 및 결과 식별, 그리고 고객과 동료의 성과에 영향을 미치는 것을 생각하면 도움이 된다. 이러한 측면이 논의됨에 따라 가능한 솔루션들이 이러한 고려 사항에서 등장할 수 있다. 그러나 코치는 고객이 이 솔루션들을 일단 '보류park'해두고 현실 탐색에 집중하도록 돕는 것이 중요하다.

이 단계에서 코치는 자신의 가설을 증명하기 위한 증거를 수집하면서 자신만의 탐색선 line of inquiry 를 따라 가는 것이 용이할 수 있다. 코치는 코칭 대화가 고객을 위한 것임을 기억하는 것이 중요하다. 이것은 질문이 증거 수집이 아니라, 고객의 자기 인식과 통찰력을 심화하는 데 초점을 맞춰야 함을 의미한다.

> **[Box 15.2] 현실 : 몇 가지 유용한 질문**
>
> - "목표를 향해 나아가기 위해 지금까지 무엇을 했습니까?"
> - "이러한 노력을 통해 무엇을 배웠습니까?"
> - "지금 무슨 일이 일어나고 있습니까?"
> - "지금 잘되는 것은 무엇입니까?"
> - "목표를 향해 나아가는 데 어떤 제약이 있었습니까?"

3a 및 3b 단계: 옵션 창출 및 평가

옵션 단계는 두 개의 하위 부분이 있는 것으로 어렵지 않게 파악된다. 이를 3a 옵션 창출 및 3b 옵션 평가로 분류했다. 처음 2~3개의 장단점에 대한 평가로 이동하면서 흔히 더 창의적이고 비정상적인 솔루션의 생성이 제한될 수 있으므로 이러한 문제를 엉키지 않도록 하는 것이 중요하다.

Reality 단계와 마찬가지로 고객이 각각의 장단점을 평가하기 전에 될 수 있는 대로 많은 아이디어를 생성할 수 있도록 브레인스토밍 또는 아이디어 쓰기idea writing 방법을 사용할 공간을 만드는 것이 도움이 된다.

Reality 단계에서 매우 상세한 그림이 만들어졌다면, 고객은 아이디어 생성을 위한 좋은 기반을 갖게 된다. 명백하게 실행 가능해 보일 수 있는 것뿐만 아니라 '특이한off-the-wall' 아이디어를 생각하도록 격려하는 것이 도움이 될 수 있다. VIP 및 포스트잇(34장에서 설명됨)과 같은 기법을 사용하면 더 많은 아이디어를 생성하는 데 도움이 된다. 때때로 처음에는 현실성 없는 미친 생각으로 보일 수 있지만 매우 유용한 무언가 핵심이 있는 경우가 있다.

완전히 새로운 아이디어를 생각해 내거나 만들어진 옵션이 기존 사고의 변용이거나 이를 확인하는 데 도움이 될 수 있다. 여기서 중요한 것은 코치가 옵션을 확장하기 위해 열린 질문을 통해 고객을 돕는다는 것이다. 우리는 고객이 스스로 실행하기가 어렵다는 것을 알 수 있으며, 여기에서 코치의 역할은 고객이 생각을 확장하는 데 특히 도움이 될 수 있다.

여러 옵션이 만들어졌다는 느낌이 들면 이 단계의 두 번째 부분은 옵션을 평가하는 것이다. 고객의 선호에 따라 고객이 만드는 미리 결정된 기준들을 사용하여 공식적으로 수행하거나, 각 옵션의 이점과 위험에 대해 더 비공식적으로 이야기 나눌 수도 있다.

> [Box 15.3] 옵션 : 몇 가지 유용한 질문
>
> - "목표를 향해 나아가기 위해 무엇을 할 수 있습니까? 그 밖에 무엇을 할 수 있습니까? 그리고 또 뭐가 있죠?"
> - "고객님이 구글의 최고 경영자라면 무엇을 해보시겠습니까?"
> - "이전에 이런 것을 맞닥뜨린 적이 있습니까? 그때 효과가 있었던 것이 지금도 효과가 있을까요?"
> - "이런 일을 정말 잘하는 사람을 생각해보십시오. 고객님이 시도할 수 있는 어떤 일을 할까요?"
> - "5분 동안 이 문제를 해결하기 위한 아이디어를 최대한 많이 적어보십시오."

4단계: 마무리 wrap-up / 의지 will / 앞으로 way forward

대화의 이 시점에서 고객은 많은 아이디어를 냈을 것이며, 그 가운데 상당수는 자신의 마음에서 실현 가능한 솔루션이다. W 단계에서는 고객이 특정 옵션이나 앞으로 나아갈 동기가 있는 옵션을 선택하도록 돕는 것이 포함된다. '실행 계획action plan'의 개발은 고객이 자신감을 갖고 진행할 수 있는 것이어야 한다. 그 계획은 또한 자원, 지원 및 잠재적인 장애물을 감안하여 전진하는 방법을 포함해야 한다(고객 성장 촉진에 대한 전체 논의는 13장 참조). 또 계획을 진행하면서 얻을 수 있는 지원에 집중하는 것도 도움이 된다. 이 지원군support team은 동기를 유발할 수 있고, 자원을 제공하거나 개인에게 책임을 물을 수 있다. 그러고 나서 고객은 실행 가능하면서 의향이 있는 첫 번째 단계를 파악하도록 권유받을 수 있다.

W는 의지will의 의미로도 사용되었다. 고객이 행동에 대한 동기를 고려하도록 요청하는 것도 도움이 된다. 척도 질문을 다음과 같이 할 수 있다. "1~10점 척도를 기준으로, 이 계획을 즉시 추진하려는 고객님의 동기가 어느 정도 수준입니까?" 6점 미만의 점수를 매긴 고객이나 "나는 이것에 대해 확실히 생각은 하고 있습니다." 또는 "정말로 이것을 하고 싶습니다I would really like to do this."와 같은 문구를 사용하는 고객은 아직 이 계획에 전념할 생각이 없다고 볼 수 있다. 이와 같은 고객이 계획의 모든 행동에 전념하도록 하기 위해서는 추가 작업이 필요하다.

일부 대화에서의 결과 또는 목표는 일련의 특정 작업이 아니라 학습 또는 통찰일 수도 있음을 인식하는 것은 그만한 가치가 있다.

이 단계에서는 다음과 같이 확신하는 말을 함으로써 고객이 지금까지 계획을 세우는 과정에서 수행한 작업들을 인정하는 것이 중요하다. "자, 고객님이 이와 같은 도전을 통해 하시기로 한 계획을 세운 것은 대단한 일입니다."

마지막 단계는 자신에 대한 더 많은 통찰력과 메타 학습을 개발하기 위한 메커니즘으로, 세션 내에서 자신이 한 작업을 성찰해보도록 고객을 초대하는 것이다. 이 단계에서 2~3개의 질문을 사용하면 세션 중에 고객에게 가치를 더할 수 있고, GROW 프레임워크가 어떻게 다른 문제를 생각할 수 있는 도구로 사용할 수 있는지까지 더 잘 이해할 수 있게 된다.

[Box 15.4]에는 코치가 이 단계에서 사용할 수 있고 여덟 번째 역량의 접근 방식과 일치하는 몇 가지 질문이 요약되어 있다.

> **[Box 15.4] 마무리Wrap-Up: 몇 가지 유용한 질문**
>
> - "당신이 제시한 모든 옵션 중 어떤 것을 더 진척시키겠습니까?"
> - "조직에서 어떤 지원이 필요합니까?"
> - "이 지원을 받으려면 어떻게 해야합니까?"
> - "당신이 취할 첫 번째 단계는 무엇입니까?"
> - "1~10점(10이 높음)으로 점수를 준다면 실행계획에 대해 얼마나 전념하고 싶습니까?"
> - "이 대화를 통해 어떤 통찰을 얻었습니까?"
> - "유사한 리더십 과제에 적용할 수 있는 어떤 것을 배웠습니까?"

T-GROW 다이어그램([그림 15.1])은 주제에 대한 초기 대화에서부터 대화 목표의 초점과 명확화, 현실 검토, 대안 옵션과 관련된 이익과 위험의 고려, 마지막 W 단계를 통한 대화의 마무리에 이르는 단계들을 요약한다.

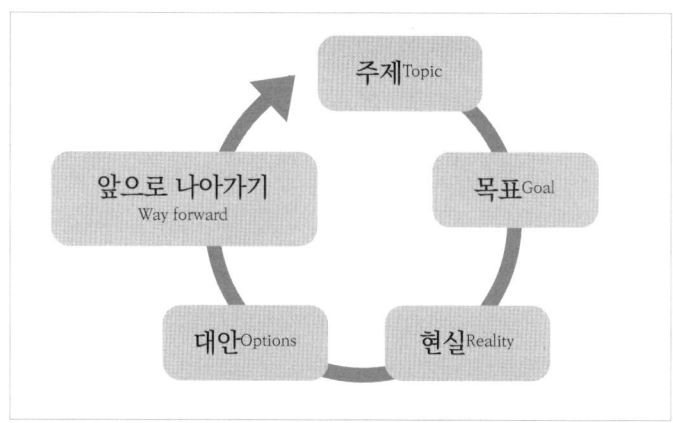

[그림 15.1] T-GROW 다이어그램

마무리

GROW 모델은 단순해서 세계에서 가장 인기 있는 코칭 모델 가운데 하나가 되었다. 기억하기 쉬우며 이를 따를 때 코치로서 또는 셀프 코칭 도구로써 문제 해결 대화를 위한 유용한 구조를 만든다. 이 장에서 우리는 행동 변화를 위한 GROW 모델을 탐구했다. 우리는 모델의 단계를 설명하고 각 단계에서 코치가 빠질 수 있는 잠재적 함정에 대해서도 논의했다. 또 초보 코치를 위한 계단 난간과도 같은 가이드로 각 단계에서 할 수 있는 일련의 질문을 제공했다.

16장.
인본주의적 접근 방식과 Time to Think 모델

도입

인본주의적 접근 방식(때때로 사람 중심 접근이라고도 함)은 어떤 면에서 코칭의 핵심이다. 이 접근 방식은 우리 모두 안에 '자동 복원 반응self-righting reflex'이 있다는 믿음을 담고 있다. 이는 고객이 창의적이고 자원이 풍부하며 전인적이라는 관점을 지닌 코칭과 잘 연결된다. 또 우리 자신의 이러한 측면을 발견할 수 있다면 어떤 목표도 달성할 수 있다는 생각과도 관련성이 높다. Time to Think 모델(More Time to Think, Kline, 2009)은 이러한 원칙을 관계에 초점을 두고 코칭 대화에 적용하며, 코치의 역할이 여러 질문, 통찰, 성찰 등으로 개입하는 것보다 고객이 혼자 생각할 수 있는 기회를 주는 것임을 시사한다.

이 장에서 우리는 인본주의적 접근 방식, 코칭 관계에 있어서의 시사점, 그리고 이를 Time to Think 접근 방식을 통해 코칭 작업에 어떻게 적용할 수 있는지 살펴본다.

인본주의 접근 방식

인본주의 접근 방식은 행동주의와 정신역동이라는 이전의 두 가지 심리적 사고 학파에 도전했으므로 때때로 '제3의 세력thrid force'이라고 불린다. 일부 심리학자들은 이 두 가지 학파가 다소 제한적이라고 생각하며 인본주의 접근 방식이 전인적이고 각 개인의 고유성에 중점을 둔다는 점을 강조한다. 이 접근 방식은 정신분석과 관련된 비관론 또는 병리학과는 대조적으로 개발, 성장 및 발전을 지향한다. 따라서 인본주의 심리학은 선택과 주도성agency, 적절한 상황에서 건강한 의식적 선택을 할 수 있는 사람의 능력을 강조한다.

인본주의 심리학은 1950년대 후반과 1960년대 초에 처음 개발되었으며, 1970년대와 1980년대에 많은 인기를 얻었다. 이것은 몇 가지 기본적인 가정에 의해 뒷받침된다.

- 사람들에게는 자유 의지가 있다.
- 사람들은 기본적으로 선하다.
- 사람들에게는 자아 실현 동기가 있다.
- 개인의 주관적인 경험이 가장 중요하다.

- 과학적 방법론에 도전한다.
- (동물 연구 등) 비교심리학을 거부한다.

칼 로저스Carol Rogers는 이 접근법의 치료적 측면에서 중심 학자였으며, 이 분야의 다른 주요 기여자 두 사람은 에이브라함 마슬로우Abraham Maslow와 미하일 칙센트미하이Mihaly Csikszentmihalyi였다. 로저스는 이 접근 방식을 처음 만들었으며, 가설을 바탕으로 사람들이 자신을 위한 최고 전문가이며 자신의 웰빙과 개발을 위한 최고 참조 원천best source of reference이라는 원칙에 초점을 맞추었다. 인본주의 심리학의 핵심 주제는 우리의 '실현 경향성actualizing tendency'으로 알려져 있다. 이는 도입 부분에서 언급한 '자동 복원 반응'이라고도 설명할 수 있는 성장, 개발 및 자율성으로 이어지는 동기 유발 촉진motivational drive이다. 이 자아 실현 개념은 로저스에 의해 처음 만들어졌고, 마슬로우(1968)가 인간의 욕구 단계 중 최상위에 이 개념을 위치시키면서 더욱 발전했다. 칙센트미하이(2002)는 또한 특정 조건의 조합이 어떻게 우리가 깊은 집중, 즐거움, 성취감 및 행복감으로 이어지는 '흐름flow' 상태를 달성하고 경험할 수 있는지에 대한 작업에서 이 개념을 사용했다. 본질에서 자아 실현의 원칙은 올바른 조건이 주어지면 개인이 성장하고 잠재력을 최대한 발휘할 수 있도록 동기를 찾고 성장할 수 있는 자연스러운 인간으로서의 프로세스라는 것이다. 따라서 프랙티셔너의 역할 중 일부는 고객이 자신의 자아 실현 성향에 근접해 가고 이를 실현할 수 있도록, 더 강하고 건강한 자아 감각을 느낄 수 있게 하는 것이다.

때때로 인본주의 접근은 실존적 접근과 연결될 수 있고, 고객들의 목적과 삶의 의미에 관한 자아 감각을 탐구할 수 있다.

관계가 중심이다

인본주의 접근 방식은 관계 기반이다. 심리치료, 상담 및 멘토링과 마찬가지로 모든 형태의 코칭은 관계 기반이라고 주장할 수 있지만, 인본주의 접근 방식은 매우 비지시적인non-directive 것으로 간주된다. 그렇게 보았을 때, 이 접근 방식을 뒷받침하는 원칙과 가정이 중요하다. 인본주의 방식에서는 관계의 비지시적 성격이 자기실현의 프로세스를 가능하게 한다고 주장한다. 이 비지시적 관계의 특징과 관련해서 로저스는 변화가 자연스러운 인간의 프로세스이며, 긍정적 변화를 위한 6가지의 필요 충분 조건이 있다고 믿었다.

> **[Box 16.1] 변화를 위한 필요 충분 조건**
>
> 1. 코치-고객 사이의 심리적 접촉(둘 사이의 관계가 고객에게 안전하다고 느껴져야 함)
> 2. 고객 안에 불일치incongruence가 있어야 함(고객의 경험과 해당 경험에 대한 인식 사이에 불일치가 존재해야 함)
> 3. 코치의 일치감congruence 또는 진실성trueness(코치는 진정성 있고 고객과 깊이 함께 존재하며 가식적이지 않게not acting 고객과의 관계와 고객의 실행을 촉진하기 위해 자신의 직관과 경험을 활용할 수 있어야 함)
> 4. 고객에 대한 조건 없는 긍정적 존중(코치는 판단, 거부 또는 승인하지 않고, 고객의 자존감 향상을 옹호해야 함)
> 5. 코치의 공감적 이해(코치는 고객의 내면 세계와 그들의 관심사에 대한 공감적 이해를 보여줌으로써 조건 없는 긍정적 관심positive regard을 많이 보여주고 입증해야 함)
> 6. 고객의 인식(고객은 코치의 조건 없는 긍정적 관심과 공감을 인지하고 경험함)

Time to Think 모델

코칭에 인본주의 접근 방식을 적용한 주요 공헌자는 낸시 클라인(Nancy Kline)과 그녀의 책인 『Time to Think』(1999)이다. 클라인의 책 부제목은 '사람의 마음에 점화(ingnite)되는 것을 들어라'이다. 이것은 코치의 기여가 고객이 진정으로 창의적이고 자원이 풍부하고 전인적이며 따라서 자동 복원 반응을 할 수 있다는 믿음에 중점을 둔다는 생각을 아주 잘 표현하고 있다. 따라서 코치의 역할은 안전하고 공감하는 관계를 구축하여 이와 같은 믿음을 존중하고, 고객이 기존 방식에서 벗어나 자기 내부 자원에 접근해서 활용할 수 있도록 생각할 수 있는 공간과 시간을 만드는 것이다.

이 접근 방식을 통해 코치는 판단없이 고객의 말을 경청하여 고객이 스스로 통찰력을 얻을 수 있게 한다. 코치의 역할은 고객의 주제에 대한 모든 생각과 느낌을 고려하고, 코치가 비지시적인 방식으로 고객의 관심사를 완전히 이해하면, 어느 정도의 따뜻함, 수용 및 공감이 관계 내에 있게 된다. 코치는 고객이 자신의 통찰력을 발견하고 잠재력을 발휘할 선택을 하도록 고객의 속도에 맞춰 적극적으로 경청하는 강력한 기술을 사용한다.

Time to Think 모델의 기원

교육, 상담 및 철학 분야에서의 연구와 함께 자기 자신의 어머니가 가졌던 경청 능력과 깊은 존재감에서 영감을 얻은 클라인은 우리가 하는 모든 일이 우리가 그에 앞서 하는 생각에 달려 있다는 것을 관찰했다. 생각이 먼저이므로 행동을 개선하려면 먼저 생각을 개선해야 한다. 그녀는 십대들이 스스로 생각할 수 있도록 돕는 학교를 공동 창립했으며, 학생들이 명확하게 스스로 생각할 때와 그렇지 않을 때의 차이를 일관되게 관찰했다. 그들이 그렇게 할 수 있었던 이유가 분명하지는 않았다. 나이, 성별, 배경, 지능 및 경험은 그다지 차이가 없는 것 같았다. 그러나 한 가지 차별화 요소가 나타나기 시작했고, 그것은 그들이 생각할 때 함께 있는 사람들이 그들을 대하는 방식이었다. 클라인과 동료들은 누군가 생각하려고 할 때 '청취자'가 듣고 보는 대부분이 '생각하는 사람'에 대해 영향을 미친다는 사실을 발견했다.

그들은 사고력을 향상하는 thinking-enhancing 행동이 무엇인지 알 수 있다면 그것을 배우고 다른 사람들에게 가르칠 수 있다고 결론 내렸다. 그 뒤 몇 년 동안 클라인과 동료들은 이 사고 환경 thinking environment의 구성 요소를 찾고 기술했다.

사고 환경의 개념이 발전함에 따라 클라인은 자신이 어머니와 경험한 몇 가지 특성을 기억하고 비교했다. 어머니가 자신의 말을 들어줬던 것이 그녀에게는 매우 깊고 긍정적인 영향을 미쳤다. 그 특성들은 다음과 같다:

- 자연스럽게 다른 사람에게 눈을 떼지 않기
- 편안한 자세로 주의를 기울여 들을 수 있는 자리 잡기
- 말을 들으면서 내는 어머니의 어조와 소리
- 함께 웃기, 절대로 비웃지 않기
- 평등과 격려 전달하기
- 상대방의 감정에 (공포 포함) 편안하고 이완되어 있기

- 때때로 상대방에게 필요한 정보를 방해없이 제공하기
- 비판하지 않고 긍정하기
- 방해하지 않기
- 상대방이 통찰을 발견했을 때 기쁨 나타내기

이러한 행동들의 핵심은 관심이다. 나중에 클라인의 고객은 이것을 다음과 같이 요약했다. 한 사람이 가진 관심의 질이 다른 사람의 사고의 질을 결정한다. 클라인과 동료들은 다음 두 가지 진술을 제안했다:

1. 우리가 하는 모든 일은 먼저 우리가 하는 생각에 달려 있다.
2. 우리의 생각은 서로에 대한 관심의 질에 달려 있다.

이 경우, 사람들의 말을 아주 잘 그리고 조심스럽게 듣는 것이 가장 중요하다. 사람들이 자신을 명확하고 새로운 방식으로 생각할 수 있도록 존중하며 주의를 기울이는 것이다.

주의 깊은 청취가 중요하지만, 클라인은 이것이 충분하지 않은 경우가 있음을 알았다. 사고할 때 장애물들로 인해 한 사람이 일정 수준 이상 넘어서도록 하는 데는 깊은 관심만으로는 부족할 수 있다. 대답이 질문과 관련이 있어야 하는 것은 명백해 보였다. 다만 어떤 유형의 질문인지, 실제로 보통 생각을 방해하는 것들이 무엇인지는 알 수 없었다. 2년 이상의 연구 끝에 방해물은 거의 항상 사상가가 만든 가정assumption과 관련이 있다는 것이 분명해졌다. 이러한 가정은 대체로 무의식적이었으나 사상가에 의해 '진실'로 프레임되어 경험되고 있었다. 생각에 대한 모든 가능한 장애물 가운데 가정이 가장 강력하고 문제가 많다는 것이 밝혀졌다.

클라인의 지속된 작업은 여러 하위 집합이 있는 세 가지 유형의 가정을 발견했고, 이를 인식할 수 있으면 이를 제거하는 데 도움이 될 것으로 결론지었다. 시간이 지남에 따라 가정을 제거하는 데 도움이 되는 특정 질문들이 발견되었다. 이것들은 예리한 질문incisive question이라고 불리는 과정으로 개발되었으며, 최대한 세심한 경청과 결합되면 인간의 마음이 가정의 장벽을 넘어서 새로우면서 색다른, 이전에는 상상할 수 없었던 사고방식으로 이동할 수 있다.

사고 환경thinking environment

결국 사고 환경을 구성하는 본질적인 행동들이 명확해졌고, 함께하며 서로를 대하는 10가지 방법이 밝혀졌다.

> **[Box 16.2] 사고 환경의 10 가지 구성 요소**
>
> 1. 주의attention: 존중, 관심, 흥미를 갖고 중단 없이 듣는다.
> 2. 예리한 질문incisive questions: 생각과 아이디어를 제한하는 가정을 제거하고, 새롭고 다른 생각을 만들 수 있도록 마음을 자유롭게 한다.
> 3. 평등equality: 서로를 함께 생각하는 동료로 대한다. 균등한 기회와 주의를 기울이고 사전 합의와 경계를 유지한다.
> 4. 감사appreciation: 감사와 비판의 비율을 5대1이 될 수 있도록 연습하고, 상대방이 방황하면서 자유롭게 사고를 탐색하는 데 안전하다고 느끼도록 격려하고 가능하게 한다.
> 5. 용이함ease: 서두름과 긴급함에서 자유롭게 하여 사고 프로세스가 나타나고 진화할 공간과 시간을 갖도록 한다.

6. 격려encouragement: 경쟁을 넘어서. 내부 경쟁과 판단은 새롭고 고품질의 생각을 불가능하게 만든다. 내적 경쟁이 없으면 내적 갈등도 없으므로 자유로운 사고가 가능하다.
7. 감정feelings: 생각을 회복하기 위해 충분한 감정적 해방을 허용한다. 감정을 판단하는 대신 그러한 감정을 완전하게 표현함으로써 사고를 회복하고 자유로운 사고가 일어날 수있는 공간을 만든다.
8. 정보information: 현실에 대한 완전하고 정확한 그림을 제공한다. 정보는 사고력을 키우는 데 도움이 될 수 있으며, 완전한 사실의 명확성에 직면했을 때 마음은 이리저리 돌아다니며 전략과 해결책을 탐색할 수 있다.
9. 장소place: 사람들에게 '당신은 중요합니다'라는 메시지가 전해지는 물리적 환경을 만든다.
10. 다양성diversity: 우리 사이의 차이로 인해 질이 높아진다.

예리한 질문

클라인이 확인한 세 가지 가정은 다음과 같다.

1. 사실
2. 가능한 사실
3. 자아와 삶의 원리에 대한 근본적인 가정bedrock assumption

예리한 질문은 기억력과 단순성을 조합하여 이러한 가정을 제거하도록 설계되었다. 생각하는 사람이 자신이 사용한 **정확한 단어**로 자신의 가정을 어떻게 설명했는지 기억하는 것이 중요하다. 만약 해당사항이 있는 경우, 이 가정의 긍정적인 반대를 위해 사용한 단어나 구를 그들이 사용한 정확한 표현으로 기억하는 것도 중요하다.

단순성과 관련하여 가장 간단하고 깔끔한 질문 가운데 하나는 "만약 … 을 안다면If you knew"으로 시작한다. 이 질문을 예리하게 만드는 것은 가정을 명확하게 잘라내어 제거한다는 것이다. 그것은 가정을 새롭고 자유롭게 하는 가정, 긍정적인 선택에 기초한 새로운 진리로 대체한다.

예리한 질문은 일반적으로 세 부분으로 구성된다.

1. 가설 : "만약 …을 알았다면 …."
2. 그리고 "당신이 이 작업에 대해 완벽하게 숙련되어 있다는 것을 …." 이라는 자유롭게 하는 사실적 가설true assumption이 이어진다.
3. 마지막으로 목표에 새로운 가정을 추가한다. "… 상사의 요청에 어떻게 답하시겠습니까?"

만약 안다면 + 자유로운 가정 + 목표 = 예리한 질문

예리한 질문을 한 번 하면 하나의 아이디어를 들을 수 있다. 다시 물어보면 다른 아이디어를 들을 수 있다. 정확히 동일한 문구와 형식으로 질문을 반복하는 것이 권장되며, 이전에는 제한적 가정에 의해 차단되었던 자유롭고 물 흐르는 듯한 아이디어를 많이 생성할 수 있다.

사용하는 시제는 예리한 질문의 중요한 특징이기도 하다. 예를 들어: "만약 고객님이 …을 위한 완벽한 능력이 **있다는** 것을 안다면 …."과 같이 현재 시제를 사용함으로써 우리는 긍정적인 새로운 가정을 사실로 표현한다. 질문의 가설 부분은 처음 세 단어("**만약 당신이 알았다면** ….")와 자신의 목표에 대한 생각을 요청하는 마지막 부분, 즉 "… 당신은 어떻게 당신의 상사의 요청에 응답하겠습니까?"이다. 여기서 동사는 우리가 가정하므로 가설이 된다. 우리는 상대방이 그것을 믿도록 요구하는 것이 아니라, 장난스러운 사고playful speculation를 해볼 수 있도록 그들을 초대한다. 이 장난스러운 사고는 대화 상대의 방어적이거나 저항하는 느낌을 완화하여 판단이나 행동에 대한 두려움 없이 자유롭게 상상하며 생각할 수 있게 한다. 아이디어가 떠오르고 행동이 이어질 공간을 열어주는 것은 요구하는 대신 가능성에 대한 장난스러운 감각의 기회를 주는 것이다.

가장 예리한 질문은 코칭 대화를 춤으로 비유한 것에서 조심스럽게 나타나는 질문이지만, 세 부분이 어떻게 일관되게 기능하는지를 보여주는 몇 가지 유용한 예가 수집되었다.

[Box 16.3] Time to Think를 위한 유용한 질문

"무엇에 대해 생각하고 싶습니까?", "당신의 생각은 무엇입니까?"
 (그 사람의 생각이 어떻게 발전하고 있는지에 대해 전적으로 주의를 기울인다.)
"당신은 무엇을 더 생각합니까?", "당신은 무엇을 더 생각하고 느끼고 말하고 싶습니까?"
 (그 사람이 어느 시점까지 생각을 끝냈다는 분명한 신호가 있을 때까지 '더 more' 질문을 반복한다. 그 신호라면 눈을 마주치거나 "그 정도까지입니다I think that's it"와 같은 진술일 수 있다.)

"이 세션에서 무엇을 더 얻고 싶습니까?"
 상대방의 말을 사용하여 목표를 반복한다. 필요한 경우 코치는 고객에게 "그 걸 몇 개의 단어들로 줄여서 말씀해 주세요."라고 부탁할 수 있다.

더 깊이 생각할 수 있는 질문 :

"고객님은 무엇이 방해한다고 가정하고 있습니까?"
  (고객이 얻고자 하는 것에 대해 고객의 표현을 사용한다.)
"그 밖에 또 무엇이 있죠 What else?"
"사실입니까?"
  (제한적 신념 뒤에 숨겨진 진실을 탐색해본다.)
"만약 (가정을 위해 상대방의 말 입력)이 사실이 아니라면, 사실이고 자유롭게 만드는 고객님의 표현은 무엇입니까?"
"당신이 (사실이고 자유롭게 만드는 것에 대한 고객의 말 입력)을 알았다면, 어떻게 (그들이 성취하고자하는 것에 대한 그들의 말 입력)을 하시겠습니까?"

대답을 듣는다.
모든 생각을 해볼 수 있을 때까지 필요한 경우 질문을 다시 한다.
감사로 끝낸다.

인본주의 접근 방식과 ICF 핵심 역량 모델:

인본주의 접근 방식의 많은 원칙은 ICF 핵심 역량 모델에서 찾을 수 있다. 예를 들면 다음과 같다:

역량 #2: 코칭 마인드셋 구현
- 코치는 선택에 대한 책임이 고객 자신에게 있음을 인정한다.
- 고객의 유익을 위해 자신의 인식과 직관을 활용한다.
- 이 역량에 대한 전반적인 정의도 관련성이 높다. 개방적이고 호기심이 많고 유연하며, 고객 중심적인 사고 방식을 개발하고 유지한다.

역량 #4: 신뢰와 안전감 조성
- 고객의 정체성, 환경, 경험, 가치 및 신념 등의 맥락 안에서 고객을 이해하려고 노력한다.
- 고객의 정체성, 인식, 스타일 및 언어를 존중하고 고객에 맞추어 코칭한다.
- 코칭 프로세스에서 고객의 고유한 재능, 통찰력 및 노력을 인정하고 존중한다.
- 고객에 대한 지지와 공감을 표시한다.
- 고객이 자신의 감정, 인식, 관심, 신념 및 제안하는 바를 그대로 표현하도록 인정하고 지원한다.
- 이 역량에 대한 전반적인 정의도 관련성이 높다. 고객과 함께, 고객이 자유롭게 나눌 수 있는 안전하고 지지적인 환경을 만든다. 상호 존중과 신뢰 관계를 유지한다.

역량 #5: 프레즌스^{presence} 유지
- 고객에게 집중하고 관찰하며 공감하고 적절하게 반응하는 것을 유지한다.
- 코칭 과정에서 호기심을 보여준다.
- 침묵, 멈춤 및 성찰을 위한 공간을 만들거나 허용한다.

역량 #6: 적극적 경청
- 모든 역량이 관련되어 있다. 그 정의는 다음과 같다: 고객의 시스템 맥락에서 전달하는 것을 충분히 이해하고, 고객의 자기표현^{self-}

expression을 돕기 위하여 고객이 말한 것과 말하지 않은 것에 초점을 맞춘다.

역량 #7: 알아차림을 불러 일으킨다
- 고객의 사고방식, 가치, 욕구 및 희망사항 그리고 신념 등에 대하여 질문한다.
- 고객이 현재의 생각을 뛰어 넘어 탐색하도록 도움이 되는 질문을 한다.
- 고객이 현재와 미래의 행동, 사고 또는 감정 패턴에 영향을 미치는 요인을 식별하도록 도와준다.
- 고객이 어떻게 앞으로 나아갈 수 있는지, 무엇을 하려고 하고, 할 수 있는지 생각해내도록 초대한다.

역량 #8: 고객 성장 촉진
- 목표, 행동 및 책임 방법을 설계하는 데 있어서 고객의 자율성을 인정하고 지지한다.
- 고객의 발전과 성공을 축하한다.

마무리

이 장에서 우리는 인본주의 또는 사람 중심적 접근이 무엇인지 살펴보았다. 우리는 인본주의 심리학의 뿌리와 그것이 적절한 조건과 환경이 주어졌을 때 인간의 전체성wholeness과 성장과 잠재력에 대한 인간의 실현 경향을 포용하는 특정 가정에 어떻게 기반을 두고 있는지 설명했다. 그리고 이 접근 방식이 다른 심리학적 사고 학파에 어떻게 도전했는지 주목하고 누가 이 분야의 주요 개발자이자 기여자였는지 강조했다. 이 접근 방식은 치료 환경에서 시작되었지만, 코칭과 직접적인 관련성이 있고 코칭 맥락에 적용할 수 있는 많은 측면이 있다. 인간의 욕구에 대한 이해, '몰입flow' 상태를 달성하는 방법, 변화를 위한 로저스의 필요 충분 조건은 모두 코칭 공간에서 매우 유용한 개념이다.

   그런 다음 클라인의 Time to Think 모델이 로저스의 작업을 기반으로 깊은 청취, 존재감 및 예리한 질문 등의 기법을 통해 제시하는 통찰을 볼 수 있었다. 더불어 고객이 제한적인 가정을 제거할 수 있도록 하여 변화가 생기는 조건을 만드는 방법도 살펴보았다. 그렇게 해서 고객은 새롭고 창의적인 생각을 자유롭게 펼칠 수 있게 된다. 마지막으로, 우리는 이 인본주의 접근 방식이 ICF 핵심 역량 모델 내의 일부 역량들 어디에서 찾을 수 있는지 살펴보았다.

17장.
인지행동 접근 방식 및 ABCDEF 모델

도입

인지행동 코칭Cognitive Behavior Coaching(CBC)은 인지행동치료 및 아놀드 라자루스Arnold Lazarus, 아론 벡Aaron Beck, 알버트 엘리스Albert Ellis와 같은 치료사의 60~70년대 연구에 기반을 두고 있으며, 2000년대에 윈디 드라이덴Windy Dryden과 같은 저자들에 의해 개발되었다. 이 접근법은 고객이 자신의 생각, 감정 및 행동 사이의 연관성을 인식하도록 돕는 것을 목표로 한다. 비임상 문제를 해결하기 위해 스티븐 팔머Stephen Palmer 및 마이클 니난Michael Neenan과 같은 코치들에 의해 개발되었으며, 그 목적은 도움이 되지 않는 생각에서 더 많은 증거 기반의 성과 향상 사고로 이동하여 성과 또는 웰빙을 개선하는 것이다. 이 장에서 우리는 고객이 개인적인 회복력을 강화하고, 스트레스를 더 잘 관리하고, 조직 변화 중에 그들을 지원하고, 잘못된 생각을 해결하도록 도울 수 있는 도구인 인지행동 코칭을 탐구할 것이다.

인지행동 모델

인지행동치료cognitive behavioral therapy(CBT)는 내담자의 행동에 변화가 일어나기 위해 내담자가 자신에게 작용하고 행동을 유발하는 힘을 이해해야 한다고 주장한다. 이러한 힘은 다음과 같은 개인의 정서나 생각으로 인해 유발된다: "나는 화가 나서 컵을 방에 던졌습니다." 또는 "이웃의 고양이가 내 부엌 바닥에서 오줌 누는 것 같아서 컵을 방에 던졌습니다."

인지행동 코칭 개발은 고객들을 위한 인지행동치료, 합리적 정서행동치료, 다중 모드 치료를 개발한 알버트 엘리스(1962), 아론 벡Aaron(1976) 및 아놀드 라자루스(1981)의 초기 작업과 인지행동치료에 대해 광범위하게 글을 썼던 윈디 드라이덴과 같은 최신 저자들의 작업을 기반으로 한다.

엘리스는 의식적 사고, 감정, 행동 및 행복 사이의 관계를 조사했다. 그는 개인의 신념이 특정 사건과 관련된 정서적, 행동적 결과에 영향을 미친다는 전제하에 합리적 정서행동치료rational emotive behavior therapy(REBT)를 개발했다. 예를 들어, 자신이 발표를 잘 못한다고 생각하고 대중 연설이 업무의 일부라고 생각하면 이 작업을 수행해야 할 때 불안감을 느낄 수 있다. 그들이 발표를 못 한다는 믿음과 관련된 이러한 불안은 발표 중에 그들의 성과에 부정적 영향을 미칠 가능성이 있다. 엘리스는 그러한 신념에 도전하고 재구성한 다음, 그 생각을 더 논리적이거나 증거 기반의 사고로 대체하는 것이 고객에게 도움이 될 것이라고 제안했다.

아론 벡은 자동적 사고(즉 반복적이고 체계적으로 잘못된 사고 패턴)가 우울증과 불안과 같은 부정적 정서의 원인이 된다고 주장했다. 이 내부 비판적 대화는 개인의 자존감, 자기 효능감 및 전반적인 자기 가치감self-worth에 부정적인 영향을 미칠 수 있다. 엘리스의 인지행동 접근 방식은 이 내부 대화를 인식으로 가져오고 그 대화의 신뢰도에 도전하며 더 긍정적이고 건설적으로 재구성함으로써 변화될 수 있음을 시사한다. 인지 왜곡(또는 사고 오류)은 아론 벡의 인지 치료가 기여한 또 다른 포인트이며 사람들이 부정확한 결론을 내리는 경우 왜곡되거나 불완전한 데이터를 사용하는 것을 나타낸다(Beck, 1976).

사고 오류의 몇 가지 예는 다음과 같다:

- 양자택일all-or-nothing 사고 – 흑백 사고라고도 함
- 파국화 – 가능한 최악의 결과만 예상
- 긍정적인 것을 격하disqualifying 또는 무시함discounting – 우발적이거나 운이 좋은 것으로 간주
- 자신에게 라벨 붙이기 – 가능한 결과에 대한 한계 수용
- 마음 읽기mind reading – 자신의 관점에 대한 증거 없이 다른 사람들이 무엇을 생각하고 있는지 알고 있거나 하려는 의도가 있다고 가정하는 것

심리치료에서의 활용과 함께 인지행동 코칭CBC이 2000년대에 등장했

다(Williams, Edgerton & Palmer, 2014; Palmer & Williams, 2016). 코칭에서도 유사한 접근법을 따랐다. 고객이 생각, 감정, 행동 사이의 연결 고리를 볼 수 있도록 도와주고, 자신의 자동적이고 잘못된 사고 패턴을 인식하도록 돕는다. 더 논리적이고 증거에 기반을 둔 생각을 개발하여 이와 같은 기존의 사고에 도전한다.

최근에는 인지행동치료의 '세 번째 물결'이 수용과 전념 코칭acceptance and commitment coaching(Anstiss & Blonna, 2014), 마음챙김 기반 코칭 mindfulness-based coaching(Hall, 2014) 및 연민 기반 코칭compassion-based coaching을 포함한 새로운 인지행동 코칭 프랙티스와 모델 개발에도 영향을 미쳤다(Anstiss & Gilbert, 2014). 인지행동 접근 방식의 효과는 상담 연구를 통해 광범위하게 검증되었으며 최근에는 점점 더 많은 코칭 연구를 통해 입증되었다(Bozer & Jones, 2018).

인지행동 코칭은 목표 지향적이고, 현재에 초점을 맞추며, 제한되고 정의된 기간 내에 벌어진다(Neenan & Palmer, 2001). 인지행동 코칭은 성과에 대한 정서적, 심리적, 행동적 장애물에 초점을 맞춘 인지행동치료와 동일한 전제를 가지고 있다. 그들의 신념이 어떻게 부정적 인식으로 이어질 수 있는지 이해함으로써 코치는 고객과 협력하여 생각과 감정 및 행동의 영향에 대한 인식을 높일 수 있도록 한다. 인지행동 접근 방식을 사용하여 코치는 고객을 다음과 같이 돕는 것을 목표로 한다. (a) 현실적인 목표를 향해 더 나은 진전을 이룬다. (b) 생각, 감정 및 행동 사이의 관계에 대한 자기 인식을 향상시킨다. (c) 더 효과적인 사고력을 개발한다. (d) 실행 계획을 지원하기 위해 내부 자원과 탄력성을 강화한다. 그리고 (e) 셀프 코칭 능력을 개발한다(Williams, Edgerton & Palmer, 2014;

Palmer, & Szymanska, 2019).

인지행동 ABCDEF 모델

인지행동 코칭 모델에는 몇 가지가 있다. SPACE(사회적 맥락social context, 생리physiology, 행동action, 인식cognition, 정서emotion)(Williams & Palmer, 2013) 및 PRACTICE(문제 식별problem identification, 현실적인 목표realistic goals, 대체 솔루션alternative solutions, 결과 고려consideration of consequences, 가장 실현 가능한 솔루션 선정target most feasible solutions, 선정한 솔루션 실행implementation of chosen solutions, 평가evaluation)(Palmer, 2007) 등이 그것이다. 여기서는 가장 많이 알려진 인지행동 코칭 도구인 ABCDEF 모델(Palmer, 2002)에 초점을 맞출 것이다. 이 모델은 고객이 자신의 생각, 감정 및 행동 사이의 관계에 대한 통찰력을 얻고 새롭고 더 효과적인 전망outlook을 개발하기 위해 이동하는 6단계를 사용한다([그림 17.1] 참조).

6단계는 다음과 같다. 선행 사건(또는 문제에 대한 인식), 선행 사건에 대한 신념 및 인식(합리적 또는 비합리적), 결과(정서적, 행동적, 생리적), 신념에 대한 논박 또는 검토, 효과적인 새로운 신념(반응 또는 감정 상태), 그리고 미래의 초점.

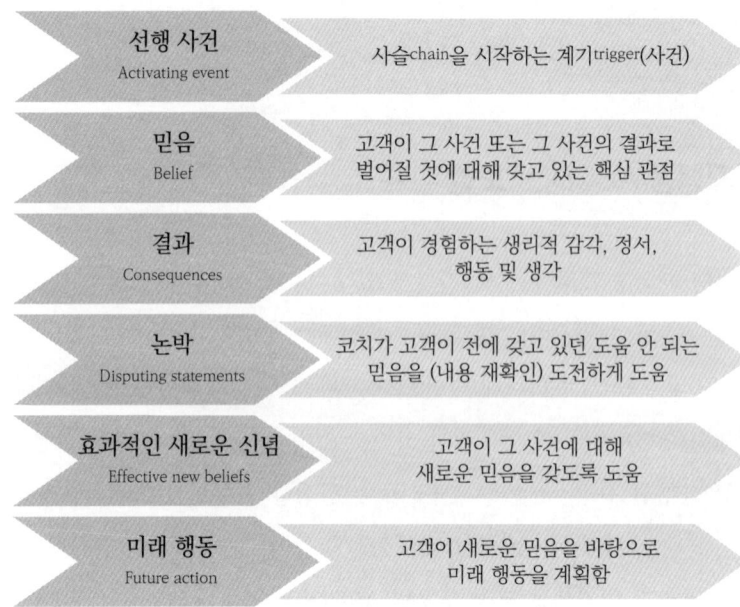

[그림 17.1] ABCDEF 모델

    이 도구를 사용하는 방법에는 여러 가지가 있다. 인기 있는 방법 가운데 하나는 고객이 처음에 이벤트(A)를 설명하고 결과를 탐색(C)하도록 하는 것이다. 대부분 고객은 사건과 그 순간에 어떻게 행동했는지 설명한 뒤 경험하는 감각과 정서 측면에서 자신에게 일어나는 일을 더 쉽게 탐색할 수 있다. 고객은 일반적으로 도움 없이는 사고 과정을 설명하는 것을 어려워한다. 따라서 고객이 결과에 대해 이야기하도록 격려한 다음 신념을 탐구하는 것이 가장 좋다(고객: "팔에 있는 털들이 일어선 것을 느껴졌어요." 또는 "내 심장이 질주를 하더라고요."). 감각에 이어 고객의 감정을 탐구할 수 있다(고객: "다음에 무슨 일이 일어날지 정말 두려워했다는 것을 알게 되었어요."). 감정(정서)을 확인한 후 생각을 탐색할 수 있다(코치: "무슨 일이 일어난다고 생각하셨어요?"). 고객은 처음 들었던 생각에 대해 이야기할 수 있지만, 더 비판적이고 자세하게 생각하도록 하는 것이 도움이 될 수 있다. 많은 고객이 일련의 신념을 가지고 있다. 이들 신념의 층layers of beliefs을 차례로 살펴봄으로써 고객이 핵심 신념을 확립하도록 도울 수 있다. 이것들은 일반적으로 자기 가치감, 자존감 또는 고객이 다른 사람에 의해 평가되었을 때 느끼는 방식에 관한 것이다. 그러나 고객과 그들의 사고 패턴에 대해서는 가정하지 않는 것이 중요하다. 각 고객은 다르며 4장에서 논의했듯이 우리는 개방적이면서 호기심을 유지해야 한다.

방아쇠와 관련된 생각과 근본적인 신념이 확인되면 코치는 고객이 도움이 되지 않는 신념에 도전하기 시작하도록 도울 수 있다. 대부분 믿음은 비합리적이고 비논리적이며 도움이 되지 않는다. 따라서 논박 단계에서 고객이 이를 인식하도록 격려하면 도움이 된다. 우리는 고객에게 믿음이 얼마나 유용하고 논리적이며, 믿음에 대한 근거가 무엇인지 질문함으로써 그렇게 할 수 있다.

이러한 도움이 되지 않는 신념이 얼마나 자주 고객들의 노력을 약화시키는지 확인하는 데 도움이 되는 차트를 작성하도록 하는 것은 인지행동치료에서 일반적이다. [표 17.1]에서는 고객이 세션 사이에 이를 완성한 사례를 보여준다.

[표 17.1] ABCDEF의 예

선행 사건 Activating event	나는 정원에서 쓰레기를 먹고 있는 쥐를 보았다.
결과 Consequences	그것은 내 몸을 오싹하게 만들었다(감각). 나는 안으로 달려 갔다(행동). 심장 박동수가 올라갔다(감각). 역겨웠다(정서).
신념 Beliefs	쥐는 더럽다. 질병에 걸릴 수도 있다. 뭔가 다른 것에 걸릴 수도 있다.
논박 진술 Disputing statements	내가 무서워한 것보다 쥐가 나를 더 무서워했다. 나는 쥐에게서 멀리 떨어져 있었다. 요즘 사람들은 전염병으로 죽지 않는다.
효과적인 전망 Effective outlook	쥐가 보였을 때 내가 다가가면 도망갈 것이다. 빗자루를 가져다가 움직이지 않으면 때릴 수 있다. 쥐 잡는 업체에 연락하여 쥐를 처리할 수 있다.
향후 계획 Future plan	앞으로는 항상 음식물 쓰레기를 쓰레기통에 버릴 것이다. 쥐가 보이면 쥐 잡는 업체를 불러서 쥐를 처리하게 할 것이다. 나는 항상 현관 문을 닫아 둘 것이다. 달아나지 않으면 쥐를 때릴 수 있는 빗자루를 현관 문 옆에 둘 것이다.

증거 기반 관점을 통해 도움이 되지 않는 신념에 대해 논박하면 고객이 새로운 신념을 식별할 수 있다. 일련의 도움이 되는 새로운 신념을 통해 고객은 이를 실제 세계에서 테스트하고 새로운 계획을 실행할 수 있다.

우리가 오랜 관행을 통해 발견했듯이 오래된 믿음은 빚과 같지 않아서 쉽게 꺼지지 않는다. 오래된 믿음은 새로운 전략이 있고 예전 생각이 도움이 되지 않고 비합리적이라는 지식이 있는데도, 고객을 방해하고 만연하면서 뇌리에서 떠나지 않을 수 있다. 이를 극복하기 위해 우리는 고객이 새로운 신념을 장착하기 위해서는 몇 주, 몇 달 또는 몇 년이 걸릴 수 있는 과정으로 보도록 권장한다. 고객이 오래된 신념에 둘러싸여 있을 때 스스로를 자학하는 경우, 이것은 '아무도 좋지 않다'거나 '무가치하다'는 도움이 되지 않는 핵심 신념을 강화하는 역할을 한다. 따라서, 간섭 intervening 시간에 새로운 사고와 신념이 '기반을 마련 graining ground'하는 동안, 우리는 고객이 자신에 대해 연민을 느끼고 이러한 위험을 상기시켜 준 옛 신념에 감사하는 한편, 기존 신념도 괜찮다고 안심하도록 돕는다. 새로운 신념이 여기에 고객을 돕기 위해 와있기 때문이다.

> **[Box 17.3] ABCDEF: 유용한 질문**
>
> 1. 무슨 일이 있었는지 알려주세요. (선행 사건 질문)
> 2. 거미를 보았을 때 몸에 어떤 느낌이 들었습니까? (또는 방아쇠 사건이 무엇인지) (결과 질문)
> 3. 그 감각을 어떤 감정과 연관시키겠습니까? (결과 질문)
> 4. 그때 당신의 생각은 어땠습니까? (결과 질문)
> 5. 그런 일이 일어난다면 그것은 당신에게 무엇을 의미할까요?/다음에 일어날 어떤 일을 상상했습니까? (믿음 질문)
> 6. 그런 일이 일어났거나 사람들이 그렇게 생각한다면 그것은 당신에게 무엇을 의미할까요? (이 질문은 핵심 신념을 연결하기 위해 여러 번 반복될 수 있다.)
> 7. 그 믿음의 근거는 무엇입니까? (논박 질문)
> 8. 그 믿음이 얼마나 도움이 됩니까? (논박 질문)
> 9. 그 믿음은 얼마나 논리적입니까? (논박 질문)
> 10. 이 상황에 대해 어떤 생각이 더 도움이 될 수 있습니까? (효과적인 전망)
> 11. 이 새로운 신념을 감안할 때 우리가 논의하기 시작한 목표에 더 가까이 다가가기 위해 무엇을 하고 싶습니까? (미래 계획 질문)

마무리

인지행동치료는 인지행동 코칭으로 발전했다. 이 접근 방식은 고객이 정서, 신념 및 행동 사이의 관계를 더 잘 이해하는 데 도움이 될 수 있다. 이 장에서 우리는 ABCDEF 모델을 사용한 인지행동 코칭의 적용과 이 접근법을 통해 고객이 더 잘 생각하게 되고 행동, 성과와 성공에 대한 내면의 장애물을 제거하는 데 어떻게 도움이 될 수 있는지 탐구했다.

18장.
게슈탈트 접근 방식과 의자 기법

도입

게슈탈트 접근 방식은 고객이 '온전한 자아whole selves'와 다시 연결하도록 돕고, 문제에 대한 생리적 반응, 생각, 감정을 이해하고, 이것이 지금 여기에 어떻게 영향을 미치는지 이해하는 것을 목표로 한다. 게슈탈트 코칭은 고객이 이러한 변화를 삶에 적용하기 전에 새로운 존재 방식을 테스트하기 위해 자신의 행동 패턴과 통찰을 통해 자신의 행동 패턴을 파악하고 성찰하는 기회를 준다. 이 장에서 우리는 게슈탈트 접근 방식을 탐구하고, 의자 기법chairwork에 초점을 맞춰 고객을 코칭하는 데 활용할 수 있는 접근 방식을 탐구한다. 의자 기법은 고객이 코칭 대화 내에서 대안적인 관점을 취하면서 다른 이해관계자들에게 자신의 생각과 감정을 표현하는 데 사용하는 도구로 유용하다.

게슈탈트 모델

게슈탈트gestalt라는 단어는 '형태' 또는 '패턴'을 의미하는 독일어 단어에서 유래했다. 심리학적으로 게슈탈트의 관점은 인간의 지각에서 의미가 어떻게 형성되는지 탐구하는 것을 목표로 한다. 이러한 유형의 연구에 대한 한 가지 잘 알려진 예는 착각illusion이다. '늙은 여자-젊은 여성' 이미지, '루빈의 꽃병', 폭포 및 펜로즈 계단과 같은 예는 잘 알려져 있으며, 한 가지 이상의 방법으로 우리에게 제공되는 정보를 우리의 뇌가 어떻게 이해할 수 있는지 보여준다. 우리는 때때로 이러한 환상에서 하나 이상의 이미지를 보기가 어렵다.

[그림 18.1] 루빈의 꽃병

온전함wholeness과 부분 사이의 관계에 대한 이러한 아이디어는 프리츠 펄스Fritz Perls가 1940년대와 1950년대 고객과 함께 만나가며 개발했다. 펄스에게 게슈탈트는 존재 방식을 제공하여, 고객과 함께하는 프레즌스를 발전시켰다. 행동 또는 인지행동 코칭과 달리 게슈탈트 코칭은 GROW 또는 ABCDEF와 같은 특정 모델을 제공하지 않는다. 대신 인본주의 접근 방식과 마찬가지로 관계에 더 초점을 맞추고 이를 자신에 대한 탐색 기반으로 사용한다.

게슈탈트의 주요 측면은 신념, 가치 및 태도가 사람들의 관계에 어떻게 영향을 미치는지, 그들이 변화에 어떻게 반응하는지, 그것이 조직과 이해관계자에게 어떻게 영향을 미치는지 등이다. 이 접근 방식은 발견discovery을 촉진하는 것을 목표로 하며, 인지행동 접근 방식과 같은 더 합리적인 접근 방식은 고객이 주제에 대한 다양한 생각과 감정을 모으는 데 덜 효과적일 수 있다.

흔히 코치가 게슈탈트 코칭에 관해 이야기하면 의자 기법을 떠올리지만, 게슈탈트 관점에는 훨씬 더 많은 것이 있다.

게슈탈트 관점을 사용하는 것은 '관심의 인물figure of interest'에 대해 이야기하는 것을 포함한다. 이것은 사람이 집중하는 특정한 것과 특정 순간에 관심을 갖는 것을 의미한다. 누군가가 불완전한 그림을 가지고 있다면, 그들은 자신의 인식으로 그것을 완성하려고 할 것이다. 게슈탈트는 더 깊고 완전한 관점 상황을 제공하기 위해 다양한 관점을 가져올 수 있게 한다.

전반적으로 게슈탈트는 "인간의 본성이 패턴과 전체로 구성되어 있고 전체가 부분의 합 이상이라는 개념에 기반을 둔다"(Gillie, 2008). '형태figure'와 '배경ground'은 게슈탈트 코칭의 핵심 용어다. 위에서 강조한 바와 같이, 형태는 해당 시점에서 고객의 초점이다. 코치는 코칭 세션 중에 다른 형태가 등장하는 것을 보게 될 가능성이 크므로, 형태를 탐구하는 것은 코치의 역할이지만 형태가 등장하는 배경 또는 맥락까지 염두에 두어야 한다. 코치의 일은 고객이 형태와 배경에 대한 완전한 인식을 할 수 있도록 돕는 것이다.

> 게슈탈트 접근 방식의 목적은 자신의 모양, 패턴 및 전체성을 발견하고 탐색하고 경험하는 것이다. 분석은 프로세스의 일부일 수 있지만, 게슈탈트의 목표는 모든 이질적인 부분들을 통합하는 것이다. 이런 식으로 사람들은 자신이 이미 있는 그대로, 잠재적으로 될 수 있는 모습을 성취할 수 있다. 이 충만한 경험은 삶의 과정과 한 순간의 경험에서 고객에게 제공될 수 있다(Clarkson, 1989:1).

게슈탈트 기반 코칭은 다음과 같은 여러 관련 개념으로 뒷받침된다.

- **현재 중심의 인식**awareness: 인식은 치료와 성장을 만들어 가는 것으로 간주된다. 코칭 프로세스는 고객의 경험을 따르며 현재 존재하고 인식하는 것을 유지한다. 코치가 매 순간 완전히 인식하는 것이 필수적이며, 이것은 마음챙김mindfulness과 연장선상에 있다. 마음챙김을 프랙티스 하는 것은 이러한 수준의 현재 중심 인식을 개발하는 한 가지 방법이다.
- **개인의 고유한 경험 강조**: 개인의 경험은 감정, 지각, 행동 및 신체 감각, 기억 및 생각으로 구성되며, 각 개인에게 진실한 것으로 존중된다.
- **창의적인 실험**: 고객과 코치의 협업collaboration 노력은 코치가 고객의 경험에 대한 직감을 '테스트'하고 그에 따라 수정하는 실험적 방법들

을 통해 성장과 발견을 촉진한다.
- **관계**relationship: 관계성relationality은 변화 프로세스의 중심이다. 코치의 프레즌스, 대화 및 가시성visibility은 고객과 코치가 함께 만든 관계를 특징 짓는다(Toman el al, 2013).

고객과 게슈탈트 코칭을 사용하는 방법은 무엇인가?

게슈탈트 코칭을 사용하는 방법에는 여러 가지가 있다.

인식: 이것은 코칭 대화를 위한 데이터로 '지금 이 순간' 무슨 일이 일어나고 있는지 확인하는 데 사용할 수 있다. 예를 들어, 다음과 같은 두 가지 형태가 될 수 있다. 고객에 대해 무언가 알아차리고 나서 코치는 "직속 관리자에 대해 이야기할 때 눈살을 찌푸리시던데, 무슨 생각이 드셨나요? 기분이 어떠셨나요?" 고객이 생각하지 않았던 어떤 생각이나 느낌을 고객의 주의를 끌도록 도울 수 있다. 그런 다음 코치는 자신의 인식을 사용하여 도전 또는 지원하거나, 탐색의 연장선상에서 고객의 인식을 심화할 수 있다.

또는 코치가 자신이 가진 느낌에 대해 알아차린 것을 함께 나눌 수 있다. "제가 지금 불안감을 느끼고 있는데, 그것이 무엇을 의미하는지 궁금합니다." 또는 고객이 특정 상황에서 어떤 느낌(예를 들어 불안감이) 든다고 말하면, 코치는 다음과 같이 물으면서 탐색을 권유할 수 있다: "불안이 당신의 몸 어디에 있습니까? 어떤 신체적 감각을 가지고 있습니까?" 고객에게 신체 감각을 탐구하도록 요청하면 훨씬 더 깊이 인식하게 된다.

많은 코치가 인지적이고 합리적 사고에 초점을 맞추고 있으나, 신체 감각에 대한 더 큰 인식은 새로운 데이터와 통찰력을 가져와서 변화의 문이 열리게 된다.

도구 및 기법

의자 기법 chairwork

의자 기법은 게슈탈트에서 가장 잘 알려진 방법이며, 현재는 다른 접근 방식에서도 널리 사용되며, 때로는 '지각적 위치 perceptual positions' 또는 '빈 의자 empty chair'라고도 불린다. 이 접근법은 다양한 상황에서 고객과 함께 사용할 수 있지만, 고객이 주제에 대한 입장이 강할 때 특히 잘 작동한다. 이때 다른 사람들은 같은 사건에 대해 관점이나 해석을 갖고 있을 수 있다. 특히 직장에서 갈등을 겪는 고객에게 효과적이다.

코치는 고객 가까이에 빈 의자를 놓고 충돌하는 사람이 이 의자에 앉아 있다고 상상하도록 초대하는 것으로 시작한다. 고객이 관계에 대한 배경 지식을 제공하고 각 당사자가 어떻게 느끼는지, 그리고 그들 사이에 최근 일어난 일을 제공하는 것이 도움이 된다. 전형적 하루 typical day 기법은 관계와 특별한 상호작용을 이해하는 데 도움이 되며, 의자 기법을 위한 준비 단계로 유용하다. 여기에는 한 사람과 함께 일하거나 함께 있을 때 보내게 되는 일반적인 하루를 되도록 자세히 설명하도록 고객을 초대하는 것이 포함된다. 요약 수준으로 이야기를 빠르게 설명하는 것이 아니라 세부 사항에 집중하는 것이 중요하다.

빈 의자로 돌아가서 코치는 고객에게 '그 사람을 방으로 데려오도록' 초대한다. 그 사람이 어떻게 생겼는지, 무엇을 입고 있을지, 어떤 냄새가 있는지, 어떻게 앉는지, 어떻게 움직이는지, 되도록 생생하게 설명하게 한다. 다음 단계는 고객이 다른 사람에게 말하도록 초대하는 것이다. 원하는 것, 필요한 것은 무엇이든 말할 수 있고, 어떤 식으로든 이야기할 수 있도록 한다. 고객에게 기밀 유지 조항을 상기시키고 그들이 원하는 것을 아무 부담 없이 말할 수 있다고 상기시키면 도움이 된다.

고객은 몇 분 또는 그 이상 말할 수 있다. 이것은 그들의 의견에 대한 차분한 설명이거나 감정의 급류일 수 있다. 몰입 정도engagement는 고객의 스타일과 그들과 다른 사람 사이의 숨겨진 관계에 달려 있다.

대화가 끝나고 침묵이 이어지면, 코치는 "무엇을 더 말하고 싶습니까?"라고 이어갈 수 있다. 코치는 고객이 다른 사람과 대화하려는 모든 것을 완료했음을 알 때까지 이를 반복할 수 있다. 일부 고객에게 이것은 쌓인 긴장과 그들이 말하고 싶었던 것을 풀어주는 카타르시스 경험이 될 수 있다. 그런 다음 코치는 이 단계에서 잠시 멈추고 고객이 다른 사람에 대해 어떻게 느끼는지 성찰하도록 초대할 수 있다. 이 탐색은 다시 몇 분 또는 30분 정도 걸릴 수 있다.

다음 단계는 고객이 다른 사람의 의자에 앉도록 초대하는 것이다. 고객이 다른 사람의 자세와 스타일에 대해 생각하면 도움이 된다. 고객에게 다음 사항을 성찰해보도록 요청한다: 그들은 무엇을 봅니까? 그들은 어떻게 느끼는가? 그들은 무엇을 듣습니까? 방금 들은 것에 대해 그들은 무엇을 말할 수 있나요? 이 부분은 짧게 진행되는 경향이 있지만 고객이 다른 관점에서 세상을 볼 수 있다는 점에서 마찬가지로 강력할 수 있다. 고객이 자신의 이름을 사용하면서 빈 의자를 자기 자신이라고 언급하고 가능한 오랫동안 역할을 유지하면 도움이 된다.

세 번째이자, 선택적인 단계는, 고객이 두 의자에서 멀어지고 관계에서 어느 정도 떨어진 외부에 서서 새로운 관점을 갖도록 초대하는 것이다. 이 새로운 관점을 관계 외부에 있고 관계에서 독립적인 사람으로 설명한다. 일부 고객은 자신의 관점을 공유하는 사람을 선택하기를 원하기 때문에 독립성이 중요하며, 이는 고객의 전체적인 이해를 넓히는 데 거의 도움이 되지 않는다. 이 위치는 세 번째 관점을 제공한다. 어떤 경우에 이 관점(사람)은 견해를 갖고 있지 않고 문제가 있다는 인식조차 하지 못한다. 이러한 인식 부족은 그 자체로 흥미로울 수 있으며 더 큰 그림에 대한 통찰력을 제공한다.

마지막 단계는 고객이 원래 의자로 돌아가서 다른 관점을 반영하도록 요청하는 것이다. 이러한 관점들은 전체에 대해 무엇을 말합니까? 그들은 어떻게 앞으로 나아가고 싶어 할까요? 경우에 따라 의자한테 다시 말할 기회를 주는 것이 도움이 될 수 있다. 이슈를 진척시키기 위한 방법으로 상대방에게 말할 수 있는 내용을 연기하거나 리허설해본다.

이 접근 방식은 특히 직장 내 갈등 상황에서 효과적이다. 고객이 관계 문제를 겪을 때도 유용하다. 이 접근 방식은 고객에게 더 넓은 관점을 제공하고 다른 사람에 대한 자신의 주관적 경험과 인식의 본질을 바꾸는 '경험'(빈 의자에 대고 이야기하는 것)을 제공한다.

[Box 18.1] 의자 기법에서 유용한 질문

1. X에게 무엇을 말하고 싶습니까?
2. 또 어떤 말을 하고 싶습니까?
3. 이제 당신이 X라고 상상해보세요. 그 사람이 앉은 것처럼 의자에 앉으세요. 말하는 방식과 사용하는 단어들을 생각해보세요. 이제 X는 대답으로 무엇을 말할까요?
4. 그들은 또 뭐라고 말할까요?
5. 이제 우리가 방의 다른 쪽으로 이동한다고 상상하고, 우리가 관계 밖에서 있는 독립적이고 약간 양가적인ambivalent 제3자(Y)라고 상상해보십시오. 이 사람이 두 분에게 뭐라고 말할까요?
6. 그들은 또 뭐라고 말할까요?
7. 원래 의자로 돌아가서 X가 된 기분이 어떻습니까?
8. X가 그렇게 느끼는 이유는 무엇입니까?
9. 방 건너편의 관점을 생각할 때, 외부 사람들은 상황에 대해 어떻게 느낄 수 있습니까?
10. 말씀하신 내용과 이러한 다른 감정들을 되돌아보면, 이제 이 상황을 어떻게 이해하고 있습니까?
11. 다음엔 뭘 하고 싶으세요?
12. 방금 말씀하신 내용을 바탕으로 몇 마디 말씀해 주시겠습니까? X가 지금 당신 앞에 앉아 있다고 상상해보십시오.

마무리

게슈탈트는 고객이 전체를 더 잘 이해하려고 시도할 때 다른 관점을 고려하도록 초대하는 데 도움이 되는 귀중한 추가적인 심리적 관점이다. 의자 기법을 통해 고객이 새로운 관점을 얻을 수 있도록 돕는다. 대인 관계 갈등을 해결하고 직장 관계의 향상을 지원하는 데 매우 소중하다. 전반적으로 합리적인 접근 방식이 효과가 없거나 고객 또는 당면한 이슈에 적합하지 않은 경우 고객에게 실질적인 도움이 될 수 있다.

19장.
솔루션 중심 접근 방식과 OSKAR 모델

도입

행동 변화에 대한 다른 많은 심리적 접근 방식이 문제에 초점을 맞추고 있지만, 솔루션 중심 접근 방식은 이러한 사고 방식에 도전한다. 이 접근법은 문제 분석을 피하고, 그 대신 해결책을 확인하는 데 초점을 맞추도록 장려하는 해결 중심 단기 치료brief solution focused theraphy에서 유래했다. 이 책에 설명된 다른 많은 접근 방식과 마찬가지로 솔루션 중심 코칭은 치료에서 코칭으로 옮겨왔지만, 그 미래 지향과 솔루션 초점으로 인해 치료에서 코칭으로 쉽게 전환할 수 있었다. 이 장에서는 이 모델에 대해서, 그리고 OSKAR 프레임워크를 통해 이 모델을 코칭에 적용하는 방법을 간략하게 살펴보겠다.

솔루션 중심 모델

솔루션 중심 접근 방식은 미국 밀워키의 단기 가족 치료 센터Brief Family Therapy Center의 스티브 드셰이저Steve de Shazer, 김인수Insoo Kim Berg 및 이본 돌란 Yvonne Dolan의 작업에서 시작되었다. 밀워키 상담 팀은 더 많은 고객이 서비스에 접근할 수 있도록 하여 더 많은 영향을 미칠 수 있는 방법에 관심이 있었다. 그들은 상담 세션 수를 줄이고 각 세션의 강도를 높이는 아이디어를 찾고 있었다. 약 20년 동안 이 팀은 고객의 일에 가장 유용한 것이 무엇인지 파악했다. 이로 인해 솔루션 중심 단기 상담이 개발되었다. 순수 형식일 때 이 접근법은 내담자가 과거의 실패에 대해 이야기하는 것은 막고 미래의 행동에 집중하는 3회차 50분 치료 세션으로 진행된다. 밀워키팀의 연구 평가에 따르면 성공률은 86%로, 6~18개월에 걸쳐 30~60회 실시된 다른 세션들의 결과와 유사하다(de Shazer, 1991).

솔루션 중심 코칭은 잘못된 것이 아닌 올바로 할 수 있는 것에, 그리고 바람직하다고 여겨지는 것 대신에 달성할 수 있는 것에 집중하도록 고객들을 도울 수 있다.

이 '전향적인forward oriented 솔루션 접근 방식'은 대부분 다른 심리적 접근 방식과 대조된다. 전통적인 접근 방식은 개인이 과거를 되돌아보도록 장려하는 것이었다. 문제를 이해하는 데 초점을 맞추고 그 원인 탐색을 사건의 계기trigger와 신념에 대한 이해를 통해(인지행동 접근), 거부 및 방어 전략의 이해를 통해(정신역동적 접근), 고객과 협력적이고 비판단적인 관계 내에서 자신의 생각을 성찰하고 공유할 수있는 공간을 제공하고자(인간 중심) 했다.

솔루션 중심의 현장 전문가들은 문제 지향이 비난, 저항 및 갈등으로 이어질 가능성이 더 크다고 주장한다. 해결책에 초점을 맞추는 것은 과거의 문제가 공통 목표에 도달하려는 의지로 극복되는 협업 환경을 만드는 데 훨씬 더 적합하다. 이 관점은 코칭의 연구 증거에 의해 뒷받침되며, 솔루션 중심 질문이 문제 중심 질문보다 더 효과적임을 확인했다(Grant & Gerrard, 2020).

솔루션 중심 접근 방식의 기본 원칙은 고객이 문제를 분석하고 해결하는 대신 솔루션을 식별하고 설계하도록 돕는 것이므로, 코치는 미래에 집중해야 한다. 미래에 그들의 삶이 어떻게 달라지기를 바라는지에 대한 고객의 생각notion에 주의를 기울인다. 코치는 또 고객이 전문가임을 신뢰해야 한다. 그들은 코치가 올바른 솔루션이라고 생각할 수 있는 것과는 반대로 최상의 자기 솔루션을 찾을 수 있다. 또 코치가 고객이 자신의 강점과 자원에 집중하도록 격려하고, 그들이 최선을 다했을 때 과거에 문제를 어떻게 해결했는지 성찰하고 생각하도록 하는 것도 도움이 된다. 마지막으로, 바람직한 결과를 확인한 코치는 고객이 현실 세계에서 기적을 향한 진전이 작은 발걸음들small steps로 인해 달성된다는 것을 인식하도록 도와준다.

물론, 문제에 관해 이야기하는 것이 고객의 속을 후련하게 하거나 중요할 수 있지만, 코치의 기술은 고객이 접근 방식 내에서 흔히 '문제의 섬problem island'이라고 표시된 곳에서 '솔루션 섬solution island'으로 이동하도록 돕는 것이다. 코치의 목표는 고객이 목표를 달성하는 가장 간단하고 쉬운 경로를 식별하도록 돕는 것이다.

OSKAR 모델

OSKAR 모델은 솔루션 중심의 코칭 대화를 구성하는 데 사용할 수 있는 프레임워크다(Jackson & McKergow, 2007). 이 모델은 앞서 나왔던 GROW와 유사하며 영문 약자를 계단 손잡이handrail와 같이 제공하여 코치가 대화를 구성하고 궤도에 머무르도록stay on track 도와준다.

이 모델은 수치화scaling를 포함하여 솔루션 중심 접근 방식에서 일반적으로 사용되는 여러 도구를 통합한다. 일반적으로 사용되는 다른 도구들은 이 책의 기법 부분에도 나오는 기적 질문miracle question이다.

[Box 19.1] OSKAR 모델에서의 유용한 질문

1. 결과물Outcome:
   - 이 코칭의 목적은 무엇입니까?
   - 오늘 달성하고 싶은 것은 무엇입니까?
   - 성공이란 어떤 모습일까요?

2. 수치화Scaling:
   - 0~10의 척도에서 0은 최악의 상황을 나타내고 10은 선호하는 미래를 나타냅니다. 오늘 상황을 어디에 두겠습니까?
   - 당신은 지금 N에 있습니다. 여기까지 가기 위해 무엇을 했습니까?
   - N + 1에 도달한다면 그것을 어떻게 알 수 있습니까?

3. 노하우 및 자원Know-how and resources:
   - 0이 아닌 N에 있는데 도움이 되었던 것은 무엇입니까?
   - 이 결과물을 조금/잠깐이라도 볼 수 있었다면 언제였나요?
   - 그렇게 되기 위해 무엇을 했습니까? 그것을 어떻게 했습니까?

4. 긍정과 행동Affirm and action:
   - 이미 잘 되고 있는 것은 무엇입니까?
   - 다음 단계는 무엇입니까?
   - 당신은 지금 N에 있습니다. N +1에 도달하려면 무엇이 필요할까요?
   - N +1로 이동하기 위해 또 무엇을 할 수 있습니까?

5. 검토Review:
   - 무엇이 더 낫습니까?
   - 변화를 일으키기 위해 하신 일이 무엇입니까?
   - 변화는 어떤 영향을 미쳤습니까?
   - 무엇이 바뀔 것이라고 생각하십니까?

도구

솔루션 중심 접근 방식은 매우 간단하지만 실행하기가 더 어려울 수 있다 (Grant, 2016). 코치는 보통 자주 사용되는 아래 도구 목록을 활용한다.

솔루션에 대한 배타적인exclusive 초점: 코치는 문제점에 대한 토론에 빠져드는 것을 피한다. 그들은 해결책에 대한 힌트가 있을 때까지 듣고 이것을 요소element로 사용하여 대화를 진전시킨다. 이것은 세션이 치료 또는 과거에 초점을 맞추는 것을 방지한다.

명백한 목표explicit goal: 코치는 모든 대화가 처음부터 분명한 성공 척도와 함께 명확한 목표를 갖도록 한다.

수치화scaling: 코치는 코칭을 사용하여 고객이 자신의 경험을 성찰하고 평가하도록 돕는다. 여기에는 고객에게 목표 달성에 얼마나 근접했는지 평가하도록 요청하는 것이 포함될 수 있다. "1에서 10까지의 척도에서 10은 완벽하게 해결된 상태이고 1은 최악의 상태입니다. 당신은 어디에 있습니까?" 또는 목표를 명확히 하는 데에도 사용할 수 있다. "6점은 어떤 모습입니까? 당신이 거기에 있다는 것을 어떻게 알았습니까?" 또는 작은 발걸음small steps이라도 계획하라. "6.5점이라면 무엇이 달라질까요?"

예외exceptions: 상황이 아무리 나쁘더라도 일반적으로 일이 잘 되거나 적어도 그렇게 나쁘지 않은 때가 있을 것이다. 코치는 고객이 그러한 시간에 집중하도록 초대하고 앞으로 나아가기 위해 고객의 생각을 더 긍정적인 방향으로 전환한다. "팀이 작업을 잘 수행했던 때에 대해 알려주세요."

"효과가 있는 일을 더 하십시오Do more of what works.": 일단 문제가 덜 두드러지는 시기를 고객이 식별하면, 이 상황의 요인들을 확인할 수 있게 되고, 효과가 없는 것들을 줄인다는 전제 하에 고객이 이를 더 많이 수행하도록 장려한다.

확인affirming: 코치는 진정으로 긍정적 피드백을 하여 고객을 인정하고 확인하는 방법을 찾는다. 코치는 '제대로 하고 있는 고객의 모습을 포착하는 것'을 목표로 하고 이에 대한 성찰을 나눈다. 이러한 피드백은 고객이 자존감과 자신감을 키우는 데 도움이 될 수 있다.

이것은 실제 코칭 대화를 위한 더 상세한 프레임워크에 통합될 수 있다.

재구성reframing: 코치는 대화 중에 고객이 생각을 재구성하여 더 많은 가능성을 열고 고객이 사용할 수 있는 자원으로 이끌도록 도울 수 있다.

고객: "내 일이 정말 싫어요."
코치: "정말 불쾌한 것 같네요. 업무 중 어느 부분이 가장 불쾌한지 알

려주세요."

기적 질문: 이 기법은 솔루션 중심 접근 방식과 가장 일반적으로 관련이 있지만 여러 변형이 있다. 드쉐이저de Shazer(1989)가 개발한 고전적인 질문은 고객이 하룻밤 사이의 기적에 대해 생각하도록 초대했다. "많은 사람에게 도움이 되었던 이상한 질문을 하겠습니다. 오늘 밤 잠자리에 들 때 기적이 일어나고 이 역할에서 겪었던 모든 어려움이 사라진다고 상상해보십시오. 당신은 잠 들어 있으므로 기적이 일어났다는 것을 모릅니다. 아침에 일어났을 때 기적이 일어났다는 첫 신호는 무엇입니까?" 다음으로 이어나갈 수 있다: "그렇게 된다면 당신은 무엇을 보게 될까요?"

그러나 아들러Adler와 에릭슨Erikson은 모두 자신의 저서에서 이 질문의 원형을 개발했으며 이는 당신의 고객과 그들의 관점에 따라 질문의 기초를 제공할 수 있다. "모든 문제가 해결되면 무엇이 달라지겠습니까?"(아들러의 기본 질문으로 알려짐)(Adler, 1925) 또는 "수정 구슬이 있고 미래를 내다본다면 무슨 일이 일어났는지 설명해주세요."(에릭슨의 수정 구슬 기법으로 알려짐)(Erickson, 1980)

이러한 모든 이유로 솔루션 중심 접근 방식은 코칭 및 ICF 역량들과 잘 맞는다. [Box 19.2]에서는 솔루션 중심의 코칭과 이러한 질문들 가운데 일부가 어떻게 어울리는지에 관한 설명이 나온다.

[Box 19.2] 솔루션 중심 코칭의 예

1. 문제 확인/검증
"이것은 직장에서 상당한 스트레스를 유발하는 실제 문제처럼 들립니다."

2. 칭찬과 긍정
"당신이 이것에 잘 대처하고 있으며 여전히 대부분 목표를 달성하기 위해 어떻게든 해내고 있다고 말한 것으로 봐서요."

3. 예외:
"팀의 이슈에 영향을 미치는 문제들이 제법 있는 것 같습니다. 팀이 함께 잘 했던 때에 대해 말씀해주세요."

4. 재구성 :
"고객님이 팀의 약점을 볼 수 있다는 점이 좋습니다. 팀의 강점에 대해 알려주세요."

5. 기적 질문 :
"많은 사람이 도움받았던 이상한 질문을 하나 하겠습니다: 오늘 밤 잠자리에 들 때 기적이 일어나고 이 역할에서 겪었던 모든 어려움이 사라진다고 상상해보십시오. 당신은 잠 들어 있으므로 기적이 일어났다는 것을 모릅니다. 아침에 일어났을 때 기적이 일어났다는 첫 신호는 무엇입니까?"
"그렇다면 당신은 무엇을 보게 될까요?"

6. 목표 수치화:
"1에서 10까지의 척도에서 1은 완전한 역기능 상태이고, 10은 모든 목표를 달성하는 고성과 팀입니다. 지금 어디쯤 계십니까?"
"더 높은 점수를 주려면 무엇이 바뀌어야 합니까?"

마무리

솔루션 중심 접근 방식은 시간이 제한되어 있을 때 빠른 변화를 가져올 필요가 있는 코치에게 유용한 모델이다. 문제가 아닌 해결책solution에 초점을 맞추면 긍정적 효과에 대한 고객의 자기 평가를 높이게 되고, 자기 효능감을 높이고, 부정적인 감정을 줄이며, 더 많은 실행 계획을 만들 수 있다.

20장.
시스템 접근 방식과 힘의 장場 모델

도입

"시스템은 구성 요소들이 '잘 들어맞는' 인식된 전체인데, 이 요소들은 시간이 흘러감에 따라 지속해서 서로 영향을 미치고 공통의 목적을 향해 작동한다." Senge et al. (1994)

시스템 접근 방식은 고객의 관심 범위가 즉각적인 목표를 넘어서 확장될 수 있는 방법을 설명하고, 고객의 역할, 팀, 조직, 산업 부문, 경제 부문, 심지어 국가, 문화 및 역사적 배경과 같은 요소를 포함하도록 확장할 수 있다. 이러한 요소들에 대한 어느 정도의 이해와 민감함을 갖는 것은 고객이 특수하고 고유한 상황에 있음을 인식하는 데 유용하다. 이러한 요소들은 자신과 다른 사람의 행동에 영향을 미치는 '힘'으로 간주될 수 있다. 이러한 힘을 이해함으로써 고객은 자신이 통제할 수 있는 요소를 인식하고 관리할 수 있으며, 때로는 자신과 다른 사람이 통제할 수 없는 더 넓은 시스템의 일부일 뿐임을 인식하고 이해하는 방법을 배울 수 있다.

시스템 접근

시스템 접근 방식은 1970년대 '소프트 시스템'과 시스템 내에서 일하던 관리자들이 직면했던 도전에 관심이 있던 영국인 학자 피터 체크랜드Peter Checkland와 같은 저자들의 작업으로 거슬러 올라갈 수 있다. 소프트 시스템 방법론soft systems methodology(SSM)은 이전 시스템 엔지니어링 접근 방식에서 개발되었으며, 주요 용도는 복잡한 상황의 분석이었는데, 여기에는 문제의 정의와 가능한 솔루션에 관한 다양한 견해가 존재했다. '의료 서비스 제공을 개선하는 방법' 또는 '청소년의 노숙 문제를 해결하는 방법'과 같은 상황들이 '소프트한 문제'의 예가 될 수 있다. 즉 해결해야 할 특정 문제가 금방 명확해지지 않거나 완전히 합의되지 않는 복잡한 상황들을 의미한다. 따라서 소프트 시스템 방법론 접근 방식은 선형적인linear 형태의 문제 해결보다는 상황에 대한 시스템적인 고려 사항을 탐색하려고 한다.

최근 들어 몇 명의 연구자들이 다양한 관점에서 시스템 사고systems thinking를 탐구했다. 오슈리Oshry(2007)는 조직 시스템과 다양한 캐릭터들이 하게 되는 역할을 조사하면서 이와 같은 많은 아이디어가 살아나게 했다. 극작가이자 컨설턴트이자 작가로서 그는 이러한 캐릭터들 가운데 일부를 다음과 같이 설명했다: 천정tops, 중간middles, 바닥bottoms 및 고객customers. 그는 많은 사람이 때로는 동시에 그러나 서로 다른 관계 속에서, 때로는 경력을 쌓으며 시간이 지남에 따라 서로 다른 역할을 수행하는 데에 주목했다. 중요한 점은 특정 역할의 수행과 관련하여 특정 공통 과제challenges와 주제를 식별할 수 있다는 것이다.

천정은 전체 조직, 부서, 프로젝트 팀 또는 교실 등 무엇이든지 그 안에서의 행동에 대해 책임(의무)을 지정했다. 그들은 일반적으로 비전을 구현하는 임무를 맡는다. 그들은 모든 책임이 있지만 아무도 그들이 요구하는대로 하지 않는다고 느낀다. 그들은 다른 사람들이 듣지 않고, 무시하고, 결과적으로 소외되었다고 느낄 수 있다. 바닥은 일반적으로 작업을 수행하는 임무가 부여된 팀 내부에 장착되어embedded 있으며, 윗선higher ups에서 주의를 기울이고 정보를 제공해야 한다고 생각하지만 정작 윗선에서는 그렇게 하지 못한다. 그들은 더 폭넓은 소통과 더 넓은 조직에서 일어나는 일에서 벗어나 어둠 속에 있는 것처럼 느낀다. 중간은 모든 면에서 상충되는 요구를 경험한다. 바닥은 자원과 정보를 요구하고 천정은 실행을 요구한다. 중간은 두 그룹을 모두 만족시킬 수 없다고 느끼며, 전달delivery과 목표 달성의 균형을 맞추기 위해 고전한다. 이러한 전달을 성취하기 위해서는 교육, 자원 및 정보 등이 필요하다. 마지막으로, 고객customers은 앞으로 나아가기 위해 제품이나 서비스를 제공할 다른 사람을 찾지만 '시스템'에 의해 계속 실망감을 느낀다.

이 작업의 원칙은 가장 복잡한 다단계 다기능 조직에서도 우리 각자가 천정/중간/바닥/고객 조건들을 넘나들며 지속해서 이동한다는 것이다. 이러한 각 조건에서 전체 시스템 전력system power에 기여할 고유한 기회가 있다. 그리고 각각에는 우리가 그러한 기여를 하지 못하게 하는 함정이 있다.

코칭의 시스템 접근

코칭의 시스템 접근 방식은 고객과 작업할 때 강력한 추가 관심 범위와 고려 사항을 제공한다. 이를 위해 존 휘팅턴John Whittington(2012)과 같은 저자는 컨스텔레이션constellations과 같은 일대일 대화에 사용하기에 적합한 접근 방식을 개발했으며 다른 저자는 체계적인 팀 코칭 접근 방식에 집중했다(Hawkins, 2017, 2018). 이러한 접근 방식은 고객이 자신이 속한 상황과 시스템을 탐색하여 코칭 목표를 고려하고 이를 달성하는 데 도움이 된다.

도입에서 언급했듯이 코칭에서 시스템 개념은 고객의 역할, 팀, 조직, 산업 부문, 경제 부문, 심지어 국가, 문화 및 역사적 배경과 같은 영역을 고려하는 것을 포함할 수 있다. 이러한 각 측면은 법, 규제 등의 제약과 같은 명시적인 '규칙' 또는 단순히 조직의 문화와 같이 '여기서 우리가 하는 일'을 암시하거나 부과impose할 수 있다. 휘팅턴의 접근 방식은 고객에게 잠재적으로 복잡한 상황이나 주제가 될 수 있는 것을 이해하고 탐색할 수 있는 복잡하지 않은 경로 또는 방법을 찾게 한다. 이는 고객 시스템의 핵심 구성 요소를 확인하고 컨스텔레이션을 만들어냄으로써 수행된다.

모든 컨스텔레이션의 첫 번째 단계는 매핑mapping이다. 매핑을 통해 고객은 시스템 수준 정보에 접근할 수 있으며, 해당 시스템에서 자신의 위치를 보고 이해할 수 있다. 매핑 프로세스를 통해 말을 넘어선 것들이 분명히 표현될 수 있다. 또 고객은 옵션과 아이디어를 테스트하여 자기 자신, 목표 및 시스템 자체에 미칠 영향을 탐색함으로써 한 단계 더 나아갈 수 있다. 일단 매핑되면 코치는 고객과 네트워크를 포함한 다양한 부분 또는 캐릭터와 프로젝트, 역할 및 문화와 같은 비인간적 독립체 사이의 관계를 탐색하도록 고객을 초대할 수 있다.

이 탐구를 통해 내재적이고 무의식적인 것이 표면화되고 의식되며 더 완전히 이해될 수 있다. 물리적 표현physical representation을 만들어냄으로써 코칭 대화는 새롭고 역동적인 방식으로 이루어지고, 고객이 해당 시스템 내에서 그 시스템과 자신을 관리하는 방식에 대한 계획을 수립하도록 도울 수 있다. 시스템 코칭에 대한 컨스텔레이션 접근 방식은 일대일 고객과의 작업에만 유용한 것은 아니다. 컨스텔레이션을 만들고 개발하는 것은 팀 및 그룹과 함께 작업할 수 있는 강력한 방법으로, 더 효과적인 작업과 관계를 제공하는 팀과 그룹 역동, 패턴과 프로세스를 비춰본다.

피터 호킨스Peter Hawkins는 코칭 개념으로 팀 개발에 기여할 수 있는 방법을 대중화했다. 호킨스는 팀 코칭이 개인 코칭 및 컨설팅과 스포츠 코칭의 영감을 결합한다고 제안한다. 높은 수준의 스포츠 팀은 대응responses을 연습하여 스트레스가 많은 순간에 즉시 대응하므로 개인의 집합이 아닌 팀으로 실행한다. 점점 더 복잡해지는 비즈니스와 조직 세계에서 리더십 팀은 부서별, 전문 분야와 지리적 경계를 넘나들며 협력해야 한다. 그들은 또한 이미 언급된 다른 시스템적인 '렌즈'와 경쟁하고 탐색해야 한다. 결과적으로 높은 성과를 내는 팀을 개발하기 위해 리더는 7가지 과제를 해결해야 한다.

1. 다양한 구성 요소의 요구 사항들 사이에서 균형 잡기
2. 전술적 작업 및 전략 처리
3. 갈등 대처
4. 여러 모자 쓰기(여러 역할 감당하기)
5. 관점 개발
6. (같은 사무실에서 근무하지 않는) 버추얼 직원 관리
7. 부품보다는 연결에 우선순위

이 마지막 포인트는 팀 내 개별 구성원들의 작업보다 팀의 행동에 더 중점을 두는 팀 코칭 개념을 포함한다. 따라서 팀 코칭은 일대다one-to-many 프로세스라기보다는 코치 한 명에 팀 하나인 여전히 일대일 프로세스다.

호킨스는 리더십 팀 코칭에서 코치가 8가지 기술을 효과적으로 적용해야 한다고 주장한다.

> **[Box 20.1] 호킨스: 리더십 팀 코칭의 8 가지 기술**
>
> 1. **스토밍**storming – 코치는 팀원들이 함께 일하는 법을 배움과 함께 팀을 지원한다.
> 2. **팀 구축 또는 구성**team building or norming – 코치와 팀은 사명과 목표에 중점을 둔다.
> 3. **팀 촉진**team facilitation – 팀원 한 명이 프로세스를 담당하게 되어 다른 팀원들은 작업에 집중할 수 있다.
> 4. **팀 프로세스 컨설팅**team process consultancy – 코치는 팀이 어떻게 협력하는지 관찰한다.
> 5. **팀 코칭** – 코치는 팀의 학습을 돕는다.
> 6. **리더십 팀 코칭** – 코치는 팀이 조직 구성원과 이해관계자에게 미치는 영향을 이해하는 데 도움을 준다.

7. **혁신적 리더십 팀 코칭** – 코치는 팀이 조직을 다른 모습incarnation으로 바꿀 수 있도록 도와준다. "한 CEO는 이를 선박을 재건하는 동시에 폭풍우가 치는 바다를 항해해야 하는 것과 같다고 묘사했다."
8. **시스템 팀 코칭** – 코치는 팀 성과를 향상하거나 떨어뜨리는 요소에 중점을 둔다.

이 마지막 스킬은 우리가 이미 참조한 조직적 요소를 직접적으로 설명하며, CID-CLEAR라는 팀 코칭 프로세스에 의해 뒷받침된다.

[Box 20.2] 호킨스의 CID-CLEAR 팀 코칭 프로세스

- **계약**Contracting 1 – 코치는 팀이 코칭을 이해하기 위해 초기 토론을 하고 모든 사람이 코치가 하는 일에 대해 함께하기로 합의한다.
- **문의**Inquiry – 이 데이터 수집 단계에서 코치는 팀이 어떻게 작동하는지 배운다.
- **진단 및 설계**Diagnosis & design – 코치는 처음 두 단계의 데이터를 분석한다.
- **계약**Contracting 2 – 코치와 팀은 코칭 프로세스에 대한 팀의 목표가 기술된 계약을 작성한다.
- **경청**Listening – 코치는 이전 단계에서 확인된 이슈들을 검토하고, 언어/비언어적 피드백에 대해 세심하게 듣는다.
- **탐색 및 실험**Explore & experiment – 코치와 팀은 확인된 이슈들을 해결하는 새로운 행동 방식을 구축한다.
- **실행**Action – 팀은 지식을 습득하고 'SMART(구체적, 측정 가능, 실행 가능, 현실적, 시기 적절)' 실행 단계를 활용하여 실생활에 적용한다.
- **검토**Review – 이 마지막 단계에서 코치와 팀은 프로세스가 어떻게 전개되었는지 검토하고 다음 단계에 대한 계획을 세운다.

리더십 팀은 조직의 과제와 프로세스, 내부 및 외부 문제의 교차점을 고려해야 한다. 이를 위해서는 다음 5가지 주기적 규율cyclical disciplines을 연습해야 하며 팀 코치가 이를 지원하는 데 중요한 역할을 할 수 있다.

1. **커미셔닝**commissioning: 팀 구성원들은 그룹의 목적을 정의하고 성공을 측정하는 방법을 설정한다. 커미셔닝 단계에서 팀을 지도하기 위해 코치는 조직 변혁 계획의 목표, 팀이 계획을 실행한 방법과 구성원이 결과에 대해 생각한 내용에 대한 데이터를 수집한다.
2. **명확화**clarifying: 팀은 사명, 목표, 가치 및 프로세스를 개발하고 정의한다. 이 단계에서 코치는 팀의 존재 이유, 조직이 집중하는 부분, 어떤 가치가 조직을 구성하는지, 팀이 되고자 하는 모습이 무엇인지를 검토해보도록 돕는다. 이 토론은 팀 구성원들이 팀 전체의 목표를 공유하고, 결과를 낼 수 있는 계획 수립을 하는 데 도움이 된다.
3. **공동 창출**co-creating: 팀은 팀 전체가 작동하는 방식을 모니터링하고 성과를 축하하며 오작동을 수정한다. 공동 창출 성취를 위해, 코치는 팀의 목표와 성공을 평가하는 데 사용하는 측정 방법을 살펴본다. 팀 코치는 회의를 관찰하거나 팀 구성원이 작업 결과를 처리하고 작업 궤도에 머물러 있도록 돕는다.
4. **연결**connecting: 팀은 각 구성원이 외부 이해관계자와 어떻게 연결되는지에 집중한다. 연결 단계에서 코치는 팀원들에게 조직 구성원들이 팀의 목표와 결과를 어떻게 인식하는지 외부를 볼 수 있도록 도와준다.
5. **핵심 학습**core-learning: 팀원은 자신의 성과를 평가하고 경험에서 교훈을 얻는다. 코치는 팀원들에게 자신들의 성과와 향후 변경할 수 있는

사항에 대해 피드백을 제공한다.

마지막으로 호킨스는 효과적인 팀 코치가 되기 위해서 최소한 다음의 9가지 역량을 개발할 것을 제안한다.

1. 자기 인식self-awareness
2. 자기 용이성self-ease
3. 파트너십 영역에 머무르기staying in the partnership zone
4. 적절한 권한, 존재감 및 영향appropriate authority, presence and impact
5. 교제relationship engagement
6. 격려encourage
7. 차이를 다루기working across difference
8. 윤리적 성숙도ethical maturity
9. 유머 감각과 겸손함a sense of humor and humility

힘의 장 모델force field model

시스템 사고에 기반을 두고 대부분 코치가 사용할 수 있는 모델 가운데 하나는 힘의 장 모델이다. 힘의 장([도형 20.1] 참고)은 고객이 작업 현장에서의 시스템적 힘systemic force을 고려하고 이를 관리하기 위한 계획을 개발하는 데 도움이 된다. 여기에는 고객에게 변화에 대한 힘(원하는 결과)과 변화에 저항하는 힘(원하는 결과)의 강도를 확인하여 나열하고 평가하도록 요청하는 것이 포함된다.

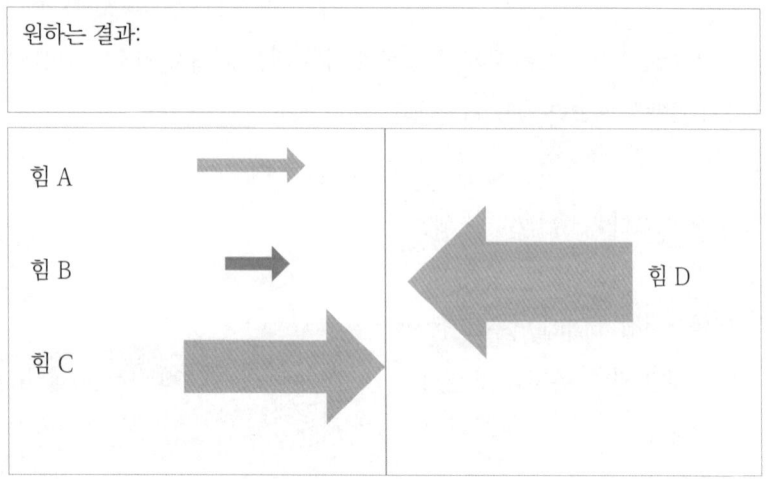

[도형 20.1] 힘의 장

이 모델은 커트 레윈Kurt Lewin의 연구와 변화를 위한 힘forces for change을 기반으로 둔다(Lewin & Dorwin, 1951). 이 모델은 고객이 시스템 내에서 변화를 추진하고 저항하는 힘에 대해 생각하도록 초대한다. 고객이 이러한 힘을 매핑하고 각 세력의 힘을 반영하고 핵심 세력을 관리, 완화 또는 확대하기 위해 취할 수 있는 조치를 고려하도록 한다.

1 단계: 원동력 확인 identify the drivers

이 단계에서는 명시된 목표에 대해 충분한 에너지와 지원이 있다는 확신을 얻고 그 에너지와 지원이 어디서 오는지 확인한다.

코치는 고객이 자기 목표를 설명하게 하고 나서 고객이 그 결과를 향한 진전을 이루는 데 도움이 될 '원동력'에 대해 생각하도록 권장하는 것으로 시작한다. 원동력은 목표를 지원하거나 올바른 방향으로 나아가도록 하는 모든 힘이다. 원동력은 (고객, 그들의 팀과 다른 사람들의) 헌신과 열정, 다른 이들의 로비 압력, 사건event 등이 될 수 있다.

결과를 위한 모든 '원동력'을 확인하는 것으로 시작한다. 예를 들어, 자신에게 다음과 같은 몇 가지 질문을 할 수도 있다.

- 이 변화가 나에게 어떤 차이를 만들까요? 나는 그것에서 무엇을 얻습니까?
- 조직은 무엇을 얻을 수 있습니까?
- 이러한 변화가 우리 팀원, 고객, 공급 업체, 주주 및 기타 이해관계자들에게 어떤 영향을 미칠까요?
- 그들에게는 어떤 이익이 있습니까? (예: 상사, 동료, 부하 직원, 가족 및 친구)
- 누가 나에게 이 변화를 원합니까? 어떤 이유로?
- 이 변화가 사람들 또는 조직이 추진하는 다른 변화와 맞아 떨어집니까?
- 내가 만들고 싶은 변화와 특히 관련된 사건event이 벌어집니까?
- 최근에 내가 이 변화를 만들어야 할 필요성을 뒷받침하는 일이 있었습니까?
- 나를 지원하고 투자하고, 내가 목표를 달성하도록 돕는 데 관심이 있는 사람들이 있습니까?

2단계: 저항자 확인 identify the resisters

원동력을 확인한 다음 단계는 '저항자'를 확인하는 것이다. 저항자는 목표 달성을 방해하는 사람, 감정, 사건 및 힘이다. 고객에게 모든 저항자를 나열하도록 초대한다. 다음은 이를 확인하는 데 도움이 되는 몇 가지 질문이다.

- 이 변화를 위해서는 어떤 희생이 필요합니까? 무엇을 포기해야 합니까? 비용은 얼마나 듭니까?
- 이 목표를 달성하려는 내 노력이 다른 사람들에게 어떤 부정적인 결과를 초래할까요? 그리고 내가 성공하면 결과적으로 무언가를 잃을 사람들이 있습니까?
- 내 변화의 '장애물'은 무엇이며, 그것들의 저항이나 무관심은 얼마나 강력할까요?
- 이 변경 사항이 사람 또는 조직이 수행하는 다른 변경 사항과 충돌합니까?
- 방해가 될 사건들이 있습니까?
- 왜 이전에 이렇게 변하지 않았습니까?
- 변화를 달성하는 데 필요한 자원이 있습니까?(시간, 기술, 지식, 지원)

3단계: 원동력과 저항자의 강도 평가 assess the strength of the drivers and resistors

이번 단계는 힘의 지도에 크기별로 매핑하는 것이다(지도에 대한 리소스

부분 참조). 선의 길이는 힘의 크기를 측정하는 데 사용할 수 있다.

4단계: 힘 관리 manage the forces

이 단계에서는 결과를 달성하는 데 도움이 되도록 이러한 힘을 관리, 완화 또는 확대하기 위해 고객이 할 수 있는 일이 무엇일지 물어본다. 차례로 각 힘에 대해 묻는다.

  이 프로세스의 결과물은 확인된 각 힘에 대한 행동 계획이다.

시스템 코칭과 ICF 핵심 역량 모델

ICF 핵심 역량 모델은 코칭에 대한 모든 접근 방식에 관련되고 적용 가능한 역량을 개략적으로 설명하지만, 시스템적인 고려 사항은 모델의 여러 측면에서 매우 명시적으로 참조된다.

기초 영역

- 역량 1: 윤리적 실천을 보여준다: 고객의 정체성, 환경, 경험, 가치 및 신념에 민감성을 가지고 대한다.
- 역량 2: 코칭 마인드셋을 구현한다: 자기 자신과 다른 사람들이 상황과 문화에 의해 영향 받을 수 있음을 인지하고 개방적 태도를 취한다.

관계의 공동 구축 영역

- 역량 4: 신뢰와 안전감을 조성한다: 고객의 정체성, 환경, 경험, 가치 및 신념 등의 맥락 안에서 고객을 이해하려고 노력한다.

효과적인 의사소통 영역

- 역량 6: 적극적으로 경청한다: 고객이 전달하는 것에 대한 이해를 높이기 위해 고객의 상황, 정체성, 환경, 경험, 가치 및 신념을 고려한다.
- 역량 7: 알아차림을 불러 일으킨다: 고객이 현재와 미래의 행동, 사고 또는 정서 패턴에 영향을 미치는 요인을 식별하도록 도와준다.

마무리

조직 내에서 일하는 고객의 경우 시스템 코칭 접근 방식을 통해 시스템 내에서 자신의 위치, 다른 사람과의 관계 및 목표 달성을 위해 이러한 관계를 관리하는 방법을 더 잘 이해할 수 있다. 일부 시스템적 주제와 과제는 명시적이고, 일부는 덜 명시적이어서, 코치의 역할은 고객이 시스템적 렌즈를 통해 목표와 상황을 볼 수 있도록 돕는 것이다. 이것은 무의식이었던 것을 더 의식적으로 인식하도록 하여 고객이 그들의 도전 가운데 일부가 시스템적 고려를 기반으로 둔다는 것을 인식하도록 도와준다. 변화는 때때로 시스템이 허용하는 것으로 제한될 수 있으며, 시스템적 접근 방식은 고객이 제어할 수 있는 것과 없는 것, 스스로 작업할 수 있는 영역과 그들이 운영하고 있는 시스템의 산물에 집중할 수 있도록 도와준다. 이런 식으로 코칭은 개인을 지원할 뿐만 아니라 동시에 시스템에 긍정적인 영향을 미칠 수 있는 자원을 활용한 전략resourceful strategies을 개발하는 데 더 쉽게 집중하고 목표를 설정할 수 있다. 이것은 때때로 코칭의 파급 효과ripple effect로도 알려져 있으며, 개인 코칭 뿐아니라 팀/그룹 코칭의 인기와 성공과 밀접한 관련이 있다.

21장.
정신역동 코칭과 전이

도입

> 심리 분석 컨설팅은 제시된 문제가 그저 하나의 증상일 수 있으며 흔히 실제 문제를 가리는 역할을 하는 이슈에 그칠 수 있다는 입장을 견지한다.
> (Czander, 1993)

정신역동심리학은 치료 환경에 뿌리를 두고 있으며, 인간의 행동, 감정 및 정서의 기초가 되는 심리적 힘에 초점을 맞춘 접근 방식이다. 특히 의식적 동기와 무의식적 동기 사이의 역동적인 관계에 중점을 둔다.

이 장에서는 정신역동이 의미하는 바와 이 접근 방식이 코칭 분야에 어떻게 적용될 수 있는지 살펴본다. 우리는 몇 가지 실용적인 정신역동 도구와 개념을 살펴보고, 코치들이 어떻게 ICF 핵심 역량 모델을 통해 고객과 함께 '실제 문제'를 탐색하고, 발견하고, 작업할 수 있는지도 알아볼 것이다.

'정신역동'은 무엇을 의미할까?

이에 대한 모호하지 않으며 오해의 소지가 없는 간결한 정의를 찾는 것은 놀라울 정도로 어렵다. 찬더Czander(1993)와 셰들러Shedler(2010)는 다음과 같은 정의를 제시한다. "정신역동 치료의 본질은 완전히 알려지지 않은 자기의 측면을 탐구하는 것으로, 특히 치료 관계에서 나타나고 잠재적으로 영향받는다."

인간의 마음에 대한 이러한 사고 방식은 20세기 말 프로이트Freud에서 시작되었으며 그 이후로 '정신역동'으로 알려진 치료 범위로 발전하고 진화했다.

코칭에 대한 정신역동 접근을 위한 증거 기반

한 방법론 검토 연구(Shedler, 2010)에서 정신역동 접근의 효과를 뒷받침하는 상당한 증거가 제시되었다. 정신역동 심리치료는 치료 자체가 완료된 뒤 장기적으로도 특히 효과적이다. 비슷한 방식으로, 임원코칭은 단기적인 증상을 해결하는 것이 아니라, 코칭 프로세스에 의존하지 않고 장기적이고 지속 가능한 능력을 구축하고 독립성을 증진하는 것을 목표로 한다.

셰들러의 연구 결과를 코칭 맥락에 유용하게 적용할 수 있는 몇 가지 핵심 원칙을 아래와 같이 소개한다.

담아주는 관계 containing relationship

정신역동 코치는 자신과 고객 사이의 관계에 대한 심리적 안전을 우선시한다. 여기에는 비밀 보장에 대한 명확성, 세션 빈도 및 규칙성, 만남에 대한 프라이버시 privacy of encounters와 같은 계약 측면이 포함된다. 그러나 이는 중요하면서도 실용적인 문제 이상이다. 고객과 코치 사이의 관계는 고객이 '토의가 불가능한' 것에 대해서도 논의하는 것이 안전하다고 느끼고 고객 자신의 취약성이 악용되지 않고 판단되지 않는다고 느껴야 한다. 간단히 말해서, 이 관계는 코치의 반응에 대한 두려움 없이, 제대로 형성되지 않은 생각과 수치스러운 감정까지도 담을 수 있는 믿을 만한 용기 container로 기능해야 한다.

자기 인식 self-awareness과 자기 결정 self-determination에 대한 강조

정신역동 코칭에서 길을 선도하는 것은 고객이다. 앞으로 일어날 일을 결정하는 것은 그들의 통찰력과 결정력이다. 그뿐만 아니라 자기 인식과 자기 결정 능력을 키우면, 이는 코칭 프로그램이 종료된 뒤에도 오래 지속할 수 있다(Sandler, 2016).

정신적 삶의 헤아릴 수 없는unfathomable 복잡성에 대한 존중

정신역동 코치는 자신과 고객이 참여하는 사업, 일enterprise을 통해 현재 고객의 내면에서 알려지지 않은 것을 더 많이 이해할 수 있다는 것을 안다. 코치는 이 내면의 세계를 엿볼 수 있지만 확실하게 알 수는 없다. 그들은 항상 잠정적으로 가설을 제공할 수 있으며, 항상 고객의 대답을 들을 준비가 되어 있다. 그들은 "나는 …일지 궁금합니다I wonder if…." 또는 "아마도 …이지 않을까 생각하고 있습니다I'm thinking perhaps….,"라고 말할 것이다. 코치는 고객의 생각에서 온갖 종류의 환상, 백일몽 및 명백하게 옆길로 샌 이야기apparent tangents를 탐구하고 열린 상태를 유지함으로써, 고객이 내면 세계를 훨씬 더 많이 인식하게 할 수 있다.

정서와 지능 탐구

회사 임원들이 정서적으로 보내는 삶의 많은 부분은 습관, 두려움, 수치심, 감정의 중요성과 확산prevalence을 부정하려는 다양한 문화적, 개별적 요인을 통해 사적인 영역으로 유지된다. 정신역동 코치는 변화를 가능하게 하는 것이 감정의 경험이라는 것을 알고, 고객의 생각에 투입하는 시간만큼 감정 탐구를 함께하는 데 시간을 할애할 것이다. 표현되지 않은 정서는 결코 죽지 않는다고 말할 수 있다. 그 정서는 산 채로 묻히고 나중에 추악한 방식으로 표출될 것이다. 고객이 자신의 행동을 유발하는 정서를 더 많이 인식함에 따라, 전과는 다르게 느끼기 시작하고 다르게 반응할 가능성이 있다.

고통스러운 생각과 감정을 피하기 위한 시도 탐색

현재 자신의 인식에서 벗어난 것에 대한 고객의 인식을 확장하기 위하여 정신역동 코치는 고통스러운 생각과 감정을 피하려는 고객의 습관에 관심을 갖는다. 고객이 피해왔던 생각과 감정을 인식하도록 코치가 권유할 수 있다면, 변화를 가져오는 정서적 통찰력 emotional insight 지점에 도달할 수 있다.

지금 여기 here and now 에 집중

정신역동 코치는 그들과 고객 사이에서 발전하는 관계의 패턴에 관심이 있다(전이 및 역전이). 이러한 패턴은 고객의 직업 생활에서 가장 다루기 힘든 관계에 대해 분명하게 밝힐 수 있는 잠재력이 있다. 예를 들어, 코치는 항상 정시에 세션에 도착하는데 고객이 항상 늦는 경우, 이는 고객의 삶 전반에서의 패턴으로 작동할 수 있다. 이 고객은 거절을 두려워해서 거절하는 사람으로 자신을 포지셔닝하는 것인가? 이 고객은 충분한 관심을 받지 못할까 봐 사람들이 그들을 기다리게 만드는 것인가? 안전하고 신뢰할 수 있는 관계로 고객이 미지의 것을 더 많이 인식할 수 있도록 하기 위해 이러한 행동을 탐구하는 것이다.

관계에 대한 강조

이러한 종류의 작업을 통해 정신역동 코치는 일반적으로 대인 관계에서 더 큰 유연성을 가질 가능성을 만든다. 고객이 현재 선택에 대한 동기와 영향을 인식할 뿐만 아니라, 코치와의 안전한 관계 내에서 새로운 관계 방식을 개발할 기회를 얻는다. 기업 임원들이 코칭에 가져오는 대부분 문제는 적어도 부분적으로는 대인 관계와 관련이 있으므로 정신역동 접근 방식을 활용했을 때 큰 도움이 될 수 있다.

멋진 드레스 파티 질문_{fancy dress party question}

멋진 드레스 파티는 관계를 탐구하는 데, 특히 고객의 의식적 인식_{conscious awareness}을 벗어난 측면을 풀기에 이상적이다.

> **[Box 21.1] 멋진 드레스 파티 질문**
>
> 코치는 고객에게 다른 사람과 멋진 드레스 파티에 가는 이미지를 떠올리도록 한다. 그들은 누구로서 파티에 가게 해야 할까? 그다음에는 파티에서 일어날 수 있는 일들과 함께 거기에 등장하는 인물들과 사건을 선택한 이유를 알아보는 질문이 이어질 수 있다.
>
> 자신의 선택을 성찰하며 이야기할 때, 그들이 다른 사람을 어떻게 보는지, 다른 사람과의 관계에서 자신을 어떻게 보는지, 그리고 펼쳐지는 이야기에 대한 흥미로운 통찰이 나타날 수 있다.
>
> 코칭 대화 세션은 이러한 통찰력과 관계의 측면, 관계를 재구성하는 방법 또는 더 나은 결과를 달성하기 위해 행동을 조정할 수 있는 방법에 대한 시사점들을 풀 수 있다.

반복되는 패턴과 주제 식별

정신역동 코치는 고객의 생각, 감정, 자기 개념, 관계, 행동 및 경험에서 반복되는 패턴과 주제를 식별하고 탐색한다. 어떤 경우에는 고객이 이러한 패턴을 잘 알고 있지만 피할 수 없다고 느낄 수 있다(예: 고객은 시간 관리가 관리자와 좋은 관계를 구축하는 데 중요한 측면이라는 것을 알고 있지만, 시도해봐도 도저히 정시에 도착할 수 없을 것처럼 보인다). 이 경우 코치는 고객의 해당 행동 패턴 이면(기저)에 무엇이 있는지, 고객과 관리자와의 관계에 대해 늦는 것은 무엇을 나타내는지 물을 수 있다. 어떤 경우에는 고객이 이 같은 패턴을 인식하지 못하고 있을 수 있으며 코치는 패턴을 인식하고 이해하도록 도와준다.

환상적인 삶fantasy life 탐험

정신역동 접근 방식을 사용하면 코칭 프로세스상에 고객의 희망, 욕망, 꿈 및 비전에 대한 탐구가 포함될 수 있다. 고객은 자유롭고 완전하게 나눔으로써 대안들과 가능성을 탐색할 수 있다. 이 접근 방식은 코칭 '기적' 질문에 비유할 수 있다. "만약 모든 것이 가능하다면 어떨까요?" 그리고 보야치스Boyatzis의 의도적 변화 이론intentional change theory(2008)과 '이상적인 자아' 발견과도 일맥상통한다.

   이러한 원칙들을 통합함으로써, 코칭 고객으로 나서는 사람이 이로 인해 당황하거나 도전을 받을 수 있다. 그들은 변화를 원한다. 그랬다가 그러지 않을 수도 있다. 외부 관찰자에게는 변화에 저항하는 것처럼 보일 수 있다. 코칭이 잘 시작되고 모든 것이 순조롭고 유익하게 한동안 진행되더라도, 갑자기 그들은 자신의 의도에 저항하고 이를 방해하는sabotage 것처럼 보일 수 있다. 바로 그 시점에 정신역동 사고의 통찰력이 고객에게 가장 유용할 수 있다. 즉각적인 인식을 포함하여 모든 생각과 감정에 대해 더 명확해짐으로써, 고객은 그들을 막았던 변화의 장벽을 제거하기 시작할 수 있다.

따라서 코칭의 정신역동 접근 방식은 이해와 변화를 가능하게 하는 과정에서 통찰력을 사용하여 고객에게 자기 발견의 큰 범위scope를 제공한다. 샌들러Sandler(2016)는 정신역동 코칭이 코치에게 다음과 같이 도움이 된다고 제안한다.

- '표면 아래'에 있는 생각과 정서를 포함하여 고객을 깊이 이해한다.
- 고객을 코칭 프로세스에 빠르게 참여시킬 수 있는 강력한 협력 관계를 구축한다.
- 일터에서 고객의 행동과 성과에 있어 중요하면서도 눈에 띄는 개선을 촉진한다.
- 고객이 압박을 받는 경우에도 효과적이고 숙련된 상태를 유지할 수 있도록 돕는다.

코칭에 유용한 정신역동 개념

코칭 맥락에서 관련성이 있고 활용할 만한 정신역동 이론에는 네 가지 특별한 개념이 있다.

투사 projection

투사는 의도치 않게 우리의 감정을 '행동화 act out'하는 경향이라고 정의할 수 있는데, 흔히 무의식적으로 우리가 가지고 있는 감정으로 다른 사람을 '감염'시킨다. 이 투사 행위는 흔히 방어 메커니즘으로 설명되는데, 우리의 에고는 (긍정적이거나 부정적인) 무의식적 특성이나 충동이 우리 자신 안에 존재하는 것을 부인하고 다른 사람에게 그 이유를 돌린다. 예를 들어, 리더는 자신의 역할에서 불확실성과 취약함을 느낄 수 있다. 그들은 이러한 감정을 스스로 부인하고 부하직원들 line report에 '투영'하여, 자신감, 의사 결정 및 자기 주장이 부족하다는 이유로 그들을 응징하고 맞선다. 이것이 코치로서 우리에게 의미하는 것은 고객의 존재에 대한 우리 자신의 감정이 고객의 내면에 대한 유용한 정보를 제공할 수 있다는 것이다. "내 것은 무엇이고 그들의 것은 무엇입니까?"라는 질문이 생각난다.

전이 transference

이것은 우리가 과거 또는 현재의 중요한 사람과 관련하여 가진 감정을 우리에게 상기시켜 주는 다른 사람에게 '전달'하려는 경향으로 설명될 수 있다. 예를 들어, 어머니가 우리를 실망시켰다면 우리는 일반적으로 여성에게 실망할 것으로 예상할 수 있다. 코칭에서 우리는 고객에게 그들의 형제, 자매, 이전 상사, 친구를 상기시킬 수 있으며, 이러한 공명 resonance은 마치 우리가 '다른 사람의 얼굴을 우리에게 댄다'와 같이 우리가 그 사람인 것처럼 반응하고 우리에게 참여하도록 이끌 수 있다. 당연히 이 과정은 코칭 관계에 긍정적이거나 부정적 영향을 미칠 수 있다. 시스템 내의 다른 개인들과 함께 고객에게 발생할 수 있고, 네트워크상에 있는 사람들과의 관계에 영향을 끼칠 수 있다.

역전이 countertransference

역전이는 전이에 반응하는 경향인데, 이는 의식적으로 인지하는 것이 아닌 우리가 갖게 되는 감정이다. 예를 들어, 누군가가 우리에게 실망할 것을 예상하고 있다면, 우리가 느끼는 것은 그들을 위해 모든 것을 완벽하게 해주려는 비정상적인 불안이다. 이것은 고객과의 관계에 있어서 정서적 혼란 entanglement 으로 생각할 수 있다. 이것이 코치로서 우리에게 의미하는 것은 우리가 우리의 감정에 주의를 기울여야 한다는 것이다. 역전이는 유용한 정보의 또 다른 원천이 될 수도 있고, 고객과 함께해야 하는 작업을 방해할 수도 있다. 우리가 여기에서 밝힌 예에서, 코치의 역전이는 불합리하게 요구하는 습관에 대해 코치가 도전하기보다는 고객의 모든 요구를 충족하고자 하는 방향으로 전개될 수 있다.

병렬 프로세스 parallel process

역전이와 무의식적인 정서적 혼란 emotional entanglement 및 두 당사자 사이의 식별 개념은 병렬 프로세스의 아이디어와도 연결되어 있다. 1955년 설르

Searle에 의해 처음 설명된 대로, 이는 고객이 코치와 관련된 방식으로 문제나 도전을 (무의식적으로) 재현하거나 '병렬'시킬 수 있는 것으로 설명된다. 이런 식으로, 고객이 코칭 세션에 가져오는 작업은 해당 세션에서 그 순간에 '행동화act out'된다. 예를 들어, 고객은 덜 지시적이고 팀에 더 많은 권한을 부여하는 방법에 대해 작업하고 있는데, 코치는 코칭 프로세스상 도움이 되는 이상으로 (잠재적인 무의식 상태에서) 고객을 끌고 가는 자신을 발견한다.

정신역동 접근 방식으로 작업할 때 코치의 역할은 고객이 모르는 것을 알 수 있도록 돕는 것이다. 조하리Johari의 창 모델(Luft & Ingham, 1955)을 살펴보는 것은 이를 설명하는 유용한 방법이 될 수 있다([그림 21.1] 참조). 정신역동 접근 방식에서 우리는 자신이 알지 못하는 면에 대해서 함께 일할 수 있다. 이 정보는 다른 사람에게 알려지거나 알려지지 않았을 수 있으며, 코치는 고객과 함께 탐색을 통해 생각과 감정에 대한 알려진 정보를 밝혀낸다. 이로 인해 코칭 관계에서 함께 해나가는 작업의 원천에 도달하는 데 도움이 된다. 사각지대blind spot의 경우, 코치의 역할 중 일부는 사각지대를 줄이기 위해 고객이 패턴이나 주제 등에 대해 알아 차린 내용을 관찰하여 '열린' 그리고 알려진 정보를 늘려가는 것이다. 이 탐색은 또한 고객에게 실제로 이미 알려져 있지만 다른 사람들에게는 숨겨져 있는 정보로 확장될 수 있으며, 여기서 코치는 해당 정보가 고객이 목표를 향해 나아갈 수 있기 위해 알려지는 것에 대해 편안하게 느낄 수 있도록 충분한 신뢰와 심리적 안전을 구축하려고 한다.

이것을 보는 또 다른 방법은 '밝혀진 문제'와 '진짜 문제'를 고려하는 것이다. 고객이 매일 저녁 늦게까지 일하기 때문에 시간 관리를 하고 싶

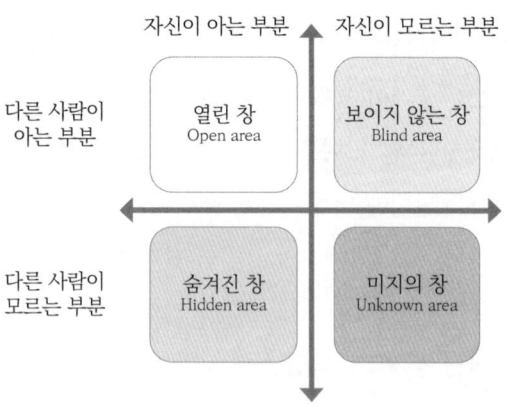

[그림 21.1] 조하리의 창

다고 말할 때, 이것이 하루 동안의 더 나은 조직화, 위임 및 우선순위 설정에 관한 사례일까? 아니면 그들이 자기 역할에 대한 불안감과 자신감 부족, 팀 내의 '약한 연결'을 느껴서 더 많은 것을 시도하고 배우거나 성취하기 위해 늦게 머무르는 것일 수 있을까? 코칭에서 정신역동 접근 방식을 취하는 것은 실제로 진행되는 일과 우리가 해야 할 실제 작업이 무엇인지 밝혀내는 데 도움이 될 수 있다.

반대로, 우리는 우리 자신의 신념과 가설을 확인하거나 강화하는 방식으로 정보를 검색, 해석, 선호 및 기억하는 경향인 '확증 편향'으로 흘러가지 않도록 주의해야 한다. 이런 식으로, 코치의 자기 인식과 자기 규제는 지속해서 개발, 점검, 도전해야 하는 중요한 특성이다. "내 것은 무엇이며 그들의 것은 무엇입니까?"라는 질문이 다시 떠오른다.

정신역동 원리와 ICF 핵심 역량 모델

정신역동 접근법의 많은 원칙을 ICF 핵심 역량 모델에서 찾을 수 있다. 예를 들면 다음과 같다.

역량 2: 코칭 마인드셋을 구현한다

- 선택에 대한 책임이 고객 자신에게 있음을 인정한다.
- 자기 자신과 다른 사람들이 상황과 문화에 의해 영향받을 수 있음을 인지하고 개방적 태도를 취한다.
- 고객의 유익을 위해 자신의 인식과 직관을 활용한다.
- 정서 조절 능력을 개발하고 유지한다.
- 정신적, 정서적으로 매 세션을 준비한다.
- 필요하면 외부 자원에서 도움을 구한다.

역량 3: 합의를 도출하고 유지한다

- 고객과 함께 코칭 세션에서 달성하려는 것을 찾거나 재확인한다.

역량 4: 신뢰와 안전감을 조성한다

- 고객의 정체성, 환경, 경험, 가치 및 신념 등의 맥락 안에서 고객을 이해하려고 노력한다.

- 고객에 대한 지지, 공감 및 관심을 보여준다.
- 고객이 자신의 감정, 인식, 관심, 신념, 및 제안하는 바를 그대로 표현하도록 인정하고 지원한다.

역량 5: 프레즌스를 유지한다

- 고객에게 집중하고 관찰하며 공감하고 적절하게 반응하는 것을 유지한다.
- 코칭 과정 내내 호기심을 보여준다.
- 코치가 알지 못함의 영역을 코칭할 때도 편안하게 임한다.
- 침묵, 멈춤, 성찰을 위한 공간을 만들거나 허용한다.

역량 6: 적극적으로 경청한다

- 고객이 소통한 것 이면에 무언가 더 있다고 생각될 때 이것을 인식하고 질문한다.
- 고객의 감정, 에너지 변화, 비언어적 신호 또는 기타 행동에 대해 주목하고, 알려주며 탐색한다.
- 고객이 전달하는 내용의 완전한 의미를 알아내기 위해 고객의 언어, 음성 및 신체 언어를 통합한다.
- 고객의 주제와 패턴을 분명히 알기 위해 세션 전반에 걸쳐 고객의 행동과 정서의 흐름trends에 주목한다.

역량 7: 알아차림을 불러 일으킨다

- 알아차림이나 통찰을 불러일으키기 위한 방법으로 고객에게 도전한다.
- 고객의 사고방식, 가치, 욕구 및 원함 그리고 신념 등 고객에 대하여 질문한다.
- 고객이 현재 생각을 뛰어넘어서 탐구하는 데 도움이 되는 질문을 한다.
- 고객이 이 순간에 경험하고 있는 것을 더 많이 공유하도록 초대한다.
- 고객이 현재와 미래의 행동, 사고 또는 감정 패턴에 영향을 미치는 요인을 식별하도록 도와준다.
- 고객이 새로운 학습을 할 수 있는 잠재력을 갖도록 관찰, 통찰 및 느낌을 있는 그대로 공유한다.

역량 8: 학습과 성장 북돋우기

- 새로운 알아차림, 통찰, 학습을 세계관 및 행동에 통합하기 위해 고객과 협력한다.

마무리

이 장에서 우리는 정신역동심리학이 코칭 과정에서 어떻게 많은 유용한 응용 프로그램을 가지고 있는지 탐구했다. 그 뿌리가 치료 환경에 있지만, 이것의 원칙과 개념은 고객이 자기 목표를 더 효과적으로 달성하는 데 유용하고 필요한 정보를 발견하고 탐색하는 데 도움을 주기 위해 코칭할 때 매우 관련성이 높다. 우리는 코칭 관계의 렌즈를 통해 정신역동 접근 방식이 무엇인지 설명하고 그 원칙을 공유했다. 또 정신역동의 핵심 개념 가운데 일부와 접근 방식이 ICF 핵심 역량 모델 내의 일부 역량에 어떻게 반영되고 있는지 살펴보았다.

또 여기에 '취급주의' 태그를 제공하고자 한다. 코치로서 우리는 정신역동 개념을 이해함으로써 더 효과적이고 자원이 풍부한 코치가 될 수 있다. 그러나 우리는 치료사가 아니다. 한 익명의 심리치료 환자가 다음과 같이 말했다. "정신분석은 아마도 제가 해본 것 가운데 가장 흥미로운 일이었다. 나는 나 자신에 관해 많은 것을 배웠다. 문제는 시작할 때보다 더 우울해졌다는 것이다." 이 접근 방식은 코칭 목표를 향한 고객의 진전에 도움이 되는 유용한 정보를 발견하는 데 도움이 되지만, 정신분석을 하는 것 자체는 우리의 역할이 아니다.

22장.
통합

도입

코칭은 지난 20년 동안 다양한 모델의 확산과 함께 극적으로 성장했다. 많은 코칭 기관과 코치가 여전히 하나의 방법을 모든 것에 맞추는 코칭 접근법one size fits all approach을 채택하고 있지만, 우리는 이 책 전반에 걸쳐 코치가 다양한 접근법에서 폭넓은 도구와 기법을 사용할 수 있을 때 고객을 도울 확률이 높다고 지속해서 주장해 왔다. 대부분 코치는 각 고객이 코칭에 가져오는 다른 주제에 맞게 코칭을 유연하게 조정할 수 있는 것이 중요하다는 것을 안다. 이로 인해 대부분 코치가 통합 접근 방식을 개발하기에 이르렀다.

이 장에서는 다양한 코칭 접근 방식을 살펴보고 코치가 어떤 상황에서 어떤 모델을 선택할지, 그리고 자신들의 코칭 프랙티스를 위한 통합 접근법을 어떻게 개발할 수 있을지 알아본다.

통합이란?

인류는 다양하다. 우리는 성별, 인종, 국적, 신체적 능력 및 외모뿐만 아니라 성격, 선호도 및 경험도 다르다. 심지어 일란성 쌍둥이조차도 두 사람이 똑같은 경우는 없다.

그렇다면 왜 모든 코칭 고객에게 동일한 모델이나 프레임워크를 사용하여 대할까? 집에서 DIY^{Do It Yourself} 작업을 할 때 항상 망치가 필요하지는 않다. 그러나 우리가 가진 유일한 도구가 망치일 때 문제를 못으로 보는 경향이 있다.

우리는 코치가 다양한 접근 방식을 배울 수 있는 절충적인 접근 방식을 믿는다. 이것은 ACC 자격 훈련 중에 2개 또는 3개의 프레임워크나 모델을 학습하는 것으로 시작하여, PCC 자격으로 나아감에 따라 1~2개의 모델을 추가할 수 있다. 코치가 사용해야 하는 모델이나 프레임워크의 이상적인 개수는 없지만, 5~8개 모델을 활용할 수 있다면 고객이 하나의 모델이나 스타일에 적응하도록 강요하는 대신 코치에게 고객이 선호하는 방식을 선택할 수 있는 유연성을 제공한다.

그러나 다양한 접근 방식을 갖는 것은 시작에 불과하다. 코치는 언제 어떤 모델을 사용할지 선택할 수 있어야 하며, 이러한 다양한 접근 방식을 언제 어떻게 효율적으로 사용할 수 있는지 이해하고 있어야 한다. 이것이 통합이다. 통합은 서로 다른 접근 방식을 결합하여 일관된 작업 방식을 만드는 동시에 서로 다른 고객과 서로 다른 문제에 유연하게 적용하는 것을 포함한다. 통합은 우리의 가치와 신념으로 구성된 통일된 전체를 만들기 위해 여러 모델, 변화에 대한 아이디어, 다양한 도구와 기술에 대한 우리의 학습을 종합하는 것을 포함한다.

코칭 프랙티스를 위한 통합 모델

코칭 내에서 다양한 접근 방식이나 모델을 통합하는 방법에는 여러 가지가 있다. 다음은 그 가운데 한 가지 방법이다. 자신의 경험, 훈련 및 프랙티스를 바탕으로 자신만의 방식을 설명할 수 있게 될 것이다. 초보 코치의 과제 가운데 하나는 자기 접근 방식을 명확히 하는 것이다. 만약 잠재 고객이 "그래서 어떻게 코칭 하시나요?"라는 질문했는데, "아, 저는 Time to Think 코치입니다."라고 답하는 것은 충분하지 않다. 비록 Time to Think를 훈련 받았더라도 이를 전반적인 프랙티스의 일부로 사용해야 한다.

이 프레임워크는 코치가 헤엄치거나 그 안에서 작업할 수 있는 일련의 흐름stream에 기반을 둔다. 흐름들 사이를 이동하는 것이 필요하다. 이 프레임워크는 2000년대 초(Passmore, 2007)에 프랙티스를 통해 개발되었으며 시간이 지남에 따라 계속 발전해왔다.

모델 전반은 코칭 파트너십의 개발과 유지 측면을 반영하는 한 쌍의 흐름으로 구성된다. 이 한 쌍의 흐름 안에는 코치가 탐색할 수 있는 일련의 네 가지 흐름이 있으며, 행동, 인지, 정서 및 생리와 같은 고객의 다양한 측면을 다룬다. 이 모든 작업은 시스템적systematic 맥락에서 이루어진다([그림 22.1]).

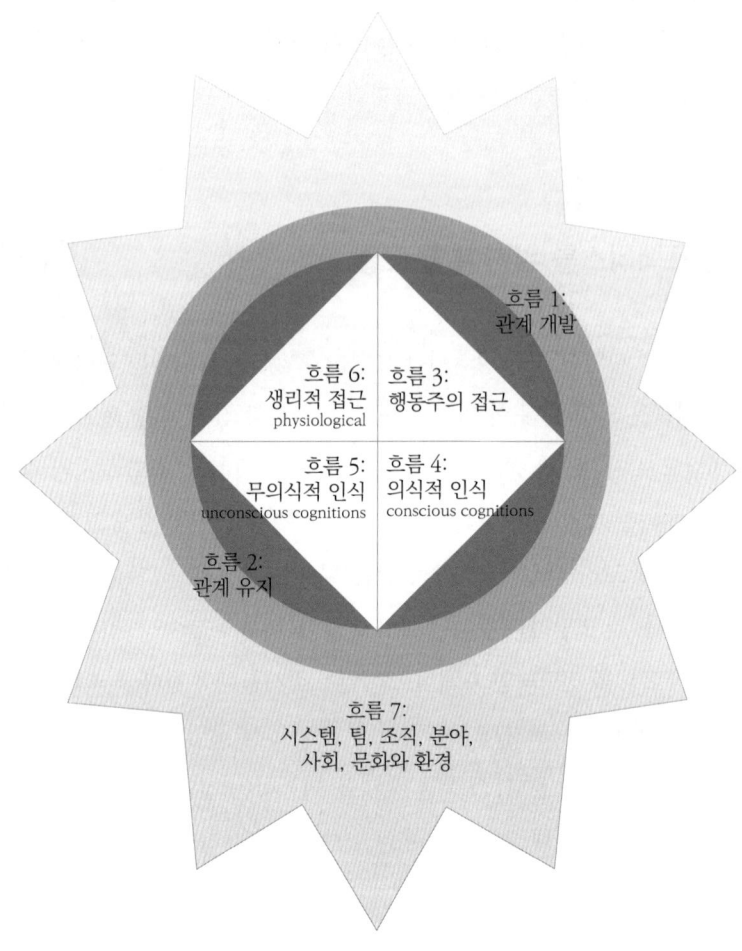

[그림 22.1] 7 흐름 통합 코칭 모델

사람들은 때때로 박스, 카테고리 또는 단계가 아닌 흐름이라는 용어를 사용하는 이유를 묻는다. 우리가 염두에 두는 개념의 더 유동적인 특성과 필요에 따라 쉽게 이동할 수 있는 코치의 능력을 반영하므로 흐름이라는 용어를 선호한다. 이 개념은 우리가 일하는 물이 흐르고, 움직이고, 변해야 한다는 것을 요구하는데, 우리가 하나의 흐름 안에 머물더라도 우리는 변화하고 적응해야 한다. 각 흐름을 차례로 검토해보자.

코칭 파트너십

코칭을 시작하기 전에 코치는 고객과 작업 관계를 구축하고 코칭 기간 동안 이 관계를 유지해야 한다. 코칭 파트너십은 코칭 관계의 협력적이고 동등한 성격을 강조한다. 어느 한쪽이 지나치게 지배적이라면 코치는 행동에 제한을 느끼게 될 것이다. 또는 고객이 위협을 느낀다면 마음을 적게 열고 친밀한 문제에 대해서만 이야기하거나 심지어 관계를 종료할 수도 있다.

이 두 흐름 중 첫 번째 흐름은 코치가 상호 신뢰와 존중의 관계를 개발하기 위해 고객과 협력하는 것이다. 코칭을 위한 올바른 조건을 만들려면 코치가 관계에 투자해야 한다. 이것은 첫 만남에서 시작된다.

심리학 연구에 따르면 사람들에 대한 우리의 인상은 흔히 만남의 처음 몇 분 동안 형성된다. 고객의 경우 코치의 약력을 읽거나 웹 사이트를 검토하는 것이 포함될 수 있다. 이 문서들을 통해 어떤 이미지를 보여주고 싶은가? 분위기와 메시지를 올바르게 전달하는 것은 물리적인 첫 만남만큼이나 중요하다. 이러한 메시지는 이메일, 전화 또는 대면을 통해 신뢰를 구축하고 안심을 시키며, 첫 번째 대화를 위한 플랫폼을 제공할 수 있다.

많은 코칭 과제의 경우 첫 번째 문의는 전화나 이메일로 이루어진다. 시간을 내서 고객의 말을 듣고 안심시키고 설명하고 안내하는 것은 관계에 더욱 도움이 될 것이다. 마지막으로, 온라인 또는 대면으로 만날 때 행동으로 옮기기 전에 관계에 시간을 투자하는 것은 향후 작업을 위한 플랫폼이 된다.

이 관계 구축 흐름은 계약 단계에서 지속되고, 고객이 현재 상황과 초점을 맞추고 싶은 것에 대해 말하는 스토리 단계로 이어질 것이다. 이 단계에서 코치는 세 가지 측면에서 열심히 일한다. 고객에 대해 비판단적이고, 공감을 표현하고, 소유하지 않는다(Rogers, 1957).

그러나 일단 관계가 수립되고 나면, 코치는 고객과의 관계에 계속해서 투자해야 한다. 그러나 초점은 코칭 과제에 필요한 작업을 진행하는 쪽으로 이동해야 한다.

따라서 코치는 코칭 작업을 위한 안전한 컨테이너를 만들고 유지하기 위해 노력한다. 컨테이너가 고장 나거나 처음에 만들어지지 않은 경우 코치는 고객이 수행해야 하는 작업 단계로 넘어갈 수 없다.

행동 문제 다루기 working with behavioral issues

코치가 작업할 수 있는 세 번째 흐름은 행동 흐름이다. 이것은 흔히 고객이 코칭 과정을 이해하고 자신감을 얻도록 도와주는 유용한 시작 장소가 될 수 있다. 이 흐름에서 코치는 고객이 단순히 문제 해결 방법을 사용하도록 권장한다. 명확하고 측정 가능한 목표를 설정하고, 현재 문제에 대해 생각하고, 그 사람이 목표에 더 가까이 다가갈 수 있도록 행동 계획(일반적으로 해야 할 일)을 개발한다. GROW(Whitmore, 1992)와 같은 모델은 주로 행동에 초점을 맞춘 이 공간에 적합하며, 고객이 취할 수 있는 조치를 생각하고 자신의 명시된 목표에 대한 진행 상황을 추적하는 데 도움이 되는 책임 메커니즘을 사용하도록 안내한다.

의식적인 인지와 정서 다루기

네 번째 흐름은 고객의 생각과 신념을 중심으로 한다. 고객이 목표를 달성하는 데 이것들이 어떻게 도움이 되거나 방해가 될까? 이 흐름에서 코치는 일반적으로 벡Beck(1976), 엘리스Ellis(1998), 길버트Gilbert(2009) 및 헤이스Hayes(2004)가 개발한 것과 같은 인지행동 기법을 사용하는데, 이는 코치의 작업에 더 적합하도록 수정되었다(Neenan & Dryden, 2001; Edgerton & Palmer, 2005; Anstiss & Blonna, 2014; Anstiss & Gilbert, 2014).

코치의 목표는 고객이 자신의 생각, 감정, 감각 및 행동 사이의 관계를 인식하도록 돕는 것이다. 이를 통해 코치는 고객에게 더 도움이 되고 지원적이거나 입증된 신념을 개발하도록 돕거나, 단순히 자신에 대해 더 많이 수용하고 연민심을 갖게 되며 이를 통해 그들의 생각을 변화시켜 성과를 향상하거나 불안감을 줄일 수 있다.

무의식 다루기

다섯 번째 흐름은 무의식적 인지를 이용한 작업이다. 네 번째 흐름에서 고객은 자신이 가진 신념과 자신의 실행을 방해하거나 불안을 유발하는 내적 비평가가 사용하는 단어를 아주 쉽게 떠올릴 수 있다. 다섯 번째 흐름에서 생각, 신념, 태도 및 현재 상황과의 관계는 고객의 의식적 인식의 일부가 아니다. 흔히 그들을 코칭으로 데려온 것은 완전히 다른 것일 수 있다. 때때로 많은 세션에 걸쳐 작업하는 이 공간에서 코치의 목표는 고객이 여러 관점에서 주제를 탐색하도록 돕는 것이다. 이를 통해 더 큰 자기 인식이 나타나고 궁극적으로 문제를 해결하려는 열망이 생길 수 있다. 정신역동 코칭 또는 동기강화 상담과 같은 접근 방식은 이 흐름에서 특히 유용할 수 있다. 고객이 흔히 무언의, 무의식적인 견인차drivers와 연결하고, 적절한 경우 이러한 핵심 신념과 가치를 유지하고 일관된 행동을 개발하도록 돕는다.

이 흐름에서의 작업은 느리고 구불구불한 여정이 될 수 있다. 코치 자신과 타인에 대한 이해는 고객이 숨겨져 있거나 발견되지 않은 자신의 더 깊은 측면을 층별layer by layer로 발견하게 하는 데 도움이 될 수 있다.

몸 다루기

여섯 번째 흐름은 몸이다. 일부 고객과 코치의 경우 이 흐름에서 작업하는 것은 불편하고 코칭 경계를 벗어난다고 여긴다. 안토니오 다 마시오 Antonio Damasio의 작업은 데카르트가 몸과 마음의 분리를 제안하는 것이 틀렸다는 것을 보여주었다(Damasio, 2006). 그는 우리가 마음과 몸이 하나로 통합된 전체라고 주장했다. 따라서 코치로서 고객이 최고의 자아가 되도록 돕기 위해 고객과 협력한다면 우리 몸을 이해하고 이를 사용하여 우리의 성과를 향상하는 것이 중요하다.

이 흐름에서 코치는 고객이 자신의 신체와 생리적 감각을 더 잘 인식할 수 있도록 고객과 협력한다. 이러한 감각은 현재 감정에 대한 신호, 프레젠테이션을 앞두고 안절부절함butterflies in the stomach 또는 면접 전 땀에 젖은 손바닥일 수 있다. 또는 더 깊고 장기적인 문제, 어깨 또는 목 통증, 스트레스 징후일 수 있다. 예를 들어, 우리가 함께 일했던 한 고객은 지속해서 어깨 통증을 호소했다. 우리는 문제가 무엇인지 몰라서 의사에게 가보라고 제안했다. 그의 의사가 병원에 의뢰하여 일주일 내에 3중 심장 우회 수술을 받았다. 그가 엄청난 심장 마비를 겪기 전에 몸이 신호를 보낸 것은 운이 좋았다.

이 흐름 작업에는 신체적 코칭 또는 마음챙김 신체 스캔과 같은 활동이 포함될 수 있으며, 이는 고객이 마음과 신체를 연결하고 신체가 의사소통할 수 있는 메시지를 더 잘 이해할 수 있도록 도와준다.

시스템 안에서 일하기

아직 논의하지 않은 마지막 일곱 번째 흐름은 시스템적systemic 흐름이다. 이것은 다른 모든 것을 둘러싸고 영향을 미친다. 이 흐름에는 작업 팀(가족과 친구 서클은 다른 팀임), 조직(주주에서 공급 업체에 이르기까지 조직 주변의 광범위한 이해관계자 네트워크도 포함), 분야(전문 기관 및 직업), 국가 조직(한 국가의 법이나 작업 방식을 설정할 수 있음), 문화(사고방식과 가치있는 것 포함), 환경(중력에서 죽음까지 자체 규칙을 부과하는 물리적 세계) 등을 포함한다.

이러한 측면은 팀에서 환경으로 이동할 때 고객에게 점점 보이지 않게 된다. 그러나 이러한 시스템적 영향은 인류 역사, 국가 사회, 지역 문화, 도시, 부문, 조직, 팀, 가족 내에서 우리가 지금 현재 해야 할 일을 어떻게 하는지 알려주고 이따금은 이끌고 가기도 한다. 코치의 목표는 이러한 무언의 힘을 고객의 인식에 끌어 들이고 시스템적 힘이 강력하고 그들과 다른 사람들 모두에게 영향을 미친다는 것을 인식하도록 돕는 것이다. 간단히 말해서 코치의 목표는 '보이지 않는 것을 보이게 하는 것'이다.

오슈리Oshry(2007a, 2007b)와 같은 이 분야의 저자들은 조직의 힘이 개인에게 미치는 영향과 이러한 힘을 받아들이고 관리하기 위해 개인이 할 수 있는 일에 대한 흥미로운 통찰을 제공했다.

이 공간에서 코치의 역할은 고객이 다른 이해관계자의 상황에서 자신의 행동을 보도록 권유하는 것이다. "이것이 신문의 헤드라인으로 기사화되었다면 어떤 느낌이 드세요?", "당신의 손주들은 이 이야기를 그들의 자녀들과 나눌 때 당신의 행동에 대해 어떻게 생각할까요?" 이러한 질문을 통해 코치는 더 넓은 관점을 가져와 더 큰 개방성, 투명성 및 책임감을 장려할 수 있다. 우리는 이러한 행동에 대한 개방성의 스포트라이트가 빛을 발했다면 리먼 브라더스 사태가 2007~2008년에 일어나지 않았을 것이라고 확신하며, 마찬가지로 지구의 유한 자원을 사용하는 데 있어서 우리의 증손주들에게 설명해야 한다면 우리 행동의 일부를 재고할 수 있을 것이다.

코치는 자신의 통합 접근 방식을 어떻게 개발할 수 있나?

다양한 접근 방식을 사용하면 코치가 개별 고객의 다양한 요구 사항을 충족하도록 적응하고 유연하게 조정할 수 있지만, 코치는 자신의 통합 접근 방식을 어떻게 개발해야 할까? 대답은 코치가 고객과 함께 사용하는 다양한 접근 방식을 함께 유지하는 가치와 신념에 있다.

이 모델의 출발점은 평등이다. 코치와 고객이 동등하다는 핵심 신념과 함께 코치는 최선을 다해 고객의 이익을 위해 일한다는 신념도 존재한다. 여기에는 두 명의 탑승자^{rider}가 있다. 고객이 항상 자신이 원하는 것이 무엇인지 아는 것은 아니며, 때로는 고객이 더 도전적인 공간을 탐색하도록 코치가 격려하거나 변화를 만들기 위해 불쾌한 감정에 직면하게 할 수도 있다. 또 여러 고객들의 요구를 균형 있게 조정한다. 많은 경우 코칭 비용은 개별 고객이 아닌 조직에서 부담한다. 이를 위해서는 코치가 투명하게 행동하여 양 당사자가 의제를 공개하고 공유 의제 및 검토 프로세스를 협상하도록 장려해야 한다(자세한 내용은 24장 참조).

이 프레임워크를 뒷받침하는 또 하나의 믿음은 변화가 어렵다는 것이다. 변화가 성공적으로 이루어지기 전에 여러 번 실패하고 회복해야 할 수 있다. 본질에서 코치는 고객이 실수와 그 재발에 대처하고 목표에 집중할 수 있게 준비시켜야 한다. 이는 긍정적이고 격려하는 접근 방식을 쓸 때 가장 잘 이루어진다. 코치는 고객과 함께하는 여정 속에서 고객의 실패를 허용하고 고객이 경험을 통해 다음 시도를 어떻게 다르게 할지 배우도록 장려한다.

마지막 핵심 신념은 코칭이 간결한 일^{affair}이라는 것이다. 각 과제는 명확한 목표를 향해 노력하고 있으며 끝을 염두에 두고 시작된다. 코칭은 무기한의 지속적인 관계가 아니다.

초보 코치는 자신의 접근 방식을 통합하고 코칭 접근 방식을 일관성 있게 설명하는 방법을 숙고할 때 다음 세 가지 질문을 고려할 수 있다.

> **[Box 22.2] 성찰을 위한 질문**
>
> (i) 고객과 함께하는 작업을 뒷받침하는 신념은 무엇입니까?
> (ii) 어떤 접근 방식 모델을 학습했습니까?
> (iii) 어떤 접근 방식이 고객이 가진 문제에 도움이 되고 사용하기에 적합하다고 느꼈습니까?

어떤 사람들에게는 이러한 질문에 답을 작성하는 것이 자신의 접근 방식을 생각하고 개발하는 가장 좋은 방법이다. 다른 사람들에게는 자신의 모델을 그리는 것이 가장 좋다. 어느 쪽이든 통합 코치로서 본인이 하는 일과 고객과 일하는 방식을 설명할 수 있어야 한다.

마무리

이 장에서는 일련의 핵심 원칙들에 의해 뒷받침되는 하나의 일관된 모델, 서로 다른 접근 방식을 결합하는 하나의 통합 프레임워크인 일곱 개의 흐름seven streams 모델을 살펴보았다. 이것은 단지 한 가지 방법일 뿐이다. 각 코치는 자신의 실행을 어떻게 이해하는지, 그리고 자신의 코칭에 대한 자신만의 접근 방식을 요약하고 설명할 수 있는 방법을 스스로 발견해야 한다.

4부: 코칭 프랙티스

도입

이 부분은 코칭 프랙티스에 초점을 맞추고 있다. 첫 번째 장은 윤리에 관한 내용이다. 윤리적 행동, 정직성 및 전문성은 좋은 코칭 프랙티스를 위한 매우 중요한 의제이다. 윤리 규정은 코칭 프랙티스와 코치의 행동을 안내한다. 그것은 또한 코치가 코칭 프랙티스상의 윤리적, 법적 의무를 이행하기 위해 최선을 다할 수 있는 프레임워크를 제공한다. 23장은 윤리가 무엇인지 살펴보고 윤리적 '딜레마'라는 개념을 소개한다. 또 윤리적 딜레마를 탐색하기 위해 APPEAR라는 유용한 모델과 함께 ICF 윤리강령에 대한 개요를 살펴본다. ICF 윤리강령은 ICF 웹사이트(www.coachingfederation.org)에서 찾을 수 있으며, 역량 #1 윤리적 실천 보여주기는 2부의 6장에서 다루어졌다. (역자 주: 한글 버전은 www.icfkorea.or.kr 참조)

윤리 및 직업의식과 밀접한 관련이 있는 것은 코칭 계약 과정이다. 24장은 코칭 계약이 무엇인지 살펴보고 코칭 프로세스 내에서 다양한 이해관계자들의 다양한 기대 수준을 정리하는 방법으로 프레임에 대한 아이디어를 제시한다. 모든 관련 측면을 고려할 수 있도록 유용한 계약 프레임 모델을 다룬다. 우리는 또한 다자 간 계약을 살펴보고 코칭 계약에 포함되어야 하고, 될 수 있는 것들에 대한 생각을 나눈다.

코칭에서 매우 실용적이고 또 다른 측면은 노트 기록 notetaking이다. 25장에서 우리는 특히 기밀 유지, 개인 정보 보호 및 데이터 보호 측면에서 메모를 관리하는 중요한 문제뿐만 아니라 메모의 장단점을 살펴본다. 노트 작성에 대한 우리의 기본 입장이자 추천은 25장에 소개된 대로 몇 가지 이유에 따라 최소로 유지되는 것이 좋다는 것이다. 그러나, 우리는 노트 작성을 위한 몇 가지 힌트와 팁을 제공하고 또한 어떤 메모를 해야 하는지에 도움을 주는 PIPS라는 간단한 모델을 제공한다.

마지막 장은 바람직한 코칭 실행의 중심 기능으로 프레즌스에 초점을 맞춘다. 코칭 프레즌스는 ICF의 핵심 코칭 역량 모델의 필수적인 부분으로 이미 7장과 10장에서 다뤄졌다. 26장에서 우리는 코칭 프레즌스를 갖추고, 유지하는 방법의 하나로 마음챙김 프랙티스를 구체적으로 살펴본다. 우리는 몇 가지 마음챙김 접근 방식과 기법들을 살펴보고, 코칭에 필요한 코치의 몇 가지 자질과 관련된 측면에서 행동 doing뿐 아니라 존재 being에 있어서 마음챙김이 어떻게 직접적으로 긍정적인 영향을 끼치는지 강조하겠다.

23장.
윤리적 프랙티스

도입

모든 코치는 프랙티스 장면에서 윤리적 딜레마를 느낀다. 이는 조직 내 동일한 팀의 다른 두 명의 구성원과 코칭을 할 수 있는지 또는 불법 행위를 규제 기관에 보고해야 할지에 관한 것일 수 있다. 윤리는 우리가 '옳은' 또는 '잘못된' 것으로 간주하는 것을 선택하는 것이며 좋은 코칭과 좋은 리더십의 필수 구성 요소다.

ICF를 포함한 대부분 전문 기관은 윤리강령을 제시한다. 이 강령은 전문 기관이 받아들일 수 있는 행위로 간주하는 데 대한 조언을 제공한다. 그것들은 또한 일반인이 ICF 코치에게서 기대할 수 있는 실행의 표준이 된다. 코치에게 주는 시사점은 이 강령을 준수하지 못하면 멤버십이나 자격이 박탈될 수 있다는 점이다.

이 장에서 우리는 잠시 윤리가 무엇인지, 코칭에서 어떤 유형의 윤리적 딜레마가 발생할 수 있는지를 탐구할 것이다. 둘째, 우리는 ICF의 윤리 강령(ICF, 2019a)과 코치가 이 강령 자체와 강령을 어떻게 적용해야 하는지에 더 익숙해지는 방법을 살펴볼 것이다. 셋째, 윤리를 명문화하려는 시도가 상황을 흑백 사례로 취급하는 위험을 인식하고 전문적인 행동 강령의 한계를 탐구할 것이다. 그러나 실제 상황에서 코치는 모호함, 절반의 진실, 다양한 관점의 다색 세계multi-colored world of ambiguity에서 윤리적 준수 방법을 탐색해야 한다.

윤리란 무엇인가?

윤리는 옳고 그른 것을 결정하는 가장 단순한 기준이다. 그러나 우리가 의미하는 것은 재정적, 상업적 또는 전략적인 옳고 그름에 반해, '도덕적인 옳음' 또는 '도덕적인 그름'이다. 도덕성 자체는 사회에 내재된 규범, 가치관, 신념에 관한 것이다. 그러한 규범과 가치관, 믿음은 흔히 말로 표현되지 않는다. 시대, 문화 및 조직에 따라 다르다. 50년 전 직장에서 허용되는 농담으로 간주될 수 있는 것이 오늘날에는 성희롱으로 간주될 수 있다. 한 분야의 동료들 사이에서 농담으로 간주될 수 있는 것이 다른 분야에서는 괴롭힘으로 간주될 수 있다. 코치는 직업 규정, 개인적인 가치와 그들이 일하는 환경에 있어서의 도전을 탐색할 수 있어야 한다

(Turner & Passmore, 2018).

윤리적 딜레마는 무엇인가?

윤리적 딜레마는 미래의 행동 방침에 대한 답이 불분명할 때 발생하는 선택이다. "A를 해야 하나요, 아니면 B를 해야 하나요?" 코칭에서 이러한 선택은 기밀을 관리하고 언제 파기해야 하는지, 코칭 세션 중 고객의 조직에서 벌어지는 불법 활동을 고객이 노출한 경우 어떤 상황에서 내부 고발whistle blowing을 하는 것이 맞는지 등이 포함된다. 여기에는 고객과 적절한 관계를 유지하는 것도 포함될 수 있다. 어떤 상황에서 고객의 집 초대를 받아들이는 것이 적절할까? 세션 이후에 고객과 함께 차를 한 잔 하는 것이 어떤 상황에서 적절할까? 개별 고객individual client의 요구와 코칭 비용을 지불하는 조직 고객organizational client 사이의 충돌도 포함된다. 고용주의 자원을 사용하여 자기 사업을 운영하는 고객을 보호하는 것은 어떤 상황에서 허용될까? 조직의 지적재산이 도난당하지 않도록 보호하기 위해 기밀 유지 합의를 깨는 것이 어떤 상황에서 적절할까?

ICF 윤리강령

ICF는 개별 코치와 관련된 윤리강령과 공인된 프로그램과 관련된 행동강령을 제시한다.

윤리강령은 다섯 파트로 구성되며, 네 번째 파트는 실제 세부 사항을 포함하는 네 개의 섹션으로 나뉜다. 첫 번째 파트는 ICF 코칭 프랙티스상의 강령과 입장을 설명하는 도입부다.

두 번째 파트에서는 코칭을 정의하고 고객과 전문적 관계 내에서 ICF 코치의 프랙티스에 대한 맥락context을 설정한다. 이를 통해 개인 고객과 스폰서(코칭을 관장하는 책임이 있는 사람)를 구분하게 된다. [Box 23.1]에 이것들을 요약했다.

[Box 23.1] 정의

- '고객' - 코칭에 참여한 개인 또는 팀/그룹, 멘토링 또는 수퍼비전받는 코치, 또는 훈련받는 코치
- '코칭' - 고객들이 개인적으로 그리고 전문적으로 잠재력을 극대화할 수 있도록 영감을 주기 위해 생각을 자극하고 창의적인 과정 속에서 고객들과 파트너가 되는 것
- '코칭 관계' - ICF 전문가와 고객/스폰서 사이에 각 당사자의 책임과 기대를 정의하는 합의 또는 계약으로 성립된 관계
- '강령code' - ICF 윤리강령
- '기밀confidentiality' - 해제release에 대한 동의가 있지 않는 한 코칭으로 인해 얻은 모든 정보의 보호
- '이해 상충conflict of interest' - ICF 전문 코치가 개입한 한 가지 이해관계로 인해 다른 이해관계와 충돌할 수 있는 재정적, 개인적 또는 기타 상황
- '평등equality' - 모든 사람이 인종, 민족, 출신 국가, 피부색, 성별, 성적 지향, 성 정체성, 연령, 종교, 이민 신분, 정신적 또는 신체적 장애 및 기타 인간으로서의 차이 영역에 관계없이 포용, 자원 및 기회에 대한 접근을 경험해야 하는 상황
- 'ICF 전문가professional' - 코치, 코치 수퍼바이저, 멘토 코치, 코치 트레이너 및 코치 학습자의 역할을 포함하는 ICF 회원 또는 ICF 자격 증명 보유자
- 'ICF 직원staff' - ICF를 대신하여 전문 관리 서비스를 제공하는 회사와 계약을 맺은 ICF 지원 담당자

- '내부 코치' - 조직 내에서 고용되어 해당 조직의 직원들을 파트타임 또는 풀타임으로 코칭하는 개인
- '스폰서' - 제공될 코칭 서비스의 정의, 지급, 준비, 정의까지 내리는 법인 (대표자 포함)
- '지원 인력' - 고객을 지원하기 위해 ICF 전문가를 위해 일하는 사람들
- '시스템적 평등systemic equality' - 윤리, 핵심 가치, 정책, 구조, 지역 사회, 조직, 국가 및 사회의 문화로 제도화된 성 평등, 인종 평등 및 다른 형태의 평등

ICF 강령의 세 번째 파트는 ICF의 가치와 윤리 원칙을 명시하고, 네 번째 파트는 네 개의 제목 아래 코치 행동에 관한 기대치를 설정한다. 전체 ICF 윤리강령은 ICF 웹사이트(2019a)에서 확인하면 업데이트된 내용을 확인할 수 있다. 윤리강령과 윤리 관행은 우리가 6장에서 깊이 탐구한 ICF 핵심 역량 #1의 초점이기도 하다.

이해 상충, 기밀 유지, 공개 진술 및 주장의 두 가지 예를 살펴보는 것이 도움이 될 수 있다.

많은 코치가 직면하는 일반적인 도전은 이해 상충을 관리하는 것이다. 코치가 사용할 수 있는 원칙은 투명성이다. 시작하는 시점에서 코치가 함께 일하게 될 사람이 관리자와 몇 명의 직속 부하직원들이거나 같은 이사회의 몇 명의 이사들인지 명확하게 하는 것이 필요하다. 또 여러 이해관계자 사이의 충돌과 관련이 있을 수 있는데, 코치는 조직에서 의뢰하여 하나의 주제를 다룬다고 하지만, 정작 고객은 두 번째 드러나지 않은 주제가 있다고 믿는다. 모든 당사자의 투명성을 장려함으로써 잠재적 충돌을 최소화할 수 있다.

코칭 프랙티스에 대한 연구는 받아들일 수 있는 관행과 받아들일 수

없는 것에 대한 광범위한 오해가 남아 있음을 시사한다(Passmore, Turner, & Filipiak, 2018, 2019). 기밀 유지는 흔히 코칭에서 혼선의 원천이다. 코치가 마치 고객의 사제이고 코칭 세션이 기밀 고백 공간인 것처럼 많은 코치는 코칭에는 완전한 기밀 유지가 필요하다고 언급한다. 기밀 유지가 중요하긴 하지만, 스폰서와 더 넓은 사회에 대한 계약상의 의무와 같은 다른 책무보다 더 높은 우선순위를 둘 위험이 있다. 기밀 유지는 고객을 법에서 보호하거나 고객 또는 타인에게 심각한 위험이 있는 위험 징후를 무시하는 것을 의미하지는 않는다. 우리는 코치가 코칭의 기밀 유지 특성뿐만 아니라 기밀 유지의 한계를 모두 계약에 포함하도록 분명하게 제안한다. 세 가지 주요 제한은 심각한 범죄, 고객이 스스로 해를 끼칠 위험 및 타인에게 해를 끼칠 위험이다.

형사 사법 제도에 관여하지 않는 사람들에게는 형사 범죄의 본질을 판단하기가 어렵다. 범죄가 '심각한'지에 대한 한 가지 잠재적인 테스트는 다음과 같다. "*이 문제를 지역 경찰서에 보고하면 경찰이 적극적으로 범죄를 조사할까요?*" 두 번째 테스트는 다음과 같다. "*이 범죄는 잠재적인 구속 판결로 이어질까요?*" 이 질문은 다음 예제에서 가장 잘 설명될 수 있다. 제한 속도 이상으로 차를 운전하는 것은 대부분 국가에서 형사 범죄다. 그러나 사고가 발생하지 않는 한 과속을 목격하고 경찰에 신고한다고 해서 조사될 가능성은 작다. 반면, 코카인과 같은 강한 마약을 수입하고 판매하는 것은 형사 범죄이며 경찰에 신고하면 적극적인 조사가 이루어질 것이다. 둘째, 대부분 국가에서는 이 범죄를 기소해서 구속 판결로 이어질 가능성이 크다.

스폰서와 계약할 때 코치는 기밀이 무엇이고 코치가 공개할 의무가 있는지에 관한 몇 가지 일반적인 원칙에 합의해야 한다. 이것은 밟아 나가기 어려운 길이다. 코치는 조직이나 더 넓은 사회에 반해 고객과 공모하지 않도록 주의해야 하며, 또한 각 세션의 세부 사항을 공유하는 데 스폰서에게 지나치게 영향을 받지 않아야 한다. 이러한 측면 중 일부는 업데이트된 ICF 핵심 역량 모델, 특히 세 번째 역량인 합의 도출 및 유지(8장 참조)에서 확장되고 추가로 구체화되었다.

세 번째 사례는 공식 진술public statement과 관련이 있다. 이것은 ICF가 가장 많은 불만을 접수하는 영역 가운데 하나다. 코치가 심리 측정 검사 관련 자격이 있다고 주장하거나 유사한 주장을 고객 또는 자신의 웹 사이트에 하지만, 사실이 아닌 경우다. 따라서 우리는 코치들이 공식 진술에 대해 주의 깊게 읽고 생각하고, 사실에 근거해서 입증될 수 있는 진술만 할 것을 권장한다.

ICF 윤리강령의 마지막 부분은 이 강령에 대한 코치의 약속을 요약하고 윤리적인 방식으로 행동하겠다는 서약과 관련이 있다. ICF 윤리강령과 ICF 핵심 역량의 일부를 구성하는 방법에 대한 자세한 내용은 6장에 설명되어 있다.

윤리적 학습의 지속

코칭 교육을 마친 뒤 윤리에 대해 필요한 모든 것을 안다고 믿을 수 있다. 이것은 잘못이다. 코칭 역량 개발처럼, 윤리적 이해와 프랙티스는 지속적인 개발 여정이다.

ACC 자격을 취득한 뒤 한 가지 유용한 단계는 ICF 웹사이트에서 제공하는 무료 윤리 강좌를 계속 듣는 것이다. ICF 온라인 강좌에는 짧은 영상과 퀴즈가 포함된다. 이 과정은 지속적인 코치 교육Continuing Coach Education(CCE) 크레딧을 제공하며 PCC 자격 취득을 향한 여정에서 유용한 디딤돌이 된다.

코칭 프랙티스에서 윤리적 딜레마 다루기

그러나 위에서 제안한 대로 강령은 일반적인 원칙을 설정하는 데 필수적이지만, 코치와 고객, 코치와 고객 조직 사이에 발생할 수 있는 모든 상황, 환경 또는 우발 사건들을 모두 다룰 수는 없다.

그 대신 코치는 강령과 그 내용을 알고 있어야 한다. 그들은 강령이 자신과 그들의 실행과 어떻게 관련되는지 교육받아야 하며, 윤리적 딜레마와 함께 작업하기 위해 내부 가이드 또는 프로세스를 개발하여 맞닥뜨릴 수 있는 상황에서 적절히 대응할 수 있어야 한다.

경험 속에서 스스로 발견하는 휴리스틱heuristic은 경험 법칙, 또는 우리가 결정을 내리는 데 도움이 되는 내부 프레임워크다. 이는 코치에게 귀중한 도구가 될 수 있으며, 그들의 생각을 안내하고 자신의 실행과정에서 내리는 결정의 질과 일관성을 향상할 수 있다. APPEAR 윤리 모델은 윤리적 의사 결정을 안내하는 데 도움이 될 수 있는 모델 가운데 하나다 (Passmore & Turner, 2018). 이 모델은 윤리적 선택이 우리와 다른 사람들의 삶에 어떤 결과를 가져오는지 인식하면서, 코치들이 윤리적 안테

나를 개발하도록 장려하는 단계별 프로세스를 제공한다.

> **[Box 23.2] APPEAR 모델의 6 단계**
>
> 이 모델에는 6개의 단계가 있다:
>
> - 인식Awareness
> - 프랙티스Practice
> - 가능성Possibilities
> - 필드 확장Extending the field
> - 성찰을 통한 행동Acting on reflections
> - 학습에 대한 성찰Reflecting on learning

이 모델은 비선형이므로 코치는 한 번 이상 각 요소를 고려 또는 실행하기 위해 전 단계로도 갈 수 있다. 프로세스의 첫 번째 단계는 '인식'이다. 높은 수준quality의 윤리적 의사 결정을 위해, 코치는 윤리적 선택이나 구성 요소를 실천해야 하는 자신의 프랙티스에 대한 잠재적 위험이나 도전을 식별하기 위해 민감해야 한다. 지속해서 환경, 관계, 우리 자신을 스캔하는 것은 중요한 출발점이 된다. 이것이 없으면, 잠재적인 윤리적 문제를 놓칠 수 있고, 코치는 의식적으로 자신의 결정이나 행동/비행동의 시사점을 고려하지 않고 행동할 수 있다.

우리는 또한 이 인식 단계 관련 행동 강령의 이해, 모범 사례나 자신의 가치, 문화 및 사회 규범(어떤 것이 허용되고, 되지 않는지)을 포함할 것이다. 이것은 지금 이 순간, 문화, 국가 또는 조직 맥락 속에서 다루어져야 한다([그림 23.1]).

경우에 따라 코치가 두 개 조직 이상의 구성원이 될 수도 있기에 둘 이

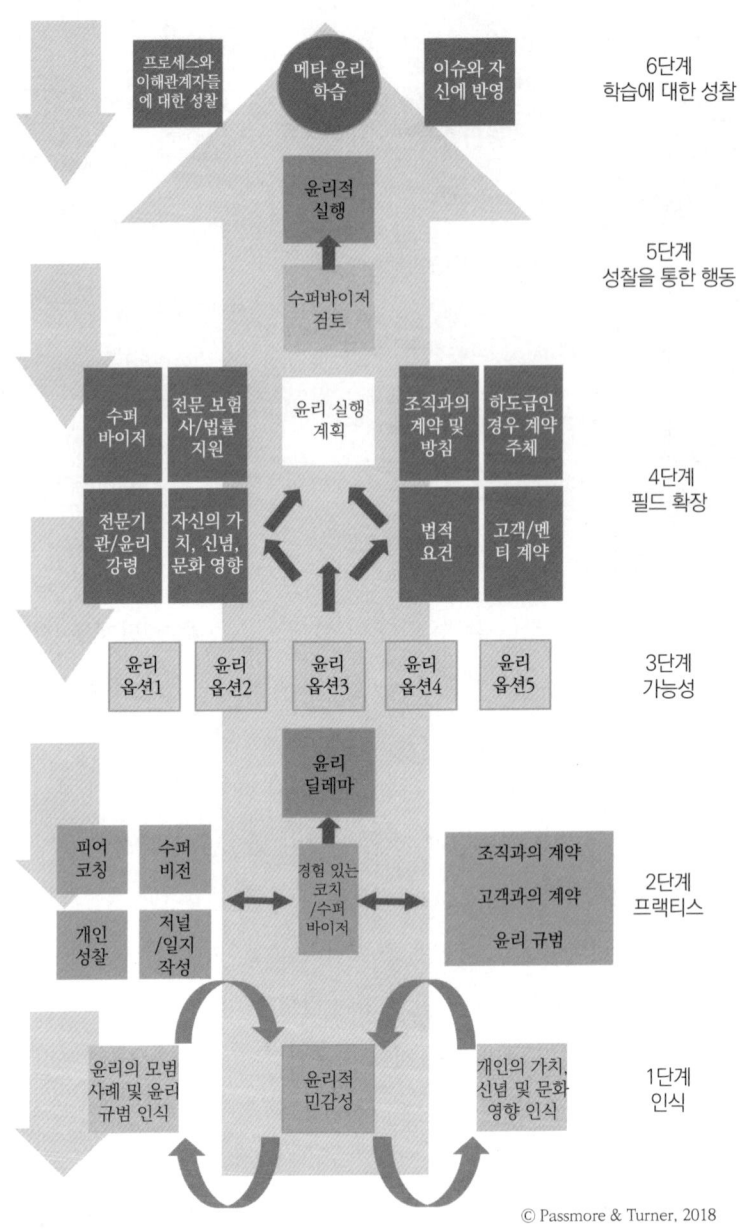

[그림 23.1] APPEAR 윤리 모델

상의 강령에 구속될 수 있다. 물론 코치는 이러한 강령들과 그것을 적용하는 방법을 알고 있어야 한다. 둘째, 우리가 다른 쪽에서 강조하는 자기 인식도 중요하다. 당신의 가치는 무엇이며, 이를 어떻게 유지하는가? 셋째, 모범 사례다. 때로는 모범 사례 또는 채택된 사례는 매우 빠르게 바뀔 수 있으므로 이에 대한 강령은 이를 따라잡는 데 시간이 걸린다. 예를 들어, 미국에서 벌어진 #미투Metoo 운동은 일부 관계에 존재할 수 있는 권력 역동에 대한 새로운 방식과 성별과 연령에 의한 역할을 인식하는 데 더 민감할 필요가 있음에 초점을 맞췄다.

가치는 또한 역사적 맥락 내에 위치하고 있으며, 50년 전에 일반적인 관행이었던 것이 현대의 일터에서는 받아들여지지 않을 수 있다. 윤리는 또한 국가마다 다르다. 미국에서는 남성 코치가 코칭 프로그램 관리자가 여성인 경우 악수를 청해도 아무 문제 없지만 중동에서는 허용이 되지 않는다. 민간 분야보다 공공 분야에서 더 높은 윤리 기준이 기대되고, 비규제 부문보다 규제 부문에 대한 기준이 더 높을 것이다. 마지막으로, 조직들은 그들이 수익을 보고하는 방식이든, 공급업체에게 기대하는 윤리 기준이든, 자신들이 수용 가능한 다양한 기준을 정하고는 한다. 샌프란시스코에서 일하는 작은 가족 회사에서 일하는 방식과 워싱턴 DC에 있는 정부 기관을 위해 일하는 방법에는 큰 차이가 있을 수 있다.

두 번째 단계는 '프랙티스'이다. 코치는 자신의 역할을 수행하는 동안, 수퍼비전, 일지 작성, 또는 개인 성찰을 통한 규칙적인 성찰 활동이 상황과 자기 인식을 개발하고 유지하는 데 도움이 될 수 있다. 우리는 다른 곳에서 수퍼비전이 성찰을 실행하는 방법으로 코칭에서 중요한 역할을 한다고 지적했지만, 코치는 여러 가지 방법으로 자신의 프랙티스에 대한 성찰을 할 수 있고 해야 한다.

의사 결정 프레임워크의 세 번째 단계는 딜레마의 출현과 실행 방안에 대한 '가능성'을 고려하는 것이다. 일부 코칭 역할에서 딜레마는 매주 발생할 수 있다. 다른 사람에게는 딜레마가 단지 몇 개월마다 또는 일 년에 한 번 등장할 수도 있다. 물론 우리가 잠재적인 딜레마에 더 민감할수록 더 많은 딜레마를 발견할 가능성이 크다. 윤리적 딜레마가 없는 코치는 인식이 부족한 코치가 될 가능성이 크다.

이 단계에서 코치의 주요 행동은 딜레마의 출현에 대응하여 대안 행동을 만드는 것이다. 이것은 이분법을 통해 시작될 수 있다. - "나는 A를 할 수 있고, B를 할 수도 있다." 그렇지만 성찰이 깊어짐에 따라, 멘토나 수퍼바이저와 같은 사람들과의 대화를 통해, 더 다양한 옵션들이 등장할 가능성이 크다.

네 번째 단계는 '필드 확장'으로, 개인이 옵션들을 통해 일해보는 것을 목표로 해야 한다. 여기에는 시나리오 개발이 포함된다. "내가 X를 한다면, Y가 따라오겠지, 그리고 결과는 A와 B가 될 거야." 이러한 긍정적, 부정적 결과에 대한 탐구는 코치가 사용할 수 있는 옵션을 더 잘 이해하는 데 도움이 될 것이다. 덜 매력적인 옵션은 덜어내고, 상황을 감안할 때 가장 윤리적이고 실용적인 옵션을 선택한다.

다섯 번째 단계인 '성찰에 따른 행동'은 적절한 행동을 실행에 옮기는 것이다. 이것은 용기가 필요함과 동시에 불쾌한 결과를 가져올 수도 있다. 이러한 결과는 다른 사람들을 위한 것이 아니라, 코치와 조직을 위한 것이기도 하다. 예를 들어, 불법 행위에 대한 내부 고발은 심각한 결과를 초래할 수 있다. 코치는 개인에 의해 비판 또는 위협당할 수 있고, 조직은 상황을 내부에서 처리하는 것을 선호할 수 있다. 코치는 배척당하거나, 고용이나 계약을 잃거나, 명성에 손상을 입을 수 있다. 코치가 정보 노출을 관리할 수 있는 권리를 어떻게 활용할 것인지가 관건이다. 어떤 경우에는 조직 내부적으로 문제를 처리하는 것이 적절한 때도 있지만, 다른 경우에는 이를 공개하는 것이 올바른 행동이 된다. 이 결정에 따라 수퍼바이저나 신뢰할 수 있는 동료와 깊은 성찰과 토론을 하는 것이 도움이 될 수 있다.

마지막 단계는 개인이 사건을 통해 얻은 배움을 성찰하는 것이다. 이 성찰은 프로세스 자체와 다양한 이해관계자, 두 가지 단계여야 한다. 그들이 코치로서 배운 것은 이 윤리적 행동을 통해 생각하고 실행을 통해 가능했다. 그들은 이 상황을 마주하고 일하면서 자신에 대해 무엇을 배웠는가?

마무리

우리가 제안한 바와 같이 코칭 전반은 개발하는 여정이다. 윤리적 성숙도를 개발하는 것은 그 과정의 일부다. ICF 윤리강령은 이 여정의 출발점이다. 다음 단계는 ICF 지속적인 코치 교육^{CCE} 코스다. 이와 함께, 수퍼비전을 통한 생각, 성찰, 저널링 및 토론은 당신의 윤리적 감수성을 높이고 ICF 강령과 함께 APPEAR와 같은 프레임워크를 사용하여 코칭 프랙티스 상의 도전을 탐색하는 데 도움이 될 수 있다.

24장.
고객과의 계약

도입

계약은 우리가 고객과 함께하는 작업에서 필수적인 요소다. 그것을 통해 주요 당사자들, 즉 코칭 비용을 지불하는 조직 고객과 개인 고객 사이의 이해를 공유한다. 연구에 따르면(Passmore, Brown & Csigas, 2017) 상당수의 코치들이 실제로 서면으로 계약하지 않는다. 이는 코칭의 형태와 국가에 따라 다르지만, 서면 계약과 합의는 성공적인 코칭을 위한 필수 요소라고 믿는다. 서면 계약이나 합의를 사용하지 않으면 코칭의 본질, 코치가 어떻게 일하는지, 조직과 개인 고객이 무엇을 기대할 수 있는지, 코치가 기대할 수 있는 것에 대해 오해할 위험이 있다. 더 중요한 것은 서면 계약이 없다면, 고객이 코치에게 책임지게 하는 수단을 제공하지 못하고, 고객이 코치에게 기대하는 윤리적 기준이 무엇이며, 고객이 불만이 있을 경우 코치에 대해 불평할 방법을 제공하지 못한다. 이 장에서 우리는 계약의 역할을 탐구하고 다양한 형태의 계약과 무엇이 포함되거나 제외되어야 하는지를 생각해볼 것이다.

코칭 계약이란 무엇인가?

계약은 두 당사자 사이의 조건을 설정하는 법적 합의다. 코칭에서 이것은 서비스 의뢰 조직과 서비스를 제공하는 조직 사이의 서비스 계약 형태를 띨 수 있다. 다른 코칭 프로젝트에서는 개별 코치와 개별 고객 사이의 서면 계약처럼 간단할 수 있다.

대부분 프로젝트에서 동시에 작동하는 여러 '계약'이 존재할 가능성이 크다. 코칭 또는 컨설팅 회사와 의뢰 조직 사이에 계약이 있을 가능성이 있다. 이것은 서비스에 대한 법적 계약이며 면책 요건, 지급 조건 및 준수와 같은 내용을 다룰 가능성이 크다. 또 많은 조직에서 '*1월부터 6월까지 에바 그레이*Eva Gray*와 함께 6회기 코칭 세션 실시*'와 같이 개별 작업 또는 일련의 작업에 대한 세부 사항을 설명하는 업무용 구매 주문서purchase order를 발행한다.

법적 동의를 제외하고 코치는 스폰서(코칭을 의뢰한 사람) 및 개별 고객 모두와 코칭에 대한 몇 가지 핵심 사항을 논의하고 명시적으로 동의할 것이다. 이러한 토론은 개별적으로 하거나 한꺼번에 진행될 수 있다. 이러한 각 '계약'에는 코칭에 관한 설명과 그 예상 결과가 포함된다. 그러나 이것들과 함께 모든 당사자는 상호작용하고 함께 작업하는 방법에 대한 많은 무언의 '계약'을 따른다.

'프레임'으로서의 계약

이 일련의 계약을 보는 한 가지 방법은 이것을 프레임으로 보는 것이다. 이러한 프레임은 다양한 이해관계자가 코칭에 가져오는 기대치를 반영한다. 일부는 서면으로, 일부는 구두로, 다른 일부는 암묵적으로, 심지어 관계된 당사자들의 의식적인 인식을 벗어난 부분까지 상호작용 방식에 영향을 미칠 수 있다.

이러한 프레임은 여러 수준에서 작동한다. 8개의 계약 프레임 모델에서 우리는 계약이 이해관계자의 생애lifetime 동안 매 순간 작용한다고 제안한다([그림 24.1]). 각 프레임을 차례로 살펴보겠다.

첫 프레임은 코칭 세션에서 매 순간의 상호작용을 다룬다. 코칭은 사회적 과정이다. 코치와 개별 고객은 지속해서 재계약을 맺고, 순간적인 상호작용에서 코칭 계약을 재협상한다. 이 계약은 그들 사이에서 일어나는 일과 그들이 보여주는 행동과 그들이 서로 의사소통하는 방법을 '바람직desirable', '수용 가능acceptable' 및 '수용 불가능unacceptable'으로 간주하는 것과 관련된다. 예를 들어, 코치가 코칭 대화로 가져오는 도전 수준은 두 당사자 사이에 존재하는 신뢰 수준에 비례하여 높아질 수 있다. 신뢰가 없는 높은 도전은 관계를 깨뜨릴 수 있다. 높은 신뢰와 존경심이 있을 때 도전은 자극적이고 카타르시스적인 것으로 보일 수 있다. 이러한 요소가 서면 계약에 명시적으로 포함되는 경우는 거의 없지만, 당사자가 함께할 수 있는 관계와 작업에 영향을 미친다.

두 번째 프레임은 '세션 계약'과 관련이 있다. 각 세션이 시작될 때 짧은 계약 대화를 통해 양 당사자는 세션 주제에 대해 공유된 견해에 동의할 수 있다. 예를 들어, 개별 고객이 지난 시간에 논의한 내용에 이어서 대화하기를 원하는가? 아니면 지난 세션 이후 발생한 긴급한 문제를 다루길 원하는가? 코치가 계약의 주요 조건을 간략하게 참조하고 변경된 사항이 없는지 확인하는 것도 도움이 될 수 있다. 이 '계약' 대화는 60초 정도 걸릴 수 있지만 각 세션에 유용한 플랫폼을 제공한다. 코치가 이 체크인 프로세스를 사용하여 세션을 시작하는 것은 꼭 필요한 합의이자, 모범 사례라고 생각한다.

[그림 24.1] 8개의 계약 프레임

세 번째와 네 번째 프레임은 서면으로 작성될 가능성이 더 크다. 세 번째 프레임은 코치와 개별 고객 사이의 합의를 다룬다. 네 번째 프레임은 조직과의 합의를 나타낸다(다른 사람이 코칭 비용을 지불한다고 가정). 이제 많은 조직이 코치가 서명해야 하는 공식 코칭 계약을 맺는다. 그렇지 않은 경우 코치는 과제에 대한 조건을 명시한 서면 계약을 제공해야 한다. 우리는 두 프레임 모두 마무리할 때 코치, 개인 고객과 조직 고객 또는 스폰서 사이의 3자 회의를 통해 코칭 과제의 목적과 초점에 대한 명확성과 투명성을 보장할 것을 제안한다. 이것은 또한 과제가 끝날 때 모든 당사자 사이의 검토 회의를 위한 플랫폼을 제공한다.

우리는 코칭 공급자와 구매자 사이의 공식적인 서면 계약과 코치와 개별 고객 사이의 계약을 구별한다. 서면 계약은 법적 계약이며 법원에서도 인정된다. 대조적으로 우리는 개별 고객과 코치 사이의 합의를 그들이 어떻게 협력할 것인지를 명확히 하는 데 도움이 되는 작업 문서로 간주한다. 따라서 이 문서에 서명할 필요는 없지만 코치가 코칭 과제를 시작하기 전에 개별 고객과 이 문서를 통해 만족하는지 확인하는 것이 도움이 된다. 또 개별 고객에게 향후 참조를 위해 계약서 사본을 제공하는 것이 유용하다고 생각한다.

우리는 이러한 공식적인 '계약'이 일련의 다른 암묵적 '계약' 또는 작업 방식을 통해 중재될 것을 제안한다. 이러한 '계약'은 코치와 개별 고객이 상호작용하는 방식에 영향을 미친다.

개별 고객은 조직에서 일한다. 이것은 대부분 코치에게 해당된다. 1인 코칭 회사거나 다국적 기업이거나 모든 조직에는 조직 문화가 있다. 이 문화는 조직이 고객, 동료, 규제 기관, 정부 및 경쟁사를 이해하고 대응하는 방법에 영향을 미친다. 이것은 쓰이지 않은 규칙이며, 일상적인 작업 관행을 반영한다. 요약하면, 조직 문화는 '이곳에서 일이 이루어지는 방식'(Deal & Kennedy, 1988)이며 코칭 세션을 포함한 일상 활동에 반영된다.

조직은 특정 분야, 국가 또는 문화적 환경과 역사적 맥락에서 운영될 가능성이 크다. 이러한 무언의 '계약'은 조직 내 사람들이 입는 옷, 서로 인사하는 방법, 서로에게 말할 수 있는 것과 없는 것(예 : 넥타이를 하고, 티셔츠를 입고, 검을 차는가?) 등의 문제에 영향을 미친다. 500년 전까지만 해도 검을 차는 것은 표준이었다. 영국 국회의원들은 지금까지도 의회에서 일할 때 검을 걸어둘 수 있는 공간이 있다. 악수를 하거나, 손인사dap를 하거나, 볼에 키스하거나, 목례하거나, 하이 파이브를 하는가? 다른 분야, 다른 국가, 다른 인종, 그리고 역사 (또는 세대)의 다른 시점에서 다르게 말하고, 행동하고, 상호작용한다. 효과적인 코치라면 호주 자선 부문 고객에서 프랑스 패션 하우스 고객으로, 미국 시민권 단체에서 스위스 민간 은행으로 이동할 때 문화적 차이를 인식한다.

다자간 계약

우리는 코칭을 시작하기 전에 3자 또는 다자간 회의가 모든 당사자에게 도움이 될 수 있다고 믿는다. 회의에는 코치, 개별 고객, 스폰서(일반적으로 직속 상사) 및 담당자(HR 관리자)가 포함될 수 있다.

이 다자간 회의에서 코치의 역할은 토론을 진행하는 것이다. 회의 목표는 코칭이 다루는 내용과 그 과정에서 기대되는 결과에 대해 공유하고 합의를 도출하는 것이다. 특히 당사자들 사이에 합의된 목표, 결과 또는 주제 목록을 통해 추후 코칭 프로세스에서 누구도 놀라는 일이 발생하지 않도록 한다. 논의할 세 번째 유용한 요소는 비밀 유지이다. 예를 들어, 스폰서가 각 세션이 끝날 때 완전한 서면 보고서를 기대하는지 아니면 코치가 내용을 기밀로 유지하는 것을 수락하는지 여부다. 그리고 코치가 해당 조직이나 경찰, 보건 전문가와 같은 다른 기관에 공개할 정보가 어떤 것인지도 정할 수 있다. 이것은 심각한 피해의 위험이 있는 경우나 사기, 절도 또는 뇌물과 같은 심각한 불법성이 있는 문제에 포함될 가능성이 크다. 대부분 대규모 조직은 경험이 풍부한 코칭 구매자이며 현재 많은 조직이 코칭을 위한 맞춤형 계약을 맺는다. 그러나 조직이 일반 컨설팅 계약을 사용하는 경우에는 세션 수, 세션 길이, 계약 가격, 지급 조건 및 불만족 시의 조정/배상 방법means of redress, 거시적인 목표와 작업 초점을 포함하여 코칭 작업에 대한 조건을 명시한 서면 계약이 가치있다고 생각한다. 이것은 다자간 회의가 끝날 때 모든 당사자에게 제공될 수 있다.

초기 시점에 이와 같은 이해가 공유된 다음에야 비로소 코칭 작업을 시작할 수 있다. 이 회의는 정기적인 검토를 위한 플랫폼 역시 제공한다. 더 긴 과제의 경우, 진행 상황에 대한 인식을 논의하고 필요한 경우 다시 집중하기 위해 중간 지점에서 이해관계자와 회의를 하는 것이 포함될 수 있다. 중간 검토가 있든 없든 최종 검토 회의를 하는 것이 필요하다고 믿는다. 이 회의에서 코치의 역할은 당사자 사이의 토론을 진행하고, 달성된 것에 대한 인식을 돕는 것이다. 코치는 회의에서 논의된 기밀 내용을 공유하거나 개별 고객이나 조직에 대한 의견을 표명하지 않도록 주의해야 한다. 그 대신 숙련된 개입으로 코치는 각 당사자의 견해를 끌어낼 수 있다. 개별 고객, 스폰서 및 담당 관리자가 각 개인의 코칭 과제 평가와 각 다음 단계를 듣고 이해하도록 돕는다.

계약에는 무엇이 포함되어야 하나?

[Box 24.2] 스폰서 계약의 주석 요소comments elements

- 전문적인 면책professional indemnity
- 지급 조건
- 해지 조항
- 취소 조건

[Box 24.3] 3자 계약의 주석 요소

- 코칭의 정의
- 코치, 스폰서 및 고객의 역할
- 3자 회의 준비(위탁, 검토 및 과제 종료)
- 코치의 작업 방식에 대한 간단한 설명
- 실행계획logistics - 세션 빈도 및 기간
- 기밀 유지 및 그 한계에 대한 진술statement
- 수퍼비전에 관한 진술
- 코칭의 초점 - 거시적인 목표 또는 초점
- 코치의 전문 자격 및 ICF 윤리강령
- 코치에 대해 불만을 표현하는 방법

[Box 24.4] 개별 고객과의 계약에 포함할 내용

- 세션 계획 및 목표
- 실행계획(회의 빈도, 회의 시간)
- 연락처 정보(세션 간 상호 소통 가능하도록)
- 양 당사자가 관계를 종료할 수 있는 방법 - (예: 소개 약정 referral arrangement 및 무과실 결별 no fault divorce 조항)
- 취소를 요구하기 위한 통지

이러한 수준의 합의가 ICF 핵심 역량의 일부를 구성하는 방법에 대해서는 8장에서 자세히 알아볼 수 있다.

마무리

계약은 코칭 작업에서 필수적이지만 흔히 무시되는 측면이다. 이를 제대로 하지 않으면 코치는 고객이나 스폰서의 불만에 취약하거나 적어도 고객의 기대를 충족시키지 못한다. 제대로 챙겨 놓으면 앞으로 4개월, 6개월 또는 12개월간의 협력 관계를 위한 후속 코칭 관계의 기반이 된다.

25장.
코칭 노트 작성 및 관리

도입

많은 코치가 코칭 세션 중에 메모할 때 가장 좋은 방법이 무엇인지 묻는다. ICF는 메모 작성에 관한 구체적인 지침을 제공하지 않는다. 이에 대한 조언은 정보를 기밀로 유지하고 코치가 데이터 보호와 같은 국가 법률을 준수할 것으로 기대하는 정도로 제한된다. 이 장에서는 메모 작성 아이디어를 탐색하고 메모 작성 시기, 수집할 정보의 양, 이 데이터를 저장, 관리 및 삭제하는 방법에 관한 몇 가지 제안을 하겠다.

메모를 해야 할까?

코칭 세션 중에 또는 이후에 메모를 작성해야 할지 또는 무엇을 적어야 할지에 대해 전문 기관이나 전문가들의 구체적인 지침이나 조언은 거의 없다. 그 주된 이유는 관행이 다양하기 때문이다. 메모 작성과 관련하여 어떤 정답이 있는 것은 아니다.

대부분 코치는 세션 중에 간단한 메모만 한다. 이에 대한 몇 가지 이유가 있다. 첫 번째는 세션 중에 메모를 자세히 쓰다보면 산만해질 수 있기 때문이다. 코치는 고객과 눈을 마주치고 완전한 의사소통을 하는 대신 글을 쓰려고 내려다보는 데 더 많은 시간을 보낸다. 결과적으로 코치가 대화에 참여하는 것보다 증거 수집에 더 관심이 있는 것처럼 보일 수 있다. 이러한 행동은 신뢰와 친밀감이 손상되고 고객에게 마음을 닫게 할 수 있다.

둘째, 코칭의 정의에 따르면 고객의 통찰력을 촉진하는 데 중점을 둬야 한다. 수집한 정보를 기반으로 고객을 평가하는 것은 맞지 않다. 인터뷰, 성과 평가 또는 징계 청문회와 같이 코치가 과거에 수행했을 수 있는 다른 많은 활동과는 매우 다르다. 이 같은 상황에서 면접관의 목표는 될 수 있는 대로 많은 증거를 수집하는 것이다. 그 증거들은 정확하고 포괄적이어야 한다. 코칭에서는 모두 고객에 관한 것이고 고객이 통찰과 훌륭한 인식을 발견하도록 돕고 이를 통해 선택을 더 잘 인식하게끔 해야 한다.

일부 코치들은 여러 페이지에 걸쳐 자세하게 메모를 작성한다. 예를 들어, 고객에게 장애가 있거나 스폰서를 위한 보고서를 작성하도록 요청받은 경우와 같이 고객이 메모 작성을 요청했을 수도 있다. 그러나 일반적인 경우에는 고객이 스스로 책임지고 자기 메모를 정리하도록 권장한다.

스폰서와 관련해서 우리는 검토와 보고를 위한 메커니즘으로 3자 회의를 사용하도록 권장한다. 여기서 고객은 코치 대신 스폰서에게 보고하고 코치는 의견을 제공하는 대신 대화를 촉진한다. 이러한 방식으로 했을 때 직속 상사와 부하 직원 사이의 관계는 손상되지 않고 유지된다. 코칭 프로세스는 어떤 식으로든 위 관계를 대체하거나 복제하는 것이 아니라 해당 관계 바깥에 존재한다.

무엇을 메모해야 할까?

어떤 정보를 캡처해야 하는지에 대한 생각을 안내하기 위해 'PIPS 프레임워크'를 제안한다.

- 개인Personal
- 아이디어Ideas
- 계획Plans
- 제안Suggestions

'개인' 이슈는 민감하지 않은 개인 정보를 말한다. 예를 들어, 고객이 파트너인 케이트의 이름을 언급하면 메모를 작성한다. 또는 그들의 딸인 플로렌스가 다음 주에 넷볼netball 토너먼트에 출전한다면 우리는 메모를 할 것이다. 이런 식으로 하면 다음 세션이 시작될 때 초기 비공식 대화 중에 이러한 측면에 대해 질문할 수 있다. 예를 들어, 우리의 노트는 단순히

'딸 - 플로렌스 - 네트볼 토너먼트 - 월말'이라고 적어두었다면 다음과 같이 다음 세션에서 질문할 수 있다: "플로렌스의 넷볼 토너먼트가 어떻게 됐어요?" 관계를 구축하는 데 도움이 되고 고객의 더 넓은 삶에 대한 코치의 개인적인 관심을 보여준다.

두 번째 영역은 '아이디어'다. 캡처할 가치가 있고 나중에 살펴볼 가치가 있는 발언일 수 있다. 예를 들어, 고객은 한 가지 문제에 초점을 맞추면서, 직장과 가정의 우선순위 균형을 맞추는 문제에 대해 이야기할 수 있다. 내 메모는 단순히 다음과 같을 것이다: '미래 주제 - 직장과 가정의 우선순위 균형?' 이 영역에서 나는 '일 중독자' 또는 '자기애주의자'와 같은 고객의 행동을 설명하기 위해 꼬리표나 진단을 사용하지 않도록 주의했다. 여기에는 여러 가지 이유가 있다. 첫째, 내가 자격을 갖고 있지 않은 임상 진단을 내리지 않도록 주의해야 한다. 둘째, 그러한 진단을 확인하기 위해 어떤 증거가 있을까? 나는 제한적인 정보를 갖고 있었을 것이고 진단을 위한 표준화된 심리 검사를 하지 않았을 것이다. 그러나 최종적이고 가장 설득력있는 주장은 고객이 내 노트를 보겠다고 요청했을 경우를 가정해 보는 것이다. 많은 국가에서 개인 데이터를 볼 수 있는 법적 권리가 있으며 코치는 고객이 이를 검토할 수 있도록 그러한 정보를 공개해야 한다. 따라서 고객이 세션 후에 메모를 읽을 수 있음을 메모를 작성할 때 염두에 두기 바란다. 이는 당신이 본질적인 것에 집중하고 추측의 영역으로 이탈하지 않도록 장려한다.

메모의 세 번째 영역은 '계획'이다. 세션이 끝나면 일반적으로 고객에게 통찰이나 실행 계획을 요약하도록 요청한다. 우리는 그들에게 이 세션을 기록하도록 권장할 것이며, 고객이 적는 동시에 세션 후 검토를 위해 우리도 이를 기록할 것이다. 이러한 계획에는 고객이 지금부터 다음 세션 사이에 무엇을 하려는지뿐만 아니라 관리해야 할 장벽과 장애물, 누가 지원할 것이며 누가 책임을 지도록 할 것인지도 포함된다. 고객 목록이 많을 경우(예: 30~40명) 이 정보는 코치가 다음 세션을 시작할 때 고객이 다음 대화의 시작점으로 탐색하기로 동의한 작업을 기억하는 데 도움이 된다.

네 번째이자 마지막 영역은 '제안'이다. 이것들은 코치가 어떤 행동을 취하길 기대하는 고객의 의견, 피드백 또는 아이디어일 수 있다. 고객이 자신의 주제를 더 깊이 탐구하는 데 도움이 되는 책, 웹 사이트 또는 기타 자료에 대한 요청이 있었을 수 있다. 고객의 피드백, 계속해야 할 행동 또는 다음 세션을 위해 변경해야 할 사항이 있을 수 있다. 또 조직에 연락하거나, 후원하거나, 치료사나 다른 코치에게 의뢰하는 것과 같이 고객을 네트워크의 다른 사람과 연결하는 등 코치가 구현해야 하는 추천 또는 조치가 포함될 수 있다. 코치가 그것을 적어 두지 않으면 잊기 쉽고 이러한 요청을 놓치기 쉽다.

세션 후에 어떤 메모를 해야 할까?

이것은 당신의 개인적인 스타일에 달려 있다. 이 책의 다른 부분에서는 개인 학습 저널을 사용하는 것을 제안했다. 코치는 이것을 사용하여 각 세션이 끝날 때 또는 매주 끝날 때 성찰한 것을 적을 수 있다. 우리는 성찰이 코치의 발달 여정에서 중요한 요소이며 저널이 각 세션의 생각, 감정 및 통찰력을 기록하는 매우 유용한 도움이 될 수 있다고 믿는다.

코치가 각 세션에서 정보를 수집할 수 있다면 거기에는 몇 가지 이점이 있다. 첫째, 코치가 수퍼비전으로 가져갈 자료의 출처가 된다. 몇 주 또는 몇 달 동안 또는 특정 고객들 또는 일정한 고객 유형에 대해 어떤 패턴을 관찰해야 할까? 둘째, 글을 쓰는 동안 문제를 생각할 수 있는 기회를 제공한다. 마지막으로, 많은 사람에게 글쓰기는 카타르시스적인 과정으로, 코칭 세션들로 인해 유발된 감정이나 생각을 놓아버리고 하루의 다음 부분으로 넘어갈 수 있도록 한다.

저널은 당신의 스타일과 세션에서 유발된 이슈에 따라 짧거나 길 수 있으며, 100 단어 또는 1,000 단어로 정리된다. 우리는 이 책의 다른 곳에서 성찰을 위한 하나의 도구인 Henley 8을 자세히 설명했다. Henley 8은 성찰 과정의 가이드 역할을 하는 유용한 프레임워크가 포함된 일련의 질문들이다.

> **[Box 25.1] The Henley 8 자기 성찰 질문**
>
> 1. **내가 알아 차린 것은:**
>   이를 통해 관찰 내용을 탐색할 수 있다. 고객, 상황, 관계, 환경에서 무엇을 발견했나?
> 2. **내 반응은:**
>   여기서 초점은 당신이 어떻게 반응했는지에 있다. 여기에는 행동, 감정 또는 인지가 포함될 수 있다. 얼굴이 붉어지거나 심박수의 변화와 같은 생리적 반응도 포함될 수 있다.
> 3. **나에 대해 말해주는 것은:**
>   당신은 인간으로서 이것의 의미를 탐구하려고 할 수 있다.
> 4. **이것이 코치로서 나에게 의미하는 바는:**
>   코치로서 그것의 의미를 고려할 수 있다.
> 5. **이것이 코치로서 내 강점으로 알려주는 것은:**
>   모든 반응에는 잠재적인 이점과 함정이 있다. 이 반응의 이점은 무엇인가?

6. **나에게 잠재적인 함정은:**
   주의해야 할 함정이나 잠재적인 요소는 무엇인가?
7. **이 주제에 대해 성찰하면서 배운 것은:**
   이 상황에서 무엇을 배웠는가? 행동을 조종하려는 욕망이나 자동 반응에 대한 통찰일 수 있다.
8. **나는 이 새로운 통찰을 미래에 …을 통해 적용할 것이다:**
   이것은 미래를 위해 고려할 실행 계획이다.

고객이나 스폰서가 당신이 쓴 메모를 보고 싶어 하면 어떻게 해야 할까?

이 이슈는 조직, 스폰서 및 개별 고객과의 계약을 통해 발생하기 전에 가장 잘 관리된다.

일반적으로 3자 계약을 사용하면 스폰서가 피드백 보고서를 요청하는 위험을 줄일 수 있다. 3자 계약은 코치가 개별 고객, 직속 상사 또는 스폰서와 사전 코칭 회의를 개최하여 코칭의 성격과 각 당사자의 기대치를 논의하는 것을 포함한다. 코치는 코칭을 안내하기 위해 코칭 과제 기간 중 사용될 각 당사자의 코칭 우선순위를 문서화한다. 코칭 과제가 끝나면 코칭 프로그램을 검토하기 위해 두 번째 회의가 열린다. 코치는 이 대화를 진행하여 스폰서/직속 상사와 개별 고객의 의견을 모두 들으면서 개인적인 의견이나 판단을 표현하지 않는다. 어떤 경우에는 중간 검토 회의도 유용할 수 있다. 이것은 총 8회 또는 12회 세션 중 4번째 또는 6번째 세션을 진행한 뒤에 실시할 수 있다. 진행 상황에 대한 두 당사자의 견해를 확인하고 필요에 따라 우선순위를 재정렬하게 되고, 이렇게 하면 대부분의 스폰서가 코치에게 보고서나 메모를 요청하지 않는다. 보고서나 메모를 요청받게 되면, 세션의 세부 사항은 기밀이라고 합의했던 초기 회의를 다시 설명해 줄 것이다.

메모 공개에 대한 모든 법적인 요건을 염두에 두는 것이 유용하다. 유럽연합과 같은 많은 지역에서 개인은 코치 또는 조직이 보유한 자신의 개인 데이터를 볼 권리가 있다(Passmore & Rogers, 2018). 여기에는 개인의 이름, 주소 또는 기타 개인 정보가 포함된 메모, 파일 또는 기록이 포함된다. 코치가 유럽연합에 거주하지 않더라도 인터넷이나 전화 회의를 통해 해당 지역에 거주하는 사람을 코칭하는 것도 법률의 적용을 받는다는 점에 주목할 필요가 있다.

코칭이 전 세계적으로 확산하고 인터넷과 전화 코칭이 증가함에 따라 규칙은 전 세계적으로 다를 수 있으므로 코칭할 때 이를 염두에 둔다.

고려해야 할 마지막 이슈는 경찰 또는 시민 당국에 대한 메모 공개 필요성이다. 다시 말하지만, 법률은 매우 다양하다. 조직(고용주) 또는 직원이 법적 조치를 취하는 고용법 사례에 따라 노트가 요구될 수 있다. 대부분의 경우 그러한 노트의 공개는 경찰의 요청이 아닌 판사가 명령해야 한다. 당신의 지역에서 법이 어떻게 작동하는지 이해하는 것이 가장 중요하다(Turner & Passmore, 2017). 코칭 관련 데이터에 대한 의견은 ICF 윤리강령에서도 확인할 수 있다.

고객 데이터의 관리 및 안전한 삭제

노트를 수집한 후에는 적절한 시점에 이러한 노트를 저장, 관리 및 폐기하는 방법을 생각해야 한다. 유럽연합 일반 데이터 보호 규정General Data Protection Regulations(GDPR)은 개인 데이터의 관리, 저장 및 파기를 위한 정책을 수립하도록 요구한다. 이것은 손으로 쓴 데이터와 디지털 데이터 모두 관련이 있다.

노트 관리 측면에서 어떤 정보를 거기에 적어 두었는지 생각해야 한다. 예를 들어, 노트에 이니셜만 사용할 수 있다. 집에서는 파일과 공책을 잠근 사무실이나 잠근 파일 캐비닛에 보관할 수 있다. 디지털 데이터의 경우 컴퓨터가 암호로 보호되고 있는지 확인하고 정기적으로 업데이트한다.

데이터를 언제 어떻게 삭제할 것인지에 대한 정책 역시 명확히 해야한다. 코칭 관계를 마친 후 약 2~3년이 적절하다고 제안한다. 이 작업을 연간 작업으로 만들어 파일을 검토하고 2년 또는 3년이 지난 기록을 삭제하면 된다. 종이 파일의 경우 분쇄기를 사용해야 한다.

디지털 파일의 경우 장치의 휴지통 폴더를 삭제하고 비워야 한다. 또 데이터가 포함된 컴퓨터와 하드 드라이브를 적절하게 폐기하여 사용자가 장치를 폐기한 후 다른 사람이 장치의 데이터에 접근하지 못하도록 해야 한다.

마무리

이 장에서는 메모 작성 문제에 대해 간략하게 살펴보았다. 우리는 간단하게 메모하는 것이 유용할 수 있지만, 코치는 메모하는 것보다 완전히 코칭 프레즌스를 유지하는 데 더 많은 시간과 에너지를 쓰는 것이 가장 좋다. 메모를 할 때 코치는 PIPS 모델을 가이드로 사용하여 개인 정보, 세션에서 발생하는 아이디어, 고객 계획 및 향후 제안에 중점을 둔다. 우리는 또한 우리의 언어 사용에서 고객을 존중해야 한다고 논의하였으며, 많은 국가에서 고객은 우리 노트를 볼 권리가 있음을 염두에 두었다. 마지막으로, 우리는 노트 내용을 합리적인 기간 이후에 저장하고 폐기하는 것의 중요성에 대해 이야기했다.

26장.
마음챙김을 통한 프레즌스 유지

도입

많은 코치의 공통적인 도전은 코칭 세션 중에 발생한다.. 우리는 해당 고객과의 바로 전 코칭 세션과 코칭 세션 시작 전에 벌어지는 일들로 인해 자주 집중하지 못한다. 코칭 세션 중에 벌어지는 사건들과 고객이 지금까지 이야기한 것들로 인해 마음이 불편해지기도 하고, 다음 세션에 대해 생각하느라 그렇기도 하다. 이 장에서 우리는 코치가 마음챙김 프랙티스의 개발을 통해 세션에서 그들의 프레즌스를 향상할 수 있는 한 가지 방법을 살펴본다.

프레즌스 유지

앞서 10장에서 우리는 개방적이고 유연하며 근거 있고 자신감 있는 스타일을 사용하면서 특히 의식을 유지하고 고객과 함께 프레즌스를 유지하는 ICF의 역량을 다루었다. 7장에서 우리는 ICF의 두 번째 핵심 역량인 코칭 마인드셋 구현, 즉 코치가 자기 인식을 끌어내야 할 필요성을 부각하고, 자기 정서를 조절하는 능력을 개발하고, 코칭 세션을 위해 정신적으로 그리고 정서적으로 준비하는 것에 관해 알아보았다. 이러한 프랙티스와 자질은 고객과 함께 프레즌스를 유지하는 우리의 역량을 보강하는 데 도움이 되며 이 장에서 더 자세히 살펴보겠다.

코칭 마인드셋을 확립하고 프레즌스를 유지하는 우리 자신의 프랙티스에 도움이 되는 한 가지 접근 방식은 마음챙김이다. 마음챙김은 건강과 성과에 대한 긍정적 효과가 밝혀지면서 대중적 개념이 되었다. 그러나 마음챙김은 코치가 자신을 사용하여 순간에 완전히 존재하도록 돕고 자신과 고객에 대해 판단하지 않는 유용한 코칭 도구이기도 하다.

마음챙김이란 무엇인가?

마음챙김이라는 용어는 불교 용어 사티sati의 번역에서 파생되었다. 사티는 자신과 타인에 대한 비판단, 수용, 친절 및 친근함으로 수행되는 인식, 주의 및 기억의 측면들을 합친 개념이다.

많은 저자가 불교의 뿌리로부터 2,500년의 역사에 걸쳐 마음챙김의 정의를 제시했다. 이 주제에 관해 가장 잘 알려진 21세기 저자 가운데 한 명인 존 카밧진Jon Kabat-Zinn은 그것이 의도적으로 현재의 순간에 비판 없이 주의를 기울이는 방법이라고 제안한다. 카밧진의 공식적인 용어 정의는 다음과 같다. "마음챙김은 자기 관찰, 자기 탐구, 마음을 다스리는 행동의 체계적인 과정을 통해 당신 존재의 충만함과 더 많이 접촉할 수 있는 실용적인 방법이다. 여기엔 차갑거나 분석적이거나 무감각한 것은 없다. 마음챙김 프랙티스의 전반적인 원칙은 부드러움gentle, 감사appreciative, 양육nurturing이다." (Kabat-Zinn, 1991, p13)

마음챙김의 이점

지난 30여년 동안의 연구에 따르면 마음챙김은 프랙티셔너들에게 상당한 이점을 제공한다. 이러한 발견은 일터에서 뿐아니라 건강에 대해 마음챙김을 연구하는 발표 논문의 폭발적인 증가로 인해 이루어졌다 (Passmore, 2019a, b).

연구에 따르면 마음챙김은 정신 건강 및 우울증에서 암 치료, 심장병, 통증 관리 및 혈압 감소에 이르기까지 다양한 시나리오에 적용될 수있는 이점이 있음을 보여준다. 그러나 마음챙김 프랙티스가 주는 인지적 이점은 덜 논의되었다. 이 분야의 연구는 작업 기억과 주의, 통제 및 뇌 효율성을 포함한 일반적인 뇌 성능에 긍정적인 영향을 미쳤다(Neubauer and Fink, 2009; Ocasio, 2011; Smallwood & Schooler, 2015).

규칙적인 마음챙김 프랙티스는 코치들에게 도움이 된다.

마음챙김이 코칭에 어떻게 도움이 될 수 있을까?

우리는 이것을 세 가지 요소로 생각할 수 있다. 첫째는 코치, 둘째는 고객, 그리고 셋째는 관계다. 효과적인 코칭을 위해서는 코치가 각 고객에게 완전히 집중된 관심을 보여야한다. 우리의 개인 생활과 직업 생활 사이의 경계가 흐려지고 이 둘의 압박이 걱정과 혼란으로 합쳐질 때 온전한 집중이 항상 쉬운 것은 아니다. 마음챙김은 답을 제공한다. 지금 여기here and now라는 유일한 순간에 우리의 주의를 집중시킨다.

고객 역시 자신의 압박과 불안의 소용돌이에 휘말릴 가능성이 크다. 코치처럼 그들도 한 사건에서 다음 사건으로 도움이 되지 않는 짐을 지고, 감정과 생각이 하나의 사건이나 관계에서 다음 사건으로 투영된다. 마음챙김은 세션뿐 아니라 학습에도 주의를 집중할 수 있는 기회를 제공한다.

코치와 고객 모두 과거의 사건과 관계는 물론 미래에 대한 두려움과 생각이 있으므로 코칭 관계도 고통받을 수 있다. 앞서 소개한 칼 로저스Carl Rogers와 프리츠 펄Fritz Perl과 같은 저자들은 일대일 작업에서 관계의 중요성을 인식했다.

이미 주목했듯이 칼 로저스의 인본주의 접근의 중심은 일치성congruence과 공감적 이해empathic understanding라는 개념이었다(Rogers, 1961). 일치성은 코치가 자신에게 진실할 수 있는 방법이다. 로저스는 이 상태 동안 코치가 경험하는 감정을 확인할 수 있으며, 그 감정에 따라 살 수도 있고, 이 감정을 소통할 수도 있다고 한다.

일치를 통해 코치는 인식을 촉진하고 호기심 많은 질문을 제공하며, 고객이 통찰을 식별하도록 도울 수 있다.

공감은 '다른 사람의 입장에서 생각하는' 능력으로 설명할 수 있다. 이것은 공감하는 사람이 자신의 현실에서 '벗어나step out' 고객의 현실 속으로 들어갈 수 있음을 의미한다. 마음챙김은 이 과정에서 우리에게 도움이 될 수 있으며, 이러한 감정에 빠지지 않고 고객 감정에 집중해 작업할 수 있도록 도와준다. 공감을 통해 고객이 코치의 존재, 지원 및 이해를 느끼는 데 필요한 지원 구조support structure를 만들 수 있다. 코치가 경험하는 정서를 인식하고 이러한 정서를 담을 수 있도록 하면서, 고객이 통찰력을 얻고 앞으로 나아갈 수 있도록 도와준다.

마찬가지로 프릿츠 펄스Fritz Perls의 작업은 고객이 제기한 문제에 대한 공감적이고 순간적인moment-by-moment 탐색에 중점을 둔다. 여기서의 핵심 아이디어는 첫 번째는 프레즌스이고, 두 번째는 지금 여기와 다음 사이의 작업이다. 게슈탈트에서 프레즌스는 고객의 요구에 최대한 진정으로 응답하기 위해 고객에게 주의를 집중하는 능력을 말한다. '지금 여기'와 '다음'은 현재의 탐구를 말하며, 고객이 여기서의 배움을 미래의 행동에 통합하는 데 도움이 된다. 우리는 18장에서 게슈탈트를 자세히 살펴보았다.

마음챙김 탐구를 통해 마음챙김이 코칭 프랙티스에 유용한 네 가지 주요 방법이 있다고 믿는다.

> **[Box 26.1] 코칭에서 마음챙김의 잠재적 이점**
>
> - 코치가 코칭을 준비하는 데 도움
> - 코치가 세션에 집중할 수 있도록 도움
> - 코치가 감정적 반응을 관리하도록 도움
> - 고객과 나눌 수 있는 도구로 사용 가능

세션 전 프레즌스 확보

대부분 코치가 직면하는 한 가지 도전은 방황하는 마음이다. 한 고객과의 세션이 끝나기가 무섭게 다음 고객을 만나러 이동해야 하거나 줌 미팅이 끝나자마자 쉬는 시간 없이 다른 줌 미팅에 접속해야 할 수도 있다. 이러한 상황에서 마음은 이전 세션의 여파로 끌려갈 수도 있고, 다음 문제를 고려하기 위해 마음이 그냥 표류할 수도 있다. 마음챙김은 그러한 요구들을 제쳐두고 지금 여기에 집중할 수 있는 실용적인 방법을 제공한다.

이를 달성하는 한 가지 방법은 코치가 이 도구를 코칭 대화에 통합하는 것이다. 각 세션 전에 간단한 몸 살피기 body scan를 위해 4분을 사용한다. 다음 레이스에 앞둔 운동 선수처럼 올바른 정신 공간에 들어가는 것이 중요하다. 웹에서 다양한 몸 살피기 방법을 확인할 수 있으며 앱을 다운로드하여 휴대폰에서도 사용할 수 있다. [표 26.1]에 몸 살피기 안내가 나온다.

[표 26.1] 대기실 몸 살피기

1단계	앉을 수 있는 편안한 장소를 찾아 똑바로 앉아 기품 있는 자세를 만든다.
2단계	호흡을 관찰하기 시작한다. 들이 마시고 내쉬기를 8~9차례 천천히 하고 나서 사이클을 다시 시작한다.
3단계	통증, 긴장, 감각 등 몸에서 벌어지는 것을 인식한다. 판단하거나 설명하려고 하지 말고 이 감각을 열어두면서 그 존재를 알아차리기만 한다.
4단계	호흡을 긴장이나 스트레스의 모든 영역으로 향하게 하고, 호흡이 불편한 감각을 붙잡고, 만지고, 둘러싸도록 하여 이러한 감각이 녹거나 가라앉게 한다. 긴장이나 스트레스의 각 장소에 8~9번의 호흡을 차례 대로 가져간다.
5단계	의자에 똑바로 앉아 몸을 살피면서 호흡을 넓히고 전신의 감각을 인식하기 시작한다.
6단계	마지막 감각을 그날의 다음 부분 next part of the day 으로 가져간다.

세션 중 프레즌스 유지

마음챙김은 코치가 개별 세션에서 프레즌스를 유지하는 데 도움이 될 수도 있다. 1~2시간의 코칭 세션 동안 방황하는 마음으로 인해 코치는 완전한 주의집중을 못 할 수 있다.

이 위험을 인식하면 코치가 위험을 더 잘 관리하는 데 도움이 될 수 있다. 이를 위해서는 코치가 현재 자신에게 일어나는 일에 주의를 기울여야 한다. 예를 들어, 거리의 소음이나 과거 또는 미래 세션에 대한 생각, 또는 기타 방해 원인으로 인해 산만해지는 경우, 코치는 이러한 생각을 포착하고 주의를 고객에게 다시 돌릴 수 있다. 코치가 완전히 현존할 때만 호기심과 정서적 공감으로 고객을 위해 행동할 수 있다. 단계를 벗어나면 고객은 말로 표현하는 내용과 의미를 모두 놓칠 위험이 있으므로, 자신이 고객에게 도움이 되지 않는 세션이 될 수 있다. 10장에서 소개된 프레즌스 유지하기를 참고하기 바란다.

세션 중 감정 관리

코치가 직면하는 세 번째 문제는 관계, 특히 개인적이고 친밀한 대화에서 만들어진 감정적인 내용을 다루는 것이다. 수퍼바이저와 동료 사이의 멘토링은 유용한 도구가 될 수 있지만, 코치가 다루는 주제에 따라 마음챙김도 유용한 도구가 되어 현재 고객을 도울 수 있다.

코칭으로 인해 고객 또는 그들의 행동에 대해 강한 매력이나 혐오감이 생길 수 있다. 이로 인해 코치가 '커다란 나쁜 조직big bad organization' 또는 참석하지 않은 다른 이해관계자들에 대해 고객과 동맹이 되는 공모의 위험이 있다. 또 고객에서 코치 쪽으로 또는 그 반대로 신체적 매력이 느껴질 수도 있다.

마음챙김은 코치가 자신과 자연스러운 인간의 정서적 반응을 더 잘 인식하고 이러한 인식을 통해 반응을 적절하게 관리할 수 있는 자원을 제공한다.

자신의 감정을 관리하는 코치의 역량에 대해서도 7장에서 살펴보았다.

프레즌스를 키우는 기법

코칭 세션이나 다른 작업 중에 정기적으로 프랙티스할 때, 세션 내에서 우리의 장기적인 프레즌스를 키우는 데 도움이 될 수 있는 다양한 마음챙김 기법이 있다(Passmore & Amit, 2017)([표 26.2]).

[표 26.2] 마음챙김을 위한 세 가지 실천

주변 소음 인식	이 연습은 우리 주변에서 일어나는 소리를 인식하는 것이다. 윙윙거리는 곤충, 거리에서의 잡음 또는 고객의 펜 딸깍 소리 등 좋고 나쁜 것이 아닌 우리 주변의 소음을 있는 그대로 받아들이고 난 다음, 우리의 초점을 고객에게 맞춘다.
STOP	이 활동은 우리가 어떻게 우리의 일을 계속하고 싶은지 마음대로 선택함으로써 우리가 더 능동적으로 될 수 있도록 돕는 제안이다. 많은 시간을 필요로 하지 않는다.
관찰자 되기	반발은 일반적인 인간 특성이다. 고객이 일어난 일이나 그들이 원하거나 계획대로 가지 않은 대화에 대해 화가 났을 때 특히 발생할 수 있다. 고객은 자기 생각을 섣불리 확인함으로써 불안, 스트레스 또는 분노를 느끼게 된다. 이러한 상황에서 코치는 고객의 반응을 간단하게 알 수 있고, 자기 생각이 아니고, 진실이 아니라 인식임을 알려준다. 이 방법으로 코치는 고객이 경험할 수 있는 감정적인 혼란에 함께 빠져들지 않을 수 있다.

마무리

프레즌스를 유지하는 것은 코칭에서 중요한 작업이다. 마음챙김 연습은 코치가 각 세션을 준비하는 데 유용한 도구가 될 수 있다. 이 도구는 현재 순간에 유용하지만 규칙적인 연습을 하면 오랜 시간 동안 코치의 초점을 강화하는 데도 도움이 된다.

5부: 프랙티스 개발

도입

5부는 코치가 평생 학습과 개발 아이디어를 얻을 수 있는 다양한 방법을 제공하는 몇 개의 장으로 구성된다. 1장에서 강조한 대로, 코치가 되는 과정에 들어섰다는 것은 우리 자신의 성장, 자기 인식과 성숙에 대한 장기적인 노력을 기울이겠다는 철학과 가치를 받아들임을 의미한다. 27장에서는 전문성의 지속적 개발Continuous Professional Development(CPD)에 대해 살펴본다. 이어서 28장에서는 개인 계발 계획Personal Development Plan(PDP)을 통해 전문성의 지속적 개발을 우리의 실행 장면으로 가져오는 한 가지 방법을 소개한다. 코치의 전문성을 지속해서 개발하는 것이 중요할 뿐만 아니라, 성장하는 코칭 시장에서 자신을 포지셔닝하는 여러 측면에서 이익이 되는 이유를 설명한다. 우리는 자격 갱신을 위한 개발 프로세스의 개요와 함께 ICF 자격을 갖춘 코치의 전문성 개발에 대한 ICF 관점과 기대사항을 제공한다.

29장에서는 코치들의 전문성의 지속적 개발을 위해 매우 유용하고 강력한 코칭 수퍼비전을 소개한다. 코칭의 맥락에서 수퍼비전이 무엇인지 정의하고 이 귀중한 활동의 기능과 범위를 설명하는 간단한 수퍼비전 모델을 소개한다. 또 수퍼비전이 실제로 어떻게 작동하는지, 그리고 수퍼비전이 개인과 직업 차원에서 코치에게 어떻게 도움이 될 수 있는지에 대한 몇 가지 예를 다룬다. 마지막으로, 적합한 수퍼바이저를 찾는 데 도움이 되는 몇 가지 팁과 이러한 종류의 개발 프랙티스를 최대한 활용하는 방법에 대한 몇 가지 생각을 나눈다.

이어지는 30장에서는 성찰 프랙티스에 대해 살펴본다. 성찰 프랙티스가 무엇인지, 코치와 코칭 프랙티스에 대한 이점을 설명하는 것으로 시작해서 성찰을 위한 다양한 도구와 접근 방식들을 제공한다.

31장과 32장에서는 ICF 자격 증명과 지속적인 개발 과정의 두 가지 측면인 멘토 코칭과 코치 지식 평가Coach Knowledge Assessment(CKA)를 살펴본다. 31장에서 우리는 특히 코칭 자격 증명 관점에서 멘토 코칭을 설명하고 정의하며 이것이 일반적인 멘토링 정의와는 어떻게 다른지 설명한다. 자격 증명과 갱신을 위해 ICF에서 멘토 코칭이 적절하게 요구되는 시기와 방법에 대한 개요를 제공한다. 멘토 코칭은 여러 가지 방법으로 다룰 수 있다. 그러나 우리는 그것이 실제로 작동하는 경향에 대한 핵심 원칙과 접근 방식을 공유하고 적절한 멘토 코치를 찾는 방법과 개발 프로세스상에서 최선의 결과를 얻기 위한 방법에 관한 지침을 제공한다.

32장에서는 ICF 자격 증명 신청 과정에서 코치 지식 평가CKA가 무엇이고 그 목적과 과정상의 위치를 설명한다. 우리는 코치 지식 평가 문항의 몇 가지 예와 이 지식 평가 연습을 준비하는 방법에 대한 지침을 공유한다.

　5부는 33장으로 마무리되는데, 장기적으로 코칭 스킬을 어떻게 계속 개발할 수 있을지 방법을 알아본다. 코치 성숙도와 평생 학습 수익lifelong learning return의 개념과 코치가 ICF 자격 증명 시스템 내에서 개발을 계속할 수 있는 방법에 관한 지침을 제공한다. 우리는 PCC가 무엇인지, ACC와 PCC 수준 코칭의 주요 차이점 중 일부와 함께 다음 수준의 자격 증명을 달성하는 데 필요한 것이 무엇인지 살펴본다. 우리는 또한 PCC 및 MCC 수준을 구분 짓는 코칭 측면을 알아보고, 코칭 프랙티스에서 지속해서 성장하는 방법으로 과학에서 예술로의 전환을 설명하는 전문 개발 모델을 제공한다.

27장.
개인 계발 계획

도입

이 장에서는 개인 계발 계획personal development plan(PDP)에 중점을 둔다. 개인 계발 계획은 우리의 코칭 실행력을 개발하는 데 중요한 측면이며, 지속적인 프로세스로서의 목적 및 혜택과 함께 개인 계발 계획이라는 용어가 의미하는 바를 설명하는 것으로 시작한다. 또 개인 계발 계획의 배경이 되는 기본 이론과 이를 실제로 어떻게 만드는지에 대해서도 살펴본다. 마지막으로, 코치를 위한 개인적인 그리고 전문적인 개발이 관련되어interwined 있으므로 27장과 28장을 읽어 볼 것을 추천한다.

개인 계발 계획이란 무엇인가?

영국 고등교육 능력인증국Quality Assurance Agency for Higher Education(QAA)에서는 개인 계발 계획을 '개인 학습, 성과 및 성취를 반영하고 개인적, 교육적, 경력 개발을 계획하기 위해 개인이 수행하는 구조적으로 지원되는 프로세스'로 정의한다.

영국 고등교육 능력인증국은 계속해서 개인 계발 계획의 주요 목적을 다음과 같이 설명한다. "개인 계발 계획을 통해 자신의 학습을 검토, 계획하며, 책임을 지고 학습 내용과 방법을 이해하는 능력을 향상한다. 개인 계발 계획은 학습자가 자신의 학습, 성취와 결과를 더 명확하게 표현할 수 있도록 돕고 학습이 평생life-long 그리고 삶 전 영역에 걸친life-wide 활동이라는 개념을 지원한다."

코치로서 우리의 개인적, 직업적 개발은 서로 관련되어 있을 수 있으며, 이 장은 ICF의 입장과 코치의 전문성은 지속 성장해야 한다는 기대치를 설명하는 28장 전문성의 지속적 개발과 밀접하게 연결된다. 코치로서의 지속적인 학습 및 개발에 대한 명확한 전념commitment과 성찰 프랙티스에 대해서는 ICF 핵심 역량 모델의 두 번째 역량인 코칭 마인드셋 구현을 다룬 7장에 구체적으로 명시되어 있다.

우리는 개인 계발 계획에 대한 접근 방식이 다음과 같은 원칙을 수용할 것을 제안한다.

- 평생 학습자가 되겠다는 의지와 헌신으로 구조화되고 주도적으로 계획됨

- 학문적, 개인적, 전문적 개발 활동을 포괄하는 전체적인 범위
- 우리가 어떤 방식으로든(예: 교사, 멘토 코치 또는 수퍼바이저에게) 지원과 안내를 받고 있다고 느끼며, 시간이 지남에 따라 자립할 수 있는 패턴을 장려하고 활성화하는 프로세스
- 목표 설정, 실행 계획, 자기 성찰 및 목표 달성을 위한 모니터링을 포함하는 지속적인 프로세스
- 점진적 학습을 다른 사람과 공유하고 시연할 수 있는 프로세스(예: 고객과 함께, 학습 활동 중에, 자격증 신청 및 갱신과 같은 코칭 평가 활동 중에)

개인 계발 계획 과정은 학습 이론, 특히 콜브Kolb의 모델에 기반을 둔 효과적인 학습의 4단계 주기와 연결될 수 있다([그림 27.1]).

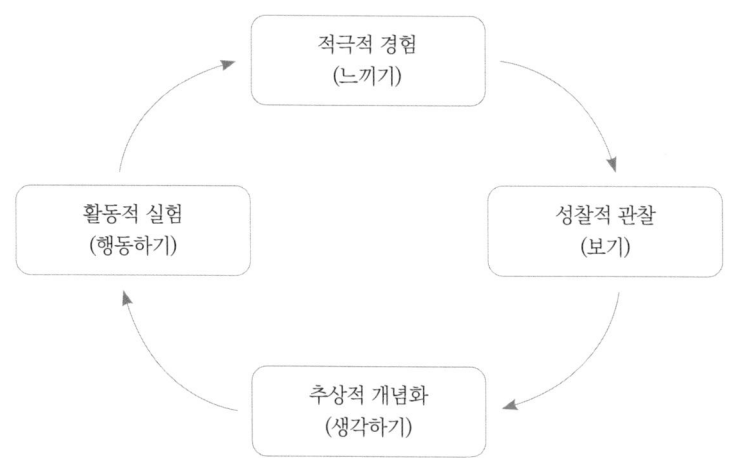

[그림 27.1] 콜브의 효과적인 학습 4단계. 출처: Kolb(1984)

개인 계발 계획이 어떻게 도움이 될 수 있을까?

개인 계발 계획의 혜택은 여러 면에서 전문성의 지속적 계발continuous professional development(CPD)의 혜택과 비슷하다. 특히 정기적이고 지속적인 개인 계발 계획 활동은 다음과 같이 도움이 된다:

- 공식 및 비공식적인 방식으로 학습과 계발을 인정하고, 가치를 부여하고, 입증한다.
- 우리의 성장에 대한 주도권을 갖는다.
- 우리가 배우는 방법과 다른 학습 전략이 우리에게 잘 작동하는지 더 잘 인식하여 학습자와 프랙티셔너로서 우리에게 효과적인 것이 무엇인지에 대한 자기 인식을 확장한다.
- 자신의 진행 상황을 더 효과적으로 계획하고, 모니터링하고 검토한다.
- 학습자이자 지속해서 발전하는 코치로서의 정체성을 개발한다.
- 우리의 강점과 계발 기회를 식별 및 평가하고 강점을 강화하며 계발이 필요한 부분을 확인하기 위한 계획을 세운다.
- 개별 세션들과 전체 코칭 계약 및 전문 코치로서 더 폭넓게 잘 준비되어 있다.
- 현재의 프랙티스와 기대 수준에 맞출 수 있도록 우리의 세션 품질을 유지해나간다.

이러한 많은 혜택을 실현하기 위해 다음과 같은 특성들이 가장 효과적인 개인 계발 계획을 뒷받침한다:

- 개인 계발 계획은 연간 일정 계획에 적극적이고 명백하게 포함되는 주된 활동이다.
- 계발 활동은 우리가 스스로 설정한 계발 목표와 직접 연결된다.
- 개인 계발 계획 활동은 정기적으로 수행되며 코치에게 가치를 준다.
- 코치는 학습 과정에서 지원과 격려를 받는다고 느낀다.
- 개인 계발 계획 활동을 기록하고 검토하여 진행 상황을 설정하고 확인한다.

개인 계발 계획에 무엇을 포함시켜야 할까?

자신의 개인 계발 계획을 작성할 때 개인 목표, 그것이 왜 중요한지, 그리고 목표 달성 계획을 정확하게 설명하는지 확인하는 것이 중요하다. 개발 목표를 만들 때는 SMART(Specific, Measurable, Achievable, Relevant 및 Time-bound)원칙을 적용하면, 수행할 작업, 시기와 방법을 충분히 고려하고 설명하는 데 도움이 될 수 있다.

모든 개인 계발 계획은 각 코치마다 다르지만, 계획은 일반적으로 단기, 중기 및 장기적인 야망을 기반으로 이상적인 미래를 설명한다. 계발 영역은 본인에게만 고유하며 추가 교육, 코칭 연습 또는 개인 성장에 중점을 둘 수 있다.

또 직면할 수 있는 잠재적인 장애물과 이를 극복하기 위한 방법을 고려할 것을 추천한다. 장애물을 극복할 수 없는 경우 코치로서의 발전을 돕기 위한 대안을 만들어두면 앞으로 나아갈 수 있다.

계발 활동을 포착하고 추적하는 방법에는 여러 가지가 있겠지만, 여기 실행 방법을 설명하는 간단한 샘플 하나를 소개한다([표 27.1]).

[표 27.1] 개인 계발 계획 예

내가 배워야 하는 것	어떻게 배울 것인가	배우는 것을 언제까지 할 것인가	내가 성공적으로 하고 있다는 걸 어떻게 알 수 있나
수용과 전념 acceptance and commitment 코칭에 대한 이해도를 높인다.	책을 한 권 읽고 2~3일 과정에 참여해서 실질적인 스킬을 개발하겠다.	12월 30일까지 학습을 마치겠다.	ACT acceptance Commitment Theraphy가 어떻게 코칭과 내 전문 프랙티스에 자리할 수 있는지 이해한다. ACT에서 대여섯 개의 기법을 코칭 장면에서 사용할 수 있다.
역량 관련 주제에 대한 이해의 폭을 넓힌다.	ICF나 Henley Center for Coaching의 웨비나에 참석한다.	12월 30일까지 마친다.	내 자격 갱신을 위한 10 CCEU를 확보한다. 코칭 역량에 대한 더 깊은 이해를 통해 PCC 자격 신청에 진전을 가져온다.
ICF 두 번째 역량인 코칭 마인드셋을 개발하기 위해 마음챙김 프랙티스를 내 코칭 준비에 활용할 것이다.	두세 개의 마음챙김 프랙티스를 연구해서 그 중 하나를 매일 마음챙김 명상으로 실행한다.	1월 3일 시작한다.	일을 시작하기 전에 매일 활용한다.

언제 개인 계발 계획을 시작해야 할까?

언제든지 개인 계발 계획을 시작할 수 있다. 사실은 빠르면 빠를수록 좋다. 첫 번째, 코칭 교육에 참석하여 새로운 개인적이고 전문적인 여정의 시작을 알릴 수 있다. 그러나 그 시점까지의 당신의 계발은 당신이 코칭의 방향으로 나아가게 한 계획의 일부일 수도 있다. 어느 쪽이든 이 중요하고 값진 프로세스를 시작하는 것은 절대 이르지 않다.

또 코치로서의 지속적인 계발과 관련하여 적극적인 접근 방식과 계획적인 태도는 우리 직업 내에서 매우 가치 있고 기대되는 것이다. 결국 우리는 우리가 하는 일의 도구이며, 계발 여정의 어느 위치에 있든 관계없이 항상 배우고 성장하여 우리 자신과 우리 고객을 위해 그리고 자신을 위해 최고의 버전이 될 수 있다.

마무리

이 장에서 우리는 코칭 프랙티스를 개발하는 방법으로 개인 계발 계획의 개념을 소개했다. 우리는 개인 계발 계획이 의미하는 바를 정의하고 설명했으며, 관련 혜택과 자신에게 적합한 계획을 만드는 실질적인 방법을 설명했다. 다음 장에서 우리는 개발이라는 주제를 계속 다룬다. 이번에는 전문성 개발을 탐구하게 되는데, 개발의 두 가지 측면 모두가 코치의 성장과 그를 통한 코칭 프랙티스 발전의 핵심임을 제안한다.

28장.
전문성의 지속적 개발

도입

전문성의 지속적 개발continuing professional development(CPD)(이하 'CPD')은 전문 코칭의 중요한 측면이며 코칭 마인드셋의 구현에 필수적이다. 이 장에서는 CPD의 정의와 코치에게 제공되는 많은 혜택을 살펴본다. 이는 전문적인 성장과 발전뿐 아니라 코칭 비즈니스와 코칭 프랙티스의 발전에 긍정적인 영향을 준다. 또 코치가 ICF 자격 증명을 유지하고 갱신할 수 있도록 CPD에 관한 ICF의 입장과 요구 사항을 설명할 것이다.

전문성의 지속적 개발이란 무엇인가?

전문성의 지속적 개발은 CPD 인증 서비스에 의해 '경력 전반에 걸쳐 개인 기술 및 숙련도 향상을 위한 전문가의 전체적인 노력'으로 정의된다 (CPD, 2020). 이 노력에는 일반적으로 학위 또는 전문적으로 공인된 학습 과정을 통해 전문 자격을 얻고 유지하는 것이 포함된다. 또 비공식 학습과 실습 기회를 포함하며 보통의 경우 주기적인 평가를 동반한다. 또 주목할 만한 것은 시간이 지남에 따라 개발의 연속성을 강조하는 '경력 전반에 걸쳐'라는 표현이다.

ICF 관점에서 코치는 전문 자격(ACC, PCC 또는 MCC)을 하나의 목표로 두고 획득해 나간다. CPD에 대한 ICF의 입장은 다음과 같다: "(코칭이라는) 자율 규제 산업 내에서 ICF는 코치들이 고객에게 일관된 가치를 제공하는 데 전념하고 있다. 이러한 전문적 표준을 유지하기 위해 코칭 산업 내의 기대와 새로운 표준에 보조를 맞추고 있다."(ICF, 2020b) 평생 학습자라는 개념도 코칭 공동체에서 흔히 들을 수 있으며, 앞서 5장에서 언급되었듯이 이는 3년마다 ICF 자격 증명을 정기적으로 갱신하는 프로세스를 통해 적극적으로 지원된다.

전문성의 지속적 개발의 혜택

전문성을 지속적으로 개발하는 것의 혜택은 많고 다양하다. CPD는 전문 자격 인증 기관의 기대와 코칭 시장의 요구를 충족시키는 것 외에도 다양성, 관심 및 성장을 위한 풍부한 기회를 제공한다.

전문성의 지속적 개발에 투자하는 이유는 다음과 같다.

- 자격 갱신 – 이미 언급했듯이 ICF 자격 증명은 3년 뒤에 만료되며 코치는 해당 기간 동안 최소 40시간의 CPD를 완료했음을 입증해야 한다.
- 서비스offering 향상 – 코칭이 더 널리 보급됨에 따라 시장도 경쟁이 치열해지고 있다. 자신의 CPD에 투자하면 서비스의 깊이와 폭을 향상하여 고유한 판매 포인트와 스킬, 그리고 고객이 자신을 코치로 고용할 때 기대할 수 있는 사항들을 더 명확하게 표현할 수 있다.
- 프랙티스 최적화 – 위의 포인트와 연결되어, CPD는 우리의 스킬 역량과 전문 서비스를 향상시킬 뿐만 아니라 침체에 빠지는 것을 피하는 데도 도움이 된다. 어떤 직업이나 활동이든 초기 자격을 확보하고 나서 학습과 개발을 중단하면 나쁜 습관에 빠지고, 안주하고, 심지어 절차를 무시하게 되기가 매우 쉽다.
- 신뢰도 및 평판 – 특히 조직들을 위한 코칭 시장은 이제 코칭이 무엇인지 점점 제대로 인식하고 있으며, 조직은 구매 결정을 내릴 때 코치에 대해 훨씬 더 많은 정보를 얻고 있다. 이것은 증가하는 경쟁의 일부이며, 이로 인해 자율 규제 산업의 특징인 좋은 코치와 그렇지 않은 코치 사이의 차별화가 발생한다. 코칭은 여전히 추천에 크게 의존하는 직업이므로, 코치 커뮤니티와 코칭 구매자 내에서 우리의 신뢰와 명성은 지속적인 고용에 중요하다.
- 더 많은 고객과의 작업 – 위의 사항으로 인해 CPD 활동 계획에 적극적이고 주도적으로 투자하면 더 많은 고객과의 작업과 코칭 계약을

확보하는 데 도움이 될 것이다. 또 많은 조직에서 전문 자격 증명이 코칭 커뮤니티의 일부로 일할 자격 요건이 되고 있다. 29장에서 알아볼 코칭 수퍼비전은 CPD의 매우 유용한 형태이며, 이를 아는 조직들은 코칭 기회 제공의 전제 조건으로 점점 더 많이 기대하고 있다.

- 끊임없이 쇄신하기sharpen your saw – 앞서 '평생 학습자'라는 개념을 언급했는데, 코칭이 작품craft이라는 마인드셋을 채택하고 우리의 경력 전반에 걸쳐서 끊임없이 쇄신함으로써 우리의 작품이 최고라는 것에 대해 자부심을 갖는다면 CPD의 더 개인적인 혜택 가운데 하나를 찾을 수 있다.
- 커뮤니티 – 코치들은 항상 사람들과 함께 일하지만, 그들의 직업적 관계와 인맥은 일시적인 성격을 띠는 경우가 많다. 이런 식으로 코치는 혼자 일할 수도 있고 어떤 경우에는 코치가 어느 정도 고립감을 느낄 수도 있다. 따라서 CPD는 커뮤니티의 일원이 되고 소속감을 경험하며 다른 전문 코치 동료와의 대화와 경험을 자극할 좋은 기회를 제공한다. 이러한 코칭 커뮤니티는 연결을 제공하는 서비스일 뿐 아니라 다른 고객 기회로 이어질 수 있는 네트워킹을 위한 유용한 장소가 될 수도 있다.
- 성장 대 고정 마인드셋 – 캐롤 드웩Carol Dweck은 저서 『Mindset』(2017)에서 학습에 대한 사랑을 성취의 기반으로 발전시키도록 우리의 뇌를 조장하는 데 따른 많은 혜택을 설명한다. 이것은 또한 능력의 4단계와 연결되며, 우리의 기술이 제2의 본성이 될 때 '무의식적 능력unconscious competence'에 도달하는 혜택을 갈망할지라도, 자만심과 침체에 빠질 수 있는 위험으로 인해 깨닫지 못하는 사이에 '무의식적으

로 무능함unconscious incompetence' 상태가 될 수 있다. CPD는 우리의 학습과 개발에 대한 의식을 유지함으로써 이를 방지하는 데 도움이 된다.

지속적인 코치 교육은 무엇인가?

3년마다 최소 40시간의 CPD를 얻어야 하는 ICF의 요구 사항은 코치가 자격 갱신을 위해 지속적인 코치 교육Continuing Coach Education(CCE)(이하 'CCE') 단위를 쌓는 개발 활동에 참여함으로써 획득된다. 일반적으로 1시간의 CPD는 하나의 CCE 단위와 동일하며 이러한 단위는 다양한 방법으로 획득할 수 있다. CCE는 또한 핵심 역량Core Competency(CC) CCE와 자원 개발Resource Development(RD) CCE 두 가지 유형으로 나뉜다. 자격 갱신을 위해 코치는 핵심 역량CC으로 분류되는 최소 24개의 CCE를 완료해야 하며 이 중 최소 3시간이 코칭 윤리에 관한 것이어야 한다. 나머지 16시간은 자원 개발 CCE여도 된다([표 28.1] 참조).

[표 28.1] ICF 지속적인 코치 교육 단위 요약(ICF, 2020b)

유형	핵심 역량	자원 개발	합계
요구 학습량	3년마다 최소 24 units	3년마다 최소 16 units	3년 마다 40 CCE units
사례	웨비나, 프로그램, 콘퍼런스, 실무 커뮤니티, 멘토코칭, 수퍼비전, 승인된 프로젝트	코칭에 국한되지 않은 교육, 독서, 글쓰기, 연구	
자원	ICF 글로벌 웹사이트: ICF 한국 지부 웹사이트	• 전문성 개발 • 글로벌 행사 캘린더 • 학습 포털 • 멘토 코칭 • 수퍼비전	

이 단위를 획득하는 가장 쉬운 방법 가운데 하나는 ICF에서 공식 CCE 인증을 받은 이벤트에 참여하는 것이다. 코치 훈련 기관과 훈련 제공자는 그들이 제공하는 CPD 이벤트에 대한 CCE 인증을 받기 위해 ICF에 신청할 수 있다. 또 전 세계 ICF 지부와 ICF Professional Coaches Global 조직은 CCE와 함께 CPD 활동을 제공하며, 이러한 활동은 흔히 ICF 회원에게 무료 또는 할인된 요금으로 제공된다. CCE를 제공할 수 있는 이벤트 및 활동의 예로는 웨비나, 실천 공동체communities of practice(COP), 교육 프로그램, 콘퍼런스, 멘토 코칭, 수퍼비전 및 특별 ICF 승인 프로젝트가 있다. CCE의 적격 여부 출처에 대한 자세한 내용은 ICF 글로벌 웹 사이트에서 확인할 수 있다. ICF Professional Coaches Global 조직은 또한 전 세계에서 직접 및 가상으로 이벤트를 홍보하는 글로벌 이벤트 캘린더를 보유하고 있으며, 그 이벤트들 대부분은 CCE를 제공한다. (한국 ICF 지부를 포함한) 지역 ICF 지부는 흔히 웹 사이트를 통해 지역 행사를 광고한다. ICF Global 조직에는 회원들이 다양한 학습과 개발 기회에 접근할 수 있는 학습 포털도 있다

29장에서는 수퍼비전을 다루는데, 수퍼비전은 최대 10시간까지 3년마다 핵심 역량 CCE 40시간에 포함될 수 있다. 또 31장에서는 멘토 코칭을 살펴보는데, 코치들은 멘토 코치와 협력하여 자격증 갱신을 위해 3년마다 최대 10시간의 핵심 역량 CCE를 인정받을 수 있다. 이는 ACC 자격을 갱신하려는 사람들을 위한 필수 사항이며, PCC 또는 MCC 자격을 갱신하는 코치들에게는 선택 사항이다.

ICF에서 인정하는 CCE 출처로는 자원 개발 CCE로 계산될 수 있는 다른 비승인 활동들이 있다. 이러한 종류의 개발은 최대 16시간까지 3년

마다 필요한 40시간에 포함될 수 있다. 이러한 활동의 예로는 코치들만을 대상으로 하는 것이 아닌 교육, 읽기, 쓰기 및 연구가 있다. 다시 한 번, 적격 활동에 관한 자세한 내용은 ICF 글로벌 웹 사이트(https://coachfederation.org)에서 확인할 수 있다.

전문적 또는 개인적 개발?

전문성 개발 개념은 아마도 우리에게 매우 친숙할 것이다. 우리는 이것을 우리 자신에게 적용할 수 있으며, 코치로서 우리의 일은 고객의 전문성 개발과 직접적인 관련이 있을 수 있다. 전문성 개발이 무엇인지, 그 혜택과 여기에 참여할 수 있는 방법을 탐색해 보았다. 이제, 오늘날 환경의 맥락에서 전문성 개발에 관한 아이디어를 한 번 살펴보자.

'디지털 혁명', '4차 산업 혁명', 'VUCA'(변동성volatility, 불확실성uncertainty, 복잡함complexity, 모호함ambiguity)와 같은 용어가 일상적인 비즈니스 언어가 되었다. 이와 함께 우리는 기후 변화, 경제 및 정치적 혼란, 정신 건강과 사회 발전 문제에 관한 대화에 몰두할 수 있다. 이러한 유형의 환경이 존재하는 특성과 과제에 비추어 세계 경제 포럼은 2020년과 그 이후에 리더들에게 다음과 같은 상위 10가지 스킬이 가장 필요할 것이라고 공유했다.

1. 복잡한 문제 해결
2. 비판적 사고

3. 창의력

4. 사람 관리

5. 다른 사람들과의 협력

6. 정서지능

7. 판단과 의사 결정

8. 서비스 지향성 serive orientation

9. 협상

10. 인지 유연성 cognitive flexibility

정말로 눈에 띄는 것 가운데 하나는 전부는 아니지만 대부분 스킬이 우리의 전문성 개발과 마찬가지로 개인적 발전과도 밀접한 관련이 있다는 것이다. 예를 들어, 우리는 아이들 교육에서 볼 수 있는 뚜렷한 변화에 놀랐다. 이제는 아이들의 주제 지식을 쌓는 전통적인 접근 방식과는 반대로 위에서 언급한 유형의 스킬을 갖추는 데 중점을 둔다. 일터의 리더들에게도 동일한 개념이 적용되는 것을 본다. 한 교장선생님이 최근 그들의 철학을 '미래를 보장하는 future proofing' 리더로 묘사했으며, 실제로 우리가 함께 일하는 리더들은 미래가 진정 여기에 있으므로 '현재에 대한 보장 present proofing'이 필요하다고 제안한다.

프라하에서 열린 ICF Converge19 행사에서 기조 연설자 가운데 한 명인 프란스 요한슨 Frans Johansson(2019)은 다음과 같이 말했다: "앞으로 우리가 살아가게 될 날들 가운데 오늘이 가장 느린 날일 것입니다." 위의 스킬들을 살펴보면 변화를 처리하는 능력과 속도에 따른 변화가 중요하며 이러한 스킬들은 이를 가능하게 하는 토대를 제공한다.

그래서 떠오르는 첫 번째 질문은 우리가 코치로서 이러한 스킬을 가장 효과적으로 개발할 수 있도록 이 리더들을 도울 수 있는가 하는 것이다. 이어서 두 번째 밀접하게 떠오르는 질문은 코치로서 우리가 요즘과 같이 빠르게 변화하는 세상에서 유용하고 관련성이 있으며 프랙티스에 적합하도록 어떻게 이러한 스킬과 자질을 개발할 수 있을까 하는 것이다. 변화, 성장 및 발전이 코칭의 핵심이라는 점을 감안할 때, 우리도 고객과 함께 변화하고 성장할 수 있는 능력을 역할 모델링하고 있음을 어떻게 확신할 수 있을까?

떠오르는 한 가지 사실은 우리가 '내면에서 먼저 검토 first look within'라는 개념을 고려한다는 것이다. 코치로서 우리에게 개인적인 개발 기회는 무엇인가? 예를 들어, 당신은 어떻게 변화하고 있는가? 불확실성과 모호함을 어떻게 받아들이는가? 목표가 규칙적으로 빠르게 바뀌는 것은 어떤가? 무언가를 기회 또는 위협으로 인식하는 것 사이의 균형을 어떻게 유지하는가? 위에 언급된 스킬을 갖추고 있는가? 먼저 자신을 살펴보면 코칭의 파급 효과는 실제로 우리와 함께 시작된다. 아마도 이것이 우리가 가장 크게 기여할 방법 가운데 하나일 것이다.

마무리

이 장에서 우리는 전문성의 지속적 개발과 그것이 어떻게 ICF에 의해 정의되고 위치하는지 설명했다. 또 CPD가 중요한 몇 가지 이유와 이에 적극적이고 주도적인 방식으로 투자함으로써 우리에게 중요한 혜택을 설명했다. CCE 단위를 사용하는 ICF의 CPD 접근 방식을 알아보았으며, 자격 갱신과 일반적인 개발 목적으로 이러한 단위를 획득하는 방법에 대한 예를 공유했다. 마지막으로, 우리는 코칭 경력 전체에 걸쳐 코칭 실행에서 최고가 될 수 있도록 코치가 개인적, 전문적 성장에 참여할 필요성을 강조했다.

29장.
수퍼비전

도입

수퍼비전은 코칭 전문성의 지속적 개발에 중요한 요소가 되었으며, 코치가 프랙티스를 성찰하는 유일한 방법은 아니지만, 이제는 수퍼비전을 하나의 메커니즘mechanism으로 사용하는 것이 널리 받아들여지고 있다. 또 코칭 서비스 구매자는 자신이 최고의 서비스를 이용하고 있다는 사실을 알고 싶어 하며, 코치가 수퍼비전받는다는 것을 알면 코칭의 품질 보증, 전문성 및 성실성을 입증하는 좋은 방법이 될 수 있다. 실제로 어떤 단체에서는 코칭 수퍼비전이 특정 조직 내에서 코칭 서비스를 제공할 수 있는 전제 조건이다. 이 장에서는 수퍼비전이 무엇인지, 수퍼비전의 혜택이 무엇인지, 그리고 수퍼비전이 어떻게 코치의 전문성 개발과 성찰 프랙티스의 더 넓은 포트폴리오를 구성할 수 있는지 살펴본다.

수퍼비전이란 무엇인가?

ICF는 수퍼비전을 '코치와 고객 모두의 이익을 위해 성찰 대화를 함으로써 코치의 역량을 지속해서 구축하기 위한 협력 학습 프랙티스'라고 정의한다.

코칭 수퍼비전은 지원과 개발을 위한 더 풍부하고 광범위한 기회를 제공함으로써 코치의 역량 개발에 중점을 둔다. 코칭 수퍼비전은 코치가 자신의 고객과 함께 일하는 방식에 더욱 숙달할 수 있도록 성공과 실패를 나누는 안전한 환경을 만든다.

일부 저자들은 그 목표가 위계적이지 않고 통찰력과 이해를 높이기 위해 고안된 협업 프로세스임을 인식하면서 '수퍼-비전'이라는 용어를 선호한다(Passmore & McGoldrick, 2009). 이것을 '수퍼-비전'으로 표현할 때 우리는 코치와 수퍼바이저가 코치의 코칭 프랙티스에 대해 함께 성찰하고, 넘어선(수퍼)-시각(비전)을 갖는 과정으로 설명한다. 예를 들어, 그들은 지속적인 학습과 개발을 위한 유용한 통찰력을 얻기 위해 코칭 프랙티스를 성찰한다. 이러한 성찰은 코치로서 우리의 일을 검토하고, 질문하고, 고려하고, 생각하고, 비판적으로 평가함으로써 전문적 프랙티스를 촉진하고 가능하게 한다. 이를 통해 코치가 할 수 있는 한 최고가 될 수 있으며, 결과적으로 고객을 위한 결과와 영향을 극대화할 수 있다. 수퍼비전은 또한 성공을 인정하고 축하할 뿐 아니라 코치로서의 지속적인 전문적 프랙티스에 우리의 통찰력이 가져올 더 광범위한 영향과 변화를 생각할 수 있는 기회다. 수퍼비전 프로세스에서 최고의 기능이 고객을 보호하고 고객에게 최선의 이익을 주기 위해 일하는 것임을 수퍼바이저와 수퍼바이지(코치) 사이에 합의하게 된다.

수퍼비전은 동등한 관계에서의 공유 학습 파트너십이며 학습은 공동으로 생성되고 경험을 통해 얻게 된다. 따라서 수퍼비전에 참여함으로써 코치는 자신과 고객, 스폰서와 자신의 일로 영향받는 더 넓은 사회를 지원한다는 중요한 약속을 하게 된다.

수퍼비전의 기능과 범위

대부분 코칭 과제는 코치가 복잡한 시스템 내에서 이루어지는 도전적이고 친밀한 대화에 참여하도록 요구한다. 이를 수행하는 동안 코치는 개인적, 직업적 경계를 관리하고, 그들과 고객 사이의 관계에서의 역학을 인식하고, 그 순간 속의 자신을 관리하며, 모범 사례와 윤리적으로 건전한 자세의 필요성에 대해 경계 태도를 유지한다. 이것은 거의 곡예juggling act에 가깝다.

수퍼비전에 소요되는 시간 중에는 그들에게 약간의 숨 쉴 수 있는 공간이 주어진다. 코칭 대화에서 그들에게 영향을 준 것들, 탐색할 수 있었던 다른 대안들, 그들을 당황하게 만든 것들, 그들이 가장 재치있게 대처했거나 그렇지 않았다고 느꼈던 부분, 그들의 강점과 취약점이 어떻게 도움이 될 수 있고 방해가 될지 등에 대해 성찰해볼 수 있는 기회다.

수퍼비전은 이러한 프로세스들을 성찰하는 데 도움이 되며, 그 기능과 범위는 다음 세 가지 주요 영역을 포함하는 것으로 볼 수 있다.

학습 및 개발

이 영역의 초점은 점점 더 발전된 역량을 향한 코치의 지속적인 성장과 발전에 있다. 대화의 이러한 측면은 ICF 핵심 역량뿐 아니라 양 당사자가 토론에 사용할 수 있는 기타 관련 이론, 모델 및 개념에 초점을 맞출 수 있다. 초점은 코치의 프랙티셔너로서 지속적인 스킬 개발에 있다. 자격 인증을 위한 멘토 코칭은 ICF 핵심 역량에 초점을 맞추고 역량을 확인하는 데에 있지만, 멘토 코치와 코치 수퍼바이저의 역할이 항상 같지는 않고 각 분야의 초점과 훈련이 다르다.

지원

또 코칭 수퍼비전은 코치가 자원 제공, 지원 및 양육이 필요한 측면에 지원을 제공한다. 따라서 초점은 코치의 정체성, 사람으로서의 코치에 있다. 이 영역에서 자신감, 내면의 대화, 코치가 가진 신념 등의 주제들이 토론에 등장할 수 있다.

안전 및 표준

이 영역은 품질과 전문성에 중점을 둔다. 여기서 대화는 코치가 전반적인 코칭 프랙티스, 윤리적 고려 사항 및 코치와 고객의 안전을 관리하는 방법과 코칭 작업이 수행되는 시스템에 대한 고려를 반영할 수 있다. 여기에서 ICF의 최적 표준gold standard과 우수성, 성실성, 협력과 존중 등의 핵심 가치는 성찰 대화의 가장 중요한 위치이며 전문가로서의 코치에 초점을 맞춘다.

이 세 가지 영역의 맥락에서 코칭 수퍼비전은 '개인 영역이 전문 영역에 침투하는 곳'으로 묘사되기도 한다. 여기서 주안점은 코치가 고객의 학습과 개발에 방해가 되지 않도록 하는 것이면서 고객에게 도움이 되는 도구나 수단을 제시하는 것이다.

수퍼비전에 대한 이러한 삼각 측정triangulated 접근법은 지난 25년 동안 명확하게 표현되고 발전했으며 많은 수퍼비전 모델이 치료, 상담 및 관리 분야에서 코칭으로 도입되었다(Kadushin, 1976; Proctor, 2000; Hawkins & Smith, 2006).; Newton & Napper, 2007)([그림 29.1], [표 29.1]).

수퍼비전은 실제로 어떻게 작동하는가?

실질적으로 코칭 수퍼비전은 코치와 수퍼바이저가 효과적으로 협력하기 위해 공감대chemistry가 형성되고 친밀함rapport이 있음을 입증해야 한다는 점에서 코칭과 다소 유사하다. 그들이 함께 어떻게 일할 것인지 서로 계약을 맺고 유사한 비밀 유지 범위가 유지된다. 각 수퍼비전 세션의 초점은 명확하게 설정되며 다음과 같은 맥락에서 아래 나오는 세 영역들과 관련성이 있다:

- 사례 분석(코치의 특정 고객과의 작업 또는 고객과의 특정 세션)
- 코치가 자신의 특정 고객만이 아니라 코칭 전반에 걸쳐 파악한 패턴 및 주제
- 코치가 코칭 프랙티스 맥락에서 자신에 대해 관찰한 내용
- ICF 핵심 역량 또는 기타 코칭 관련 자료가 코치의 실행을 통해 어떻게 입증되고 있는지 검토
- 코치의 '존재who' 탐색

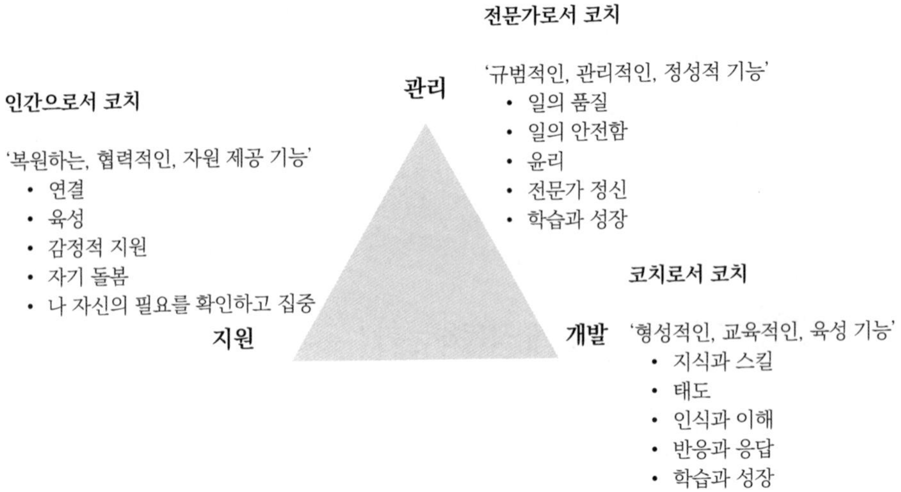

전문가로서 코치

관리

'규범적인, 관리적인, 정성적 기능'
- 일의 품질
- 일의 안전함
- 윤리
- 전문가 정신
- 학습과 성장

인간으로서 코치

'복원하는, 협력적인, 자원 제공 기능'
- 연결
- 육성
- 감정적 지원
- 자기 돌봄
- 나 자신의 필요를 확인하고 집중

지원

코치로서 코치

개발

'형성적인, 교육적인, 육성 기능'
- 지식과 스킬
- 태도
- 인식과 이해
- 반응과 응답
- 학습과 성장

[그림 29.1] 수퍼비전의 범위

[표 29.1] 수퍼비전의 기능

Kadushin(1976)	Proctor(2000)	Hawkins(2006)	Newton(2007)
관리managerial	규범normative	정성qualitative	책임accounting
지원supportive	회복restorative	자원 제공resourcing	양육nurturative
교육educative	형성formative	개발developmental	변혁transformative

때로는 수퍼비전 주제를 코치와 수퍼바이저가 함께 답하는 질문으로 구성하는 것이 도움이 될 수 있다. 수퍼비전 질문의 몇 가지 예는 다음과 같다:

- 현재 개인적으로 많은 일이 진행되고 있습니다. 고객을 위해 완전히 현존하고 있는지 어떻게 확인할 수 있습니까?
- 제 고객이 괴롭힘을 당하고 있다고 말했습니다. 코치로서 내 책임은 무엇이며 어떻게 그들에게 최고의 서비스를 제공할 수 있을까요?
- A라는 고객을 코칭할 때 매우 산만해지고 심지어 참을성이 없어집니다. 제가 고객들에게 최고의 코치가 되는 데 도움이 될 무엇을 배울 수 있습니까?
- 보통 저는 코치로서 자신감이 있지만, B라는 고객을 코칭할 때 겁을 먹고 강한 인상을 심어주려고 합니다. 나에게 이 반응을 유발하는 것은 무엇입니까?
- 코칭에 너무 몰두하여 시간 관리를 못 하고 명확한 실행계획 수립을 못 하고 세션이 갑자기 종료되는 것처럼 보입니다. 더 나은 세션 종료를 위해 시간을 더 잘 관리하려면 어떻게 해야 합니까?

- 제 고객이 제 가치관에 반하는 무언가를 공유한 다음부터 부정적인 감정이 생겨 코칭이 어렵습니다. 어떻게 해결할 수 있습니까?
- 저보다 나이가 적은 고객들을 코칭할 때 더 말을 많이 한다는 것을 알게 되었습니다. 이것을 유발하는 것은 무엇이며, 그들과의 코칭에 어떤 영향을 미칠까요?

이것들은 코치가 수퍼비전에서 할 수 있는 수많은 질문의 몇 가지 예일 뿐이며, 그들 모두의 공통적인 특징은 코치가 코칭 상황에서 최선을 다할 수 있도록 지원하는 것을 목표로 한다는 것이다.

코칭 수퍼비전은 일대일 또는 수퍼비전 그룹의 일부로 진행될 수 있다.

일대일은 여러 면에서 개별 코칭과 유사하다. 보통 주변의 추천과 탐색 대화를 통해 수퍼바이저를 정하고, 해당 수퍼비전에 대한 상업적, 실용적, 윤리적 조건을 충족하는 계약을 체결할 것이다.

그룹은 '폐쇄적'일 수 있으며 각 세션에 참여하는 지정된 수의 정규 회원으로 구성된다. 반면 '개방형' 그룹은 매번 다른 참석자 조합이 가능하지만, 매 세션 참가 인원 수는 제한된다. 그룹 작업을 위한 계약은 이러한 변동성과 차이점을 고려해야 한다.

수퍼비전을 코칭 실행에 도입하는 다른 방법들이 있는데, 앞서 설명된 더 공식적인 옵션들에 부가적으로 또는 심지어 부산물로 간주될 수 있다.

동료 수퍼비전은 수퍼바이저 자격이 없어도 코치가 서로 수퍼비전하는 과정이다. 이는 생동감 있고 저렴하면서도 쉽게 접근할 수 있는 옵션이 될 수 있으므로 코치가 일대일 또는 그룹으로 협력하여 상호 지원, 통찰력 및 공유 경험을 제공할 수 있다.

조직 고객 또는 인증 기관의 수퍼비전 요구 사항을 충족하기 위해 일반적으로 자격 있는 수퍼바이저와 함께 작업하는 대신 유용한 보충 기회로 간주된다.

마지막으로, **셀프 수퍼비전**(또는 내부 수퍼바이저의 개발)은 모든 코치가 윤리적 실천에 대한 성장과 관심의 필수적인 부분으로 육성하려는 자산이다. 이는 정기적이고 사적 성찰의 습관을 바탕으로 고객과 함께 일할 때 코치로서 자신의 수준에 대한 자기 인식과 모니터링을 해볼 수 있는 역량이다. 셀프 수퍼비전은 30장에서 자세히 설명하는 성찰 프랙티스의 한 형태다. 다시 한번 강조하지만, 셀프 수퍼비전은 공식적인 수퍼비전을 대신할 수 없다. 그렇지만 코칭 세션이 끝나고 성찰 프랙티스를 할 때 구조로 사용할 수 있는 몇 가지 셀프 수퍼비전 질문을 참고할 수 있다.

[Box 29.1] 셀프 수퍼비전을 위한 도구

1. 무엇이 정말 잘 되었나?(내가 배운 코칭 역량 프레임 워크(예: ICF)를 사용하여 2~3개의 강점 영역을 생각해본다.)
2. 내 코칭에서 실제로 어떤 역량이 나타났나?
3. 덜 분명히 나타난evident 역량은 무엇이며, 더 많이 나타날 수 있었던 역량은 무엇인가?
4. 어떤 것을 더 하거나 덜할 수 있었을까?
5. 내가 맡은 부분에서 놓친 기회가 있었나?
6. 내 성찰 심화 - 내가 익숙한 1개 또는 2개 모델의 렌즈를 통해 이 작업을 어떻게 알 수 있나?(예: PAC, 드라마 트라이앵글, 라이프 포지션, 호건 또는 기타 프로파일, 심리적 거리, 일곱 눈 모델, 변화의 주기, 학습 주기 등)
7. 작업 내에서 어떤 윤리적 고려 사항이 있었나?
8. 내 행동/존재의 균형과 코칭 프레즌스는 어땠나? 코칭 중에 나는 어디에 머물렀나?

9. 어떤 의식적 편견이 눈에 띄거나 어떤 무의식적 편견이 내 인식 밖에 있었나?
10. 병렬 프로세스로 나타난 것이 있었는지, 만약 그랬다면 내 작업에 어떤 의미가 있나?
11. 내 코칭 작업 전반에서 어떤 패턴이 발견되나?
12. 내 작업을 통해 얻은 내 자신의 교훈은 무엇인가? 사람으로서, 코치로서, 내 일에 대해 무엇을 배우고 있나?
13. 그 배움이 어떤 차이를 만들까? 이를 어떻게 내 작업에 통합할 것인가?

수퍼비전이 어떻게 도움이 될 수 있을까?

ICF는 현재 수퍼비전을 필수로 요구하지 않으며, 과거에는 코칭 수퍼비전에 대한 증거가 부족하고 수퍼비전이 코칭의 성찰에 유용한 도구인지에 회의적이었다. 그러나 최근 몇 년 동안 추가 연구가 진행됨에 따라 ICF는 수퍼비전에 대한 입장을 변경했으며, 목적에 맞는 코칭을 위해 설계된 전문성 지속적 개발CPD 활동 포트폴리오의 일부로 전문 코치들을 위한 코칭 수퍼비전을 지원한다.

이를 위해 ICF 자격증 소지자는 자격증 갱신을 위한 핵심 역량 크레딧으로 최대 10시간의 코칭 수퍼비전을 제출할 수 있다.

또 ICF는 코칭 수퍼비전이 코칭과 다르다는 것을 인식한다. 결과적으로 수퍼바이저가 수퍼비전 스킬을 쓸 수 있는 지식과 기회를 제공하려면 특정 교육이 필요하다. ICF는 또한 수퍼비전이 ICF 자격 증명을 위한 멘토 코칭과 구별된다는 점을 인식하고 있으며, 이에 대해서는 31장에서 다룰 것이다.

코칭 수퍼비전에는 다음 활동들이 포함될 수 있다:

- 성찰을 통한 코치의 내부 프로세스 탐색
- 코칭 계약과 기타 모든 심리적 또는 물리적 접촉contact (암시적 및 명시적) 검토
- 사각 지대 발견 – 예를 들어, 일대일 코치-고객 관계를 넘어서 코치는 더 큰 그림을 염두에 두어야 함 – 중요하지만 인식 영역 밖의 정보와 관점뿐 아니라 더 넓은 고객의 상황에 대한 맥락. 이 측면은 코치가 고객의 정체성, 환경, 경험, 가치 및 신념을 이해해야 하는 필요성을 설명하는 ICF 핵심 역량에서도 다룬다.
- 윤리적 문제
- 코치가 '목적에 부합하는지fit for purpose' 확인하고 책임을 제안함offer accountability
- 시스템 내에서의 성장 기회를 위해 코치와 고객 환경의 모든 측면을 살펴봄

수퍼비전을 받는 코치의 혜택을 소개하는 코칭 수퍼비전 주제에 관한 책과 학술 논문(Tkach & DiGirolamo, 2017; Bachkirova, Jackson, Hennig, & Moral, 2020 참조)이 늘고 있다. 다음과 같은 혜택들이 있다:

- 자기 인식 향상
- 더 큰 자신감
- 객관성 향상

- 소속감 증대
- 고립감 감소
- 지략resourcefulness 강화

수퍼바이저 및 수퍼바이지로서 우리 자신의 실행에서 우리는 또한 다음과 같은 혜택이 발표된 것을 확인했다:

- 고객과 함께 완료한 코칭 작업의 품질, 전문성 및 무결성 관리
- 실사due diligence 및 관리governance(기본 품질과 관련 윤리 문제 또는 고려 사항의 철저한 조사와 해결을 통해)
- 코치는 수퍼비전의 성찰을 통해 스킬을 계속 배우고 개발하며 성장함
- 조직은 코치의 지속적인 전문성 개발과 고객과 조직 전체를 위해 완료한 코칭 작업의 후속 혜택을 통해 코칭 및 코칭 수퍼비전에 대한 투자 수익ROI을 뒷받침함

코칭 수퍼바이저

코칭 수퍼바이저는 일반적으로 수퍼비전 스킬에 대한 자격을 얻기 위해 추가 교육을 받은 경험이 풍부한 코치다. 많은 수퍼바이저가 코치로도 계속 활동하고 있으며 자신도 수퍼바이저가 있다.

코치와 마찬가지로 수퍼바이저는 자신의 스타일, 자세, 일하는 방식이 다양하다. 코칭과 마찬가지로 수퍼비전 분야에서 사용할 수 있는 많은 모

델과 프레임워크가 있다(Passmore, 2011 참조). 일부 수퍼바이저는 본인이 선호하는 접근 방식으로 작업하는데 비해, 다른 수퍼바이저들은 다양한 사고와 출처를 바탕으로 더 절충적인eclectic 자세를 취할 것이다.

   이 분야는 특정 수퍼비전 모델뿐만 아니라 적어도 하나 이상의 (코칭) 심리학 분야를 다루는 특정 훈련이 필요하다. 코칭 수퍼바이저는 경험이 풍부한 코치일 가능성이 가장 크며, 코치와 수퍼바이저의 역동성과 관계에서 자신의 역할을 자각하고 염두에 두어야 한다. 그룹과 함께 작업하는 수퍼바이저의 경우 그룹 역동 및 그룹 개발에 대한 이해와 그룹 수퍼비전 프로세스와 실행 지식이 필요하다.

적합한 수퍼바이저를 어떻게 찾을 수 있을까?

올바른 코칭 수퍼바이저(들)를 선택하는 것은 어떤 면에서 고객이 코치를 선택할 때의 프로세스와 유사하다. 코치가 수퍼바이저에게 원하는 것이 무엇인지, 수퍼바이저가 보여줄 구체적인 경험과 스킬을 아는 것이 중요하다.

   일대일 수퍼비전과 그룹 수퍼비전의 혼합을 고려하는 것이 도움이 될 수 있다. 두 명 이상의 수퍼바이저를 통해 그들의 업무, 요구 사항 및 코칭하는 맥락의 다양한 측면을 접해볼 기회가 있다.

   [Box 29.2]에는 수퍼바이저를 선택할 때 염두에 두어야 할 7가지 주요 질문이 포함되어 있다:

> **[Box 29.2] 잠재적 수퍼바이저에게 물어볼 질문**
>
> 1. 코칭 관련 자격, 인증 및 경험은 무엇입니까?
> 2. 코칭 수퍼비전에 대한 본인의 자격, 인증 및 경험은 무엇입니까?
> 3. 내가 코칭하는 맥락과 관련해 어떤 경험이 있습니까?
> 4. 코치로서 어떤 경험이 있습니까?
> 5. 수퍼바이저로서 자신만의 수퍼비전 작업 방식은 무엇입니까?
> 6. 수퍼비전에 어떤 접근 방식을 사용합니까?
> 7. ICF 윤리강령 및 ICF 프랙티스에 대해 잘 알고 있습니까?

역할과 책임

이미 언급했듯이 수퍼바이저-코치 관계가 계약된 관계인 것이 중요하므로 전문 코칭 관행을 모델링한다. 이 프로세스의 일부는 다음과 같은 수퍼바이저의 역할과 책임을 탐색하고 명확히 하는 것이다:

- 시간 관리
- 전체 세션 주제 관리
- 발생할 수 있는 코칭 및 수퍼비전의 윤리적 문제 모니터링
- 최소한의 메모 작성
- 관련 기관에 모든 과실malpractice 보고
- 존중하고 자율성을 장려하며 수퍼비전 경험을 업그레이드 하는 긍정적 학습 관계의 공동 창출
- 모든 상호작용에서 높은 수준의 전문성 보장

수퍼바이지(들)는 다음에 대한 책임이 있다:

- 수퍼비전 준비 – '수퍼비전 질문'이 무엇인지 고민
- 학습 목표
- 자신의 학습을 위해 메모 작성
- 수퍼바이저에게 수퍼비전 파트너십에서 잘 되는 것과 잘 안 되는 것 통보
- 수퍼비전 세션을 위한 적합한 장소에 있는지 확인
- 존중을 포함하고 자율성을 장려하며 수퍼비전 경험을 향상하는 긍정적 학습 관계의 공동 창출

수퍼비전을 통해 최상의 결과 얻기

수퍼비전에서 최선을 다하는 것은 코칭에서 최선을 다하는 것과 유사하다. 계획과 준비는 여기에서 중요한 역할을 하며 수퍼비전에 참여하고 학습과 개발 경험을 극대화하는 방법에 대한 지침으로 다음을 권장한다:

- **적합한 수퍼바이저 찾기**: 좋은 수퍼바이저의 자격과 경험 측면과는 별도로, 당신이 그들과 잘 어울리는지 확인해야 한다. 수퍼비전은 친밀한 작업 공간이 필요하다. 당신은 자신의 자부심, 성취와 성공을 충분히 그리고 풍부하게 소유하고 축하하는 방식으로 공유할 것이다. 또 코치, 전문가 및 사람으로서 두려움, 우려와 취약성을 공유한다.

안전하고 협조적이며 발전적인 환경에서 이를 수행하는 데 적합한 수퍼바이저는 누구인가?

- **빈도**: 일부 수퍼바이저들은 이에 대한 견해를 갖고 있긴 하지만, 코치가 수퍼비전해야 하는 빈도에 대한 엄격한 규칙은 없다. 논리상 더 많이 고객과 작업할수록 수퍼비전이 더 많이 필요하게 된다. 그리고 수퍼비전은 단 하나의 코칭 대화에 대해 성찰하는 것도 매우 유용하다. 당신의 코칭 프랙티스에 대한 의미 있는 개발과 전문적인 수퍼비전을 제공하고 시간과 비용을 감안했을 때 무언가 달성할 수 있는 적절한 빈도는 어떻게 될까?
- **계약**: 강력한 상호 연결과 관계를 빠르게 개발할 수 있도록 당신의 수퍼바이저와 계약을 체결하라.
- **준비**: 수퍼비전 세션이 시작되기 전에 성찰 과정을 준비한다. 이 준비는 당신의 선호에 따라 다양한 형태를 취할 수 있지만, 이전에 언급한 일부 셀프 수퍼비전 질문을 고려하면 생각을 떠올리는 데 확실히 도움이 될 것이다.
- **함께 만들기**: 수퍼바이저와 협력하여 작업 관계를 만들고 수퍼비전 주제 및 질문에 참여하는 방법을 공동으로 만든다.
- **(재)성찰**: 수퍼비전 세션 후에 자신과 코칭 프랙티스에 대해 알아차리고 배우는 것이 무엇인지, 진행 중인 전문성 개발을 위해 배운 것을 어떻게 통합할 것인지에 대해 다시 한번 성찰할 시간을 갖는다.

마무리

이 장에서 우리는 코칭 수퍼비전을 전문성 개발을 위한 강력한 성찰 프랙티스 방법으로 자리매김시켰다. 우리는 수퍼비전의 정의, 기능 및 범위와 실제로 이 프로세스에 참여하는 의미에 관해 탐색했다. 마지막으로, 수퍼바이저와 협력하여 얻을 수 있는 몇 가지 혜택과 이러한 형태의 전문성 개발에 대한 투자를 최대한 활용하는 방법에 대해서도 설명했다.

30장.
성찰 프랙티스

도입

자신의 프랙티스를 개선하기 위해 성찰하는 법을 배우는 것은 강의, 상담, 관리, 임상 작업에 이르기까지 다양한 직업에서 점점 더 중요하게 여겨진다. 우리는 1장에서 자신을 알고 관리하는 것은 모든 코치의 핵심 기술이라고 주장했다. ICF 역량은 또한 우리의 관심을 성찰 프랙티스에 집중시켜, 코치들이 지속적인 성찰 프랙티스를 개발하도록 장려한다. 이러한 자기 인식을 통해 우리는 고객에게 최상의 서비스를 제공할 수 있다. 이 장에서 우리는 성찰 프랙티스가 무엇인지, 왜 도움이 될 수 있는지, 그리고 이것을 코칭에 통합할 수 있는 방법은 무엇인지 알아본다.

성찰 프랙티스란 무엇인가?

ICF 역량은 코치가 코칭 마인드셋의 일부로 지속적인 성찰 프랙티스를 개발하도록 장려하지만, 성찰 프랙티스가 무엇이고 이 과정을 어떻게 진행할 수 있는지에 대한 정의나 설명을 제공하지 않는다. ICF 팀의 멤버들(Hullinger, DiGirilamo, & Tkach, 2019a, 2019b)이 문헌 검토 작업이나 코치와 고객을 위해 제공하는 모델을 검토한 바는 있다.

성찰 프랙티스는 자기 행동을 성찰하여 학습 과정을 지속할 수 있는 능력으로 정의할 수 있다. 우리는 성찰 프랙티스가 모든 전문성 개발의 기초라고 믿는다. 이를 통해 코치는 코칭 시간으로 드러나는 경험을 개인의 성장과 파급 효과impact에 대한 실질적인 통찰력으로 전환하고, 코치로서 새로운 존재 및 행동 방식을 학습할 수 있다. 성찰 없이 코칭 시간을 모으는 것은 단지 돌을 모아서 쌓아두는 것과 유사하다. 돌 무더기가 생기지만 거기엔 우리가 누구인지가 담겨있지 않다. 성찰을 통해 우리는 코칭 대화의 무더기에서 통찰과 의미의 조각상을 조각할 수 있다.

성찰 프랙티스는 의식 수준을 높이고 비판적 분석을 촉진하며 자기 관리와 의사 결정을 돕는 일상적이고 정기적인 활동을 말한다. 여기에는 다음이 포함된다.

- 주의를 기울이는 법 배우기 - 우리 자신에게서 듣기 listening to ourselves
- 우리의 가정 assumption 살펴보기
- 패턴 관찰

우리는 학습이 코칭 교실에만 국한된 신중한 활동이라고 가정할 수 있다. 여기서 우리는 교사에게 듣고 배우거나 코칭 책을 읽는다. 그러나 우리에게는 모든 일, 모든 대화, 모든 정보를 통해 항상 배울 수 있는 잠재력이 있다. 성찰 프랙티스는 이 학습을 알아차리고 표현하는 방법으로, 매 시간 코칭 프랙티스에서 모든 통찰력을 짜낸다. 그러나 코칭 프랙티스를 최대한 활용하려면 성찰 프랙티스를 일상에 통합해야 한다.

성찰 프랙티스가 중요한 이유

새로운 코치로서 65시간, 85시간 또는 155시간의 코치 훈련을 마치고 나면 코칭에 대해 알아야 할 모든 것을 안다고 믿고 싶을 것이다. 이제 배운 것을 적용할 수 있다. 그러나 코칭을 배우는 것은 운전과 비교할 수 있다. 교실 세션은 운전 수업에 지나지 않으며, ICF의 ACC 또는 PCC 평가는 운전 시험이다. 우리 모두가 아는 사실은, 도로에서 처음 몇 년 동안, 우리가 배운 것을 실제로 적용해야 하는데, 이때 다른 운전자들과 도로를 공유하는 복잡성과 혼돈, 여러 기상 조건, 때로는 도로 표지판의 의미가 다르고 운전하는 도로의 좌우가 다른 국가에서 운전하는 방법까지 고려가 필요하다. 이러한 상황에서 학습을 중단하면 심각한 사고가 발생할 수 있다. 좋은 운전자와 좋은 코치는 계속해서 배운다.

숙련된 PCC와 MCC 코치의 경우, 그들은 수천 시간 동안 여러 날씨, 여러 국가 및 여러 지형에서 운전했을 수 있다. 그러나 변화의 속도가 가속화하고 새로운 기술이 코칭과 마찬가지로 운전에 영향을 미친다면, 멈춰 서 있는 것은 아무것도 없다는 것을 우리는 알아야 한다. 경험이 풍부한 코치도 새로운 코치만큼이나 성찰 프랙티스를 해야한다.

요약하면 성찰 프랙티스는 우리가 코칭 프랙티스에서 계속 배우고, 영원한 학생으로 남아서 앞서 제안한 것처럼 '초보자의 마음'을 유지하는 데 도움이 된다. 이를 통해 우리는 개방적이고 호기심이 많고 유연하며 고객 중심 마음가짐을 유지할 수 있다.

성찰 프랙티스를 개발하는 방법

성찰 프랙티스가 무엇인지와 이를 어떻게 하는지는 다르다. 첫 단계는 성찰 과정에 필요한 스킬을 개발하는 것이다. 이러한 스킬이 확인되면 코치는 이를 일상에 통합할 방법을 찾을 수 있다.

많은 연구자가 성찰 프랙티스를 위해 다양한 전략을 제시했다. 고려해 볼 만한 몇 가지 예는 다음과 같다.

쉔Schön(1983)은 다음 단계를 제안했다.

- **당혹감**puzzlement: '대체 무슨 일이야? 또는 도대체 무슨 일이 벌어지고 있는 거야?'
- **비교**comparison: '지금까지 이걸 어떻게 해왔지?'
- **실험 기회**opportunity to experiment: 이것에서 무엇을 얻고/배우고/얻고/알 수 있을까?

베인Bain, 밸런타인Ballantyne, 패커Packer 및 밀스Mills(1999)는 다음과 같은 5가지 수준의 성찰을 제시한다.

1. 보고reporting
2. 응답responding
3. 연결relating
4. 추리reasoning
5. 재건restructuring

제니퍼 문Moon(2004)은 다음 네 가지 수준을 제시한다.
- **레벨 0**: 발생한 일에 대한 **설명**(보고)
- **레벨 1**: 약간의 성찰 가능성이 있는 **기술문**. 사건의 영향에 대한 언급과 성찰이 생길 수 있는 부분의 표시
- **레벨 2**: **성찰적 글쓰기 (1)** 행동의 동기나 이유를 탐구하는 가치에 대한 언급. 일부 자기 인식/비판 또는 다른 사람의 동기에 대한 반성. 이 단계는 때때로 연결 또는 추론으로 설명된다.
- **레벨 3**: **성찰적 글쓰기 (2)** 학습자가 사건에서 한발짝 뒤로 물러서서 그것에 대해 고민하고 내부 대화를 하고 있다는 분명한 증거가 있다. 관련된 학습에 대한 인식과 향후 방향에서 어떻게 사용될지에 대한 인식이 있다. 이 단계는 때때로 재구성reconsture으로 설명된다.

자기 성찰을 위한 Henley 8 모델

코치 훈련에서 우리는 코치들이 8가지 실용적인 질문을 사용하도록 권장한다. 이 8가지 질문은 성찰 과정을 안내하는 길잡이다. 그것들은 우리의 사고를 구조화하는 한 가지 방법을 제공한다([박스 30.1] 참조).

Henley 8 모델의 시작점은 주목notice하는 것이다. 내가 무엇을 관찰했는가 하는 것을 파악하기 위해서는 상황 인식, 완전히 현존present하고 주변 사건의 변화를 인지해야 한다. 관찰은, 예를 들어 팀 회의 중에 화재벨이 울리는 경우처럼 상황의 변화일 수 있다. 개인의 행동이나 사건을 관찰할 수 있다.

두 번째 단계는 우리의 반응을 확인하는 것이다. 내 반응은 무엇이었나? 하는 것은 행동behavioral으로 나올 수 있지만 생각cognitive일 수도 있다(내가 어떤 것을 왜 생각했나?). 또 내 느낌은 어땠나? 우리의 생각과 감정은 흔히 우리의 행동을 이끌고 이들 사이의 관계가 도움이 되며, 이것이 방아쇠trigger(우리가 관찰한 것)와 어떻게 연관되어 있는지 인식한다.

이러한 초기 감정과 생각 뒤에는 믿음과 가치가 있을 가능성이 크다. 이를 의식하고 이러한 핵심 신념을 떠올리면 우리 자신의 반응을 더 잘 이해할 수 있다.

성찰의 세 번째와 네 번째 측면은 이러한 행동, 생각, 감정, 그리고 아마도 우리의 신념과 가치가 개인으로서 우리에 대해 무엇을 말하는지, 그리고 그것들이 우리가 말하는 맥락 내에서 리더, 성찰 프랙티셔너 또는 코치로서 우리에 대해 말하는 것을 고려하는 것이다. 조직과 국가 문화에 따라 의미는 크게 달라질 수 있으며 이를 고려하는 것이 우리의 성찰의 일부가 되어야 한다.

다섯 번째와 여섯 번째 질문은 이러한 믿음의 장단점을 탐구한다. 이러한 신념이나 태도는 우리의 역할을 어떻게 돕거나 방해할까? 우리를 더 효과적으로 만들까? 우리의 행복과 웰빙에 기여할까? 우리 팀이나 다른 사람들에게 긍정적으로 기여할까? 이러한 긍정적인 요소를 기반으로 구축할 수 있는 방법, 경계해야 할 사항과 관련하여 무엇을 알아야 할까?

일곱 번째와 여덟 번째 질문은 우리가 배우고 성찰한 것이다. 그것들은 미래의 개발을 위한 무대를 제공한다. 행동 없는 성찰은 의미가 없다. 성찰의 목적은 자신과 타인을 더 깊이 이해하고 이를 통해 미래에 대비하고 적응하여 우리 자신과 타인의 효과를 향상하는 것이다.

[Box 30.1] Henley 8 질문

1. 내가 무엇을 관찰했는가?
2. 내 반응은 어땠는가?
3. 이것은 나에 대해 무엇을 말하는가?
4. 이것은 코치나 리더로서 나에 대해 무엇을 말해 주는가?
5. 이것은 어떤 강점을 제공하는가?
6. 잠재적인 함정은 무엇인가?
7. 내가 무엇을 배웠는가?
8. 다음에 무엇을 다르게 할 수 있는가?

우리는 1장에서 코치가 개인 학습 저널을 작성하고 이를 성찰하기 위해 정기적으로 사용하는 프랙티스를 시작하도록 제안했다. 이는 코치가 각 코칭 세션 후에 Henley 8 질문을 사용해 해당 세션에 대해 10~15분 동안 진행할 수도 있고, 그날 또는 그 주의 세션을 성찰하여 매일 또는 매주 마지막에 할 수도 있다. 얼마나 자주 할지는 코칭의 양과 자신의 일정에 달렸다. 중요한 것은 자신에게 맞는 패턴을 찾는 것이다. 저널에 정기적으로 글을 쓰지 않는 경우, 일상을 검토하고 이 부분을 프랙티스의 일부로 만드는 시간을 찾는 것이 필요하다.

물론 학습 저널을 작성할 때 고려해야 할 몇 가지 측면이 있다. 첫 번째는 고객 이름의 사용을 피하고(당신은 알아볼 수 있지만 다른 사람들은 할 수 없는 이니셜 사용) 조직 이름이나 조직이 어디인지 알 수 있는 사실의 사용을 피하는 것이다. 개인 데이터를 빼면 학습 저널의 보안에 대해 더 편안해질 수 있다. 두 번째 문제는 당신이 성찰한 것을 검토하는 것이다. 이를 실행하는 방법에는 여러 가지가 있다. 먼저 학습 저널에서 다룬 이슈를 수퍼비전 세션에 가져온다. 어떤 이유로든 수퍼비전을 받지 않기로 결정한 경우, 매 분기마다 발생할 수 있는 패턴이나 주제를 검토하고 성찰하는 방법을 찾고 저널에 시간을 예약하는 것이 좋다. 공식적인 수퍼비전 패턴이 없으면 이를 놓치기 쉽다. 그러므로 분기마다 한두 시간씩 저널을 작성하면 학습이 새로운 행동이나 개인 계발 계획에 통합될 수 있다.

> **[Box 30.2] Henley 8을 사용한 성찰 쓰기의 예**
>
> 케이트가 미팅에 늦었다는 것을 알았다. 그녀가 들어와 사과했다.
> 늦은 데 대한 내 반응은 내가 기다리는 동안 펜을 클릭하고 심장 박동수가 상승한 것이다. 나는 그녀가 지각해서 내가 짜증이 났다는 것을 의식했다. 나는 현재 너무 바빠서 15분 동안 다른 일을 할 수 있었으므로 그녀가 내 시간을 낭비하고 있다고 생각했다.
> 이것은 시간 지키기가 나에게 매우 중요하다는 것을 말해준다. 약속은 약속이다. 그녀가 지각한 것을 나는 무례하다고 해석했다. 이것은 내가 특정 상황에서 다른 사람들에게 편협할 수 있으며 이러한 기록되지 않은 규칙을 어기는 것

은 나에게 다른 사람을 판단하게 만든다는 것을 말해준다.

코치로서, 특정 행동이 판단적인 마인드 프레임에서 세션을 시작하도록 이끌 수 있으며, 이로 인해 개방적이고 호기심이 많고 유연하며 고객 중심적인 코치의 사고 방식이 중단될 수 있다.

시간 준수에 매우 민감해서 얻는 장점은 회의에 늦을 가능성이 없다는 것이다. 나는 항상 고객 회의를 위해 충분한 시간 여유를 둔다.

함정은 내가 또는 다른 사람들이 늦을 경우 관계를 회복하고 코칭 과정을 시작하는 데 중요한 장애물이 될 수 있다는 것이다. 짜증이 한 번 나면 빨리 사라지지 않으며 전체 세션에 스며들 수 있다.

내가 나 자신에 대해 배운 것은 내 신념을 바꾸는 것이 도움이 된다는 것이었다. 이것은 그들의 시간이고 따라서 그들이 그것을 사용하기로 선택하는 방법은 내 것이 아니라 그들의 책임과 선택이다. 나는 여전히 합의된 시간에 마무리할 것이다. 다음에 다르게 할 수 있는 것은 우리에게 한 시간이 있다는 것과 시작 시간이 어디이든 A지점에서 시작하고 끝나도 B지점은 60분 지점이라는 것을 고객에게 분명히 하는 것이다. 그런 다음 시간 사용 방법에 대한 선택은 그들의 책임이다. 함께할 수 있는 것들을 가져와서 향후 코칭이 중단되어야 하는 일이 발생하면 이런 방침을 활용할 수 있다.

마무리

이 장에서 우리는 성찰 프랙티스의 중요성을 검토했다. 우리는 이것이 코치 자기 계발의 중심일 뿐만 아니라 모든 코치에게 필수적인 요소이며, 우리의 코칭 시간이 50시간이든 5,000시간이든, 개방적이고 호기심이 많고 유연하며 고객 중심을 유지할 수 있는 '초보자 마인드셋'을 유지하는 데 도움이 된다고 주장했다. 또 Henley 8을 포함한 여러 프레임워크를 사용하여 코치가 자신의 성찰을 구조화해서 포착하고 프랙티스를 위한 새로운 통찰력을 개발할 것을 제안했다.

31장.
멘토 코칭

도입

자율적인 규제가 필요한 업계에서 코치는 전문성의 지속적 개발^{CPD} 활동에 적극적으로 참여하여 고객에게 일관된 가치를 제공하고 자신의 스킬을 여전히 유효하고, 통용되고, 관련성 있는 높은 수준으로 유지해야 한다. 이러한 전문성 개발은 다양한 형태로 나타날 수 있으며 앞서 28장에서 자세히 다뤘다. 이 장에서는 구체적인 전문성 개발 형태인 멘토 코칭에 중점을 둔다.

멘토 코칭이란 무엇인가?

멘토 코칭의 정의와 활동 범위에 대해서는 이따금 혼선이 있다. 이 분야의 개인적인 경험으로 볼 때, 멘토 코칭은 일반적인 코치 멘토링과 ICF 자격 취득/갱신을 위한 멘토 코칭, 두 가지 범주로 분류되는 경향이 있다.

일반적인 코치 멘토링

일반적인 코치 멘토링은 우리가 멘토링을 학문으로 이해하는 것과 매우 밀접하게 연관되어 있다. 일반적으로 경험이 많거나 지식이 많은 사람이 경험이 부족하거나 지식이 적은 사람을 안내하는 데 도움이 되는 관계다. 멘토는 멘티보다 나이가 많거나 적을 수 있지만 특정 분야의 전문성이 있어야 한다. 상당한 경험을 가진 사람과 배우고자 하는 사람 사이의 학습과 개발 파트너십이다.

이러한 정의에 따른 멘토링 범위는 매우 광범위할 수 있으며 역량 개발에서 코칭 프랙티스 또는 비즈니스 구축과 유지에 이르기까지 다양한 영역을 포괄할 수 있다. 이 넓은 범위 내에서 멘티가 멘토와 대화할 때 나올 수 있는 일부 주제는 수퍼비전 질문으로 간주될 수도 있으므로 멘토링이 다른 작업 방식과 겹칠 수 있음을 볼 수 있다.

수퍼비전은 29장에서 살펴본 것처럼 매우 특정한 형태의 전문성 개발 형식이며, 수퍼바이저가 이 분야의 전문 교육을 받아야 한다. ICF 자격 증명을 위한 멘토 코칭 역시 특정 스킬과 특성이 필요한 매우 구체적인 전문 개발 형태다. 이를 위해, 이러한 서비스를 찾는 코치가 제공되는 내용에 대한 명확히 알고, 함께 일할 사람이 해당 서비스를 제공할 수 있는 적절한 스킬, 자격 및 경험을 갖도록 하는 것이 중요하다. 따라서 실제로는 일반 멘토링, 자격 증명을 위한 멘토 코칭, 수퍼비전 등의 세 가지 서비스가 상호 교차하는 부분이 있다.

또 자격 증명을 위한 멘토 코칭과 수퍼비전이 훨씬 더 명확하게 정의되고 범위가 지정됨에 따라, 일반적인 코치 멘토링에서의 서비스가 무엇이며 어떻게 제공되는지 그리고 코치들의 전문성 개발에 어떤 가치가 있을지 정확히 이해하기 위해 신중하게 계약할 필요가 있다.

이에 대한 마지막 참고 사항은 이러한 서비스가 다른 개인 또는 동일한 사람에 의해 제공될 수 있다는 것이다. 따라서 제공되는 내용과 작업하는 방식이 명확해야 함을 다시 한번 암시한다.

ICF 자격 증명을 위한 멘토 코칭

이러한 형태의 전문성 개발은 ICF에 의해 인정되며 그 목적은 코치 신청자(멘티)가 원하는 자격 수준에서 요구하는 코칭 역량 수준을 달성하고 입증하는 데 전문적인 지원을 제공하는 것이다. 이러한 작업 방식은 ICF 핵심 역량에 따라 코치의 코칭 능력을 높이기 위해 관찰 또는 기록된 코칭 세션을 기반으로 협력적이고 인정하는 대화로 이루어지는 코칭과 피드백으로 구성된다.

멘토 코칭은 멘토 코치의 경청과 피드백을 허용하는 동시에 멘티인 개인의 성찰과 프랙티스를 할 수 있도록 일정 기간(최소 3개월)에 걸쳐 이루어져야 하며, 지원자의 코칭 스킬 개발에 집중해야 한다. 이와 관련이 없는 프랙티스 구축, 삶의 균형 또는 기타 주제들은 배제되어야 한다.

멘토 코칭은 언제 필요한가?

멘토 코칭은 코칭 역량을 실행하며 개발하는 매우 유용하고 귀중한 방법이며, 다음과 같이 코치의 개발 여정 중 다양한 시점에 수행된다.

1. 초기 ICF 자격 증명 신청의 일부인 멘토 코칭
2. ICF 자격 갱신의 일환으로 하는 멘토 코칭
3. 코치의 일반적인 전문성 개발의 일환으로 하는 멘토 코칭

ICF 자격 신청 요건의 하나인 멘토 코칭

세 가지 수준의 ICF 자격 증명(ACC, PCC 및 MCC)에 대한 신청 프로세스상 신청자는 10시간의 멘토 코칭을 받아야 한다. 일부 코치 훈련 프로그램에서는 멘토 코칭을 제공하지만, 어떤 프로그램에서는 제공하지 않는다. 따라서 멘토 코칭은 ICF 인증을 받은 프로그램뿐 아니라 ICF 인증 커뮤니티 내의 특정 코치가 제공하는 서비스이기도 하다.

ICF 자격 갱신의 일환으로써의 멘토 코칭

ICF 자격 증명은 3년마다 갱신되어야 한다. ACC 자격 증명을 보유한 코치가 동일한 수준에서 자격 증명을 갱신하려는 경우 갱신 프로세스의 일부로 추가 10시간의 멘토 코칭을 받아야 한다. 이 10시간을 요구하는 이유는 지난 3년 동안 ACC 자격 취득에 필요한 100시간에서 PCC에 필요한 500시간에 이르기까지 충분한 코칭 클라이언트 시간을 확보하지 않은 경우, 이 멘토 코칭 과정이 추가 체크 포인트가 된다. 이는 코치가 실제로 코칭 스킬을 여전히 유효하게 확보하고 있으며, ICF 핵심 역량을 ACC 코칭 수준으로 지속 발휘하고 있는지 확인하기 위한 것이다. 멘토 코칭 10시간은 갱신 프로세스에 필요한 3년 동안의 40시간 전문성 개발과 지속적인 코치 교육CCE에 포함된다.

 PCC 또는 MCC 수준에서 자격 증명을 갱신하는 코치는 이 추가 10시간의 멘토 코칭을 수행할 필요가 없다. 그러나 멘토 코칭은 매우 소중한 전문성 개발 형태로 간주된다. 따라서 PCC와 MCC 자격증을 취득한 코치는 자격증 갱신에 필요한 40시간의 CPD의 일부로 최대 10시간의 멘토 코칭을 완료하고 적용할 수 있다.

코치의 일반 전문성 개발의 일환으로써의 멘토 코칭

위에서 언급했듯이 멘토 코칭은 모든 코치에게 훌륭한 형태의 전문성 개발을 제공하며 ICF 자격을 갖춘 코치가 멘토와 정기적으로 참여할 수 있도록 적극 권장되는 방법이다.

멘토 코칭은 어떻게 이루어지는가?

앞서 언급했듯이 멘토 코칭의 목적은 코치(멘티)가 ICF 핵심 역량 프레임워크에 대한 코칭 스킬을 개발하도록 지원하는 것이다. 이러한 개발은 해당 멘티에 대한 관련 자격 수준에 관계 없이 제시되며 ICF 핵심 역량 프레임워크, ICF 윤리강령 및 멘티가 코칭 프랙티스에서 역량을 어떻게 입증하는지 여부에 대한 완전하고 심층적인 검토로 구성된다. 코치의 코칭 역량 입증은 다음과 같은 여러 방법으로 탐색하고 함께 작업할 수 있다.

- 고객과의 세션 기록 사용(이는 고객이 멘토링 목적으로 사용할 수 있도록 허락한 실제 고객과의 세션이어야 함)
- 실시간 그룹 세션에서 서로 코칭하는 코치들
- 멘티인 코치가 멘토를 코칭

ICF는 멘토 코치의 임무와 역량을 제시하기 위해 코치 훈련 조직 협회 Association of Coaching Training Organization(ACTO)와 협력했다. 멘토의 임무는 [박스 31.1]에 설명되어 있다.

> **[Box 31.1] 멘토 코치의 임무**
>
> 1. 고객 관계의 효과적인 시작과 계약을 실제로 보여준다.
> 2. 잠재 멘티와 함께 그들이 달성하려는 것을 완전히 탐구한다.
> 3. 둘 다 멘토링의 목적에 대해 명확하게 이해한다.
> 4. 멘티와 협력하여 성공 척도를 수립한다.
> 5. 수수료, 기간 및 멘토 코칭 관계의 기타 측면에 대해 완전히 논의한다.
> 6. ICF 윤리강령의 모든 측면에 대해 멘티에게 알린다.

7. 멘티에게 윤리 행동 검토위원회를 활용할 수 있음을 알린다.
8. 잠재 멘티가 가장 적합한 멘토를 찾기 위해 두 명 이상의 멘토 코치 후보를 인터뷰하도록 권유하여 멘티의 자신감을 지원한다.
9. 멘티가 멘토링의 결과로 멘티가 원하는 자격 수준을 획득할 것이라는 보장을 하지 않는다.
10. 멘티의 코칭 세션들을 검토한 후 구두 및 서면 피드백을 제공하여 핵심 역량 개발에 중점을 둔다.
    (a) 이 세션들은 멘티의 학습과 개발을 통합할 수 있도록 세션 사이에 충분한 시간을 제공하면서, 각 세션 사이에 피드백 세션이 한 번에 하나씩 수행되어야 한다.
11. 세션들에서 나온 실제 사례들을 사용하여 구체적인 구두 그리고/또는 서면 피드백을 제공하면:
    (a) 멘티는 자신이 잘하고 있는 것이 무엇인지 정확히 알 수 있다.
    (b) 멘티는 더 깊은 수준의 코칭 숙달을 위해 무엇을 해야 하는지 이해할 수 있다.
12. 한 번에 여러 수준에서 멘티에 대해 알려고 노력하고 있으며 다음과 같은 맥락에서 이 모든 것을 얻을 수 있음을 보여준다:
    (a) 멘티는 누구인가
    (b) 멘티가 추구하는 것은 무엇인가
    (c) 멘티의 독특한 스타일 존중하기

이 임무 목록은 일련의 멘토 코칭 세션에서 다룰 수 있는 내용에 대한 개요를 잘 보여준다.

실제로 이러한 세션들은 다양한 방식으로 설계될 수 있으며 멘토와의 초기 계약 프로세스의 일부는 멘티의 특정 요구와 개발 목표에 따라 멘토 코칭 계획을 논의하고 결정하는 것이다.

10시간의 멘토 코칭은 완전히 1:1로 또는 1:1 및 그룹 멘토링 작업의 혼합으로 수행될 수 있다. ICF는 그룹 형식으로는 최대 7시간까지 인정한다(그룹당 최대 10명의 멘티 포함 가능). 이에 접근하는 '옳고 그른' 방법은 없으며 멘티에게 어떤 방법이 더 좋을지에 대한 개인적 선호도, 시기 및 예산에 달려 있다. 멘토링을 제공하는 인증 기관과 그룹 작업을 제공하는 개별 멘토는 이를 구조화된 프로그램의 일부로 제공할 수 있는 반면, 완전한 1:1 멘토링은 멘티와 멘토가 스스로 일정을 잡는다. 멘토 코칭은 대면 방식으로 수행될 수 있지만 오늘날 대부분 멘토링은 (줌과 같은) 가상 플랫폼을 통해 이루어지는 경향이 있으므로 관련 시간과 비용을 절감하는 이점이 있다. 10시간은 일반적으로 위에서 언급한 고객과의 작업 사례를 사용하여 1~2시간 세션으로 진행된다. 위에서 언급된 임무에 나오듯이, 이러한 세션들은 '각 세션 사이에 피드백 세션과 함께 한 번에 한 세션씩 진행되어 멘티의 학습과 개발을 통합할 수 있도록 세션간에 충분한 시간을 제공'해야 한다. 즉 10시간은 일련의 녹음(또는 라이브 코칭 세션)에 대해 검토, 토론하고 피드백을 제공하여 ICF 핵심 역량과 ICF 윤리 강령의 모든 측면이 기간 동안 다루어지도록 한다.

ICF가 정한 최소 3개월 동안 10시간의 멘토 코칭을 진행해야 한다는 기준은 멘티가 배운 것을 적용하고 이를 코칭 프랙티스에 통합하여 멘토가 그 발전을 고객과의 다른 세션을 검토하면서 관찰할 수 있도록 하는 것이다. 즉 최소 기간은 3개월이지만 실제로는 10시간이 더 오랜 기간에 걸쳐 확보될 수 있다. 이것은 멘티가 현재 고객과 얼마나 코칭 작업을 할 수 있는지와, (학습을 통합하고 추가로 기록된 세션 사례를 확보하기 위해) 멘티와 멘토 사이에 일정이 얼마나 잘 맞는지에 따라 달라질 수 있다. 멘토로서의 개인적인 경험에 따르면 일반적으로 멘토 코칭 패키지는 완료하는 데 최장 6개월 또는 9개월이 걸릴 수도 있다.

멘토 코칭 세션 계획 수립

언제, 어떻게, 누구와 함께할지 멘토 코칭 패키지를 계획할 때 고려해야 할 몇 가지 측면이 있다.

멘토 코칭 세션을 계획하는 첫 번째 측면은 프로세스를 시작할 시기를 고려하는 것이다.

시기에 관해서는 어느 정도 개인적으로 선택하면 되지만, ACC 자격 갱신의 경우 시기가 표시된다. 최초 자격 인증 신청의 경우 다음 두 가지 요소를 고려하는 것이 좋다.

1. 멘토링의 목적은 멘티가 신청(또는 ACC의 경우 갱신)할 자격 인증 수준과 관련하여 코칭 능력을 입증하는 데 도움을 주는 것이다. 이를 위해 멘토링은 고도의 발전적 프로세스인 것 외에도 평가 준비 과정이다. 즉 되도록 멘토링 활동 시간을 정하는 것이 유용한 이유는 멘토링 완료 시점과 멘티가 자격 증명을 신청하고 자격 취득이라는 목적을 위해 평가 프로세스를 수행하는 사이에 최소한의 기간 차이가 있는 것이 도움이 되기 때문이다. 이러한 방식으로 핵심 역량 및 윤리강령에 대한 멘티의 지식은 새롭게 업데이트가 되며, 이는 32장에 설명된 대로 코치 지식 평가^{CKA}를 완료하는 데 도움이 된다. 또 멘티는 자신의 코칭 스킬을 입증하고 역량을 증명할 수 있는 녹음본을 하나(ACC 자격 신청 용) 또는 두 개(PCC 및 MCC 자격 신청 용) 찾아야 한다. 따라서 코칭 세션의 녹음을 들으며 진행하는 멘토링 프로세스라면 멘티의 스킬이 가장 많이 향상된 멘토링 프로세스 후반부에

제출할 녹음본을 찾는 것이 바람직하다.
2. 멘토링은 매우 실용적인 측면이 있으므로 멘티와 멘토가 실제 코칭 사례를 적극적으로 검토하고 작업한다는 점에서 멘티가 다양한 고객들을 활발히 코칭할 때 이 작업에 참여하는 것이 이상적이다. 이러한 방식으로 그들은 학습을 통합하고 멘토의 피드백을 받은 후 검토, 성찰할 수 있는 기회와 함께 코칭 '근육'을 계속 키울 수 있는 기회를 최대한 활용할 수 있다.

멘토 코칭 패키지를 종료하는 방법도 개인의 선택이 우선한다. 다음과 같이 고려할 수 있는 몇 가지 요소가 있다.

- 일대일 멘토링은 일정 측면에서 매우 유연하게 제공될 수 있으며, 멘티는 전체 10시간 동안 개인적이고, 심층적이며, 일대일로 주의 집중을 받는다.
- 그러나 기간이 더 오래 걸리고, 비용이 더 많이 들 수 있으며, 다른 코치와 함께하며 아이디어를 교환하고 서로에게 배우는 이점이 없다.
- 그룹 멘토링 세션은 전체 그룹을 대상으로 일정을 정해야 하므로 흔히 프로그램의 일부로 실행된다.
- 어떤 멘티들은 구조화된 프로그램을 선호하며, 프로세스가 때로 더 빨리 끝날 수도 있고, 안전하고 협력적인 환경에서 동료와 함께 작업이 가능하다.
- 그룹 멘토링과 함께 멘티는 멘토와 일대일로 3시간 동안 세션을 진행해야 한다.

마지막으로, 누구와 함께 일할 것인지에 관해서, 멘티는 동일한 멘토와 함께 10 시간의 멘토링을 모두 진행할 필요는 없지만, 흔히 그렇게 된다. 두 명 이상의 멘토와 함께 일하기로 선택한 멘티들을 위한 추천은 전체적인 멘토링 패키지가 궁극적으로 전체 역량 프레임워크와 윤리강령을 포괄해야 하므로 이를 위해 어느 정도의 조율이 필요하다는 것이다.

다음 부분에서는 멘토를 찾고 선택하는 방법에 관한 자세한 지침을 제공한다.

멘토 코치 찾기

멘토 코치를 찾는 방법에는 다음을 포함해 여러 가지가 있다.

- ICF 공인 코치 훈련 기관: 멘토링 서비스를 직접 제공하거나 흔히 멘티를 지역 사회 내에서 알고 있는 잠재적 멘토에게 추천하거나 연락할 수 있다.
- ICF 멘토 코치 레지스트리: 일부 멘토들은 ICF 글로벌 웹 사이트에 서비스를 등록하므로 멘티가 탐색 세션을 위해 연락해볼 수 있다.
- ICF 지역 챕터: 일부 ICF 지역 챕터(한국챕터 포함)는 해당 지역 내의 멘토들 명단을 갖고 있다.
- 입소문: 이것은 멘토와 멘티가 서로를 찾는 일반적인 방법이다.

멘티가 멘토를 찾는 방법이 무엇이든 멘토와 함께 일한다고 해서 자격 취득을 보장받는 것은 아니라는 점에 유의해야 한다. 멘티는 적절한 스킬, 자격 및 경험이 있고 안전하게 유용하고 발전적인 피드백을 줄 수 있는 방식으로 함께할 멘토를 찾을 적절한 방법을 택하는 것이 좋다.

이 과정을 지원하기 위해 ICF와 ACTO(2020)가 정한 가이드라인은 멘토 코치가 보여 주어야 할 몇 가지 개인적인 특성과 역량을 제안한다.

> **[Box 31.2] 멘토 코치의 개인적 특성과 역량**
>
> (특성) ICF 멘토 코치는:
> 1. 신뢰할 수 있고 적합성, '케미' 및 화합 측면에서 멘티와 연결할 수 있는 능력이 있다.
> 2. 멘티가 처음에 가능하다고 생각하는 것 이상을 성취하도록 격려하여 창의적인 프로세스를 확장하는 데 도움이 되는 사람이다.
> 3. 개방적이고 본인의 취약함을 노출하며 vulnerable, 한 사람 또는 두 사람 모두를 불편하게 만들 수 있는 피드백을 제공하는 등의 적절한 위험을 감수함으로써 평등한 파트너십을 보여준다.
> 4. 파트너십의 가치를 이해하고 모델링할 수 있다. 예를 들어, 멘티가 더 강력하고 영향력을 발휘할 수 있는 코칭을 할 수 있도록 세션 사이에 어떤 영역에 대해 작업할 것인지 멘티가 설계할 수 있도록 허용/장려한다.
> 5. 멘티가 누구인지, 멘토링 과정 전반에 걸쳐 성취와 성장을 축하하는 것을 지지하고 진정성이 있다.
> 6. 멘토링 작업을 안전하게 진행하며, 각 멘티의 고유 스타일에 대해 인정하고 존중한다.
> 7. 멘티 자신의 코칭 스타일 개발을 장려한다.
> 8. 자신과 멘티 모두가 성과에 대한 책임을 지며 관계의 효과에 대한 상호평가를 주기적으로 실시하는 것을 장려한다.
>
> (역량) ICF 멘토 코치는:
> 1. 대화 내용을 뛰어 넘어 핵심과 관련된 스킬의 적용 여부를 식별한다(예: 스킬 대 방향, 스킬 대 스타일 또는 스킬 대 고객의 결과).

2. 신체적, 지적, 정서적, 직관적 차원에서 청취한다.
3. 강점과 발전 필요 영역에 대해 동등하게 경청한다.
4. 스타일, 문화 및 언어의 차이를 인식하고 허용한다.
5. 자격 증명 시험 과정에서 사용되는 기록된 코칭 세션의 평가에서 ICF가 사용하는 평가 도구에 대한 실무 지식이 있다.
6. 개별 역량의 존재 여부와 전체적인 스킬 수준을 모두 경청한다.
7. 어떤 중요한 기본 역량이 비효과적이거나 제한된 코칭 영향을 유발할 수 있는지 구별할 수 있는 능력이 있다.
8. 시연된 스킬 수준과 달성할 다음 스킬 수준 사이의 차이를 식별하고 명확히 할 수 있다.
9. 역량 기반 언어와 코칭의 특정 행동 사례를 사용하여 발전 필요 영역, 역량 사용 및 스킬 수준을 식별하고 설명한다.
10. 존중, 명확, 판단 없는 어조를 사용하여 피드백 전달을 위한 안전하고 신뢰할 수 있는 공간을 만든다.
11. 관찰된 것과 다음 스킬 수준으로 올라가기 위한 구체적인 개발 필요성에 대해 상세한 사례 위주로 표현하되, 그 피드백의 파급효과를 감안해 조심스럽게 전달한다.
12. 강점과 잠재적인 발전 영역을 확인하여 특정한 코칭 핵심 역량과 관련된 피드백을 제공한다.
13. 코칭 모델을 선호함에 있어 자기 관리 능력을 보여주고 핵심 코칭 역량과 관련된 스킬 평가에 집중할 수 있다.

멘토 코치를 찾는 마지막 참고 사항은 자신의 자격 증명 수준까지 멘토를 할 수 있다는 것이다. ACC 자격을 보유한 멘토의 경우 멘토 자격을 얻으려면 최소 3년 동안 자격을 보유하고 1회 이상 갱신해야 한다.

멘토 코칭 경험을 최대한 활용하기

멘토 코칭은 자격 인증 신청(및 ACC 자격 갱신)을 위한 요구 사항이지만 이것이 단지 체크리스트의 하나로 취급된다면 시간 낭비가 될 것이다. 멘토 코칭은 매우 풍부하고 보람있는 개발 경험이 될 수 있다. 또 멘토링 과정을 통해 멘티는 ICF 핵심 역량과 윤리강령에 훨씬 더 깊이 익숙해져서 강력한 자기 성찰 도구를 갖춘 다음 멘토링 과정을 마칠 수 있다. 코칭 프랙티스를 기록하고 역량이 언제, 어떻게 입증되는지를 탐구하는 세션들을 통해 주기적으로 자기 성찰을 할 수 있다.

다음은 멘토 코칭을 최대한 활용하기 위한 몇 가지 팁이다.

- 당신의 멘토가 적절한 스킬, 자격 및 경험이 있는지 확인한다.
- 안전하고 협력적이며 발전적인 환경에서 함께할 수 있도록 친밀감이 있고 케미가 맞는지 확인한다.
- 멘토링 목표와 함께 작업에 필요한 모든 측면에 대해 멘토와 계약한다(이렇게 함으로써 실제 코칭 시 이루어져야 하는 바람직한 계약 수립 프로세스를 역할 모델링하고 미러링한다).
- 학습 프로세스에 완전히 참여engage할 수 있도록 충분한 시간과 공간을 확보한다.
- 어떤 고객에게 부탁해서 코칭 세션을 녹음할 수 있을지 미리 계획을 세워둔다.
- 멘토링 프로세스가 진행됨에 따라 지속해서 연습하고 학습을 통합할 수 있는 충분한 기회를 가질 수 있도록 현재 진행 중인 고객 코칭 작

업의 양을 고려한다.
- 선호하는 일정 계획에 대해 생각해본다. 이 중요한 개발 활동에 얼마나 시간을 투자할 것인가? 본인의 다른 일정을 감안하면 어떤가?
- 자신의 녹음된 세션을 들어본다! 당신의 멘토는 녹음된 고객과의 작업을 들은 다음 이를 논의하고 피드백을 공유할 것이다. 그러나 자신의 세션을 듣는 것은 매우 강력한 개발 방법이며, 학습 경험을 확실히 향상할 수 있다. 녹음을 들을 때 자신이 언제, 어떻게 역량을 입증하고 있다고 느끼는지 고려한다. 그런 다음 멘토와 함께 세션에 대해 이야기 나눌 때, 자신이 코칭 역량들을 얼마나 이해하고 있는지 확인해가며, 지속해서 미래에 대한 자기 성찰을 하기 위해 지식을 향상할 수 있다.
- 이 작업을 수행하는 데 필요한 마음가짐, 즉 개방성과 학습 및 개발에 대한 열망이 있을 때, 때로는 도전적이기는 하지만 전문적인 성장을 위해 유용한 피드백을 받을 수 있다.
- 멘토링 패키지가 완료되면 고객과의 세션들을 정기적으로 기록하고 검토하여 자신의 성찰 프랙티스를 유지한다. 이것은 또한 동료 코치들과 함께할 수 있는 훌륭한 활동이 될 수 있다. 코칭이 끝나고 핵심 역량에 대해 서로 검토하고 이야기 나누거나 실제 코칭 작업의 예를 사용할 수도 있다(물론 고객의 승인하에).

마무리

이 장에서 우리는 멘토 코칭을 코치를 위한 강력한 전문 개발 도구로 포지셔닝하고 ICF 자격 신청 프로세스의 필수 부분임을 설명했다. 우리는 언제, 어떻게, 누구와 멘토링을 하는지, 그리고 이 과정을 최대한 활용하는 방법을 다뤘다.

32장.
코치 지식 평가

도입

이 장에서는 ICF 코치 지식 평가coach knowledge assessment(CKA)에 대해, 그리고 평가 목적과 프로세스를 설명한다(ICF, 2020a). 또 성공적인 결과를 위해 이 평가를 가장 잘 준비하는 방법도 살펴본다.

코치 지식 평가란 무엇인가?

코치 지식 평가는 ICF에서 코칭 프랙티스상의 중요한 지식과 기술에 대한 코치의 이해도를 측정하는 데 사용하는 온라인 평가 도구다. 특히, ICF에서 내린 코칭 정의, 핵심 역량 및 윤리강령 등 코치로서 알아야 하는 지식 체계body of knowledge를 테스트한다.

앞서 언급한 대로 코치 지식 평가는 ACC, PCC 및 MCC 자격 인증 신청에 필요하다. 이 평가 단계의 목적은 자격 인증 프로세스의 공정성과 엄격함을 뒷받침하기 위해 표준화되고 과학적으로 구성된 테스트를 제공하는 것이며, 역량 직무 분석 프로세스를 통해 만들어진다. 이 테스트로 코치의 지식을 측정하고, 해당 지식의 적용은 실제 코칭 세션의 검토를 통해 평가된다.

코치 지식 평가는 주기적으로 검토되고 업데이트되며, 약 155개의 객관식 문항으로 구성되어 있다. 각 문항에는 간단한 진술문 또는 질문과 함께 네 가지 보기가 나온다. 각 문항에 대해 ICF가 정한 최선의 답이 하나 있다.

이 테스트는 ICF 핵심 역량 모델의 네 가지 영역, 즉 기초 세우기, 관계의 공동 구축, 효과적인 의사소통, 학습과 성장 북돋우기 등의 영역으로 구분되는 8가지 역량들을 다룬다. 테스트 항목은 ICF 코칭 정의, 핵심 역량 및 윤리강령이며, 코치 자격 수준에 따라 난이도가 달라진다. 일부 문항들은 코칭 개념 또는 스킬에 대해 코치가 잘 알고 있는지 평가하며, 다른 항목들은 코치가 더 깊은 이해를 하고 있음을 입증해야 하는 시나리오를 제시한다.

다음은 몇 가지 예문이다.

[Box 32.1] 코치 지식 평가의 예

기초 세우기 영역:
고객은 평소 긍정적인 견해를 가진 에너지로 가득찬 관리자다. 코칭 세션에 오기 직전에 고객은 자기 역할이 크게 바뀔 것이며 더는 자신이 열정을 가진 일을 못 하게 될 것이라고 들었다. 고객은 특히 부정적인 분위기 속에 세션에 왔으며 오늘 세션에서 이 상황을 해결하려는 열망을 표명했다. 코치가 쓸 가장 좋은 방법은 무엇인가?
  (a) 이 상황에서 잠재적인 모든 긍정적인 결과에 대해 고객에게 질문한다.
  (b) 이 세션의 주제가 지난 번 세션에서 정해졌음을 고객에게 상기시킨다.
  (c) 세션의 결과물을 탐색하고 고객과 코치가 모두 명확하게 이해하도록 한다.
  (d) 고객에게 우리가 하는 일에 열정을 갖는 것이 얼마나 중요한지 강조한다.

효과적인 의사소통 영역:
많은 이슈를 꺼내어 놓는 고객에게는 코치가 다음 중 어떤 옵션을 선택하는 것이 가장 좋을까?
  (a) 코치에게 가장 많은 경험이 있는 내용을 다룬다.
  (b) 고객이 어떤 주제를 가지고 시작하고 싶은지 묻는다.
  (c) 가능한 시간 내에 처리할 수 있는 가능성이 가장 큰 주제를 선택한다.
  (d) 코치가 고객에게 가장 도움이 될 수 있다고 생각하는 것을 고른다.

실제 상황에서 코치는 자격 신청 과정 중 어느 시점에 코치 지식 평가를 완료하게 된다. 정확한 시기는 코치별로 자격 인증을 신청하는 유형(ACTP Approved Coach Training Program, ASCTH Approved Specific Coach Training Hours, 포트폴리오)에 따라 다르다. 이 시험은 이메일 링크를 통해 응시자에게 전달되며, 링크를 받으면 60일 이내에 응시해야 한다.

링크를 클릭하고 시험을 시작하면 한 번에 완료해야 하며('저장하고 나중에 계속' 옵션이 없음) 온라인 세션이 만료되기까지 총 3시간이 주어진다. 대부분의 경우 코치는 짧은 시간에 테스트를 마친다(보통 약 2시간). 테스트 결과는 마치고 나서 즉시 확인할 수 있으며 이메일을 통해 코치에게 직접 전송된다. 코치 지식 평가의 합격 점수는 문제와 시험 항목이 주기적으로 검토되고 업데이트됨에 따라 시간이 지남에 따라 변경될 수 있지만 합격 점수는 일반적으로 약 70%다.

점수는 네 가지 테스트 영역 각각의 점수로 분류되며, 잘못된 응답에 대한 피드백은 제공되지 않는다. 그러나 자격 인증 신청을 위한 평가 프로세스의 일부로 제출된 코칭 세션 녹음본에 대한 피드백은 제공된다. 코치가 처음에 시험을 통과하지 못하면 추가 비용으로 다시 응시할 수 있으며, 한 분기에 두 번까지 가능하다. 그러나 코치가 잘 훈련되고 멘토링을 완료하고 테스트를 준비했다면 이 과정을 반복할 필요가 없다.

코치 지식 평가를 어떻게 가장 잘 준비할 수 있나?

코치 지식 평가를 위한 준비는 코치 교육 프로그램에 등록하고 진행할 때부터 시작된다. ICF의 인증을 받은 코치 교육 프로그램(ACTP 및 ACSTH)은 교육 내용에 ICF 코칭 정의, 핵심 역량 및 윤리강령을 포함해야 한다.

그래서 당신은 코칭 실습 세션 동안 그 지식 체계와 일치하는 지침과 피드백을 받게 될 것이다.

또 31장에 설명된 멘토 코칭 프로세스는 이러한 영역에 대해 토론, 검토 및 성찰할 수 있는 또 다른 기회를 제공하여 코치의 지식과 이해를 심화시킨다.

온라인 시험을 위한 조언

시험을 치를 때 도움이 되는 몇 가지 팁은 다음과 같다.

- 시험에 응시할 수 있는 링크를 받으면 본인의 일정을 확인하고 미리 계획하여 시험을 준비할 시간과 시험을 치르는 데 필요한 시간을 여유있게 확보한다.
- 최종 준비의 일부로 다음 자료를 검토하고 요약한다:
  - 코치 교육 매뉴얼 및 메모
  - 멘토 코칭 노트 및 피드백
  - ICF 핵심 역량 모델
  - ICF 윤리강령
  - 기타 ICF 역량 관련 문서
- 시험을 치를 때 위의 자료를 준비한다. 코치 지식 평가는 '암기' 테스트가 아니라 오픈 북 시험과 비슷하며 문제에 대한 답변을 고려할 때 유용한 참고 자료를 주변에 둘 수 있다.
- 하루 중에 방해받지 않고 응시할 수 있도록 편안하고 조용하며 방해가 되지 않는 환경을 만든다.
- 마지막으로, 마음을 편하게 가진다.

마무리

이 장에서는 ICF 자격 인증 신청 프로세스의 일부로 코치 지식 평가 도구의 개요를 검토했다. 우리는 몇 가지 예제 질문과 함께 시험의 목적과 형식에 관한 개요를 살펴보았다. 또 가장 성공적인 결과를 위해 이 테스트를 준비하는 방법에 대한 몇 가지 조언이 나왔다. 이 테스트에 대한 자세한 내용과 리소스는 ICF 웹 사이트에서 확인할 수 있다.

33장.
코칭 스킬 향상

도입

ACC 인증을 받는 것은 코칭 여정의 첫 번째 단계일 뿐이다. 대부분 코치는 PCC 또는 MCC가 되고자 한다. 이 자격들을 향한 여정은 코치가 자신의 스킬을 계속 적용하고 코치로서의 경험을 쌓고 추가 코치 훈련에 참여하는 성찰 프랙티스를 기반으로 한다. 이 장에서는 PCC 및 MCC를 위한 요구 사항과 향후 몇 년 동안 이러한 표준을 달성하기 위한 여정을 계획하는 방법을 설명한다. 이미 MCC인 경우 코치의 성숙도에 대해 살펴보고 본인의 프랙티스에서 초보자의 마인드를 유지하기 위한 개인적인 여정에 대해 생각해보도록 초대한다.

PCC란 무엇인가?

PCC는 Professional Certified Coach의 약자이며 제공되는 코칭의 표준에 대한 벤치마크 역할을 한다. 어떤 코치는 먼저 ACC 자격증을 확보한 다음 PCC 자격증을 취득하고, 또 다른 코치는 관련 기준 및 요구 조건을 충족시킨 다음 PCC를 바로 신청한다. 이와 관련해서 옳고 그른 방식은 없으며 개인이 수행하는 코칭의 양에 크게 좌우되고, 이는 결과적으로 코치가 고객과의 코칭 시간과 경험을 쌓을 수 있는 속도에 영향을 미친다.

ACC도 매우 훌륭하고 세계적으로 인정받는 자격이지만, 많은 코치가 코칭 분야에서 계속 성장해서 PCC 취득을 목표로 선택한다. ACC 수준에 남아있는 코치들은 아마도 자신의 코칭 스킬을 덜 사용하고 코칭이 자신의 전체 역할 중에 차지하는 비중이 더 적을 것이다.

코칭을 중요한 일로 간주하거나 전업으로 수행하는 개인은 어느 시점에서는 PCC 자격 취득을 고려하는 것이 좋다. 코칭이 이제 업무상 강력한 육성 방식으로 널리 인식됨에 따라 많은 조직이 자격 증명 수준을 점점 더 잘 알게 되었으며 이러한 조직 내에서 서비스를 제공하는 전문 코치가 최소한 PCC 수준의 자격을 보유하도록 요구하는 경우가 많다. 일부 조직에서는 코치가 전문성의 지속적 개발 및 성찰 프랙티스의 일환으로 정기적인 수퍼비전에 참여하는 것을 기대하는 경우가 증가하고 있다. 코칭 수퍼비전에 관한 자세한 내용은 29장에 나와 있다.

PCC 자격을 얻으려면 무엇을 해야 할까?

앞서 설명 된대로, PCC 자격 증명은 ACC 자격 증명에 비해 더 많은 코칭 훈련과 코칭 경험이 요구된다([표 33.1]).

교육 시간과 코칭 경험 시간은 점점 증가한다. 예를 들어, 코치가 ACC 신청을 위해 최소 100시간의 코칭 경험을 완료하면, 계속해서 최소 400시간을 코칭하여 PCC 지원에 필요한 500시간을 확보할 수 있다. 코칭 훈련 시간에도 동일한 원칙이 적용된다.

ACC와 비교하여 PCC 요구 사항의 다른 차이점은 ACC 자격 신청의 경우 평가를 위해 고객 세션 녹음본 한 개가 필요하지만, PCC 신청의 경우 두 개가 필요하다.

PCC 코치와 ACC 코치의 차이점은 무엇인가?

PCC 코치가 더 많은 코칭 훈련을 받고 더 많은 고객과의 작업을 수행할 것이라는 위에서 언급한 명백한 측면 외에도 PCC 수준의 코치는 ICF 핵심 역량을 더 깊이 이해하고 입증해야 한다.

[표 33.1] ACC 및 PCC 자격 인증 요구 사항 비교

ACC	PCC
• 60시간 이상의 코칭 교육 • 멘토 코칭 10시간 • 코칭 경험 100시간 이상 • 코치 지식 평가CKA • ACC 수준의 최소 요건에 맞는 핵심 역량 수행 평가	• 125시간 이상의 코칭 교육 • 멘토 코칭 10시간 • 코칭 경험 500시간 이상 • 코치 지식 평가CKA • PCC 수준의 최소 요건에 맞는 핵심 역량 수행 평가

ICF 핵심 역량 프레임워크는 세 가지 수준의 자격 증명 모두에 적용되고 관련되는 단일한 작업물이다. 따라서 일반적으로 세 가지 자격 수준에서 코칭을 차별화하는 것은 해당 프레임워크를 얼마나 깊게 이해하는지와 제대로 보여줄 수 있는지이다. 실제로 어떻게 이와 같은 차이가 나타날 수 있는지 몇 가지 예를 소개한다. 이 내용을 읽을 때 유의할 점은 핵심 역량 모델에 따라 ACC 또는 PCC 수준 코칭에 대한 성찰이지 코치에 대한 평가 또는 판단이 아니라는 것이다. 예를 들어, 한 코치가 현재 ACC 자격을 보유하고 있지만, 실제로는 이미 PCC 수준에서 코칭을 하고 있을 수도 있다.

코칭 마인드셋

PCC 수준의 코치는 코칭 프랙티스에 매우 열정을 갖고 투자하고, 더 구조화되고 일관성 있고 깊이 있게 학습, 개발 및 성찰 프랙티스에 참여하고 있을 가능성이 크다. 이것은 ACC 수준의 코치가 자신의 코칭 일과 자기 계발에 대한 열정이 적다는 것은 아니다. PCC 수준의 코치는 코칭이나 코치로서의 발전이 아마도 그들의 직업적 정체성의 더 큰 부분을 형성할 수 있다는 것뿐이다.

PCC 수준의 코치는 고객의 이익을 위해 자신의 직관에 접근하고 이를 사용하는 데 더 편안하고 능숙해야 한다. ACC 수준에서 코치는 코칭 프로세스와 역량의 기술적인 측면에 더 집중할 가능성이 크므로 코칭 프랙티스에 대한 자신의 직관을 인지, 접근, 또는 편하게 사용하지 못할 수 있다.

코칭 계약/합의

3가지 주요 수준의 코칭 계약이 핵심 역량 모델에 설명되어 있지만, 계약을 탐색하고 수립하는 정도는 ACC에서 PCC 수준 코칭에 따라 크게 다를 수 있다. 이 역량에서 평가되는 부분은 합의를 이루어내는 깊이와 코치가 해당 계약 내에서 고객과 완전히 파트너 관계를 맺을 수 있음을 입증하는 정도다.

ACC 수준에서 코치는 고객이 작업하기 원하는 주제를 설정한 다음 해당 코칭 어젠다에 계속 주의를 기울여야 한다. 본질에서 ACC 수준의 초점은 코칭 주제의 '무엇'에 있다. PCC 수준에서는 '왜' 그 주제가 고객에게 중요하고 의미가 있는지 그리고 '지금 왜' 이 주제가 대화에 등장했는지 훨씬 더 깊고 풍부한 탐구가 있을 것이다. 또 PCC 수준에서는 주제를 가져오는 고객 자신이 '누구'인지 탐색한다. 이 심층 탐구에는 다음 스킬 측면들도 포함될 수 있다.

- 고객과 함께 작업하고 싶은 내용을 묻고 탐색한다(여기에는 고객이 처음에 제시한 것과 달리 주제가 실제로 무엇인지 탐색하는 것이 포함될 수 있음).
- 주제가 고객에게 의미가 있으며 고객이 원하는 결과로 나아가게 할 수 있을지 탐색하고 확인한다.
- 세션에서 원하는 각 결과에 대한 성공 척도를 탐색한다.
- 각 결과와 관련된 이슈들을 탐색한다.
- 코칭 전반에 걸쳐 해당 주제, 조치 사항 및 이슈에 주의를 기울인다.

- 보이지 않는 이슈를 고객에게 제기할 수 있지만, 고객이 방향을 틀지 않는 한 주제, 조치사항 또는 이슈를 변경하지 않는다.
- 세션 동안 고객의 목표가 실제로 달성되고 있는지, 목표가 진화하거나 변경되고 있는지 고객에게 확인해야 한다. 모든 핵심 역량이 중요하기는 하지만 '계약 수립 및 유지' 역량은 코칭 대화의 성공적인 기초 세우기와 이 역량을 설명하는 8장 내용을 제대로 복습할 것을 적극 권장한다.

신뢰와 안전

모든 수준에서 코치는 고객에 대한 진정한 관심과 존중을 보여주고, 작업을 수행할 수 있는 안전하고 개방적인 환경을 조성하고, 필요한 경우 자신의 스타일을 조정하여 이를 수행해야 한다. 그러나 PCC 수준에서 코치는 공간을 허용하고 고객이 완전히 표현할 수 있도록 지원하는 것과 고객의 스타일과 존재 방식에 아주 잘 대응하는 데 더 익숙하고 숙련도가 높을 것으로 예상된다.

프레즌스

자격 수준이 올라감에 따라 고객의 감정 표현(특히 강한 정서)을 처리하고 자신의 정서를 관리할 수 있는 능력과 자신감이 증가할 것으로 기대된다. 이것은 또한 잘 모르는 사람들과 함께 일하는 편안함의 수준을 올리고, 고객에게 제안하거나 '고치려는' 욕구에 빠지지 않고 (고객과 코치 모두에게) 성찰을 위한 공간과 침묵을 허용하는 개방적인 호기심을 유지하는 데 적용된다. 따라서 코칭 프레즌스는 코치의 자기 인식과 개인적인 개발 수준을 나타내며, 이는 각 자격 수준 별로 점점 더 분명해질 것으로 예상된다.

적극적인 경청과 알아차림을 불러 일으키기

ACC 수준에서 코치는 완전히 집중하고 고객의 말을 주의 깊게 경청해야 한다. 여기에는 눈으로 듣고 고객의 보디랭귀지가 의사소통의 한 형태라는 것을 알아차리는 것이 포함된다. 또 ACC 수준의 코칭은 코치가 질문과 지시(inquiry vs. telling) 간의 입장을 정하고 고객의 주제에 맞는 질문을 던질 것으로 기대된다.

PCC 수준에서 청취의 깊이는 말하지 않은 것에 대한 호기심, 고객 에너지의 미묘한 변화를 인지하고 탐구하는 것, 세션 또는 코칭 전반에서 패턴이나 주제를 인지하고 탐구하는 것까지 포함할 것으로 예상된다. PCC 수준의 코칭은 또한 코치가 코칭 주제의 '데이터' 또는 '내용'에 덜 초점을 맞추고 해당 주제를 가져온 고객과 그들이 자신의 주제에 대해 처리하고 있거나 생각하고 느끼는 방식에 더 초점을 맞춘 질문으로 알아차림 불러 일으키기를 기대한다.

고객 성장

역량의 이러한 측면은 ACC 및 PCC 수준 코칭 사이의 중요한 차이점을 강조할 수 있다. ACC 수준에서 코치는 고객에게 코칭 세션 후 다음 단계에 대해 질문하고, 대화에서 고객의 핵심 사항이 무엇인지 질문할 가능성이 크다. 이러한 수준의 탐색은 흔히 코칭 세션에서 상대적으로 간결하고 한정적contained이다. 반면 PCC 수준은 고객이 세션을 통해 학습하고 통찰한 것을 고려하여 요약하도록 초대하고 세션 후 학습이 어떻게 통합될지를 포함하는 훨씬 더 깊고 풍부한 탐색에 대한 기대가 있다. 또 이러한 단계를 수행하는 방법, 필요한 지원 또는 자원, 방해가 될 수 있는 항목, 수행 중인 단계에 대해 고객이 얼마나 몰입해 있고 확신하는지 등 다음 단계에 대한 더 심층적인 질문들이 있을 것이다. 따라서 PCC 수준에서 코칭의 이러한 측면은 더 길고 더 많은 질문으로 이어질 수 있다.

MCC 자격을 얻으려면 어떻게 해야 할까?

앞서 설명한 대로 MCC 자격을 취득하기 위해서는 ACC 또는 PCC 자격 증명([박스 33.1])과 비교하여 더 많은 코치 훈련과 코칭 경험이 필요하다.

[Box 33.1] MCC 자격 요건:

- 200시간 이상의 코칭 훈련
- 10시간의 멘토 코칭
- 2,500시간 이상의 코칭 경험
- 코치 지식 평가CKA
- MCC 수준의 최소 요구 사항에 대한 핵심 역량 성과 평가
- MCC 자격 증명을 신청하기 전에 PCC 자격을 보유해야 한다.

다시 한번 말하지만, 교육 시간과 코칭 경험 시간은 점점 증가한다. 예를 들어, 코치가 PCC 신청을 위해 최소 500시간의 코칭 경험을 완료하고 계속해서 최소 2,000시간을 코칭하고 난 다음 2,500시간으로 MCC 신청이 가능하다. 코칭 훈련 시간에도 동일한 원칙이 적용된다.

PCC 신청 때와 마찬가지로 두 개의 고객 세션 녹음 파일을 MCC 신청 시 제출해서 평가를 받아야 한다.

MCC 코치와 PCC 코치의 차이점은 무엇일까?

ACC에서 PCC 수준 코칭으로의 전환과 연장선 상에서, MCC 수준의 코칭은 핵심 역량을 훨씬 더 크고, 더 깊고, 일관되게 적용한다. 또 MCC에 지원하려면 PCC 자격을 통과하고 취득해야 하므로 상당한 수준의 역량에 대한 이해와 사용이 이미 확립되어 있을 것이다. 따라서 MCC 수준의 코칭은 때때로 '역량을 넘어선' 코칭이라고 불리며, 핵심 역량 프레임워크에 대한 철저한 주의 집중을 넘어서 다음과 같은 특성, 스킬 및 자질 가운데 일부를 보여줄 수 있다.

- 코칭 작업의 모든 측면에서 고객과의 완전한 파트너십 및 신뢰와 평등 관계를 보여주고 유지한다.
- 코칭 계약의 모든 측면, 코칭 방향성의 잠재적 변경 사항을 철저히 조사하고 정기적으로 고객과 모든 계약 사항에 부합하는지 확인한다.
- 코칭 과정에서 고객과 자신에 대한 완전한 신뢰와 자신감을 보여준다.

- 코칭 세션의 길이에 관계없이 침묵을 쉽게 다루며 작업을 위한 널찍한 환경을 조성한다.
- 코칭 대화에서 편안함과 자연스러움이 분명해질 것이다.
- 객관적이고 정서적인 관점을 동시에 유지할 수 있으며, 프로세스에 대한 '관찰자'의 입장을 취할 수 있다(동시에 몰입 및 분리).
- 고객의 '누구', 전인적인 사람과 협력하고 고객의 맥락, 환경, 상황 및 배경을 코칭 작업의 풍부하고 관련성 있는 측면으로 간주하고 유지한다.
- 모르는 것, 고객의 감정을 다루는 것, 불편한 순간이 있을 때도 자기 감정을 스스로 조절하고 관리하는 것 등에 완전히 편안하다.
- 취약함에 대해 개방적이고 편안하며 고객이 코치를 가르칠 수 있도록 기꺼이 허용한다.
- 명확하고 단순하며 고객의 스타일에 맞는 방식으로 의사소통한다.
- 고객이 보여주는 모든 자질과 재능은 물론 제한적인 신념과 패턴까지 주목하고 함께 다룬다.
- 비록 코치나 고객 또는 둘 다 불편하게 만들지라도, 도전과 존중, 상호성과 파트너십의 균형을 맞추고 새로운 생각을 유발하는데 익숙하고 편안하다.
- 관찰, 직감 및 피드백을 자유롭게 그리고 고착화된 생각 없이 공유할 수 있다.
- 고객의 학습, 통찰 및 직관을 자주 초대하여 공유하고 탐색한다.
- 고객이 제시하는 단순한 우려 사항 그 이상을 이루어내고자 하는 목표, 행동 및 다음 단계를 개발하도록 고객을 지원한다.

- 합의한 대로 진행이 되지 않는 경우 적절하게 고객에게 책임을 요구하고 논의를 이어나갈 수 있다.

전문성 개발 모델

우리가 무언가를 '예술과 과학'으로 묘사하는 표현이 있지만, 마이클 그라인더Michael Grinder(2007)는 사실 우리가 새로운 스킬을 배울 때 일반적으로 먼저 오는 것이 과학이라고 제안한다. 우리는 흔히 예술적인 코칭 대화의 마법을 적극적으로 탐색하며 숙달 추구에 빠져든다. 그러나 실제로 코치로서의 성장과 발전은 일반적으로 우리가 먼저 코칭의 과학을 배우고 이해한 다음 코칭의 예술을 개발하기 시작함을 의미한다. 효과적인 고급 의사소통이야말로 역량 있는 코치가 가진 스킬의 핵심 부분이므로 그라인더의 의사소통 전문 개발 모델은 코칭 프로세스에 쉽게 중첩될 수 있다([그림 33.1]).

과학과 예술의 이 두 단계 내에서 네 단계의 발전이 이루어진다([그림 33.2]).

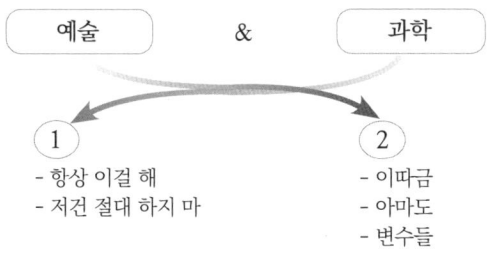

[그림 33.1] 예술과 과학

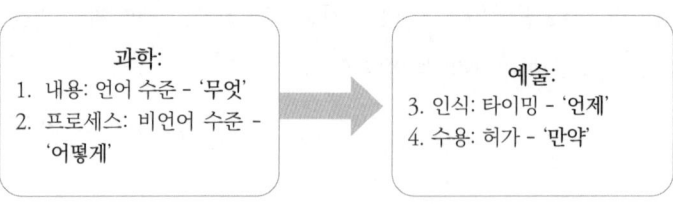

[그림 33.2] 과학과 예술

과학

코칭을 처음 배울 때 우리는 고객이 우리에게 말하는 '**무엇**'과 우리가 그에 대한 반응으로 말하는 내용에 집중하게 된다. 우리는 그들이 말한 것을 잊어버릴텐데, 모든 이야기가 중요하고, 고객을 효과적으로 코칭할 수 있도록 상황에 대한 전체 세부 사항과 데이터를 이해해야 한다며 걱정할 수 있다. 이 단계에서 우리는 고객이 세션에 가져온 주제에 대해 코칭하려고 노력할 수 있다. 또 고객에게 부가가치를 제공했다는 확신을 갖기 위해 일정 수준의 '지식' 또는 전문성이 있어야 한다고 느낄 수도 있다. 스킬과 자신감이 발달함에 따라 고객이 말하는 내용이나 단어 이상의 무언가가 있다는 것을 알게 된다. 우리는 이러한 내용 일부가 고객을 코칭하는 데 필요하지 않다는 사실을 깨닫기 시작한다. 사실, 내용이 방해가 될 수도 있다.

또 그들이 '**어떻게**' 말하는지와 실제로 그들이 말하지 않는 것들이 있다. 우리는 단순한 단어들 이상의 무언가가 있고 우리의 경청은 더 넓고 깊고 총체적이 되어감을 배운다. 우리는 주제 자체뿐만 아니라 주제를 가져오는 사람에게 관심을 확장할 수 있다. 우리는 보디랭귀지, 에너지, 감정, 어조 등을 더 잘 관찰한다.

요약하면, 그라인더(2007)는 새로운 스킬을 배우기 위해 우리가 해야 할 일과 하지 말아야 할 일을 아는 데 도움이 되는 명확한 지침을 수립하여 처음에는 그 스킬의 과학을 이해해야 한다고 주장한다. 예를 들면:

항상 질문하고 절대 자신의 의견을 제시하지 않는다.
항상 고객이 자신을 완전히 표현할 수 있도록 허용하고 가로막지 않는다.

예술

우리의 자기 계발이 계속됨에 따라 우리 자신의 인식을 확장하기 시작하고, 이것은 우리가 '**언제**' 개입해야 하는지, 언제 질문해야 하고, 언제 침묵을 유지하고, 성찰을 위한 공간과 시간을 허용해야 하고, 언제 도전하고, 언제 캐물어야 하는지 등을 점점 더 잘 감지하게 된다. 고객에 대한 우리 자신의 지각력이 커짐에 따라 우리는 점점 더 그들과 함께 '그 순간에' 존재한다는 것을 알게 된다. 우리가 진행하는 방식을 뒷받침하는 코칭 과학을 탄탄한 토대 위에서 이해하고, 대화를 통해 우리의 방식을 감지할 때보다 유연하고 자연스럽게 일하게 된다. 이러한 방식으로 일할 수 있는 우리의 능력은 코치로서 자신에 대한 신뢰, 고객에 대한 신뢰, 코칭 과정에 대한 신뢰 등의 수준이 높아짐에 따라 가능하다.

향상된 인식을 통해 우리는 자신의 직관에 접근할 수 있으며, 이러한 모든 스킬이 결합됨에 따라 고객과 더 높은 수준의 허용과 친밀함을 유지할 수 있다. 이런 식으로, 우리는 이제 '**만약**'에 대해 고객이 우리가 제공하는 것을 얼마나 수용할 수 있는지 알기 시작한다.

이 단계에서는 자전거에서 보조바퀴를 떼는 것과 같이 처음에 무조건 따라야 했던 다소 엄격한 지침을 완화할 수 있다. 이제 더 유연하고 자신 있게 조종하고 탐색할 수 있기 때문이다. 예를 들면:

> 코치로서 나는 고객의 인식을 환기하기 위해 질문한다. 때로는 상황에 따라 도움이 될 것 같으면 내 관점을 제시할 수도 있다.
> 코치로서 나는 고객이 자신을 완전히 표현하도록 권장한다. 그리고 고객에게 유용할 것 같다고 생각한다면, 저는 그들에게 핵심적인 문제라고 느끼는 것을 요약하도록 끼어들어서 초대할 수 있다.

또 주목할 가치가 있는 것은 과학과 예술을 탐색하는 이 과정은 그 자체로 춤이다. 위대한 코칭의 이 두 가지 측면은 하나의 선형적인 학습 과정이 아니라 뒤얽혀 있기 때문이다. 코치로서 우리의 '예술'을 찾는 것으로 전환할 때도 과학은 여전히 존재하고 우리의 지식, 훈련 및 경험의 토대에 내장되어 있으며 실제로 우리가 전문성 개발을 계속 해나갈 때 기반이 된다.

초심자의 마음 유지

당신은 이미 MCC일 수도 있다. 이 단계에서는 특히 멘토 코칭, 수퍼비전 및 웨비나를 통해 다른 코치를 돕고 지원하는 역할이 많을 때 자신이 전문가 또는 권위자guru가 되었다고 생각하는 유혹을 받는다. 결국 당신은 나무 꼭대기에 있다.

사실, 수년 동안 우리는 자신을 권위자라고 공개적으로 밝히는 존경받는 코치 몇 명을 안다. 우리가 보기에 여기는 매우 위험한 곳이다. 우리가 자신을 전문가나 권위자라고 생각하기 시작하자마자 우리가 배울 것은 아무것도 없으며 우리 모두는 학습과 변화를 중단한다.

오늘의 권위자는 내일의 공룡이다. 이 도전을 관리하기 위해 3단계 프로세스를 제안한다. 첫째, 우리의 전문성을 인정하는 동시에 그것에 도전한다. 다음 문장을 완성해보자. "ICF 역량과 이것을 어떻게 적용할 수 있는지에 대해서는 많이 알고 있지만, …에 대해서는 스킬이 부족하다. 앞으로 2년 동안 나는 이 측면에 대해 생각해보는 학습에 집중할 것이다."

둘째, 계속해서 초심자의 마인드를 갖는 것이다. 코칭을 처음 시작했을 때는 아마 모든 것을 궁금해했을 것이다. "이게 어떻게 작동하지?", "그들은 왜 그렇게 말했지?", "그게 무슨 뜻이지?", "다음에는 무엇을 해야 하는거야?" 우리가 더 많은 경험을 쌓고 지식이 성장함에 따라 우리는 더 많이 이해할 것으로 생각한다. 불교에서 초심자의 마인드는 공허한 마음을 설명하는 데 사용되는 용어다. 그것은 무엇인가에 대한 선입견이나 규칙을 가지고 있지 않은 것이다. 개방적이고 열정적이며 수용적이다.

[Box 33.2] 선Zen의 비유

한 학생이 유명한 선사에게 와서 선불교의 방식으로 교육을 요청한다.

선사는 공허함과 명상과 같은 불교의 여러 주제에 대해 토론하기 시작한다. 그러나 학생은 그에게 강한 인상을 주기 위해 선사를 방해한다. "오, 나는 이미 모든 것을 알고 있습니다."라고 학생이 말한다.

그런 다음 선사는 학생에게 차를 마실 것을 권한다.

차가 준비되면 선사는 차를 찻잔에 붓고 가장자리까지 채우고 컵의 측면과 테이블에 차를 쏟는다.

학생은 "그만! 가득 찬 컵에 차를 따를 수는 없습니다."

선사는 "잔이 비었을 때 나에게 돌아 오십시오."라고 대답한다.

마스터 코치는 개방적이고 호기심을 가지고 있어야 한다.

셋째, 우리는 마스터 코치가 자신의 연간 개인 계발 계획을 가지고 지속 코치 교육 단위Continuing Coach Education Unit(CCEU)의 수집 및 수퍼비전과 같은 성찰 프랙티스에 적극적으로 참여해야 한다고 제안한다. 이런 식으로 마스터 코치는 자신이 알고 신뢰하고 존경하는 경험이 풍부한 코치와 협력하여 성숙을 향한 개인적 탐구를 계속하도록 도전하고 자극받을 수 있다. 무한함과 같이 성숙은 여정 속에 즐거움과 기쁨이 있는 탐구의 대상이다.

마무리

이 장에서는 ACC에서 PCC, MCC 수준의 코칭으로 나아갈 수 있는 방법을 살펴보았고, 각 자격 수준에 대한 ICF 요구 사항을 간략히 설명했다. 또 핵심 역량이 입증되는 정도의 측면에서 각 코칭 수준 사이의 차이점을 고찰했다. 마지막으로, 우리는 초심자의 마인드를 강조했다. 컵이 비었을 때 여전히 더 많은 학습과 성장으로 채워질 공간이 있다. 고객이 그렇듯이 우리도 마찬가지다.

6부: 도구 및 기법

도입

이 책의 마지막 부분에서는 코치의 자원 모음 가운데 일부로 활용할 수 있는 도구와 기법들을 살펴본다. 이러한 자원들은 34장에서 소개되는데, 코치가 개인적으로 또는 전문적인 수준에서 자신의 지속적인 성장과 발전에 사용할 수 있는 많은 아이디어가 나온다.

고객의 관점에서 볼 때 코칭이 도구 중심의 프로세스라는 것을 옹호하지는 않지만, 이 부분에 포함된 몇 가지 개념과 접근 방식을 이해하면 고객에게 새로운 인식, 통찰 및 학습을 불러 일으킬 수 있다. 고객의 허락을 받고 파트너십을 통해 이러한 도구를 도입하면, 고객이 수행하는 작업에 적합하고 직관적으로 도움이 된다는 전제하에 새로운 관점과 창의적 사고의 근원이 될 수 있다.

도구들 중 일부는 이미 책의 앞부분에도 소개되었으며, 쉽게 참조할 수 있도록 이 부분에 요약되어 있다. 다른 많은 코칭 도구와 기법이 도입부를 시작으로 개요 이후에 소개된다. 그리고 사례들과 기타 유용한 관련 참고 자료와 함께 실제로 어떻게 사용하는지 설명한다.

34장.
코칭 도구

도입

우리는 경험을 통해 새로운 코치들이 시험해볼 새로운 기법들을 배우고 싶어 한다는 것을 알았다. 이러한 이유로, 우리는 이 책에 몇 개를 선택해서 담았다. 우리는 앞서 개별 장에서 몇 개의 기법들을 다뤘고, 추가 기법들을 이번 장에서 다룬다.

  우리는 다른 기법이 서로 다른 코치, 다른 고객 및 다른 이슈에 적합하다는 것을 안다. 다양한 기법과 도구를 사용할 수 있을 뿐만 아니라 다양한 모델과 접근 방식을 사용함으로써, 개별 고객의 요구에 맞게 접근 방식을 조정하고 적용할 수 있는 건 코치 자신이라고 믿는다.

지금까지 이 책에서 당신은 [표 34.1a]에 요약된 다음과 같은 도구들과 기법들을 만났을 것이다.

새로운 기법을 사용하는 것은 까다로울 수 있다. 새로운 것을 시도하는 한 가지 방법은 고객에게 실험을 기꺼이 해볼지 묻는 것이다. 제대로 작동하는지 확신할 수 없지만 다른 사람들에게는 도움이 되었음을 안다고 말할 수 있다. 만약 실패하면, 그것은 단지 합의된 실험이었으니, 고객과의 관계에 부정적인 영향을 미칠 가능성은 작다. 물론 잘 작동하면 고객이 도구를 혼자서 사용할 수 있을지 요청할 수도 있다.

[표 34.1b]에 이번 장에서 소개할 기법들이 요약되어 있다.

[표 34.1a] 앞 장에서 나왔던 코칭 기법들

장	기법	언제 사용하면 유용한가
15	Time to think	고객이 생각할 수 있는 공간을 제공
16	ABCDEF	고객이 생각, 느낌, 행동 사이의 연결을 탐색해보면 좋을 때
17	빈 의자	다른 사람과의 관계, 생각, 느낌을 탐색할 때
18	기적 질문	아이디어가 필요할 때
19	힘의 장	변화를 지지 또는 저항하는 직장에서의 힘 탐색할 때
20	무인도	개인들 사이의 관계에서 숨겨진 측면을 탐색할 때
25	PIPS	노트 필기
29	셀프 수퍼비전	코칭 프랙티스를 리뷰할 수 있는 성찰 질문
30	헨리 8	자기 성찰 또는 학습 저널을 쓸 때

[표 34.1b] 추가 코칭 기법

기법	언제 이 도구가 유용할까?
1. 마음챙김 명상	코칭 세션 준비/프레즌스 유지
2. 스토커스 STOKERS	목표 설정
3. 전형적인 하루	현 상황 리뷰/현실 탐색
4. 변화 이야기 개발	고객의 변화를 위한 내적 동기 유발
5. 걷기 및 말하기	고객이 어딘가에 꽉 막혀 있는 경우
6. 천국과 지옥	다른 미래 탐색
7. 반영	실행을 위한 동기 유발 필요
8. VIP	옵션/아이디어 창출
9. 포스트잇	옵션/아이디어 창출
10. 무인도	고객과 주요 이해관계자 사이의 관계 탐색
11. 사악한 꽃	잘못된 생각 탐색
12. 미덕의 꽃	강점 관련 생각 탐색
13. 개인 이사회	책임과 지원
14. 젤리 베이비 트리 jelly baby tree	분위기, 감정, 관계 탐색
15. 결과 바퀴	대안 평가
16. 유산 legacy	가치 기반 의사 결정
17. 삶의 수레바퀴	현재 상황 평가
18. 영향력 범위 sphere of influence	특정 상황에 개입된 이해관계자들에 대한 성찰
19. DOUSE	코칭 관계 종료
20. 세 가지 좋은 것들	긍정적인 면에 다시 집중
21. 축복	연민의 마음 갖기

기법 1: 마음챙김 명상 mindfulness meditation

도입

마음챙김은 인기 있는 조직 내 프랙티스로 등장했다. 세션 동안 프레즌스를 향상시킬 뿐만 아니라 코치가 세션을 준비하는 데 도움이 되어 유용한 도구로 널리 활용된다. 우리는 앞서 26장에서 코치들을 위한 사용 사례를 살펴보았다. 마음챙김은 고객에게도 똑같이 유용한 도구가 될 수 있다.

도구

마음챙김 관련 팟 캐스트, 연습 방법, 자료들은 인터넷이나 책으로 많이 나와 있어서 쉽게 찾아볼 수 있다(Passmore & Amit, 2017). 고객들 가운데 특히 여러 가지 일들을 동시에 챙기며 일하느라 압박을 많이 받는 역할을 가진 고객들에게 유용한 기법은 STOP(Passmore, 2017a, b)이다.

STOP은 고객의 산만하거나 열광적인 행동 패턴을 관찰할 때 유용하다. 중지, 성찰 및 우선순위 재선정이 도움이 될 수 있다. STOP을 사용할 때, 우리는 우리가 관찰하는 것을 고객에게 반영해 줄 수 있으며, 마음을 비우고, 몸에서 경험하는 감각, 마음을 통해 어떤 생각이 스치는지, 어떤 감정을 느끼는지 알아차리도록 할 수 있다. 우리는 고객이 이것들을 공유하도록 하는 대신, 외부 관찰자로서, 생각이나 감정을 판단, 평가, 관여하지 않고, 그냥 의식만 하고 있도록 한다.

그다음 고객의 호흡에 대한 인식으로 넘어가도록 한다. 호흡이 빠른지 또는 느린지, 깊은지 또는 얕은지, 횡격막에서 오는지 폐에서 오는지 등을 알아차리도록 돕는다. 판단하지 않고 숨을 완전히 들여마시고, 완전히 내쉬는 것을 관찰하는 데 30초 정도를 쓴다. 마지막으로, 생각을 옮겨서, 현재의 순간에 대한 인식이 향상됨에 따라, 어떤 옵션이나 변화를 고려하여 그날의 목표를 잘 달성할 수 있을지 고려해본다.

마무리

짧은 2분간의 연습이 코칭 대화의 초점을 다시 잡는 데 매우 유용할 수 있다. 또 고객이 자기 루틴의 일부로 기법을 통합하는 데 유용하다. 2시간마다 하는 일을 멈춘다. 현재의 순간(감각, 생각과 감정, 그리고 호흡)에 주의를 집중하기 위해 회오리 바람에서 한 발짝 물러선다. 멈춰서 우선순위를 다시 살펴보고 난 다음 새로운 초점을 잡고 앞으로 나아간다.

기법 2: 스토커스 STOKERS

도입

스토커스 프레임워크는 원래 클레어 페드릭Clare Pedrick이 코칭 대화의 목표 설정 단계에서 고객을 돕기 위해 개발했다. 고객과의 협력을 통해 우리는 스토커스 도구를 개발하여, 코치가 고객과 함께 일할 수 있는 7가지 단계를 제공한다.

도구

원래 스토커는 증기 기차에서 엔진에 연료를 넣는 사람을 의미한다. 기차가 역을 떠날 때 운전사가 어디로 가고, 언제 어디서 멈추는지에 대한 결정을 내리는 동안 스토커들은 석탄을 밀어낸다. 이것은 코칭을 위한 유용한 은유다. 코치는 대화에 연료를 추가하는 역할을 하지만 열차가 언제 어디로 가는지 선택하는 것은 고객의 책임이다.

코치는 특정 질문을 통해 고객과 각 단계를 탐구하고 필요에 따라 각 단계에서 후속 질문을 사용한다.

1. **주제**Subject – 고객이 세션 중에 논의하려는 주제를 확인하기 위해 코치는 고객을 대화에 초대한다.
2. **시간**Time – 위 주제는 고객에게 세션 시간을 감안하고 합의할 수 있도록 질문 하나를 던짐으로써 가다듬어진다refined.
3. **결과**Outcome – 세 번째 질문의 목적은 고객이 대화의 마무리에 대해 생각하도록 돕는 것이다. 이것은 학습 포인트, 새로운 통찰 또는 코칭 후에 실행으로 옮겨야 할 일련의 작업일 수 있다.
4. **알기**Know – 이 질문은 성공 기준으로 목표를 명확히 하고 SMART 용어로 목표를 측정할 수 있도록 하는 데 중점을 둔다.
5. **에너지**Energy – 이 주제가 지금 우선순위가 높은지, 왜 그런지, 그리고, 이 주제를 다루기 위해 얼마나 많은 에너지나 동기가 있는지 확인하는 추가 질문이다.
6. **역할**Role – 이 질문은 각 당사자가 대화에서 수행할 역할을 살펴보고

두 당사자가 고객의 목표를 달성하기 위해 어떻게 협력할 것인지에 동의할 수 있는 기회를 제공한다. 이 모델이 비밀 유지에 대한 공식적인 언급을 하지 않으므로 주제가 작업 관계의 일부로 이 단계에서 논의될 수 있다.

7. **시작**Start - 마지막 질문은 고객이 시작 포인트를 확인하고 시작하도록 초대한다.

이 도구는 목표 설정을 공동 프로세스로 하게 하는 동시에, 핵심 요소가 포함되도록 보장하여 성공적인 결과를 위한 코칭을 설정한다([그림 34.1]).

[그림 34.1] 목표 설정을 위한 STOKERS

[Box 34.1] 스토커스의 유용한 질문

1. 오늘 당신은 무엇을 탐색해야 합니까? (주제 질문)
2. 우리에게 주어진 시간을 감안할 때 우리의 대화를 어느 요소에 초점을 맞추어야 할까요? (시간 질문)
3. 우리가 함께하는 시간이 끝났을 때 어떻게 달라져 있고 싶습니까? (결과 질문)
4. 이 지점에 도달했음을 어떻게 알 수 있습니까? (알기 질문)
5. 이 문제는 지금 얼마나 중요합니까? (에너지 문제)
6. 어떻게 이런 일을 할 수 있을까요? (역할 질문)
7. 우리는 어디에서 시작해야 할까요? (시작 질문)

마무리

스토커스 모델은 대화의 목표 설정 단계에서 코치들이 핵심 요소들을 빠뜨리지 않고 다룰 수 있도록 도와주는 간단한 방법이다.

기법 3: 전형적인 하루 typical day

도입

'전형적인 하루'는 코칭 세션을 시작하는 좋은 방법이며 대화의 처음 10~20분을 차지하는 세션의 초기 계약 및 목표 설정 부문에서 활용할 수 있다. 동기강화 상담 motivational interviewing에서 차용된 기법이며, 밀러 Miller와 롤닉 Rollnick이 개발(2002)하였다. 최근에는 코칭에 사용할 수 있도록 채택되었다(Anstiss & Passmore, 2011).

도구

전형적인 하루 질문은 고객이 부담을 갖지 않고 문제를 이야기하게 하는 좋은 방법이다. 이 기법은 코치가 새로운 고객에게 코칭이 그들에 관한 것임을 보여줄 수 있다. 이를 통해 코치가 적극적으로 듣고 적절한 호기심을 보여줄 수 있다. 코치는 요약과 반영을 사용하여 말한 내용에 대한 단어, 정서 및 적절한 내용을 되돌려 주고, 고객이 더 넓은 문화적, 체계적 맥락에 자신의 발언을 비추어보도록 도와주고, 고객이 언급하지 않은 것에 대한 통찰을 제공할 수 있다. 전반적으로, 이 기법은 공감과 교감을 구축하고 프로세스에 대한 고객의 몰입에 도움이 된다.

코치는 다음과 같이 이 기법을 소개할 수 있다. "아침에 일어났을 때부터 잠자리에 들기까지 평소 하루가 어떻게 흘러가는지 제가 더 잘 이해할 수 있도록 알려주시겠어요?", "하루를 어떻게 시작하세요?"

이 질문에 대답하면서 일부 고객들은 그 즉시, 예를 들어 일과 삶의 균형 또는 팀원들과의 관계 등 논의하고자 하는 이슈들에 초점을 맞출 것이다. 그들은 이렇게 말할 수 있다: "글쎄요, …하기 전까지는 아무 일도 일어나지 않아요." 중요한 일이 없다고 생각하더라도 고객에게 여유를 갖게 하고 하루의 각 부분을 차례로 언급해보도록 권유하는 것이 좋다. 어떤 고객들은 침대에서 나오기 전까지 자신의 생각을 알려주는 데 몇 분이 걸릴 수 있다. 코치는 고객이 세션에서 고려하려는 문제에 초점을 맞추고, 새로운 눈으로 자신의 하루를 탐구하는 데 도움이 되는 프로세스를 관리할 수 있다. 이 기법의 두 번째 부분은 변화 대화를 구축하는 내용을 사용하는 것이다. 우리는 기법 4에서 이것을 볼 것이다.

> **[Box 34.2] 전형적인 하루의 유용한 질문**
>
> 1. "아침에 일어났을 때부터 잠자리에 들기까지 평소 하루가 어떻게 흘러가는지 제가 더 잘 이해할 수 있도록 도와줄 수 있을까요? 괜찮으세요? 하루를 어떻게 시작하시나요?"
> 2. "이것에 대해 더 말해 줄 수 있어요?"
> 3. "오후 팀 회의로 넘어가기 전에 오전에 대해 알려주세요. 팀에서 무슨 일이 벌어지나요?"

마무리

이 기법은 코치가 고객에게 이슈 관련 이야기를 시작하도록 하고, 적극적인 경청과 공감을 보여줄 공간을 제공하는 유용한 개입 방법이다. 이 기법을 잘 사용하면 변화에 관해 대화하며 상황이 달라질 수 있다는 믿음을 갖게 고객을 격려할 수 있다.

기법 4: 변화 이야기 개발 developing change talk: 'DARN CAT'

도입

코칭 대화를 나누는 대부분 시간 동안 고객은 변화를 주려는 욕망을 나타내는 언어와 변화를 꺼리는 신호를 보내는 언어를 함께 사용한다. 고객이 이러한 모호함을 탐구하고 변화에 대한 동기를 갖고 열심히 할 수 있도록 하는 것이 코칭 도구인 DARN CAT의 초점이다.

도구

일반적인 코칭 대화 중에, 고객은 빌 밀러 Bill Miller와 스티브 롤닉 Steve Rollnic이 '유지 sustain 이야기'와 '변화 이야기'(Miller & Rollnic, 2002)라고 부르는 것을 모두 사용할 수 있다.

　유지 이야기는 다음의 예와 같이 상황에 대한 고객의 견해를 강화하는 이야기다. "여성이 2급 시민으로 취급받는 이 곳에서 일하는 것을 견딜 수 없어요." 변화 이야기는 다음과 같은 예를 들 수 있다. "나는 전에 다른 기술 회사에서 일했고 거기에서 즐거운 시간을 보냈습니다." 이것들은 그때그때 코치의 개입 없이 세션 중에 나타난다. 이러한 응답은 이 언어를 탐색할 수 있는 기회를 제공한다.

밀러와 롤닉(2002)은 변화 이야기가 언덕과 같다고 제안했다. 그것은 변화의 오르막과 내리막, 두 부분으로 나온다. 승마술의 오르막 경사는 준비를 위한 변화 이야기다. 이것은 변화 주기의 숙고 단계에서 발생할 가능성이 크다. 이것은 사람이 변화에 대해 생각하고 변화가 실제로 그들을 위한 것인지 여부를 판단해볼 때 발생하고, 그렇다고 했을 때 어떻게 해야 할지 살펴보아야 한다. 많은 경우에 사람은 변화 만들기의 장점을 잘 알고 있지만, 이와 동시에 성공적으로 변화를 끌어내기까지 자신의 경로를 차단하는 일련의 장벽이 있음도 안다. 코치가 필요한 장면이 바로 이와 같이 고객이 장애물을 만났을 때 이를 탐구하고 극복할 준비를 하는 데 도움을 주는 때다([그림 34.2]).

숙고 단계에서 코치는 밀러와 롤닉(2002)이 이름 붙인 DARN을 살펴볼 필요가 있다. 변화에 대한 관심과 고려 사항을 드러내는 것은 이러한 진술이다. 그러나 고객이 혼자 변화에 대한 구체적인 약속까지 하는 데는 부족함이 있다. 그러한 진술은 변화를 만드는 것에 대한 개인적인 욕구, 변화를 만드는 능력, 변화를 만드는 이유와 변화의 필요성을 표현할 수 있다. 이러한 예는 [Box 34.3]에 요약되어 있다.

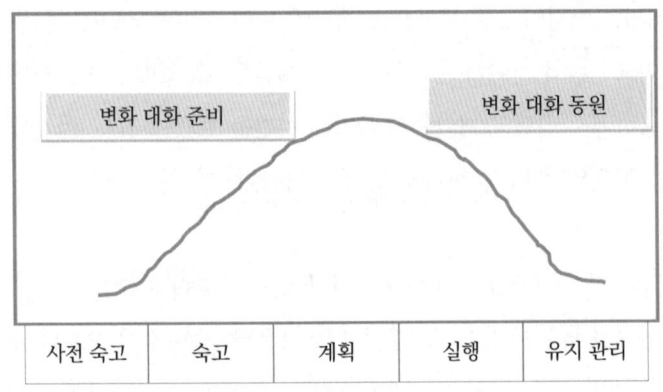

[그림 34.2] 변화의 개인 한계 초월trasnpersonal 모델 및 변화 이야기 단계

> [Box 34.3] DARN 진술의 예
>
> 욕망Desire: "나는 정말로 Y를 하고 싶습니다."
> 능력Ability: "내가 정말로 …을 원한다면 Y를 할 수 있다고 생각합니다."
> 이유Reason: "그들이 X를 했다면, 나는 그것이 충분할 것으로 생각하고 나는 Y를 할 것입니다."
> 필요Need: "난 정말 Y를 할 필요가 있습니다, 그렇지 않으면…."

일반적으로 코치는 조건부 또는 가정의 진술문을 찾아야 한다. "나는 …해야 합니다." 또는 "나는 …하고 싶습니다."와 같은 진술문들은 욕망을 표현한다. "나는 …할 수 있습니다." 또는 "나는 …할 수 있을 것 같습니다."는 능력을 표현한다. 그들은 변화해야 하는 이유를 표현하고, 또한 생각나는 위험을 표현할 수 있다. 그러나 그러한 진술은 고객이 사전 숙고 국면에서 변화 모델 단계(Prochaska & Diclemente, 1983)의 숙고 국면으로 옮겼다는 것을 밝혀 내면서 변화를 만들려는 결심의 표현이나 특히 장애물을 어떻게 극복해서 변화를 어떻게 이루어내겠다는 구체적인 계획은 없다.

이 단계에서 코치의 역할은 고객에게 상황을 살펴보고 이 변화에 매력을 느끼게 만드는 자신의 가치나 신념에 더 초점을 맞추어 격려하는 것이다.

이러한 일들이 일어나고 코치가 효과적으로 경청하고 개입한다면, 고객은 자신감이 생겨 약속의 언어와 함께 성장할 가능성이 크다. 이 대목에서는 DARN 진술 대신 CAT 진술이 등장한다(밀러 & 롤닉, 2002). CAT 진술은 "나는 …을 원한다"에서 "…할 것이다"로, 즉 초기 약속commitment에서 실행mobilization으로의 변화를 반영할 가능성이 있다. [Box 34.4]는 코치가 찾아야 할 세 가지 CAT 진술 유형의 예를 제공한다.

> **[Box 34.4] CAT 진술의 예**
>
> 약속Commitment: "다음 주 나는 Y를 할 것입니다."
> 작업Action: "나는 그것을 성공으로 이끌기 위해 이 시간에 정말 촉각을 곤두 세우고 있어요. 나는 지난번에 잘못된 것에 대해 생각해왔고, 이번 화요일에는 달리 할 것입니다."
> 단계 별 접근Taking steps: "다음 화요일 전에 X를 할 겁니다. 그렇게 했을 때 화요일 미팅에서 이번엔 Y가 훨씬 쉬워지겠죠?"

[Box 34.4]가 보여주듯이 CAT 진술은 의도 및 약속과 관련이 있다. 고객은 미래에 대한 계획을 표현하는 모호하지 않은 진술을 한다. 코치가 듣는 핵심 단어는 '의지', '약속' 또는 '보장'이다. 행동 진술문은 기꺼이 하려고 하고, 준비되어 있고, 행동할 준비가 된 개인의 상태를 반영한다.

마무리

DARN CAT은 코치가 고객의 언어를 듣고 고객의 변화 주기상의 위치를 이해하고, 고객이 가치와 변화에 대한 욕구에 집중하도록 장려하고, 이러한 개입을 통해 DARN에서 CAT로 이동하는 고객의 언어 변화를 관찰하는 데 도움이 되는 유용한 프레임워크다.

기법 5: 걷기 및 말하기: 생태심리학 코칭 eco-psychology coaching

도입

이 기법은 고객이 갇혀 있거나 꼼짝 못 한다고 느낄 때 벗어날 수 있도록 돕는 데 유용하다. 물리적 환경을 변화시키면 고객이 새로운 관점에서 문제를 볼 수 있지만, 더 일반적으로 청록색 환경으로 나가면 웰빙에 긍정적인 영향을 미치고 사무실이나 회의실에서 벗어나 변화를 맞이할 수 있다.

도구

대부분 코칭은 기업 회의실 또는 임원 집무실에서 이루어진다. 이곳들은 새로운 사고를 자극하기 위한 신선한 견해나 관점을 갖기 힘든 멸균sterile 환경일 수 있다. 우리 가운데 많은 사람이 '정상적인' 삶에서 머리를 맑게 하기 위해 산책한다. 우리는 산책이 우리에게 새로운 통찰력이나 신선한 시각을 제공한다는 것을 안다. 생태 코칭은 새로운 관점을 위해 환경 변화와 결합된 야외에서의 심리적 이점을 활용하는 것을 목표로 한다. 장미 정원에서의 산책, 등산, 강둑이나 해변에서 산책할 수 있다. 여기서의 차이는 환경에 청록색 색상을 도입하는 것이다. 얼굴을 마주보고 하는 스타일이 아닌 산책을 통한 물리적 움직임과 함께 대화가 결합된다. 우리의 경험에 비추어 볼 때 이것은 고객을 어느 정도 알게 되면 소개할 수 있는 도구가 될 수 있지만, 일부 고객의 경우 처음부터 사용하는 것이 적절할 수도 있다. 우리는 이러한 유형의 접근 방식을 전문으로 하는 일부 코치를 알고 있으며 코칭 방식의 일부로 사용한다.

마무리

생태 코칭 또는 '걷기 및 말하기'는 코칭 관계를 새롭게 만들고 고객에게 문제에 대해 새로운 방식으로 생각할 수 있는 다른 공간을 제공하는 유용한 방법이 될 수 있다.

기법 6: 천국과 지옥 heaven and hell

도입

목표 설정은 대부분 코칭 대화에서 핵심 작업이다. 대부분 초보 코치들은 너무 빨리 주제를 확인하고 문제의 세부 사항으로 뛰어든다. 우리는 코치가 주제를 탐구하고, 그 중요성과 관련성을 이해하고, 이 특별한 대화에서 어떤 측면에 집중해야 하는지, 그리고 실제로 20분이나 2시간 동안의 세션 중에 현실적으로 달성할 수 있는 것을 푸는 데 시간을 소비하는 것이 중요하다고 생각한다. '천국과 지옥'은 시각적인 기법으로, 고객이 완벽한 결과(천국)와 그 반대(지옥)를 고려하여 약간의 시간을 보냄으로써 더 정제된 세부 사항과 함께 자신의 결과를 명확히 하는 데 도움이 된다.

도구

이 도구는 고객이 초기 주제를 탐색하고, 모호한 목표를 더 명확하고 구체적인 목표로 만들도록 돕는 것을 목표로 한다. 이 과정의 첫 번째 부분은 코치 자신에게 목표를 세우는 것을 요청하는 일반적인 목표 설정 토론과 같다. 목표를 감안할 때 이것이 그들에게 어떤 의미일지 생각해본다. 여기서 코치는 목표가 중요하고 관련성이 있는지 확인해야 한다. 이 과정의 다음 단계는 고객에게 완벽한 결과가 무엇인지 ('천국') 설명하도록 초대하는 것이다. 설명이 더 자세할수록 좋다. 다음 단계는 최악의 시나리오이긴 하지만 현실적인 결과를 두고 동일한 작업을 수행하도록 초대하는 것이다. 지옥을 묘사하거나 그린 다음, 코치는 지옥 결과로 그들을 이끌기 위한 단계를 고려하도록 초대한다. 이제 스케치북을 사용하여, 고객에게 지옥이 결과로 나오는 주요 단계를 나타내는 그림을 그리도록 초대하지만, 작업 순서는 거꾸로다. [표 34.2]는 지옥에서부터 거꾸로 작업하는 순차적인 단계를 보여준다. 고객이 자신의 시나리오 또는 이벤트에서 너무 극단적이게 되지 않도록 한다. 희귀한 사건보다는 가능성이 큰 사건에 집중하도록 격려한다.

[표 34.2] 천국 또는 지옥 만화 계획

2단계 지금 그림	9단계	8단계
7단계	6단계	5단계
4단계	3단계 주요 요인이 여기서 시작하고 천국에서 현재로 거꾸로 돌아감	1단계 천국 그림

고객이 지옥까지 작업을 마치면, 천국으로 전환할 수 있고, 천국에서부터 마찬가지로 지금에 이르기까지 거꾸로 단계를 확인한다.

> [Box 34.5] 천국과 지옥 - 유용한 질문
>
> 1. 오늘 세션 중에 무엇에 집중하고 싶습니까?
> 2. 우리에게 (예를 들어) 10분이 있다고 할 때, 이것의 어떤 측면에 집중할까요?
> 3. 왜 이것이 오늘 당신에게 중요한가요?
> 4. 어떤 결과를 달성하고 싶습니까?
> 5. 이것이 완벽한 결과라면, 천국은 어떤 모습일까요? 고객님은 저를 위해 설명할 수(그려줄 수) 있습니까?
> 6. 이제 잠시 최악의 결과를 상상해보십시오(지옥). 고객님은 저를 위해 설명할 수(그려줄 수) 있습니까?
> 7. 좋습니다, 지옥에서부터 시작하죠. 일련의 단계를 거꾸로 작업하게 되면, 당신은 여기서 어떻게 끝낼 수 있을까요? (도중에 일어난 일들을 그리거나 적어 둔다.)
> 8. 좋아요, 천국으로 돌아가(일련의 단계를 거꾸로), 어떻게 하면 여기서 끝나는 기회를 확장시킬 수 있을까요? (도중에 일어난 일들을 그리거나 적어 둔다.)

한 가지 중요한 고려 사항은 코칭 세션이 끝날 때 화이트보드, 플립차트 또는 종이에 대한 메모가 방에서 제거되거나 보드에서 지우는 것이다.

마무리

이 기법은 고객이 완벽한 결과(천국)와 그 반대(지옥)를 고려하고 설명하며 그려볼 수 있도록 장려하는 데 매우 유용하다.

기법 7: 반영 사용using reflections: 단순simplified, 증폭amplified 및 완화muted

도입

반영 및 요약은 코치가 명확성과 이해를 보장하기 위해 적극적인 청취의 일부로 사용해야 하는 유용한 도구다. 이 기법은 다양한 유형의 반영(단순 및 증폭)를 제공하여 이러한 역량을 사용할 수 있도록 한다. 이 기법은 동기강화 상담Motivational Interviewing(Miller & Rollnick, 2002)에서 차용되었다.

도구

반영 청취는 핵심 코칭 기술이다. 일반 용어로 '듣기'는 흔히 그냥 조용히 있다가 우리가 말할 차례를 기다리는 것을 의미한다. 이 1단계 듣기는 기본 코칭에서도 도움이 되지 않지만 많은 일상 대화에서 자주 사용된다.

유능한 코치는 4단계에서 듣는 것을 목표로 해야 하며, 5단계에서 듣는 전문 코치는 고객에게 도움이 되는 통찰을 공유해야 한다.

> **[Box 34.6] 5가지 청취 단계**
>
> 1단계: 말할 기회를 기다림 - 이 수준에서 우리는 단순히 우리의 말할 차례를 기다리고 있다.
> 2단계: 기본 듣기 - 이 수준에서 청취자는 들리는 단어에 초점을 맞춘다.
> 3단계: 세심한 듣기 - 이 수준에서 청취자는 진정한 의미를 이해하기 위해 소통되는 단어와 톤에 초점을 맞춘다.
> 4단계: 적극적으로 듣기 - 이 수준에서 청취자는 화자의 단어, 음색 및 신체 언어를 듣고 화자가 소통하려는 것을 이해하는 데에 목표를 둔다.
> 5단계: 해석하며 듣기 - 이 수준에서 청취자는 의도된 소통을 넘어 의도된 의미와 의도하지 않은 소통 모두의 의미를 해석한다.

1단계와 2단계에서 코치는 고객에게 장애물이 되는 개입을 하게 될 수 있다. 그 장애물은 고객이 앞으로 나아가는 것을 막는다(Gordon, 1970). 이러한 응답에는 동의, 안심, 주의, 명명^{labeling}, 심지어는 질문도 포함된다. 딜레마에 갇혀 앞으로 나아갈 길을 찾고 있지만, 변화에 대한 양가 감정이 있는 고객의 경우, 장애물 개입으로 인해 자신의 현재 위치에서 머무르게 될 패턴을 입력할 가능성이 크다.

> **[Box 34.7] 전형적인 코치 응답의 예**
>
> 고객: "제 상사는 이제 아주 지긋지긋해요."
> 코치: "정말 안 됐군요. 그들은 무엇을 하고 있습니까?"

[Box 34.7]에서 코치는 긍정 진술("정말 안 됐군요.")과 감정을 만드는 행동의 본질을 더 자세히 탐구하는 질문을 사용한다. 이러한 개입의 결과로 고객이 감정을 유발하는 원인에 대해 이야기할 수 있다.

코치는 다른 접근 방식을 사용할 수 있다. 고객이 변화와 관련된 이야기에 초점을 맞추도록 격려하고 따라서 고객이 앞으로 나아가기 시작하는 데 도움이 될 수 있다. 변화 이야기는 자기 욕망이나 변화를 만들기 위한 계획에 초점을 맞춘 고객의 진술이다. 우리는 앞서 기법 4에서 이것을 탐구했다.

단순 반영

'단순 반영'을 사용하여 코치는 고객이 말하는 단어, 문구 및 의사소통의 의미를 비판적으로 포착하며, 고객의 의미를 이해하고, 이를 되돌려준다. 반영 진술을 사용하면 저항을 유발할 가능성이 작다. 코치가 진술의 의미에 대해 물었을 경우, 예를 들어, 이것은 고객이 뒤로 물러서서 그들이 정말로 말한 것이 무슨 의미인지 성찰해보도록 한다. 이 포인트를 설명하기 위해 코치는 다음과 같이 말할 수 있다: "확신이 안 서시나요You're feeling unsure?" 이것을 문장 끝 부분의 억양을 올리며 발음하는데, 이를 영국식 용인 발음Received Pronunciation English(때로는 BBC 영어라고도 함)이라고 한다. 이와 대조적으로 코치는 반영 청취를 사용하여 되돌려 줄 수 있다. "당신은 확신하지 못하는군요You're feeling unsure." 이것은 문장 전반에 걸쳐 중립적인 어조를 사용하는 것과 관련된다. 반영 진술은 이해를 전달하는 사실의 진술이 된다. 그러한 진술은 고객에게 이 감정적인 상태에 대해 더 많이 이야기하도록 할 가능성이 더 크다. 고객이 말할 때, 그들은 이 상태에 대해 생각하고 그들이 그렇게 느끼는 이유에 대한 증거를 스스로 끌어낸다. 이것은 그들의 통찰력을 심화하고 변화에 대한 이야기(변화를 희망하거나 계획하는 것에 대한 진술)로 이어질 가능성이 더 크다. 반영 진술은 매우 간단할 수 있으며 고객의 이야기에서 한 단어 또는 핵심 단어 한두 개를 되돌려주는 것일 수 있다. 코치의 스킬은 듣고난 후 메시지의 핵심을 포착해서 다시 돌려줄 맞는 단어(들)를 선택하는 것이다.

그러나 더 정교한 일련의 옵션도 코치에게 제공된다. 여기에는 증폭(과장) 또는 완화(절제) 반영이 포함된다. 이들을 사용하는 것과 적용하는 빈도는 코치의 스킬에 따라 다를 수 있으며, 전달되는 의미는 국가 및 문화적 맥락에 따라 다를 수 있다. 그러나 여기서 한 가지 주의사항은 부적절하게 사용하거나 너무 자주 사용하게 되면, 자신의 코치가 그들의 말을 듣지 않는다고 믿게 하여 코칭 관계를 훼손할 수 있다는 점이다. 결과적으로 우리는 코치가 이를 신중하게, 그리고 어떤 세션에서든 한두 번 이상은 이 기법을 사용하지 않기를 바란다.

완화(절제된) 반영

이것은 고객이 이슈를 계속 탐구하고 이에 대해 가진 느낌의 힘을 확인하려고 할 때 사용하면 가장 좋다. 코치는 고객이 전달하는 것보다 낮은 수준의 감정을 되돌려줄 수 있다. 예를 들어, 고객이 '분노'를 전달하면, 코치는 이보다는 낮은 강도의 '짜증' 또는 '골칫거리'라는 단어를 선택하여 되돌려줄 수 있다. 과소 진술이 문화의 특징인 곳에서 잘 작동한다. 그로 인한 효과로 고객은 자신의 진정한 감정에 대해 더 말할 가능성이 있으며, 아마도 감정의 힘에 대해 자신의 코치를 수정하고 진정한 감정에 대해 더 정직하게 이야기하게 될 것이다.

여기서 핵심 기술은 코치가 과소 진술을 하더라도 고객이 말한 것을 제대로 듣지 않았다고 느끼지 않을 정도까지 하는 것이다. 이것은 전체 대화 내용에 대한 높은 수준의 경청과 고객에게 반영할 적확한 단어를 선택할 수 있는 높은 수준의 기술을 모두 필요로 한다.

증폭(과장된) 반영

이와는 대조적으로 코치가 감정적인 내용을 증폭하고 고객의 원래 이야기에 비해 감정을 과장하면, 고객은 감정을 부인하거나 최소화할 수 있다.

이 방법은 고객이 상사의 일하는 방식이 잘못되었다고 말할 때 유용하다. 코치는 다음과 같은 방식으로 과잉 진술을 반복할 수 있다. "그래서 당신은 당신의 상사가 완전히 무능하다고 생각하는군요." 또는 "상사가 재난 구역disaster zone을 걷고 있다고 믿는 것으로 들리는데, 같이 일하기 참 힘드시겠어요." 코치는 이 같은 표현을 코치가 아닌 고객 입장에서 적용하는 것임을 명확히 하기 위해 문구 선택에 유의해야 한다. "…이군요."와 반대로 "…라고 생각하시는군요."라고 말하는 것이 이러한 맥락에서 고객의 관점임을 명확히 하기 위해 필요하다. 이 개입은 상사가 가진 긍정적인 특성의 일부를 인식하고, 그를 통해 균형 잡힌 증거 기반의 관점을 갖게 하는 데 효과가 있을 가능성이 크다.

다시 한번 말하지만, 이 기법은 고객에게 자기 말을 코치가 경청하지 않는다고 느낄 위험이 있다. 따라서 코치는 고객과의 관계를 손상하지 않기 위해 과잉 진술 사용을 주의해야 하고 제한적이어야 한다. 또 고객이 그대로 동의해버리는 위험이 있으며, 제대로 표현되지 않으면 코치가 고객과 의견 충돌이 있는 것처럼 비춰질 수 있다.

마무리

코칭과 마찬가지로 반영은 수동적인 과정이 아니다. 언제 개입할지, 언제 침묵할지, 언제 고개를 끄덕이고 무엇을 말해야 할지 결정하는 것은 코치다. 따라서 선택이 중요하다. 코치는 고객의 관심을 유도하고 목표를 향해 앞으로 나아가도록 격려할 수 있으며, 그 순간에 머물러 있거나 과거로 다시 되돌아 가게 할 수 있다. 반영은 코치 도구 모음에서 유용한 도구가 될 수 있다.

기법 8: VIP

도입

이 기법은 고객이 현재의 경험을 넘어 생각하고 새로운 관점이 필요할 때 아이디어 생성 단계에서 가장 유용하다. 이 기법은 고객이 다른 사람(매우 중요한 사람very important people)이 고객이 탐색하는 문제를 처리하는 방법을 고려하도록 고객을 초대하여, 새로운 아이디어를 얻을 수 있게 한다. 이 기법은 코치가 선택한 캐릭터에 따라 진지하게 또는 재미있게 활용할 수 있다.

도구

VIP 도구는 흔히 코치와 고객에게 영감을 줄 수 있다. 도널드 트럼프 또는 넬슨 만델라와 같이 독특하게 일하는 방식을 떠올릴 수 있는 이미지를 사용한다. 이 기법은 고객이 GROW 모델의 옵션 단계에 막혀 있고 사용할 수 있는 옵션의 범위가 제한되어 있다고 느낄 때 가장 유용하다. VIP 질문은 고객이 자신을 다른 사람으로 생각해봄으로써 문제 해결을 위한 다른 방법을 고려하여 자신의 스타일과 작업 방식에서 벗어나도록 초대한다.

코치는 워렌 버펫Warren Buffet 또는 그레다 툰베리Greta Thunberg(2003년생 환경운동가) 같은 잘 알려진 인물들로 제안해볼 수 있다. 또는 아브라함 링컨Abraham Lincoln, 징기스칸Genghis Khan 또는 리사 심슨Lisa Simpson(심슨이라는 미국 애니메이션 코미디 쇼 등장인물)과 같은 역사와 만화 캐릭터의 다양한 인물을 불러올 수 있다. 대부분 코치와 고객은 캐릭터에 대한 비슷한 고정 관념이 있다. 이 고정 관념은 고객이 문제를 해결하기 위한 접근 방식을 상상하기 위해 사용된다.

> **[Box 34.8] VIP: 유용한 질문**
>
> 1. 저와 함께 실험을 해보면 기분이 어떠실까요? 마가렛 대처가 이 문제에 직면해 있다고 상상해 보세요. 그녀는 무엇을 할까요?
> 2. 이제 마틴 루터 킹이 이 문제에 직면했다고 상상해보세요. 그는 어떻게 해결책을 찾을까요?
> 3. 아브라함 링컨이라면 어떨까요?
> 4. 마지막으로, 그레타 툰베리는 어떨까요?

고객에게 익숙한 4~5명의 인물들을 제시함으로써 4~5개의 창의적인 새로운 통찰을 통해 문제를 해결할 수 있다. 통찰이 생기면 코치는 이러한 아이디어와 고객, 조직 및 문화적 맥락에 맞을 수 있는 방법에 대해 고객에게 생각해보도록 할 수 있다. 어떤 경우에는 아이디어들을 현대적 맥락으로 번역해야 할 수도 있다. 예를 들어, 특공대를 보내서 재무 부서를 '학살'하는 것은 비현실적이고 불법이 될 수 있다. 그러나 모든 오류를 강조함으로써 그들과 싸우는 것은 합법적이지만 매우 대립적인 접근 방식일 수 있다.

마무리

VIP는 고객이 일반적으로 즐기는 재미있는 기법이다. 코치는 고객에게 도발적이지 않은, 고객의 프레임 내에서 VIP를 선택하도록 주의해야 한다. 이러한 다양성은 일반적으로 대화에 창의성을 가져다주고 가치를 추가한다.

기법 9: 포스트잇

도입

이 기법은 아이디어 생성 단계에서 유용하다. 아이디어의 시각적 표현을 선호하고 자신만의 프로세스 internal process 에 더 적합한 고객에게 가장 잘 맞는다. 이 기법은 고객이 포스트잇에 아이디어를 적어서 회의 테이블에 펼쳐 놓고 세션이 끝난 뒤 가져갈 수 있게 한다.

도구

코치는 고객에게 문제를 해결할 새로운 방법을 생각하도록 초대하는데, 이에 대해 말하는 대신 적도록 한다. 연구 결과에 따르면 그룹 상황에서 브레인스토밍이 강력한 기법이긴 하지만, 브레인라이팅brain writing(Rohrbach, 1969)은 아이디어를 적기만 하니까 다른 사람의 아이디어에 대한 평가를 덜 하게 된다. 따라서 아이디어를 생성에 집중함으로써 프로세스가 더 즐겁고 효과적이 된다(Litcanu, Prostena, Oros, & Mnerie, 2015).

이 기법은 일대일 코칭 대화에 있어서도 동일한 프로세스를 적용한다. 코치는 포스트잇 메모에 되도록 많은 아이디어를 작성하도록 고객을 초대한다. 어떤 고객에게는 2분 안에 12개의 아이디어를 내도록 목표를 설정하는 것이 재미있을 수 있다. 또 어떤 사람들은 목표 없이 시간만 주어지는 것을 선호한다. 쓰는 동안 코치는 침묵을 유지한다. 아이디어들이 생성되면, 코치는 포스트잇 노트들을 책상에 컬렉션으로 붙이도록 고객을 초대한다. 그런 다음 메모를 개별적으로 검토하고 논의할 수 있다. 컬렉션 형태로 이 노트들을 이동시킬 수 있다. 예를 들어, 화이트보드나 플립 차트를 사용하여 몇 가지 기준을 작성하고 X-Y축을 사용하여 기준에 따라 상위 다섯이나 여섯 개의 아이디어를 고려할 수 있다. 이 단계에서 어떤 고객은 기준에 대한 아이디어를 점수 또는 순위로 매기는 것을 좋아하고, 또 어떤 고객은 데이터를 별로 안 좋아해서 단순히 차례로 각각을 논의하는 것을 선호한다.

마무리

이 도구는 입증된 접근 방식을 통해 아이디어의 수를 확장할 수 있는 기회를 제공한다.

기법 10: 무인도 desert island

도입

이 기법의 목적은 고객이 직면한 문제를 다른 차원이나 위치에서 생각하게 하는 것이다. 무인도는 시간과 공간의 바깥 쪽에 있으며 문제에 대한 신선한 관점을 개발할 기회를 제공한다.

도구

이 도구는 하나의 질문에서 시작해서 고객의 생각에 대해 후속 질문을 하고 심층 탐구를 하도록 한다. 그 질문은 다음과 같다. "당신이 그 사람과 무인도에 난파되었다고 상상해보십시오. 그리고 이 문제/상황은 방금 일어났습니다. 무인도에서 무슨 일이 일어날까요?"

> **[Box 34.9] 무인도 유용한 질문**
>
> 1. "당신이 그 사람과 무인도에 난파되었다고 상상해보십시오. 그리고 이 문제/상황은 방금 일어났습니다. 무인도에서 무슨 일이 일어날까요?"
> 2. "다음에 무슨 일이 일어날까요?"
> 3. "두 달 뒤에나 구조가 가능하다면 어떻게 그들과 함께 살아남을 수 있을까요?"
> 4. "그 사람과 주요 이해관계자와의 관계에 대해 어떤 통찰을 통해 알 수 있습니까?"
> 5. "당신은 지금 구출되고 다시 직장으로 옮겨집니다. 우리가 방금 나눈 토론을 염두에 둔다면, 이 문제에 대한 해결책을 어떻게 진행하겠습니까?"

마무리

무인도 기법은 고객이 신선한 관점을 추구하거나 조직의 프로세스, 시스템 및 문화의 범위 밖에서 문제를 고려하려는 경우 유용하다.

기법 11: 사악한 꽃 vicious flower

도입

사악한 꽃은 고객이 자신의 잘못된 생각을 탐구하는 데 도움이 되는 간단한 도구다. 이 도구는 인지행동 코칭 접근이라고 볼 수 있으며 고객이 활성화 이벤트(트리거), 신념 및 결과를 탐색하는 ABC 프레임워크와 함께 잘 작동한다. 이 기법은 고객이 (흔히 실수로) 자신의 잘못된 사고 패턴을 연장하거나 유지하는 정비 주기_{maintenance cycle}를 탐색하도록 권장한다.

도구

코치는 꽃을 그리고 나서(또는 미리 그려진 이미지를 사용할 수도 있음) 꽃잎들이 고객의 생각을 나타낸다고 설명한다. 꽃의 중심에는 핵심 믿음이 있다. 코치는 고객이 자기 자신에게 말하는 문장_{self-talk statement}을 탐색하도록 도울 수 있다. 예를 들어, "나는 발표를 잘 못 한다.", "나는 항상 내 메시지의 핵심 부분을 잊어버린다.", "동료들은 내가 바보 같다고 생각할 것이다.", "나는 항상 내 맥락을 놓치고 관련이 없는 것을 이야기한다." 이러한 생각들은 모두 유지될 수 있다. "나는 팀장이 될 가치가 없다."

　고객이 꽃잎에 이름을 붙이고, 따라서 이러한 생각들을 의식하게 되면, 코치는 "이렇게 생각하는 것이 얼마나 도움이 되나요?", "그 진술에 대한 증거는 뭐죠?", 그리고 "이렇게 생각하는 것이 논리적인가요?"와 같은 질문을 사용하여, 이러한 생각에 도전하기 위해 고객과 함께 대화할 수 있다([그림 34.3]).

[그림 34.3] 사악한 꽃

[Box 34.10] 사악한 꽃 유용한 질문

1. 나는 꽃을 그렸습니다. 우리는 이것을 악순환의 꽃이라고 부릅니다. 여기서 목표는 고객님이 가진 도움이 안 되는 많은 생각에 이름을 붙이고 꽃잎에 쓰는 것입니다. 어디서부터 시작할까요?
2. 이러한 생각을 갖는 것이 얼마나 도움이 되나요?
3. 이것은 얼마나 논리적인가요?
4. 이렇게 '항상' 벌어지는 증거는 무엇인가요?

마무리

이 기법은 인지행동 코칭 세션 내에서 ABC와 함께 사용할 수 있는 유용한 도구다.

기법 12: 미덕의 꽃 virtuous flower

도입

미덕의 꽃은 악순환의 꽃 기법의 반대이며, 후속 작업으로 또는 독립적인 도구로 사용할 수 있다. 이 도구는 긍정심리학 코칭 접근이 배경이며, 제3의 인지행동 접근법 third wave cognitive behavioral approaches 내에서 연민 compassion 기반의 접근 방식과도 관련성이 높다. 꽃잎에 도움이 되지 않는 부정적인 자기 진술들을 쓰고 떼어내는 대신 연민의 마음이 생기도록 더 강화하는 긍정적 자기 진술들을 쓰고 캡처하는 것이 목표다.

도구

코치는 기법 11에서와 같은 꽃 그림을 사용한다. 그러나 이번에는 꽃잎들이 고객의 강점, 미덕 또는 긍정적인 진술을 설명한다. 꽃의 중심은 고객의 주요 미덕이나 힘을 나타낸다. 코치는 고객이 VIA의 결과라든지, 다른 사람들에게서 받은 긍정적인 피드백을 떠올리며 이러한 미덕을 탐구하도록 돕는다. 고객이 부정적인 생각으로 이동하는 경우, 코치는 고객의 주의를 돌려 이번에는 합의된 초점이 강점, 미덕 또는 긍정적인 진술에 있음을 상기시킨다. 고객이 꽃잎에 이름을 붙이고, 그들이 어떤 상황에서 이러한 미덕을 보여주는지, 그리고 더 효과적인 결과를 얻기 위해 다른 상황에서 이러한 미덕을 더 많이 꺼내어 쓸 수 있도록 격려한다.

> [Box 34.11] 미덕의 꽃 유용한 질문
>
> 1. 우리는 이것을 미덕의 꽃이라고 부릅니다. 제가 고객님에게 바라는 것은 최고의 상태일 때의 자신에 대해 생각하는 것입니다. 어떤 단어가 떠오르나요? 이 단어들을 사용하여 꽃잎에 이름을 붙입니다.
> 2. 당신이 이러한 자질을 꺼내 쓸 때 그것은 어떤 느낌인가요?
> 3. 우리가 논의하던 고객님의 최근 도전에서 어떻게 이것들 가운데 하나 이상을 사용할 수 있을까요?
> 4. 이러한 미덕을 더 자주 사용할 수 있도록 어떻게 함양할 cultivate 수 있을까요?

마무리

미덕의 꽃은 사람들이 자신의 강점이나 미덕에 대해 이야기하도록 장려하고 이러한 성격의 강점을 더 자주 사용하는 방법을 성찰하는 데 유용한 도구다.

기법 13: 개인 이사회 personal board of directors

도입

많은 고객이 소홀히 하는 한 가지 요소는 고객, 가족 및 동료 등 개인 네트워크를 활용하여 목표를 달성하는 데 도움을 줄 수 있는 방법이다. 개인 이사회는 많은 고객이 그들의 폭넓은 목표들을 향해 나아가는 데 있어 코칭 외 다른 지원 팀을 떠올릴 수 있는 은유다.

도구

이 기법은 섹션의 대부분 기법들과 마찬가지로 매우 간단하다. 코치가 일주일에 한 번 또는 한 달에 한 번 고객을 만나는 사이에 고객이 진도를 나가야 하는 도전에 대응하기 위해 자기 자원을 호출하는 기법이다. 코칭 대화의 매시간 고객이 자신의 길을 찾아야 하는 100시간(또는 그 이상)의 시간이 더 있다.

개인 이사회는 고객이 자신의 지원 팀, 또는 'A-팀'(1980년대 미국 인기 TV 프로그램)을 만들 수 있는 방법이다. 이 기법은 고객이 자신의 계획을 세울 때 가장 가치가 있다. 코치는 고객이 향후 계획을 진행할 때 누구의 지원을 받을 수 있을지 고려하도록 기회를 준다.

[Box 34.12] 유용한 질문

1. 이 계획을 실행하는 데 개인 이사회가 있다고 생각해본다면 누구의 도움을 받으면 좋겠습니까?
2. 각 사람이 어떤 방법으로 가장 잘 도울 수 있습니까?
3. 어떻게 그들의 지원을 끌어 낼 것입니까?

마무리

이 기술은 고객이 혼자가 아니라는 것을 인식하는 데 도움이 되며, 친구, 가족 및 동료에게 도움을 요청하여 조언과 격려를 받고, 고객이 뒤로 물러설 때 힘을 줌과 동시에 책임지고 나아갈 수 있도록 옹호하도록 한다.

그로 인해 고객 스스로 행동 변화를 하게 되면 목표를 달성할 가능성이 커진다.

기법 14: 젤리 베이비^(아기 모양의 젤리 과자) 트리

도입

젤리 베이비 트리 기법은 원래 학교에서 사용하기 위해 개발되었다. 그러나 성인용과 함께 다양한 버전이 널리 퍼져 있다. 이 도구의 기원은 밝혀지지 않았고 여러 사람이 창시자라고 주장한다. 그림을 통해 사람들이 캐릭터 하나에 자신의 감정을 투사할 수 있도록 함으로써 그 캐릭터로 인해 경험한 느낌과 그림 속에 있는 캐릭터들 가운데 하나가 되는 것이 어떤 느낌인지도 탐색한다.

도구

이 프로세스는 그림을 고객과 공유하는 것으로 시작된다([그림 34.4]). 고객에게 그림을 보여주고, 오늘 가장 눈에 띄는 캐릭터가 무엇인지 물어본다. 그들이 캐릭터가 느끼는 것에 대해 어떻게 생각하는지 탐색한다. 왜 그들은 이렇게 느끼는 걸까? 캐릭터가 자기 감정을 바꾸기 위해 무엇을 할 수 있는지 등과 같은 다른 생각을 탐색하기 위해 이동할 수 있다. 그들은 누구와 함께 참여할 수 있나?

[그림 34.4] 젤리 베이비 트리

[Box 34.13] 젤리 베이비 유용한 질문

1. 오늘은 어떤 캐릭터가 가장 눈에 띄나요?
2. 그 캐릭터에게 무슨 일이 있었을까요?
3. 이러한 감정을 바꾸기 위해 무엇을 할 수 있습니까?
4. 어떤 캐릭터가 가장 마음에 드십니까?
5. 이런 느낌에 더 가까워지기 위해 무엇을 할 수 있을까요?

마무리

이 기법은 감정에 대한 대화를 시작하는 데 적합하며 안전한 메커니즘을 제공한다. 단 고객이 준비되었다고 판단할 때만 개인적인 차원으로 들어가는 것이 필요하다.

기법 15: 결과 바퀴 consequences wheel

도입

이 기법은 확인된 각각의 대안이 가진 장점과 단점을 탐색하는 구조를 제공하는 데 초점을 맞춘다. 이 도구는 단기 및 장기적인 영향을 생각하게 하고, 이를 매핑하여 고객이 어떻게 위험을 최소화하고 혜택을 얻을 수 있을지 계획하는 간단한 프로세스를 제공한다.

도구

이 도구는 고객이 형식에 맞춰 결과를 생각해볼 수 있도록 돕는다. 대부분 결정은 여러 결과를 낳을 수 있으므로, 가장 높은 확률을 가진 서너 개의 결과뿐 아니라 위험도가 높을 수 있는 한두 가지의 낮은 확률을 가진 결과도 고려한다. 결정이 중요할수록 더 많은 시나리오를 고려하는 것이 중요하다.

대부분 고객은 높은 확률에 집중하는 경향이 있지만, 일어날 확률은 낮지만 위험이 높은 경우, 이 위험을 고려하는 것이 중요할 수 있다. 예를 들어, 음주 운전을 하고 경찰의 단속에 걸릴 확률은 중간 정도다. 그렇지만 그 결과는 일정 기간 면허가 취소되어 불편할 수 있다. 그러나 다른 차량과 사고가 나서 보도에 미끄러져 5명의 미취학 연령의 어린이를 죽게 하는 것은 낮은 확률이지만, 이 사건은 어린이들과 가족들뿐만 아니라 운전자와 모든 가족의 삶을 변화시키는 결과로 이어질 수 있다.

코치는 단기 사건과 장기 사건, 또는 원하거나 의도된 결과뿐만 아니라 의도하지 않은 결과를 통해 생각할 기회를 포함하여 가능한 결과에서 나오는 일련의 이벤트를 고객에게 작성하도록 한다.

그 결과는 다음 그림이다. [그림 34.5]는 개인이 적절한 행동 과정을 결정하고, 덜 바람직한 잠재적 결과를 완화하거나 관리할 계획뿐만 아니라 의도적이고 긍정적 결과를 얻거나 증폭하는 방법을 생각하는 데 도움이 될 수 있다.

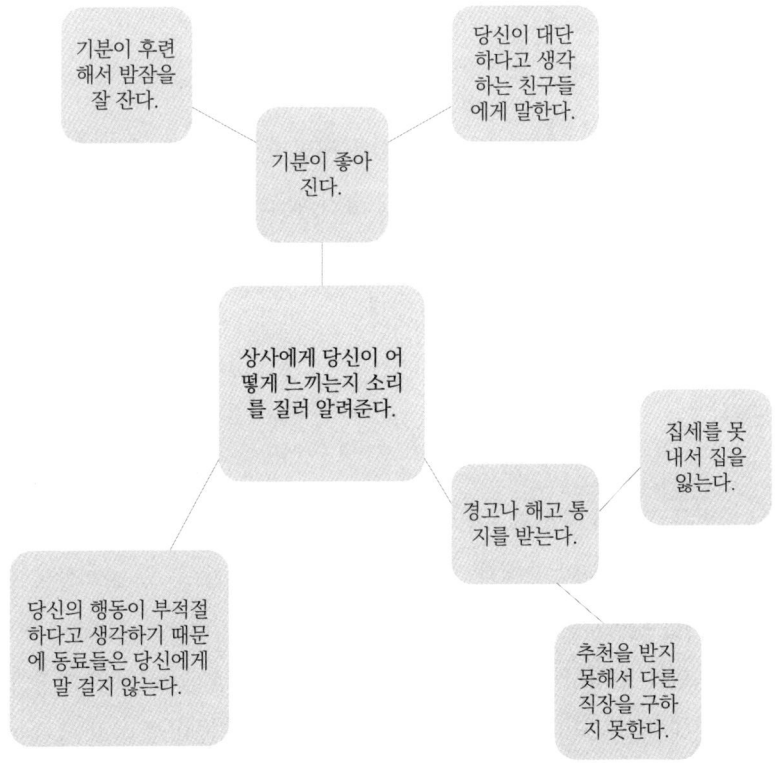

[그림 34.5] 직장에서 실망스러운 관리자에게 응답하기 위한 옵션 A

마무리

이 기법은 사용하기 쉽고, 고객이 가진 시간과 선호도에 따라 단기 결과에서 출발해 장기나 2차 결과로 발전시킬 수 있다.

기법 16: 유산 legacy

도입

이 세상을 살아가다 보면 우리의 초점은 이번 주, 이번 달, 올해 등 너무 단기 중심이다. 우리는 우리의 행동이 장기적으로 미치는 영향을 무시하는 경향이 있다. 이 기법은 이를 뒤집어 고객이 자신의 계획이나 욕망의 진정한 장기적인 영향을 생각하게 한다.

도구

이 기법은 고객이 자신의 유산에 대해 생각하도록 한다. 다양한 방법으로 질문하고, 어떤 것이 고객과 고객의 상황에 따라 변할 수 있는지 판단해 본다. 이를 활용하는 가장 인기 있는 방법은 다음과 같다. "고객님이 80살이 되었다고 상상해보세요. 보살핌을 받는 공간 care home 에서 고객님의 삶에 대해 동료 주민들에게 말합니다: 여태까지 살아오면서 여러 사건들을 어떻게 다뤘다고 말하시겠어요? 또는 이러한 사건들의 장기적인 영향에 대해 생각할 때 어떤 유산을 남기고 싶습니까?" 퇴직하거나 새로운 역할을 맡게 되었을 때 "동료 팀원이 고객님에 대해 어떻게 말하길 바라시나요?"라고 물을 수 있다. 대부분 이 질문은 성찰할 기회를 준다. 고객이 숨을 들이마시고 깊은 생각을 하고나면 "고객님의 다음 단계는 무엇인가요?"라고 묻는다.

우리는 물론 관계들을 통해 감정적 요소를 가미함으로써 더욱 도전적인 개입을 할 수도 있다. 이것은 고위 관리자(임원) 또는 공인들에게 매우 잘 작동한다. "고객님의 손주(또는 심지어 증손주)가 역사 속에서 시간을 되돌아봤을 때, 이 회사에서 고객님이 어떻게 일을 처리했어야 한다고 말할 것 같습니까?"

이 질문은 사람들이 자기 가치에 자기 행동을 비추어보게 하고, 경험을 통해 자신의 가치 나침반value compass으로 자기 행동을 다시 맞춰보는 기회를 제공한다.

마무리

이 기법은 고객이 자신의 행동에 대해 넓은 시야를 갖고, 그 행동이 그들과 미래 세대에 어떻게 영향을 미칠지 고려해보는 데 매우 도움이 된다.

기법 17: 삶의 수레 바퀴 wheel of life

도입

요즘처럼 여러 가지 요구사항이 많은 급변하는 세상에서, 우리는 시간 사용에 있어 올바른 선택을 하고 있을까? 지금의 선택들은 어떤 느낌으로 다가오나? 삶의 수레바퀴는 고객이 자신의 시간을 어떻게 사용하고 삶의 다양한 측면 사이의 균형에 얼마나 행복하게 느끼는지 탐구할 수 있는 도구다. 삶의 수레바퀴 도구는 코치가 여러 장면에서 쓸 수 있는 매우 유용한 도구의 하나다. 이것은 고객이 가장 만족스러운 삶의 영역과 삶의 질 향상에 집중하고 싶은 영역을 찾을 수 있게 돕는 쉬운 방법이다.

이 방법에는 딱 두 단계만 있다.

수레바퀴의 6개에서 8개 범주를 확인하고 각 영역에서 만족스러운 삶을 나타내는 것이 무엇인지 생각한다. 가능한 영역에는 다음이 포함될 수 있다. ([그림 34.6])

두 번째 단계는 바퀴의 중심이 0이고 가장자리가 최대 만족으로 10인 각 영역의 눈금에 현재 만족도를 나타내는 선을 그리는 것이다.

최종 결과는 거미줄처럼 보이며 고객이 원하는 삶의 만족도와 관련하여 전반적인 삶의 만족도에 대한 아이디어를 제공한다. 결과는 고객의 점수를 탐색할 수 있는 유용한 플랫폼을 제공하며, 각 영역에서 취할 수 있는 행동 과정이 이어진다.

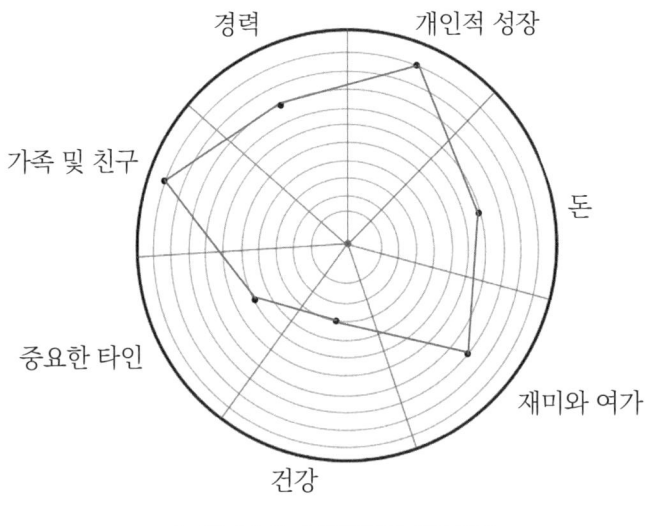

[그림 34.6] 수레바퀴의 8개 범주

마무리

이 기법은 일과 삶의 균형 우선순위를 탐색하는 데 유용한 도구를 제공한다.

기법 18. 영향력 범위 spheres of influence

도구

목표를 향해 노력해 나가면서 우리가 길을 벗어나거나 수렁에 빠지는 경우가 있는데 여러 가지 방법 가운데 하나는 '영향력 범위'와 관련이 있다.

영향력 범위 도구는 우리의 삶에 세 가지 뚜렷한 영역이 있다는 아이디어에서 출발한다.

1. 우리가 통제할 수 있는 것들
2. 우리가 영향을 미칠 수 있는 것들
3. 현재 또는 항상 영향을 미칠 수 없는 것들

우리의 통제하에 있는 건 아무것도 없는 느낌이 들지만, 우리가 직접 통제할 수 있는 것이 적어도 한 가지는 있다. 이것들은 우리의 태도, 생각과 행동이다. 엄청난 압박을 받거나 갇혀 있다고 느낄 때도 항상 생각을 재구성할 기회가 있다.

우리는 또한 특정 요인들에 영향을 미치는 능력이 있다. 이것들을 우리가 완전히 바꿀 수 없을 때도 우리의 방향으로 이것들에 영향을 줄 수 있다. 예를 들어, 우리는 타인의 태도나 행동을 통제할 수 없지만, 그들에게 조언과 지침을 제공하거나 그들이 성찰할 수 있도록 증거를 제공할 수 있다.

마지막 영역은 우리가 통제하거나 영향을 미칠 수 없는 것들이다. 인생에서 일어나는 일 대부분이 우리의 직접적인 통제에 있지 않으므로 이것은 대부분 사람에게 가장 넓은 구역이다. 코치는 고객에게 우리가 통제할 수 없는 것이 많다는 것을 인식하고 받아들이는 데 도움을 줄 수 있으며, 우리가 영향을 미칠 수 있는 것에 에너지를 집중하는 방법을 알려준다.

마무리

이 프레임워크는 고객이 통제하거나 영향을 미칠 수 있는 삶의 측면에 자신의 정서적, 육체적 에너지를 집중할 수 있도록 유용한 도구를 제공하며, 영향력을 못 미치거나 통제할 수 없는 측면을 받아들일 능력을 개발한다.

기법 19. 도우스 DOUSE

도입

DOUSE는 코칭 관계를 마무리하는 데 도움이 되는 유용한 도구다.

도구

우리는 앞서 STOKERS를 코칭 대화를 시작하는 데 사용할 수 있는 프레임워크로 배웠다. STOKERS는 연료를 삽으로 떠서 증기 엔진에 넣는다. 따라서 고객과 함께 대화의 불꽃을 꺼야 할 때, 관계를 종료해야 하는 두 번째의 열차 은유로 DOUSE(불을 끈다는 의미)는 적절해 보였다. 코치는 특정 질문을 통해 고객과 각 단계를 탐구하고 필요에 따라 각 단계에서 후속 질문들을 사용한다.

1. **재확인** Double check - 코치는 대화가 끝나고 있음을 인식하고 대화에 대

한 초기 목표나 계획을 고객이 검토하도록 하며 종결을 시작한다.
2. **장애물**Obstacles – 코치는 고객의 계획 달성에 지장을 줄 수 있는 장애물을 생각하게 한다. 코치는 동맹이 될 수도 있고 고객이 책임지게 할 수도 있다.
3. **발견**Uncovered – 세 번째 질문의 목적은 고객의 상황에 대한 학습과 통찰을 성찰하고 향상하는 것이다.
4. **지원**Support – 이 질문을 통해 고객이 계획을 달성하는 데 필요한 지원 또는 리소스를 살펴본다.
5. **종료**Ending – 코치가 고객과 함께 세션을 마친다([그림 34.7]).

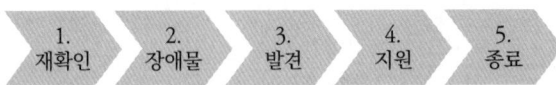

[그림 34.7] 코칭 대화를 마무리하기 위한 DOUSE

> [Box 34.14] DOUSE 유용한 질문
>
> 1. **재확인**Double-check:
> 대화하는 동안 시작할 때 설정한 목표를 향해 어떤 진전이 있었나요?
> 2. **장애물**Obstacles:
> 다음 단계로 넘어가는 데 방해되는 것은 무엇인가요?
> 진전을 돕기 위해 어떤 동맹 세력을 초대할 수 있을까요?
> 고객님이 책임지는 것을 누가 도울 수 있을까요?
> 3. **발견**Uncovered:
> 어떤 것을 발견했나요?
> 자신에 대해 무엇을 배웠습니까?
> 이 상황에 대해 앞으로 어떤 것을 적용할 수 있나요?
> 4. **지원**Support: 이 대목에서 어떤 지원이 필요하세요?
> 5. **종료**Ending: 이쯤에서 끝내면 좋을까요?

마무리

DOUSE 모델은 코치들이 코칭 대화를 적절하게 마무리하기 위해 핵심 요소를 커버했는지 확인할 수 있는 간단한 방법이다.

기법 20. 세 가지 좋은 것들

도입

이 기법은 간단한 질문을 반복 활용하고, 고객이 코칭 뒤 활용할 수 있는 훌륭한 방법이다. 이것은 부정적인 것에 집중할 수 있는 고객에게 잘 작동하고 고객이 더 긍정적인 방향으로 나아갈 수 있도록 도와준다.

도구

이 도구는 긍정심리학, 인본주의 전통, 그리고 우리 각자에게는 선을 위한 자연적인 힘이 있다는 믿음, 즉 자동 복원 반응self-righting reflex이 배경이다. 코치로서 우리의 역할은 고객들이 이렇게 성장하고 발전하기 위한 적합한 조건을 만들 수 있도록 돕는 것이다.

이 도구는 질문 하나를 반복 사용한다. 코치는 세션 내에서 이 질문을 사용할 수 있으며, 고객이 하루가 끝날 때 침실 조명을 끄면서 하는 마지막 행동으로 질문을 다시 사용하도록 한다. "오늘 일어났던 세 가지 가장 좋은 일들에 대해 말해보세요."

고객이 일들을 기록하며 어떻게 느끼는지에 초점을 맞추는 경우 특히 유용할 수 있다. 고객 선호에 따라 세부 사항을 제각각 적는 것을 좋아하는 고객, 모든 세부 사항을 짧은 저널 형태로 작성하는 고객, 느낌과 함께 문장 하나를 적는 고객 등 다양하다.

우리는 몇 주 동안 이 기법을 사용해 본 많은 고객이 이 기법을 일상 생활에 통합하기 시작한다는 것을 발견했다. 고객들의 증언에 따르면, 잠드는 데 매우 도움이 된다고 한다.

기법 21. 축복: 자비로운 compassionate 마음 키우기

도입

이 기법은 코치 자신을 위해 사용할 수도 있고 고객과 함께 사용할 수도 있는 도구로, 공감 또는 자비로운 마인드셋을 키우는 데 유용하다. 이 과정은 근육을 키울 때처럼 정기적으로 사용해야 하며, 자비와 공감을 더 많이 사용할수록 우리 안에서 더 많이 개발된다(Passmore, 2019a, b, c).

도구

나는 다른 많은 사람과 같이 지하철뿐만 아니라 기차와 비행기를 이용해 자주 여행한다. 객실에 앉아 있을 때 나는 동료 승객 한 사람씩 바라보며 그들이 직면한 도전을 이해하려는 습관이 있다. 한 승객은 어린 아이와 어려움을 겪고 있을 수 있으며, 다른 승객은 자신의 휴대전화를 걱정스러운 표정으로 보고 있을 수 있고, 또 다른 승객은 짜증나 보일 수 있다. 나는 알아차린 감정을 공감하려고 노력하거나, 단순히 그들의 하루를 축복하려고 노력한다. "당신의 하루가 축복을 받고, 다음 번 만나는 사람들에게 기쁨과 평안을 마음으로 전할 수 있기를 바랍니다."

가끔은 누군가가 눈을 뜨고 내 눈을 사로잡는다. 이러한 상황에서 나는 따뜻한 미소를 머금곤 한다. 대부분 그 사람은 미소로 화답하고, 때로는 고개를 끄덕이지만, 다른 여행자들은 눈길을 피하며 거기에 아무도 없는 것처럼 인식하려고 애를 쓴다.

나는 이것이 다른 사람의 하루를 밝게 만드는지 확신할 수 없다. 그러나 함께 있는 승객들에 대한 내 사랑의 친절은 내 하루를 밝게 하고, 나는 이 행성에서 8억 명 가운데 하나임을 기억하는 데 도움이 된다. 가족을 위해 열심히 일하고 평화롭고 행복하고 충족된 삶을 살아가는 그들은 모두 나와 다르지 않음을 깨닫는다.

마무리

이 기법은 세계를 변화시키지 못할 수도 있지만, 당신을 변화시키는 데 도움이 될 수 있다.

참고문헌

Adler, A. (1925). *The Practice and Theory of Individual Psychology* (Translated by P. Radin, Revised ed. 1929 & Reprints). London Routledge & Kegan Paul.
Alexander, G. (2016). Behavioural coaching – the GROW model, pp99-112. In: J Passmore (ed) *Excellence in Coaching – the Industry Guide* (3rd ed). London: Kogan Page
Anstiss, T. & Blonna, R. (2014). Acceptance and Commitment Coaching, pp253-276. In J. Passmore (ed.) *Mastery in Coaching: A complete psychological Toolkit for advanced coaches*. London: Kogan Page.
Anstiss, T. and Gilbert, P. (2014). Compassionate Mind Coaching, pp225-248. In J. Passmore (ed.) *Mastery in Coaching: A complete psychological Toolkit for advanced coaches*. London: Kogan Page.
Anstiss, T. & Passmore, J. (2011). Motivational Interview, pp33-52. In M. Neenan & S. Palmer (Eds.). *Cognitive behavioural coaching in practice*. London: Routledge.
Bachkirova, T. (2008). Role of coaching psychology in defining boundaries between counselling and coaching. In S. Palmer & A. Whybrow (Eds.), *Handbook of coaching psychology: A guide for practitioners* (2nd ed., pp. 351–366). Hove: Routledge.
Bachkirova, T., Cox, E., & Clutterbuck, D. (2010). *The complete handbook of coaching*. London: Sage.
Bachkirova, T., Jackson, P., Hennig, C., & Moral, M. (2020). Supervision in coaching: A systematic review. *International Coaching Psychology Review*, 15(2), 31-50.
Bain, J. D., Ballantyne, R., Packer, R., & Mills, C. (1999). Using journal writing to enhance student teachers' reflexivity during field experience placements. *Teachers and Teaching*, 5(1), 51–73.
Beck, A. T. (1976). *Cognitive Therapy and Emotional Disorders*. New York: Penguin
Berne, E. (1962). Classification of positions. *Transactional Analysis Bulletin*, 1(3), 23.
Boyatzis, R. (2008). *Intentional change theory*. Washington DC: American Psychological Association.
Bozer, G. and Jones, R. J. (2018). Understanding the factors that determine workplace coaching effectiveness: a systematic literature review. *European Journal of Work and Organizational Psychology*, 27 (3). pp. 342-361.
Brdar, I., Ani Lc, P., & Rijavec, M. (2011). Character strengths and well-being: Are there gender differences? In *The Human Pursuit of Well-Being*. Dordrecht: Springer. https://doi.org/10.1007/978-94-007-1375-8_13.
Brewin, C R (2006). Understanding cognitive behaviour therapy: A retrieval competition account.

Behavioral Research Therapy. 44 (6), 765-84

Brock, V. (2009). Coaching pioneers: Laura Whitworth and Thomas Leonard. *International Journal of Coaching in Organisations*, 1(1), 54-64.

Brock, V. (2012). *The sourcebook of coaching history* (2nd ed.). Self-published.

Burn, A., & Watson, A. M. (2020). Eco-coaching. In J. Passmore (Ed.), *The coaches handbook: The complete practical guide for professional coaches*. London: Routledge.

Caldwell, R. (2003). Models of change agency: A fourfold classification. *British Journal of Management*, 14(2), 131-142.

Chaskalson, M., & McMordie, M. (2017). *Mindfulness for coaches*. Abingdon: Routledge.

Checkland, P. & Scholes, J. (2009): *Soft Systems Methodology in Action*. Chichester: Wiley

Clarkson, P., & Cavicchia, S. (2013). *Gestalt counselling in action*. London: Sage.

Clutterbuck, D. & Megginson, D. (undated) Retrieved on 24 April 2020 from: https://www.davidclutterbuckpartnership.com/wp-content/uploads/Coach-maturity.pdf

CPD. (2020). *Definition of CPD*. Retrieved April 20, 2020, from https://cpduk.co.uk/explained

Csikszentmihalyi, M. (2002). *Flow: The classic work on how to achieve happiness*. London: Rider.

Czander, W. M. (1993). *The psychodynamics of work and organizations*: Theory and application. Guilford Press.

Damasio, A. (2006). *Descartes' error*. London: Vintage Books.

Darwin, Charles. (1859). On the origin of species by means of natural selection, or the preservation of favoured races in the struggle for life(1st ed.). London: John Murray. ISBN 978-1-4353-9386-8. Retrieved October, 24, 2008.

de Shazar, S. (1978). Brief hypnotherapy of two sexual dysfunctions: The crystal ball technique. *American Journal of Clinical Hypnosis*, 20(3), 203-208.

de Shazer, S. (1991). *Putting differences to work*. New York: Norton.

Deal, T. & Kennedy, A. (1988). *Corporate Cultures: The Rites and Rituals of Corporate Life*. London: Penguin.

Dierolf, K. (2013). *Solution focused team coaching*. Verlag: Solution Academy.

DiGirolamo, J.A., Rogers, G., Heink, P. (2016) *How coaches spend their time*. Lexington: International Coach Federation. https://coachfederation.org/app/uploads/2018/06/HowCoachesSpendTheirTime.pdf

Downey, M. (1993). *Effective coaching: Lessons from the coaches coach*. Cheshire: Texere Publishing.

Dweck, C.S, (2017). *Mindset*. London: Little Brown Book Group

Eby, L. T., Rhodes, J. E., & Allen, T. D. (2007). Definition and evolution of mentoring, pp 7-20. In T. Allen & L. Eby (eds) *The Blackwell Handbook of Mentoring: A multiple perspectives approach*, Hoboken, New Jersey: Blackwell.

Edgerton, N., & Palmer, S. (2005). SPACE: A psychological model for use within cognitive behavioural coaching, therapy and stress management. *The Coaching Psychologist*, 2(2), 25-31.

Ellis, A. (1998). *How to control your anger before it controls you*. Tafrate: Citadel Press.

Ellis, A. (1962). *Reason and Emotion in Psychotherapy*. New Jersey: Carol Publishing Group.

Ernst, F.H., (1971) The OK Corral: the grid for get-on-with. *Transactional Analysis Journal*, 1(4),231-40

Foy, K. (2020). Coaching Contracts. In J. Passmore (ed.) *The Coaches Handbook: The complete practical guide for professional coaches*. Hove: Routledge

Gallwey, T. (1986). *The inner game of tennis*. London: Pan.

Gilbert, P (2009). *The Compassionate Mind. A new approach to the challenges of life*. London. Constable and Robinson.

Gillie, M., & Shackleton, M. (2009). gestalt coaching or gestalt therapy? ethical and professional considerations on entering the emotional world of the coaching client. *International Gestalt Journal.*, 32, (1). Online.
Gordon, T. (1970). *Parent Effectiveness Training*, New York: Wyden.
Grant, A. M. (2001). *Toward a psychology of coaching*: The impact of coaching on metacognition, mental health and goal attainment. Sydney: Coaching Psychology Unit, University of Sydney.
Grant, A. M. (2016). Solution-focused coaching, pp112-129. In: J Passmore (ed) *Excellence in Coaching: The Industry Guide*, 3rd ed. London: Kogan Page
Grant, A. & Gerrard, B. (2019). Comparing problem-focused, solution-focused and combined problem-focused/solution-focused coaching approach: solution-focused coaching questions mitigate the negative impact of dysfunctional attitudes. *Coaching: An International Journal of Theory, Research and Practice*. 1-17. Doi: 10.1080/17521882.2019.1599030.
Grinder, M. (2007). *The Elusive Obvious*. Battleground, WA: Michael Grinder & Associates
Hall, L. (2014). Mindful coaching, pp191-220. In J. Passmore (ed.) *Mastery in Coaching: A complete psychological Toolkit for advanced coaches*. London: Kogan Page.
Hardingham, A. (2004). *The Coach's Coach*. London: CIPD
Hardingham, A. (2006). The British Eclectic Model of coaching: towards professionalism without dogma. *International Journal of Mentoring and Coaching*, 4(1).
Hawkins, P. (2017): *Leadership Team Coaching: Developing Collective Transformational Leadership*. London: Kogan Page.
Hawkins, P. (2018). *Leadership Team Coaching in Practice: Case Studies on Developing High-Performing Teams*. London: Kogan Page.
Hawkins, P. & Smith, N. (2006). *Coaching and Mentoring and Organisational Consultancy: Supervision and Development*. Maidenhead: Open University Press
Hawkins, P., Turner, E., & Passmore, J. (2019). *The manifesto for supervision*. Henley-on-Thames: Henley Business School. ISBN 978-1-912473-24-3.
Hayes, S C (2004). Acceptance and commitment therapy, relational frame theory, and the third wave of behavior therapy. *Behavior Therapy*, 35, 639-65. doi: 10.1016/S0005-7894(04)80013-3
Henley Business School. (2020). *Prof Cert in coaching programme guide*. Henley on Thames: Henley Business School.
Hullinger, A. M., & DiGirolamo, J. A. (2018). *Referring a client to therapy: A set of guidelines*. Retrieved April 16, 2020, from https://coachfederation.org/app/uploads/2018/05/Whitepaper-Client-Referral.pdf
Hullinger, A. M., DiGirilamo, J. & Tkach, T. (2019a). Reflective Practice for coaches and clients: An Integrated model for learning, *Philosophy of Coaching*, 4(2) 5-34. http://dx.doi.org/10.22316/poc/04.2.02
Hullinger, A. M., DiGirolamo, J. A., & Tkach, J. T. (2019b). Reflective practice for coaches and clients: An integrated model for learning. *Philosophy of Coaching: An International Journal*, 4(2), 5-34. https://doi.org/10.22316/poc/04.2.02.
Hullinger, A. M., DiGirolamo, J. A., & Tkach, J. T. (2020). A professional development study: The lifelong journeys of coaches. *International Coaching Psychology Review*, 15(1), 7-18.
ICF (2020a) *Knowledge Assessment*. Retrieved on 20th April from: https://coachfederation.org/coach-knowledge-assessment
ICF (2020b). *Professional development*. Retrieved on 20th April from: https://coachfederation.org/icf-credential/professional-development
ICF. (2020c). *PCC markers*. Retrieved on 23 October from https://coachfederation.org/pcc-markers

International Coaching Federation (2007). *Definition of coaching*. Retrieved on 19th April 2020 from https://coachfederation.org/about
International Coaching Federation (2019a). *ICF Code of Ethics*. Retrieved on 19th April 2020 from https://coachfederation.org/code-of-ethics
International Coaching Federation (2019b). *ICF Core Competency Model*. Retrieved on 19th April 2020 from https://coachfederation.org/core-competencies
International Coaching Federation (2019c). *ICF Credential*. Retrieved on 19th April 2020 from: https://coachfederation.org/icf-credential
International Coaching Federation (2019d). *ICF PCC Markers*. Retrieved on 19th April 2020 from https://coachfederation.org/pcc-markers.
International Coaching Federation. (2020a). *Guidelines for mentor coaching duties and competencies*. Retrieved April 20, 2020, from https://coachfederation.org/mentor-coaching
International Coaching Federation. (2020b). *Knowledge assessment*. Retrieved April 20, 2020, from https://coachfederation.org/coach-knowledge-assessment
International Coaching Federation. (2020c). *Professional development*. Retrieved April 20, 2020,from https://coachfederation.org/icf-credential/professional-development
Jackson, P & McKergow, M. (2007) *The Solutions Focus. The SIMPLE Way to Positive Change*, 2nd ed. London: Nicholas Brealey Publishing.
Johansson, F. (2019) *Conference Paper: Converge 2019*. Prague, Czech Republic.
Jones, R. J., Wood, S., & Hutchinson, E. (2014). The influence of the five factor model of personality on the perceived effectiveness of executive coaching. *International Journal of Evidence Based Coaching and Mentoring*, 12(2), 109-118.
Joo, B. K. B. (2005). Executive coaching: A conceptual framework from an integrative review of practice and research. *Human Resource Development Review*, 4(4), 462-488.
Jung, C. (1923) *Psychological Types*, London: Kegan Paul.
Kabat-Zinn, J (1991) *Full Catastrophe Living: Using the Wisdom of Your Body and Mind to Face Stress, Pain, and Illness*. New York: Delta Trade Paperbacks.
Kadushin, A. & Harknes, D. (2002), *Supervision in Social Work*, 4th edition. New York: Columbia University Press.
Kilburg, R. R. (1996). Toward a Conceptual Understanding and Definition of Executive Coaching. *Consulting Psychology Journal: Practice and Research*, 48(2), 134-144.
Kline, N. (1999), *Time to Think*. London: Cassell Publishers.
Kline, N. (2015), *More Time to Think*. London: Cassell Publishers.
Kolb, D.A, (1984), *Experiential Learning*. Englewood Cliffs: Prentice Hall.
Lai, Y. (2014) *Enhancing Evidence-based Coaching Through the Development of a Coaching Psychology Competency Framework: Focus on the Coaching Relationship*. Guildford: School of Psychology, University of Surrey, Guildford, U.K.
Larkin, P. (1974). The Old Fools, *High Windows*. London: Faber.
Lazarus, A (1981) *The Practice of Multimodal Therapy*. New York, NY: McGraw-Hill
Leary, J. J. (2010) *Gestalt Coaching Handbook*. St Albans: Academy of Executive Coaching.
Lewin, K., & Dorwin C. (Ed.) (1951). *Field theory in social science*. New York: Harper and Row.
Litcanu, M Prostena, O. Oros, C. & Mnerie, A. (2015). Brain-Writing Vs. Brainstorming Case Study for Power Engineering Education. *Procedia – Social and Behavioural Sciences 191*, 387-390.
Love, D. (2018) *How can I use the GROW model in my Coaching. Insight Guide #7*: Henley Business School: Henley on Thames.
Luft, J, & Ingham, H. (1955) *The Johari Window, a graphic model of interpersonal awareness*. Proceedings of the Western Training Laboratory in Group Development. University of

California, Los Angeles

Maslow, A. H. (1968). *Toward a psychology of being* (2nd ed.). New York: D. Van Nostrand

McCrae, R. R., & Costa, P. T. (1987). Validation of the five-factor model of personality across instruments and observers. *Journal of Personality and Social Psychology*, 52, 81-90.

Miller, W. & Rollnick, S. (2002). *Motivational Interviewing: Preparing people for change* (2nd ed.). New York: Guilford Press.

Moon, J. (2004). *The Handbook of Reflective and Experiential Learning*. London: Routledge Falmer

Neenan, M., & Palmer, S. (2001). Cognitive behavioural coaching. *Stress News*, 13(3), 1.

Neenan, M., & Dryden, W. (2001). *Life coaching: A cognitive behavioural approach*. Abingdon: Routledge.

Neubauer, A. C., & Fink, A. (2009). Intelligence and neural efficiency. *Neuroscience and Biobehavioural Reviews*, 33, 1004-11023.

Newton, T. & Napper, R. (2007), The Bigger Picture: Supervision as an Educational Framework for all fields. *The Transactional Analysis Journal*, 37(2), 150-158

O'Connor, S., & Cavanagh, M. (2013). The coaching ripple effect: The effects of developmental coaching on wellbeing across organisational networks. *Psychology of Well-Being*, 3(2), 25-28. https://doi.org/10.1186/2211-1522-3-2.

Ocasio, W. (2011) Attention to attention. *Organization Science*, 22, 1286-96

Oshry, B. (2007a). *Seeing systems: Unlocking mysteries of organisational life*. Oaklands, CA: Berrett-Koehler.

Oshry, B. (2007b). *Seeing systems unlocking the mysteries of organizational life* (2nd ed.). San Francisco: Berrett- Koesher.

Palmer, S. (2002) Cognitive and organisational models of stress that are suitable for use within workplace stress management/prevention coaching, training and counselling settings. *The Rational Emotive Behaviour Therapist*, 10(1), 15-21.

Palmer, S. (2007) PRACTICE: A model suitable for coaching, counselling, psychotherapy and stress management. *The Coaching Psychologist*, 3(2), 71-7.

Palmer, S. & Szymanska, K (2019) Cognitive behavioural coaching: An integrative approach, pp108-128. In S. Palmer & A. Whybrow (eds.) *Handbook of Coaching Psychology: A Guide for Practitioners* (2nd ed). Hove: Routledge,

Palmer, S. & Williams, H. (2016) Cognitive behavioural approaches,pp319-338. In: J Passmore, D Peterson & T Freire (eds) *The Wiley Blackwell Handbook of The Psychology of Coaching and Mentoring*(pp. 339-364). Chichester: Wiley Blackwell.

Parsloe, E. (1992). *Coaching, mentoring, and assessing: A practical guide to developing competence*. New York: Nichols Publishing Company.

Passmore, J. (2011). *Supervision in coaching*. London: Kogan Page.

Passmore, J. (2012). *Psychometrics in coaching: Using psychological and psychometric tools for development*. London: Kogan Page.

Passmore, J. (2014). *Mastery in coaching: A complete psychological toolkit for advanced coaching*. London: Kogan Page.

Passmore, J. (2016). Integrative coaching. In J. Passmore (Ed.), *Excellence in coaching: The industry guide to best practice* (3rd ed., pp. 188-204). London: Kogan Page.

Passmore, J. (2017a). Mindfulness coaching techniques: STOP. *The Coaching Psychologist*, 13(2), 86-87.

Passmore, J. (2017b). Mindfulness coaching techniques: Identifying mindfulness distractions. *The Coaching Psychologist*, 13(1), 31-33.

Passmore, J. (2018). Mindfulness coaching techniques: Choosing our attitude. *The Coaching Psychologist*, 14(1), 48-49.
Passmore, J. (2019a). Mindfulness in organisations: Mindfulness as a tool to enhance leadership development, workplace wellbeing and coaching (Part 2). *Industrial & Commercial Training*, 51(3), 165-173. https://doi.org/10.1108/ICT-07-2018-0064.
Passmore, J. (2019b). Mindfulness at organisations: A critical literature review (Part 1). *Industrial & Commercial Training, 51*(2), 104-113. https://doi.org/10.1108/ICT-07-2018-0063.
Passmore, J. (2019c). Leading with compassion. *IESE Business School Insights, 152*, 56-63. https://doi.org/10.15581/002.ART-3244.
Passmore, J & Amit, S (2017) *Mindfulness at Work: The Practice and Science of Mindfulness for Leaders, Coaches and Facilitators*. New York: Nova Science
Passmore, J. & Fillery-Travis, A. (2011). A critical review of executive coaching research: A decade of progress and what's to come. *Coaching: An International Journal of Theory, Practice & Research. 4*(2), 70-88.
Passmore, J. & Lai, Y.L. (2019). Coaching Psychology: Exploring definitions and research contribution to practice? *International Coaching Psychology Review. 14*(2), 69-83.
Passmore, J., & Marianetti, O. (2007). The role of mindfulness in coaching. *The Coaching Psychologist, 3*(3), 131-138.
Passmore, J. & McGoldrick, S. (2009) Super-vision, extra-vision or blind faith? A grounded theory study of the efficacy of coaching supervision. *International Coaching Psychology Review. 4*(2). 143-159.
Passmore, J. & Rogers, K. (2018). Are you GDPR ready? *Coaching at Work. 13*(4), pp30-33.
Passmore, J. & Theeboom, T. (2016). Coaching Psychology: A journey of development in research. In L.E. Van Zyl, M.W. Stander & A. Oodendal (ed.). *Coaching Psychology: Meta-theoretical perspectives and applications in multi-cultural contexts*. New York, NY: Springer.
Passsmore, J. and Turner, E. (2018). Reflections on integrity: The APPEAR Model. *Coaching at Work. 13*(2), pp42-46.
Passmore, J., Rawle-Cope, M., Gibbes, C., & Holloway, M. (2006). MBTI types and executive coaching. *The Coaching Psychologist, 2*(3), 6-16.
Passmore, J., Peterson, D., & Freire, T. (2013). The psychology of coaching and mentoring. In J. Passmore, D. Peterson, & T. Freire (Eds.), *The Wiley-Blackwell handbook of the psychology of coaching and mentoring* (pp. 1-13). Chichester: Wiley.
Passmore, J., Brown, H., & Csigas, Z. (2017). *The state of play in coaching and mentoring*. Henleyon-Thames: Business School-EMCC.
Passmore, J., Turner, E., & Filipiak, M. (2018). The answer my friend is blowin' in the wind: Coaching ethics: Part 1. *Coaching at Work, 13*(6), 36-40.
Passmore, J., Turner, E., & Filipiak, M. (2019). Still blowin' in the wind: Coaching ethics: Part 2. *Coaching at Work, 14*(1), 38-42.
Pavlov, I. P. (1927). *Conditioned reflexes: An investigation of the physiological activity of the cerebral cortex*. (Translated and Edited by G. V. Anrep, p. 142). London: Oxford University Press.
Peltier, B. (2006). *The psychology of executive coaching*. New York: Taylor Francis.
Peltier, B. (2010). *The psychology of executive coaching: Theory and application* (2nd ed.). New York: Routledge/Taylor & Francis Group.
Peterson, C., & Seligman, M. E. (2004). *Character strengths and virtues: A handbook and classification*. Oxford: Oxford University Press.
Prochaska, J. O., & DiClemente, C. C. (1983). Stages and processes of self-change of smoking:

Toward an integrative model of change. *Journal of Consulting and Clinical Psychology, 51*, 390-395.
Proctor, B. (2000). *Group supervision: A guide to creative practice*. London: Sage.
Pugh, M. (2017). Chairwork in cognitive behavioural therapy: A narrative review. *Cognitive Therapy and Research, 41*, 16-30.
Quality Assurance Agency for Higher Education (QAA). (2009). *Personal development planning: guidance for institutional policy and practice in higher education*. London: QAA
Rogers, C. (1957). The necessary and sufficient conditions of therapeutic personality change. *Journal of Consulting Psychology, 21*(2), 95-103.
Rogers, C. R. (1980) *A way of being*. New York: Houghton Mifflin Company.
Rogers, C. (1961). *On becoming a person: A therapist's view of psychotherapy*. London: Constable
Rogers, J. (2017) *Coaching with personality type*. Maidenhead: McGraw-Hill Education
Rohrbach, B. (1969). Kreativ nach Regeln - Methode 635, eine neue Technik zum L.sen von Problemen (Creative by rules -Method 635, a new technique for solving problems). *Absatzwirtschaft, 12*(19), 73-75.
Rosen, S. (1982). *My voice will go with you: The teaching tales of Milton Erickson*. New York: Norton.
Sandler, C. (2016). *Executive coaching: A psychodynamic approach*. Maidenhead: Open University Press.
Schon, D. A. (1983). *The reflective practitioner: How professionals think in action*. London: Temple Smith.
Searles, H. (1955). The informational value of the supervisor's emotional experience. *Psychiatry, 18*, 135-146.
Segal, Z., Teasdale, J., & Williams, M. (2002). *Mindfulness-based cognitive therapy for depression*. New York: Guilford Press.
Senge, P. M., et al. (1994). *The fifth discipline fieldbook: Strategies for building a learning organization*. Nicholas Brealey Publishing.
Shedler, J. (2010). The efficacy of psychodynamic psychotherapy. *American Psychologist, 65*, 98-109.
Skinner, B. F. (1938). *The behavior of organisms: An experimental analysis*. New York: Appleton.
Smallwood, J., & Schooler, J. W. (2015). The science of mind wandering: Empirically navigating the stream of consciousness. *Annual Review of Psychology, 66*, 487-518.
Stewart, I., & Joines, V. (2012). *TA today: A new introduction to transactional analysis*. Chapel Hill, NC: Lifespace Publishing.
Taylor, F. (1911). *The principles of scientific management*. New York: Harper & Row.
Tkach, T. T., & DiGirolamo, J. A. (2017). The state and future of coaching supervision. *International Coaching Psychology Review, 12*(1), 49-63.
Toman, S., Spoth, J., Leichtman, R., & Allen, J. (2013). Gestalt approach. In J. Passmore, D. Peterson, & T. Freire (Eds.), *The Wiley-Blackwell handbook of the psychology of coaching and mentoring* (pp. 385-405). Chichester: Wiley.
Turner, E., & Passmore, J. (2017). The trusting kind. *Coaching at Work, 12*(6), 23-26.
Turner, E., & Passmore, J. (2018). Ethical dilemmas and tricky decisions: A global perspective of coaching supervisors' practice in coach ethical decision making. *International Journal of Evidence Based Coaching and Mentoring, 16*(1), 126-142. https://doi.org/10.24384/000473.
Whitmore, J. (1992). *Coaching for performance*. London: Nicholas Brealey.
Whitmore, J. (2017). *Coaching for performance* (5th ed.). London: Nicholas Brealey.

Whittington, J. (2012). *Systemic coaching and constellations: An introduction to the principles, practices and application*. London: Kogan Page.

Whitworth, L., Kinsey-House, H., & Sandahl, P. (1998). *Co-active coaching: New skills for coaching people towards success in work and life*. Mountain View: Davies Black.

Williams, H., & Palmer, S. (2013). The SPACE model in coaching practice: A case study. *The Coaching Psychologist, 9*(1), 45-47.

Williams, H., Palmer, S., & Edgerton, N. (2018). Cognitive behavioural coaching. In E. Cox, T. Bachkirova, & D. Clutterbuck (Eds.), *The complete handbook of coaching* (3rd ed., pp. 17-34). Sage: London.

저자 및 역자 소개

저자: 조나단 패스모어 Jonathan Passmore

조나단은 공인된 심리학자로, 영국심리학회의 펠로우다. 또 ICF 자격을 보유한 코치이자 숙련된 수퍼바이저이며, 경영학과 심리학에서 5개의 학위를 가지고 있다. IBM Business Consulting, PWC를 비롯한 글로벌 기업, OPM, Embion과 같은 심리 컨설팅 회사와 함께 20년 넘게 코칭 및 인력 개발 분야에서 일했으며, 지금은 헨리 경영대학원 내 Henley Center for Coaching의 디렉터로 일하고 있다. 오랜 기간 동안 그의 고객들은 대기업 임원, 연예인, 정부 관료, 공공 부문 관리자, 창업가 등 다양하다. 이에 앞서 그는 여러 조직에서 임원 역할을 맡아 왔으며, 여러 이사회에서 비상임 이사직을 수행하고 있다.

조나단은 『The Coaches Handbook』, 『Top Business Psychology Models』(번역서: 『CEO를 위한 심리학 특강 50』), 『Mindfulness at Work』 등 30권의 책을 출판했고, 100편이 넘는 논문과 공동 저서를 펴냈다.

그는 전문 코칭 단체나 학계에서 여러 상을 수상하며, 코치, 그리고 연구자로서 인정받고 있다. Top 30 Global Gurus와 마샬 골드스미스-Thinkers 50에서 톱 8 코치로 선정됐다.

저자: 트레이시 싱클레어 Tracy Sinclair

트레이시는 전 세계 다양한 산업 분야의 조직과 함께 일하는 임원 코치이자 컨설턴트다. 그녀는 ICF 자격 보유 코치로, 여러 조직에 전문 코칭 서비스와 코칭 문화 컨설팅을 제공할 뿐만 아니라 ICF 인증 코칭 교육, 멘토링 및 수퍼비전 서비스를 제공하는 자체 코칭 사업체를 운영하고 있다. 트레이시는 또한 헨리 경영대학원의 Henley Center for Coaching에서 강의한다. 자신의 코칭 비즈니스 외에도 Coaching with Conscience라는 운동을 시작하고 이끌며, 코칭으로 사회와 환경에 긍정적인 영향을 미치려는 노력을 기울인다.

트레이시는 또한 코칭 전문가들과 코칭 커뮤니티 개발에 전념하고 있으며, 10년 넘게 ICF를 위해 봉사해 왔다. 2013~2014년 ICF 영국 챕터 회장을 역임했으며, 2016년부터 ICF 글로벌 이사회 이사로 재직했고, 2017년에는 재무 담당 이사, 2018년에 글로벌 회장을 맡았다. 2020년부터 2021년까지 그녀는 ICF 글로벌 엔터프라이즈 이사장으로 재직했다.

그녀의 노력을 인정받아, 2019년 마샬 골드스미스-Thinkers 50 부문에서 최우수 글로벌 코치 수상자 가운데 한 명으로 선정되었다.

역자: 김상학

진정한 크리스찬이 되기를 노력하며 살아가는 김상학은 지난 20여 년 동안 기업 교육 현장에서 일해 왔다. LG그룹 내에서 글로벌 교육 전문가로서, 리더십 프로그램 개발/퍼실리테이션을 주로 맡고 있다. 팬데믹 전에는 연간 두 달 정도를 두바이, 프랑크푸르트, 모스크바, 노이다(인도), 베트남, 샌디에이고, 멕시코시티, 상파울루 등 LG전자 국외법인들에 근무하는 현지인 리더들과 리더십 개발 프로그램을 진행했다. 전 세계의 리더들에게 제공되는 다양한 프로그램(Lead4Success, Situational Leadership, 7 Habits of Highly Effective People 등)의 사내 퍼실리테이터로 활동 중이다. 리더십 분야 외에도 이문화, 커뮤니케이션, 프레젠테이션, 변화 관리 등을 주제로 워크숍을 진행하며, 무엇보다 전문 코치로서 리더들과 함께 코칭을 통해 만나는 비중을 늘리고 있다.

코칭을 만난 뒤에는 다양한 고객들과 변화의 여정을 함께하고 있다. 국내외 사내 리더들을 대상으로 주로 코칭을 진행 중이다. 코칭 프랙티스 시간이 얼마인지, 코치 자격증 취득에 대해서는 크게 의미를 두지 않지만, 코치로서의 성장에 있어서 경험 차원에서 국제코칭연맹ICF ACC 자격과 한국코치협회 KPC 자격은 취득했다. 코치 프랙티셔너로서 뿐만 아니라 동료 코치들과 함께 성장하는 데 관심이 있어서 국제코칭연맹 한국챕터의 국제교류위원으로 해외 세미나에서 통역을 몇 차례 담당한 바 있으며, 동국대학교 상담코칭학과 겸임교수로 재직 중이다. 아시아 상담코칭학회 국제학술교류 위원장으로 해외에서 활동하는 상담 및 코칭 연구자들과 프랙티셔너들을 학회 학술대회를 통해 소개하고 있다.

이 책에 나오듯이 마스터 코치보다는 성숙한mature 코치 되기를 희망하고 있으며, 한반도 통일에 코치로서 작은 힘이 될 수 있기를 바라고, 앞으로 만나게 될 전 세계에 있는 고객들이 자신의 잠재력을 발휘해서 선한 영향력을 발휘할 수 있도록 힘이 되는 것이 김상학의 미션이다.

발간사

호모 코치쿠스 28

글로벌 코치되기: 코칭 역량과 ICF 필수 가이드

2021년은 「ICF 8가지 핵심 역량 모델」이 정식으로 활용되는 첫해이다. 과거 「ICF 11가지 핵심 역량」을 새롭게 업데이트 한 것이다. 이 책은 새로운 「역량 모델」 해설을 기본으로 하고, 그외 이를 이해하고 실행하는 데 필요한 코칭 윤리와 기법을 추가했다. 필자들은 집필 과정에서 ICF 역량 모델 작업 팀과 교류하며, 주제와 관련한 과거의 연구 성과를 참고하여 집필했다. 필자 중 조나단 패스모어Jonathan Passmore는 우리에게 익숙한 연구자이다. 『마스터 코치의 10가지 중심이론』, 『코칭 수퍼비전』 등의 저서가 번역되었으며, 국내 학회 주최 코칭 컨퍼런스에서 얼굴을 알린 바 있는 학자이다.

코칭의 국제적 기준이자 다른 분야와 코칭을 구별하고 임상에 활용 하는 'ICF 핵심 역량'은 우리나라 코칭계 관심이 높다. 이번 업데이트를 계기로 관심이 더욱 높아지고 있다. 대인관계 조력 분야에서 전문가가 제공해야 하는 '역량'을 '핵심 역량'으로 가이드 라인을 제시하고, 이를 조직 회원에게 제공하는 분야는 '코칭'이 유일하다. 대부분 코칭 조직들은 자신들의 비전과 철학에 근거해 나름대로 핵심 역량 기준을 갖추고 있다.

과연 이런 역량 기준을 제시하는 것이 필요한 일인가? '코칭'을 어떻게 해야 하는지, 자기 내부를 향해 최소한 이 정도의 코칭을 구현해야 한다는 내용을 주제(4)-항목(8)-세부항목(60)으로 제시하고 있다. 이를 통해 코치의 정체성, 코칭 구현 수준과 개입/중재의 통일성을 담보하려 한다. 이런 시도가 코칭의 자유로운 발전에 과연 도움이 되는지 한 번쯤 짚어보게 된다. 또 유독 코칭 분야만 왜 이런 역량 기준을 제시해야 하는지 근본적 질문을 제기할 만하다.

우리 사회의 변화 속도와 디지털의 발전, 포스트 코로나 이후 사회 문화의 변화 양상이 남다르다. 이에 코칭이 호응하고 적응과 발전을 위해 숙고는 물론 변주와 변화가 필요하다. 임상 현장의 경험에 근거해 이론적 발전을 시도하고 있는 정신분석과 심리치료, 급변하는 환경과 치열한 내부 경쟁에 살아남고자 절실한 적응적 변화를 강제받으며 대응하는 컨설팅 등과 비교해 코칭은 상대적으로 변화의 내부 압박이 적다. 그저 빌려온 이론에 의해 코칭 자신을 설명하는 수준으로 만족하는 무딘 감각을 유지하고 있다. 급변하는 이런 사회적, 개인적, 심리적 변화 와중에 업데이트 한「ICF 코칭 역량 모델」은 더 적극적인 해석이 필요하며, 훈련과 임상 적용의 창의적 적용이 기대된다.

우선 '역량 모델'은 코칭 임상에서 구현해야 할 코치 역량competencies의

'최소 기준'으로 이해할 수 있다. 무예의 기본 동작이나 기본기基本技에 해당한다. 하지만 무예가 그렇듯 기본기 역량은 기술+예술, 즉 기예技藝의 시작이고 마지막이다. 기예를 위한 역량은 기본에 충실한 능숙함과 변형과 변주 능력capability의 근거가 되고, 높은 의식 집중과 내면의 일치, 생활의 평범성 속에 '익어-가는' 수용력capacity을 전망으로 포함한다. 이와 비슷하게 역량에 초점을 둔 「코칭 역량 모델」은 역량 그 자체에 한정된 것이기보다는 기예의 기본기와 같이 '종점을 간직한 출발점', 코칭의 '전체를 품고 있는 시작'에 해당된다.

역량을 충실히 익히며, 상황과 조건이 다양한 임상에서 변주와 변형하는 (코칭)능력, 코치-되기의 시습時習과 시숙時熟을 통한 '익힘-과정'을 우회하며 쌓아 가는 '담길-그릇' 같은 (코칭)수용력은 첫 출발자나 초보자가 늘 바라봐야 할 인식과 실천의 지평(선)이다. 또 무예를 쌓는 사람이 자신의 발걸음이 자만에 비틀거리거나 오만에 마음이 흔들리면 다시 기본기로 돌아와 점검하며 교정하듯이, 코치-되기 여정에서 「역량 모델」 역시 자신의 탐색과 해석, 임상 적용을 다시 점검하는 '초심자-자세'로 돌아와 점검하는 기본기 교본이자 출발점이 된다. 코치 역량 훈련, 한 회기는 물론 전체 회기와 진행과정에서 역량을 구현하는 것이라면, 이번 「역량 모델」은 명칭도 '모델'로 바뀌었듯이 「코칭사례개념화」, 「코칭수퍼비전 모델」로도 활용할 만하다.

다르게 살펴보면 「ICF 핵심 역량 모델」은 이를 어떻게 해석하고 숙고하는가에 따라, 우리가 마음껏, 마음 편히 사색과 탐구를 펼칠 수 있는 디딤돌이 되기에 충분하다. 무분별함을 제어하고 점검과 정비, 축적을 위해 정박하기 위한 닻이 될 수 있다. 반대로 자칫 새로운 모험 항해를 위해 닻을 끊지 않으면 안 되는 덫이 될 수도 있다. 닻을 끊고, 덫을 넘어야 신대륙을 발견할 수 있지 않은가? 이 역량을 소유하고 실천과 숙고 속에서 해석하고 자유와 풍요로움으로 전면 전개하는 발사체로 활용하는가, 아니면 번역과 조문 해석에 스스로를 가두고 경험담의 경계 안에 머물며, 지나가는 여행객에게 소개하듯 입문 코치들에게 반복 설명하는 데 만족할 것인가? 여행객을 상대하는 판매자의 능숙함과 낯 두꺼움을 우리는 안다. 이도 저도 아니면 마치 초보자 안내를 위해서는 단순하고 쉬워야 한다는 명분을 유지하며 그저 양쪽의 경계선에는 좀처럼 다가가지 않는 중간쯤 어딘가에 거주하며 안전한 내용 이해만을 하고 있을 것인가? 이는 전적으로 이를 다루는 코치에게 달려 있다.

육지의 끝에 바다가 있듯, 앎의 경계에 알지-못함이 있다. '앎의 섬이 클 수록 알지-못함의 경계가 길다'Margot Sunderland고 하지만, '알지-못함'을 알기 위해서라도 앎을 내려놓고 앎의 경계선까지 접근해 가야 한다. 물론 앎을 '탐'하기 보다는 '알지-못함'의 태도를 얼마나 견고하게 유지하는가 여부가 분명 이 경계를 넘게 만들 것이다. 그러나 육지와 바다 사이에는 갯벌과 간척지가 있지 않은가? 앎의 경계 '너머'에는, '앎과 알지-못함'의 '사이'라는 경계(지대), 이를 테면 안다고 할 수도 있고 모른다고 할 수 있는 중간 지역, 아리송한 지역이 있다. 우리는 일단 이 중간 지대까지 넘어가야 한다. 그 중간 지대에 머물며 견디어야 한다. 그곳에는 불안이 있고, 소속되지 못함이 있고, 홀로 있음이 있으며, 고독의 정서가 안개나 구름처럼 퍼져 있는 곳이다. 조셉 캠벨의 '영웅 여정' 중 가장 신비롭고 극적인 지점과 같다. 「역량 모델」에 대한 관심이 높은 만큼 이 중간 지대에서 자유롭게 말하고, 상상하며 상호 협력하고 다투는 교전交戰이 필요하다. 옥석을 구분하기보다는 동전의 앞뒤와 같은 옥석이 공존하며 상호 교대로 출현하는 순간을 즐기고, 풍요와 상승 발전을 기대할 수 있기 때문이다.

'성찰하는 코치'라면 코칭-역량 모델의 탐색과 해석을 이렇게까지 확대하자는 도전을 스스로 요구받게 된다. 그 의문과 응전의 단초와 관점을 위한 동력 중 한 가지는 이전의 「ICF 11가지 핵심 역량」에서 「ICF 8가지 핵심 역량 모델」로 변화 과정, '다름과 차이'를 살펴보는 것이다. 과거에서 현재로 어떻게 변화했는지 살펴 보고 그 의미를 탐색하는 것, 현재 항목으로 유지된 것도 그 밑 지층에 있는 과거 항목과 연결해 보는 것, 고고학자로서 코치는 이 점을 놓치지 않을 것이다. 또 무엇이 새롭게 출현했고 무엇이 사라졌는가? 있는 것과 없는 것이 말하는 것, 유지되는 것과 변형된 것을 '구성'으로 보는 것도 기대할 만하다. 항목과 세부 항목을 넘나들며 병치juxtaposition와 2~3가지 연결을 주저 없이 해 보는 것, 어둠에서나 뚜렷해지는 별자리처럼 짜임구조constellation의 출현까지 묵상이나 침묵에 머물러 보는 것, 구성configuration과 재구성하며 되박음으로 이어가기 등 …, 코칭 관계 안에서 변화 무쌍한 임상을 딛고 있는 성찰 코치는 새로운 해석의 창발을 기다리게 된다. 이는 당연한 작업이 아니겠는가? 이런 노력을 통해 우리는 현재 「역량 모델」을 향후 변형/변주하기 위한 '리듬과 박자' 그리고 방향을 확보할 수 있다.

또 다른 탐색과 해석의 동력원은 코칭 임상에서 마주하는 긴장감이다. 언제나 언급해온 바 코치가 마주하는 현실은 요철凹凸처럼 울퉁불퉁하고 시간 안에서 변화무쌍하다. 코치가 만나는 코치이는 복잡한 (조직 내) 인간이다. 인간의 복잡성, 성장과 발달의 불균등성, 시간 안에서만 꽃이 피고 열매를 맺듯 성숙에 필요한 시간인 '기다림'의 차이 등으로 코칭 임상은 언제나 알지 못함과 알수 없음, 불확실성이 가득하다. 이런 불확실성을 버티고 견디어내는 힘이 임상 코치에게 절실한 것이다. 이 같은 작업으로 인해 코치가 능동적으로 간척지를 일궈냈다면, 또는 갯벌로 나아가길 주저하지 않았다면…, 이를 버티게 하는 힘 또한 코칭 임상에서 온다.

이에 더해, 마지막 동력 원은 포스트 코로나 이후 사회·심리적, 문화적 변화로 변모해 가는 '개인'과 조직을 살펴봐야 하는 어떤 의무감이다. 코칭이 여전히 '시대의 대안'이고 그래야만 한다면 이는 외면할 수 없는 또 다른 도전이다. 새로운 사회 현실-새로운 (인간) 감수성 출현이 예고되기에 향후 코칭 앞에 전개될 현실과 개인들의 모양새와 변화 추이가 의미심장하다. 인접 분야와 해외의 대응 사례에서 볼 수 있듯 사태와 상황, 개인의 다양한 속성이 동일 평면에서 동시성을 갖고 세션 안에서 출현한다. 최근 상호 교차성intersectionality 접근은 코칭 역시 사전에 검토가 필요하다.

새롭게 업데이트된 「역량 모델」을 갖고 우리는 이런 사태에 대응해야 한다. 이를 자신과 자신의 코칭에 적용하는 것(이는 조직의 요구이며, 코칭 사회의 요구이다). 이를 탐구하며 해석하고 변주와 응용, 변형을 도모하는 것(이 또한 코칭이 처한 내외적 환경의 요청이다). 이런 현실에서 오는 불확실성을 견디며 인간의 복잡성, 불균등성, 기다림을 감당하는 것(이것은 우리 각자 그리고 함께 해야 할 몫이다). 이런 삼중고를 감당해야 한다. 나는 새도 공기 저항으로 하늘을 날듯, 엎드린 호랑이와 숨은 용의 교전을 다룬 영화 와호장룡臥虎藏龍에서 주인공 고수 이모백과 옥교룡 역시 흔들리는 버드나무를 딛고서야 교전과 비약이 가능했다. 이 책은 이렇듯 탐구와 해석의 가이드 역할에서 시작해 교전과 비약을 위한 상상의 디딤돌 역할을 할 수 있다.

척박한 코칭계 토양에서 이미 이런 탐구와 해석, 강의를 하는 모든 선학先學과 동학同學들에게 경의를 표한다. 이미 앎의 경계를 넘어 중간 지대에 머물며 침묵으로 공부하고 있을 코치들에게 마음을 앞세워 먼저 보내며 더딘 발길을 재촉해 본다.

발행자의 독촉을 묵묵히 감당하며, 조직 생활과 코치 생활을 병행하며 번역해 주신 코치 김상학 역자에게 감사한다. 적은 인건비와 쫓기는 일정에도 일하며 작업하며 주어진 일정을 최선을 다해 감당해온 코치 정익구 편집자, 편집디자이너 이상진님에게 고마운 마음이다. 이 책을 구입하고, 읽고 만나게 될 독자이자 코치분들에게 기쁨과 감사를 미리 보낸다.

2021년 11월
발행자 김상복

호모코치쿠스

코칭 튠업 21
: ICF 11가지 핵심 역량과 MCC 역량

김상복 지음

뇌를 춤추게 하라
: 두뇌 기반 코칭 이론과 실제
Neuroscience for Coaching

에이미 브랜 지음
최병현, 이혜진 옮김

마음챙김 코칭
: 지금-여기-순간-존재-하기
Mindful Coaching

리즈 홀 지음
최병현, 이혜진, 김성익, 박진수 옮김

코칭 윤리와 법
: 코칭입문자를 위한 안내
Law & Ethics in Coaching

패트릭 윌리암스, 샤론 앤더슨 지음
김상복, 우진희 옮김

조직을 변화시키는 코칭 문화
How to create a coaching culture

질리안 존스, 로 고렐 지음
최병현, 이혜진 등 옮김

내러티브 상호협력 코칭
: 3세대 코칭 방법론
A Guide to Third Generation Coaching : Narrative-Collaborative Theory and Practice

라인하르트 스텔터 지음
최병현, 이혜진 옮김

임원코칭의 블랙박스
Tricky Coaching

맨프레드 F. R. 케츠 드 브리스 등 편저
한숙기 옮김

마스터 코치의 10가지 중심이론
Mastery in Coaching

조나단 패스모어 편집
김선숙, 김윤하 등 옮김

코칭·컨설팅
수퍼비전의 관계적 접근
Supervision in Action

에릭 드 한 지음
김상복, 조선경, 최병현 옮김

정신역동과 임원코칭
: 현대 정신분석 코칭의 기초1
Executive Coaching :
A Psychodynamic Approach

캐서린 샌들러 지음
김상복 옮김

수퍼비전
: 조력 전문가를 위한 일곱 눈 모델
Supervision in the Helping Professions

피터 호킨스, 로빈 쇼헤트 지음
이신애, 김상복 옮김

코칭 프레즌스
: 코칭개입에서 의식과 자각의 형성
Coaching Presence : Building Consciousness and Awareness in Coaching Interventions

마리아 일리프 우드 지음
김혜연 옮김

멘탈력
정신적 강인함에 대한 최초의 이론적 접근
Developing Mental Toughness : Coaching strategies to improve performance, resilience and wellbeing

더그 스트리차크직, 피터 클러프 지음
안병욱, 이민경 옮김

코치 앤 카우치
Coach and Couch

멘프레드 F.R. 케츠 드 브리스 등 지음
조선경, 이희상, 김상복 옮김

리더의 정치학
: 조직개혁과 시대전환을 위한 창발 리더십 모델
Leading Change: How Successful Leaders Approach Change Management

폴 로렌스 지음
최병현 등 옮김

고용 가능성
고용+가능성 업그레이드 전략
Developing Employability and Enterprise: Coaching Strategies for Success in the Workplace

더그 스트리차크직, 샬롯 보즈워스 지음
조현수, 최현수 옮김

게슈탈트 코칭
바로 지금 여기
Gestalt Coaching: Right here, right now

피터 브루커트 지음
임기용, 이종광, 고나영 옮김

강점 기반 리더십 코칭
: 조직 내 긍정적 리더십 개발을 위한 가이드
Strength_based leadership Coaching in Organization An Evidence based guide to positive leadership development

덕 매키 지음
김소정 옮김

영화, 심리학과 라이프 코칭의 거울
The Cinematic Mirror for Psychology and Life Coaching

메리 뱅크스 그레거슨 편저
앤디 황, 이신애 옮김

영웅의 여정
자기 발견을 위한 NLP 코칭
The Hero's Journey: A voyage of self-discovery

스테판 길리건, 로버트 딜츠 지음
나성재 옮김

VUCA 시대의
조직문화와 피어코칭
Peer Coaching at Work

폴리 파커, 팀 홀, 캐시 크램, 일레인 와서먼 공저
최동하, 윤경희, 이현정 옮김

정신역동 마음챙김 리더십
: 내면으로의 여정과 코칭
Mindful Leadership Coaching : Journeys into the interior

맨프레드 F.R. 케츠 드 브리스 지음
김상복, 최병현, 이혜진 옮김

실존주의 코칭 입문
: 알아차림·용기·주도적 삶을 위한 철학적 접근

야닉 제이콥 지음
박신후 옮김

공감으로 완성하는 코칭
: 평범함에서 탁월함으로

앤 브록뱅크, 이안 맥길 지음
김소영 옮김

내러티브 코칭
: 새 스토리의 삶을 위한 확실한 가이드
Narrative Coaching : The Definitive Guide to Bringing New Stories to Lif

데이비드 드레이크 지음
김상복, 김혜연, 서정미 옮김

ADHD Coaching
– 정신건강 전문가를 위한 가이드

프란시스 프레벳,
아비가일 레브리니 지음
문은영, 박한나, 가요한 옮김

시스템 코칭
: 개인을 넘어 가치로

피터 호킨스, 이브 터너 지음
최은주 옮김

글로벌 코치 되기
: 국제코칭연맹 공식 가이드

조나단 페스모어,
트레이시 싱클레어 지음
김상학 옮김

(출간 예정)

수퍼바이지와 수퍼비전
: 수퍼비전을 위한 가이드

에릭 드 한, 윌레민 레구인 지음
한경미, 박미영, 신혜인 옮김

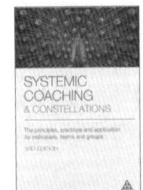

시스템 코칭과 컨스텔레이션
Systemic Coaching & Constellations

존 휘팅턴 지음
가향순, 문현숙, 임정희, 홍삼렬, 홍승지 옮김

정신역동 코칭
: 30가지 특징

클라우디아 나겔 지음
김상복 옮김

코칭과 정신건강 가이드
: 코칭에서 심리적 과제 다루기
A Guide to Coaching and Mental Health : The Recognition and Management of Psychological Issues

앤드류 버클리, 케롤 버클리 지음
김상복 옮김

코칭수퍼비전의 이론과 모색
Coaching and Mentoring Supervision : Theory and Practice

타티아나 바키로버, 피터 잭슨, 데이빗 클러터벅 지음
김상복, 최병현 옮김

비연속 단일회기 코칭
: 30가지 특징

윈디 드라이덴 지음
김상복 옮김

인지행동 기반 라이프코칭
Life Coaching : A Cognitive behavioural approach

마이클 니난, 윈디 드라이덴 지음
정익구 옮김

웰다잉 코칭
생의 마지막과 상실을 겪는 사람들을 위한 코칭 가이드
Coaching at End of Life

돈 아이젠하워, J. 발 헤이스팅 지음
정익구 옮김

임원코칭
: 시스템 - 정신역동 관점
- 현대 정신분석 코칭의 기초 3
Executive coaching: System-psychodynamic perspective

하리나 버닝 편집
김상복 옮김

정신역동 코칭의 이해와 활용
: 현대 정신분석 코칭의 기초2
Psychodynamic Coaching : focus & depth

울라 샤롯데 벡 지음
김상복 옮김

인지행동 코칭
: 30가지 특징

마이클 니난 지음
박지홍 옮김

10가지 코칭 핵심주제 사례연구
: 20개 사례와 40개 논평
Complex Situations in Coaching

디마 루이스, 폴린 파티엔 디오콘 지음
김상복 옮김

코칭심리학(2판)
실천연구자를 위한 안내서
Handbook of Coaching Psychology

스티븐 팔머, 앨리스 와이브로 엮음

코칭 이론과 실천
The SAGE Handbook of Coaching

타티아니 바흐키로바, 고든 스펜스, 데이비드 드레이크 엮음

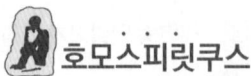 호모스피릿쿠스

나르시시스트와 직장생활하기
Narcissism at Work: Personality Disorders of Corporate Leaders

마리 린느 제르맹 지음
문은영 · 가요한 옮김

정신분석 심리치료의 기본과 실천
: 정신분석·지지적 심리치료와의 차이

아가쯔마 소우 지음
최영은 · 김상복 옮김

조력 전문가를 위한 공감적 경청
共感的 傾聽術
:精神分析的に"聽く"力を高める

고미야 노보루 지음
이주윤 옮김

철학과 정신분석 (근간)
Philosophy and Psychoanalysis

Richard Gipps,
Michael Lacewing 편집

(코쿱북스)

코칭의 역사
Sourcebook Coaching History

비키 브록 지음
김경화, 김상복 외 15명 옮김

101가지 코칭의 전략과 기술
: 젊은 코치의 필수 핸드북
101 Coaching Strategies and Technique

글래디나 맥마흔, 앤 아처 지음
김민영, 한성지 옮김

리더십을 위한 코칭
Coaching for Leadership

마샬 골드 스미스,
로렌스 라이언스 등 지음
고태현 옮김

코칭 A to Z

누구나 할 수 있는 코칭 대화 모델
: GROW_candy 모델 이해와 활용

김상복 지음

세상의 모든 질문
: 아하에서 이크까지, 질문적 사고와 질문 공장

김현주 지음

첫 고객.첫 세션 어떻게 할 것인가
(1) 윤리적 가이드라인과 전문가 기준에 의한 고객 만남
(2) 코칭계약과 코칭 동의 수립하기

김상복 지음

코칭방법론
– 조직 운영과 성과 리더십 향상을 돕는 효과성 코칭의 틀

이석재 지음

집필자 모집

- 멘토링 기반 코칭 방안과 사례 연구
- 컨설팅 기반 코칭 방안과 사례 연구
- 조직개발 코칭 방안과 사례 연구(1:1 또는 그룹 코칭)
- 사내 코치 활동 방안과 사례 연구
- 주제별·대상별 시네마 코칭 방안과 사례 연구
- 시네마 코칭 이론과 실천 방안 연구
- 아들러 심리학 기반 코칭 방안과 사례 연구
- 코칭 기획과 사례 개념화(중심 이론별 연구)
- 코칭에서 은유와 은유 질문
- '갈굼과 태움', 피해·가해자 코칭
- 미루기 코칭 이해와 활용
- 코치의 젠더 감수성과 코칭 관계 관리
- 정서 다루기와 감정 관리 코칭 및 사례연구
- 코칭 장場 field · 공간과 침묵
- 라이프 코칭 핵심 과제와 사례 연구(청년 및 중년)
- 커리어 코칭 핵심 과제와 사례 연구(청년 및 중년)
- 노년기 대상 라이프 코칭 방안과 사례 연구
- 비혼·혼삶 라이프 코칭 방안과 사례 연구
- 코칭 스킬 총정리와 적용 사례
- 부모 리더십 코칭과 사례 연구(양육자 연령별)
- 코칭 이론 기반 코칭 방안과 사례
- 커플 코칭 방안과 사례
- 의식확장과 영성코칭
- 군 리더십 코칭
- 코칭 ROI 연구

■ 동일 주제라도 코칭 대상과 방식, 코칭 이론별 집필이 가능합니다.
■ 최소 기준 A4 기준 80페이지 이상. 코칭 이론과 임상 경험 집필 권장합니다.
■ 편집위원회와 관련 전문가 심사로 선정됩니다.
■ 선정 원고는 인세를 지급하며, 무료로 출판합니다.

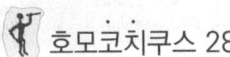 호모코치쿠스 28

글로벌 코치 되기
- 코칭 역량과 ICF 필수 가이드

초판 1쇄 발행　2021년 12월 3일

| 펴낸이 | 김상복
| 지은이 | 조나단 패스모어, 트레이시 싱클레어
| 옮긴이 | 김상학
| 편 집 | 정익구
| 디자인 | 이상진
| 제작처 | 비전팩토리
| 펴낸곳 | 한국코칭수퍼비전아카데미
| 출판등록 | 2017년 3월 28일 제2018-000274호
| 주 소 | 서울시 마포구 포은로 8길 8. 1005호
| 문의전화 (영업/도서 주문) 카운트북
　　　　전화 | 070-7670-9080　팩스 | 070-4105-9080
　　　　메일 | countbook@naver.com
　　　　편집 | 010-3753-0135
　　　　편집문의 | hellojisan@gmail.com　010-3753-0135
www.coachingbook.co.kr
www.facebook.com/coachingbookshop
글로벌 코칭 독자 참여 : https://cafe.naver.com/webseminar

ISBN 979-11-89736-32-3
책값은 뒤표지에 있습니다.